普通高等教育精编法学教材

History of Chinese Legal Thoughts

中国法律思想史（第二版）

徐祥民
刘笃才 ◎ 编
马建红

北京大学出版社
PEKING UNIVERSITY PRESS

图书在版编目（CIP）数据

中国法律思想史/徐祥民,刘笃才,马建红编.—2 版.—北京:北京大学出版社,
2015.1
（普通高等教育精编法学教材）
ISBN 978 - 7 - 301 - 25217 - 8

Ⅰ.①中…　Ⅱ.①徐…②刘…③马…　Ⅲ.①法律—思想史—中国—高等学
校—教材　Ⅳ.①D909.2

中国版本图书馆 CIP 数据核字（2014）第 285374 号

书　　　　名	中国法律思想史（第二版）
著作责任者	徐祥民　刘笃才　马建红　编
责 任 编 辑	李　昭
标 准 书 号	ISBN 978 - 7 - 301 - 25217 - 8/D·3733
出 版 发 行	北京大学出版社
地　　　　址	北京市海淀区成府路 205 号　100871
网　　　　址	http://www.pup.cn
电 子 信 箱	law@ pup.pku.edu.cn
新 浪 微 博	@北京大学出版社　@北大出版社法律图书
电　　　　话	邮购部 62752015　发行部 62750672　编辑部 62752027
印 刷 者	三河市博文印刷有限公司
经 销 者	新华书店

730 毫米×980 毫米　16 开本　24 印张　422 千字
2004 年 9 月第 1 版
2015 年 1 月第 2 版　2020 年 9 月第 3 次印刷

定　　　　价　48.00 元

第二版修订说明

《中国法律思想史》是普通高等教育精编法学系列教材之一,自 2004 年首次出版后即成为众多高校中国法律思想史课程的首选教材,受到广大师生及社会读者的普遍欢迎。这对我们作者而言,无疑是最大的鼓励和鞭策,也是我们此次修订本书的动力所在。

为了更好地服务读者,提高本书质量,我们在基本保持原版教材体例不变的基础上,吸纳了本书编写者对中国法律思想史研究的最新成果,对教材内容和文字等诸方面进行了勘误、修正、核实与改订,进一步完善和丰富了本书的内容。

全书各章由初版教材撰稿人负责本次修订工作。按撰写章节顺序,第一章至第十章、第十五章、第十六章由徐祥民教授撰写;第十一章至第十四章由刘笃才教授撰写;第十七章至第二十章由马建红副教授撰写。在第一版基础上,原刘笃才教授撰写的第十四章"宋明时期的法律思想",增加了"宋代法意之殇"一节;原马建红副教授撰写的第十九章"清末修律中礼法两派的法律思想",增加了"清末修律的现代性与预备立宪之关系"一节。全书由马建红副教授负责统稿,由徐祥民教授审定完成。

由于水平所限,不足之处在所难免。我们期望广大读者在使用本教材的同时,不吝赐教,给予我们批评指正,从而使本教材的质量得到进一步的提高。

编者

2014 年 9 月

目 录

第三编　中国古代正统法律思想的确立时期

第四编　古代正统法律思想的解体和近代法律思想的产生发展时期

第一编　中国古代法律思想史的开端

　　"起源决定本质"。一种文化在其奠基时的样态与格局,很大程度上影响了它的基本特征与日后的发展。天、刑、礼、德是中国法律思想史在其开端时期的中心要素。发萌于夏商西周时期的中国古代法律思想的发展有两条主线:一是神权法思想的盛极而衰,即形成于夏,极盛于殷商,式微于西周;二是宗法礼治思想的发展,形成于夏商而完备于西周。夏商时期对神权法思想的尊崇,表现为"受命于天""天降典刑"及"恭行天罚"观念的宣传,施罚用"刑"及其权力根据"天"遂成为中国古代法律研究的起点;西周时期"以德配天"与"敬天保民"中"德"和"民"的介入,则预示了天神观念的式微。缘起于部落风俗习惯、通过祭祀逐步确立的礼,历经夏商的发展,到西周时期日益完备,礼治以德为核心,以宗法制为基础,以礼制为表现形式,确立了明德慎罚这样简明的德刑关系。作为中国古代法律思想发展开端的夏商西周时期,已经显示了中国古代法律思想的独特性,它强调道德与法律的统一,强调德对统治者的限制与约束,强调礼治精神中忠孝节义观念对立法、司法的指导作用。后世的法律思想皆可在此找到其源头。

第一章　夏、商时期的法律观念

中华民族有着悠久的历史。夏王朝的建立,标志着我国历史进入文明发展的新阶段。像那个时代的政治必然受当时的宗教等影响一样,当时的法律观念也处于天、神的统治之下,是人们关于天、神的认识的一部分。

从夏到商,人们对天的认识虽有变化,但天命、天罚等一直是这个时期最有代表性的观念。在有些著作中,把这个时期的法律思想称作"神权法"思想①,主要就是考虑了这一点。

本章主要掌握:(1)天、神崇拜与天命观念;(2)夏商时期的法律观念。

第一节　天、神崇拜与天命观念

我们的祖先是带着在氏族社会中所取得的认识成果走进阶级社会的大门的。夏、商、西周时期的人们继承了氏族社会的图腾崇拜,这几个王朝都不同程度地受着这种崇拜的影响。但这时的崇拜已不是氏族社会图腾崇拜的简单延续。统治者不仅创造了至上神,而且他们对神的祈求也已不仅只是风调雨顺、消灾免难,而是包含了崭新的内容,那就是祈求政权永固。

▶ 一、从图腾崇拜到帝观念的产生

图腾崇拜是原始宗教的主要内容。它是在人类发展到"能够进行幻想,能够组成多少有些复杂的幻想的观念和概念"②的时期产生的,同时,又是人类早期能力低下的结果。从生产和生活上来看,氏族社会的人们生产力水平极为低下,主要以自然提供的现成的或者通过采摘、捕猎获取的动物或植物为生,严重依赖自然物。突发的不利的自然变故,猛兽疾病等袭击,是他们无力阻挡,更无法战胜的。这些带有灾难性的自然现象,使他们对周围世界感到恐惧。从认识水平来看,他们无法解释风、雨、雷、电以及人的生老病死,对

---

① 参见王占通主编:《中国法律思想史》,吉林人民出版社1989年版,第7—16页。
② 〔苏联〕柯洛尼茨基:《马克思列宁主义论宗教》(中译本),政务院文化教育委员会1952年印行,第7页。

周围世界的许多现象都无法作出科学的解释。在这样的生产力水平和认识水平下,人类产生了一种万物有灵的观念,并由于对外部世界的依赖和恐惧而崇拜自然物。这样便出现了图腾崇拜的现象。龙、凤、熊、罴等都曾经是华夏族或其他生活于古代中国土地上的氏族崇拜的对象。不同的氏族往往有不同的生活区域或不同的发展经历,从而也就建立了不同的崇拜对象。《左传·昭公十七年》载郯子所说的云、火、水、龙、凤、玄鸟、伯赵、青鸟、丹鸟、祝鸠、鴡鸠、鸤鸠、爽鸠、五鸠、五雉等,都是不同氏族所崇拜的图腾。

恩格斯曾说过:"一切宗教都不过是支配着人们日常生活的外部力量在人们头脑中的幻想的反映,在这种反映中,人间的力量采取了超人间力量的形式。在历史的初期,首先是自然力量获得了这样的反映。"①中国古人也是首先对自然力量作了"幻想的反映",并且,也是按照人间力量的模式描绘了超人间力量。氏族是基本的力量单位,所以不同的氏族都有自己崇拜的图腾。胞族、部落、部落联盟的结成,形成了更大的力量单位。这种更大的力量单位也"幻想"出了自己的图腾,如夏族的龙图腾、商族的凤图腾等。

夏王朝的建立在人间产生了一种更强大的力量——政权以及这个政权的代表君王。这种统一的政权以及享有最高权力的王的出现,给神的世界以巨大的冲击。在过去,氏族崇拜的图腾以自然物为对象,该图腾所"保护"的范围以氏族或部落、部落联盟为限,因此,没有超出部落联盟的至上神,各种崇拜对象之间的地位是平等的。这是氏族社会中氏族与氏族、部落与部落、部落联盟与部落联盟之间的平等地位的反映。正如恩格斯所说:"没有统一的君主,就决不会出现统一的神。"②现在,地上出现了权力最高的王,在过去地位平等的部落之间出现了命令与服从,至少是进贡与受贡的差别,同一部落内部也出现了统治与被统治的两种人。这些新情况反映到宗教世界里,便是上帝的出现以及各神之间关系的等级化。

从《尚书·甘誓》可以看出,夏启已有了"天"的观念。这个天不是自然的天,而是具有生杀予夺之权的天神。虽然《夏书》并非信史,但从商代强有力的"帝"观念以及商统治者每事必卜问天帝的情况看,夏代的人也已产生了天或帝的观念当是不容怀疑的。

从商代的有关材料看,天也称帝或上帝。《尚书·盘庚》既有"予迓续乃

---

① 恩格斯:《反杜林论》,载《马克思恩格斯选集》(第 3 卷),人民出版社 1995 年版,第 666—667 页。

② 恩格斯:《致马克思的信》(1846 年 10 月 18 日),载《马克思恩格斯全集》(第 27 卷),人民出版社 1982 年版,第 65 页。

命于天"①,又有"肆上帝将复我高祖之德"。② 但甲骨卜辞多为帝或上帝,鲜用天。如:"帝令雨足年,帝令雨弗其足年?"③"王封邑,帝若(诺)。"④

根据郭沫若等先生的考证,夏、商时期人们之所以崇拜上帝,其中最重要的原因,就是人们认为帝有使人类繁衍昌盛的作用。郭沫若根据王国维"帝者蒂也"的解释,认为"帝之兴,必在渔猎牧畜已进展于农业种植以后。盖其所崇祀之生殖,已由人身或动物性而转化为植物"。人们观"花落蒂存,蒂熟而为果",果既供人们食用,又可"化而为亿万无穷之子孙",于是以其为"神奇""宇宙之真宰"。这个解释是有道理的,它反映了人类认识发展的规律。按照这个解释,人们崇拜上帝仍然是为了获得佑护。不过,这时的佑护除了一般的人类延续和生活条件的保障之外,已经具有了优势地位,乃至统治权的内涵。所谓"化而为亿万无穷之子孙"的意义不只在于人口的繁衍,更重要的是一个与其他社会群体之间具有命令与服从或类似关系的群体的繁荣及其地位的巩固和提高。

▶ 二、祖先崇拜

氏族社会末期以及夏、商时期的人们除了崇拜图腾或天、帝之外,还崇拜自己的祖先。据《国语·鲁语》记载,从有虞氏到周人都崇拜自己的祖先,并以"禘""祖"等祭祀形式表达自己的崇拜、敬畏等感情。虽然起初的祭祀形式不一定像《鲁语》说的那样规范,但古人早已从事祭祀祖先的活动当不会假。

商代人尊祖敬宗不仅见于典籍,而且载于地下发掘的卜辞。《礼记·表记》云:"殷人尊神,率民以事神。"这所事之神当然也包括祖先神。卜辞有:"贞祖辛我"⑤,"告方于祖乙"⑥等。甲骨文中"祖"的频繁出现,说明商代人祖先崇拜的观念是非常强的。

氏族制度必然产生祖先崇拜。人类崇拜生殖自然崇拜祖先。氏族群体是祖先的创造物,祖先有灵是氏族成员极易产生也极易接受的观念。人类为了求得氏族的繁衍昌盛,除了祈求图腾等神物的保佑外,也必然祈求祖先的卫护。自国家出现之后,不仅传统的观念必然留给人们以祖先崇拜的遗产,而且由于最早国家的出现表现为子对父的"权力"的继承,世袭制同最早的国

---

① 《尚书·盘庚中》。
② 《尚书·盘庚下》。
③ 罗振玉:《殷墟书契前编》一、五〇、一。
④ 罗振玉:《殷墟书契后编》下,一六,一七。
⑤ 罗振玉:《殷墟书契前编》五,四〇,五。
⑥ 罗振玉:《殷墟书契续编》三,七,四。

家权力合为一体,这更给统治者带来了对父辈、对祖先感恩戴德的情感。这种政治的传袭在尚未摆脱宗教束缚的人们中,必然以幻想的形式表现出来,并同传统的祖先崇拜相统一,形成有更强大的政治维系力量的观念体系。这种观念体系的形成源于尊祖敬宗,又反过来维护父祖的权力。中国古人长久没有停止对祖先的崇拜、祭祀,中国社会也长期在父权政治的圈子里徘徊。一种同祭祀有着血肉联系、同时又与父权政治密不可分的法律思想便从这里发展起来,发扬下去。

祖是氏族制度的产物,崇拜祖先是氏族组织的要求。当中国最早的王出现时,他在形式上仍然是氏族组织的一部分。从形式上来看,他是在氏族组织的社会里行使王权的。中国早期国家的这种特点和中国古人迟迟未能停止崇拜祖先的实践,使中国最早的政治统治久久保留着氏族制度的遗迹,使中国早期的法律观念和法律思想迟迟不能洗去氏族制度的色彩。

▶ 三、王权神授

当部落联盟首领的职位变成一种大家拼命攫取的权力之后,人们对这种权力的得与失一时还无法作出科学的解释,只好到神那里去找答案。这种思考产生的结果就是王权来自天命,也即王权神授。《尚书·召诰》有"有夏服(受)天命"。这话是周人说的,但也反映了夏代人的思想实际。《尚书·甘誓》是夏启兴兵攻打有扈氏时所发布的誓命,其中有"天用剿绝其命"的提法。这说明,在夏王朝建立之前,最高统治权实际上已经形成,人们也已经有了天决定人间大事、决定部落联盟首领权力的收授的观念。在启看来,他继禹而为帝是天意,有扈氏反对就是违反天意,而违反天意便应当受到天的惩罚。

商代人受命于天的思想更加成熟。《诗经·商颂·玄鸟》有"天命玄鸟,降而生商"。这是说商的祖先是应天命而降生到人间的,天这个先一步存在的至上神从上天为人间安排了一个繁盛的氏族和在这个氏族中产生的统治者。正因为天给予了商如此高贵的地位,所以,商后代的统治者们才念念不忘"恪谨天命"①。而为了沟通天与人间的帝之间的关系,商代频繁地进行卜筮活动,并为此建立了在商政治集团中具有非常重要地位的史、巫等职官。

商代人相信天命,落实到政治活动中主要表现为"每事卜"。频繁的卜问,留给今天的是大量卜辞。

---

① 《尚书·盘庚上》。

第二节　夏、商时期的法律观念

中国古人相信王权来自于天命,与此相应,夏、商统治者也把作为自己权力表现形式的刑罚等说成是天决定的,并在行使这种王权时以各种不同的方式去追寻天意。不仅如此,他们还把人类社会所必不可少的某些社会生活规范说成是天的降赐。夏商时期人们的基本法律观念都是天帝观念的延伸。

▶ 一、天降典刑

在夏、商奴隶主统治者的心目中,天不仅是王权予夺的主宰,而且向人间降下了典、刑、礼、纪、彝、法等。《诗经·商颂·长发》有"受小球大球""受小共大共"。按《经义述闻》的解释:"球、共,皆法也。球读为捄,共读为拱。"受球、受共就是接受天法。《尚书·皋陶谟》有"天叙五典""天秩有礼""天讨有罪,五刑五用"等,皋陶也把典、刑、礼等说成是天定的。这些典、刑、礼、纪、彝、法等具有标准、样板、榜样、准则等的含义,都具有可供人们遵循的特征。

按照先王受天命、后王继承先王的逻辑,夏、商的统治者也以"先王"之"服"来补充天法。盘庚迁殷,以及整饬朝政便是以"常旧服"①为根据。不仅如此,后来的统治者针对"上天之载,无声无臭"的特点,还特别看重先王的"刑"②(型),并以"率由旧章"③为治理国家的基本原则之一。

不过,需要说明的是,夏商人心目中的典、刑、礼、纪、彝、法等虽具有规范的意义,但却不同于后世的法律规范。所谓典、刑、礼、纪、彝、法等"型""旧章"等告诉我们,他们的所谓规范只是一些做法,甚至就是前人曾经如此做过的具体的事例。

▶ 二、代天行罚

在夏、商统治者的观念中,天拥有无上的权力,包括赏罚权。但是,天并不亲操刀斧,而是让人间的帝王或其他有权的人代其施行具体的赏罚。在夏启的语言中,"有扈氏威侮五行,怠弃三正",所以"天用剿绝其命"。④ 而在商代的宣传中,"有夏多罪",所以便有"天命殛之"⑤的结果。他们指挥自己的

---

① 《尚书·盘庚上》。
② 《诗经·大雅·文王》。
③ 《诗经·大雅·假乐》。
④ 《尚书·甘誓》。
⑤ 《尚书·汤誓》。

军队去讨伐别人,但口头上却不说自己要消灭他们的敌人,而说成是"恭行天之罚"①"致天之罚"②。

在天命思想中,王的祖先是同天联系在一起的。天和祖先都给予人间的王以保护,同时又都可以降罪于活着的人。商王盘庚在对其臣民训话时说:"汝万民乃不生生,暨予一人猷同心。先王丕降与汝罪疾,曰:'曷不暨朕幼孙有比!'故有爽德,自上其罚汝,汝罔能迪。"③根据这段话,先王的在天之灵可以给人间的不法行为定罪,降罚于有关人员,而盘庚的臣民所犯的罪名便是不听从盘庚的指挥、不配合盘庚的工作。盘庚又说:"汝有戕则在乃心,我先后绥乃祖乃父。乃祖乃父乃断弃汝,不救乃死。""兹予有乱政同位,具乃贝王。乃祖乃父丕乃告我高后曰:'作丕刑于朕孙!'迪高后丕乃崇降弗祥。"④所定的罪名是心怀恶意,以及乱政、聚敛财富。先王降罚的程序是:犯罪者的祖先决定不再佑护他们,并要求商王的祖先降刑,然后商王的祖先降刑于人间。

西周的统治者也继承了这一思想。如周公就说过:"元恶大憝,矧惟不孝不友"的人,"乃其速由文王作罚,刑兹无赦"。⑤

▶ 三、刑与卜刑

夏商时期,罚的观念已经具体化为对人或人的集团的某种形式的打击,对人或人的集团的某种不利的对待。而这些不利的对待或打击,已经形成相对稳定的类别,即刀兵之罚,如夏对有扈氏、商对夏桀的罚就是其中的一个种类。刑是夏商时期使用最广泛的一类罚。从甲骨文字所反映的情况看,最晚在商代已经形成了比较稳定的劓、刖、宫等刑罚方法。今人所说的古老的五刑,即由墨、劓、刖、宫、辟五类刑罚组成的体系,在商代已经形成。荀子有"刑名从商"之说。这个说法既说明商代刑罚制度已经比较发达,又反映了商代的刑罚制度对后世的影响。

按照春秋时期行刑用"斧钺""刀锯""钻凿"的说法,所谓刑就是由人用自己制造的"斧钺""刀锯""钻凿"等工具给人的肌体施加某种形式的创伤,或者结束人的生命的一类危害性方法。简单说,是人对人的危害。但是,夏商时期的人还没有把这种做法理解得这样赤裸。在他们的观念中,是上帝,而不是他们自己创造和使用这类危害方法。商代的卜刑就反映了当时人的

---

① 《尚书·甘誓》。
② 《尚书·汤誓》。
③ 《尚书·盘庚中》。
④ 同上。
⑤ 《尚书·康诰》。

这种观念。甲骨卜辞多有卜刑的事例。如："贞,王闻惟辟。"①再如："兹人井（刑）否?"②

尽管卜刑与卜迁、卜战伐等都主要是为了预知行动的吉凶,但由卜而得的所谓"吉凶",可以影响刑的使用,也就等于把用刑的决定权交给了提供"吉"兆或"凶"兆的那个对象,即上帝。

【参考书目】

1. 张晋藩:《中国法制通史》(第一卷),法律出版社 1999 年版。
2. 李光灿、张国华:《中国法律思想通史》(第一卷),山西人民出版社 1994 年版。
3. 徐进:《中国古代正统法律思想研究》(第一章),山东大学出版社 1994 年版。
4. 武树臣:《中国传统法律文化》(第三章),北京大学出版社 1994 年版。

【思考题】

一、名词解释

1. 图腾崇拜
2. 祖先崇拜

二、简答题

1. 简述夏商时期的代天行罚思想。
2. 阐述商代的五刑。

---

① 《殷墟文字乙编》4604。
② 《殷契佚存》850。

第二章　西周时期的明德慎罚和礼治思想

　　西周时期,人们也相信天命、天罚,但人类的进步、社会的发展以及统治者统治和管理经验的积累,促使他们开始怀疑天实际上是不是存在,并把更多的注意力放在对社会的研究上。他们在一时还无法抛弃天的情况下,找到了一个横亘在天与王之间的或者同王、天形成"三足鼎立"之势的德,从而产生了明德慎罚的思想。当统治者把注意力向社会转移之后,他们对社会的主动调整和对民的重视,造成了在中国历史上具有十分重大意义的礼治思想的发达。

　　本章主要学习:(1)德在周人天命思想中的地位和明德慎罚思想;(2)礼的起源和西周统治者的礼治思想。

第一节　以德配天与明德慎罚

　　与夏、商一样,周统治者也接受了受命于天的观念。《诗经·周颂·昊天有成命》记载:"昊天有成命,二后①受之。"《大雅·文王》说:"文王在上,于昭于天,周虽旧邦,其命维新。"《大雅·大明》又说:"有命自天,命此文王。"大盂鼎铭文有:"丕显文王,受天有大命。"这些材料足以证明周人也相信周之所以兴盛并进而成为天下之主,都是由于得了天命。但西周人对天的态度又与夏、商有所不同。夏商时期,人们似乎都在消极地等待天命的降临,一旦获得天命便祈求它的佑助或消极地依赖它。西周人则认为,天命的到来需要人的积极争取,只有有德的人才能获得天命,并保有已获得的天命。这一点不同是中国古人从夏、商到西周这一漫长的探索天之奥秘的历史的缩影。在从夏商到西周时期对天的认识过程中,西周人最大的贡献就是提出了比较系统的"德"的思想。德的发现虽然没有使西周人告别天,脱离天的束缚,但却打开了面向社会的认识之门,为真正社会科学意义上的政治思想、法律思想的发展奠定了基础,而法律思想发达的最初表现形式就是明德慎罚。

---

　　①　《诗经译注》曰:"二后犹二王。此指文王、武王。"

▶ 一、"天命靡常"的发现

当西周统治者打着天命的旗帜"燮伐大商"①,夺取了政权之后,天命的支柱已显得不甚坚实——既然天已授命于夏、商,天命又具有唯一性、排他性,天为何后来又收回了授命而改授他人呢? 西周人得出的直观结论是"天命靡常"②。正因为"惟命不于常"③,所以周初君臣深感"天不可信"。④ 因为从经验上来看,今天获得天命的人,明天未必不会失去天命。周武王灭商建立周王朝之后仍"皇皇若天下未定"⑤,这恐怕也是因为担心天命能否保住。

在以往的天命思想中,实际上蕴含着天不可依赖的结论。因为天既然有赏罚的权力,并且夏、商统治者也曾代表天一次又一次地实施了罚,消灭了一个部落或一代王朝,那么,天自然也可以对正在王位上的人实施处罚,将他所握有的王权剥夺。只要人们把王同天看成是二,而不是一,这个结论就是很自然的。尽管商代力图在地上的王与天、上帝之间建立更为密切的甚至血缘联系,但无论如何,他们都不可能完全把天和王说成是一。这样,处在王之外的天的神圣权力就既可以降罚于有扈氏、夏族,也可以降罚于商、周。事实上,商末的一些有识之士也已发现,单纯依赖天并不足以长久保住王权。如祖伊等面对商朝末年的朝政腐败,就已意识到"天弃我"⑥的威胁,只是由于当时天命思想仍为绝大多数的人们所接受,尤其是君王对天命的深信不疑,所以怀疑天还只能是少数有远见的贤臣的思想。

对天的怀疑还来源于另一方面,那就是:不言的天有不当的作为,比如赏罚上的不公引起人们的不满,从而造成人们对天的怀疑。这是由对天的公正性的怀疑扩展而来的对天权威的怀疑。夏朝末代王桀"不务德而武伤百姓,百姓不堪"。⑦ 这样的人竟然为世上的天子,竟然就是上天派到人间的王,这怎能不让人们怀疑天的公正和天的决策的正当性? 人们喊出的"时日曷丧,予及汝偕亡"⑧的口号,除表达对夏桀的痛恨外,显然也包含了对天的怀疑——如果天真的明察、公正,为什么不让夏桀赶快灭亡? 此外,像武乙"射

---

① 《诗经·大雅·大明》。
② 《诗经·大雅·文王》。
③ 《尚书·康诰》。
④ 《尚书·君奭》。
⑤ 《尚书大传》。
⑥ 《尚书·西伯戡黎》。
⑦ 《史记·夏本纪》。
⑧ 《尚书·汤誓》。

天"①之类的故事，不管出于什么用心，也都表明了这些人对天的怀疑。

▶ 二、以德配天的天命观

天命虽然无常，但当时的人们尚无能力彻底否定天。他们能做的只是在坚持天伟大、神圣的前提下，探讨天"改厥元子"②的原因。西周人总结出的原因是：王无德天便改变授命，即所谓的"皇天无亲，惟德是辅"。③ 也就是说，只有有德的人才配受天命。殷人之所以"早坠厥命"，是因"其不敬厥德"④。周之所以代商为王，是因为周有德。正如周后人所称颂的："丕显文王，皇天弘厌厥德，配我有周，膺受大命。"⑤

德这个概念并不是西周人创造的，而是一个来之久远的既有道德内涵、又有政治意义的概念。《尚书·甘誓》有"夏德若兹，今朕必往"。《盘庚》有"非予自荒兹德，惟汝含德"，"施实德于民"，"汝有积德"⑥等。不仅商书"德"字屡见，而且虞书、夏书也有多处用"德"。如"行有九德"，"其人有德"⑦，"祗台德先"⑧。我们虽无法断定夏代人是否确有德的观念，但商代人已有这种观念却是于史有证的。"德"由"值"演变而来，据一些先生考证，"值"没有加底心，就是今天的"直"。在商代，直就是德。⑨ 后来才添上了底心变成了"惪"。德的含义近"得"。《说文》："惪，外得于人，内得于己也。"《释名·释言语》："德，得人，得事宜也。"由此可见，这德又有恰到好处，在对人对己上公正、适宜的意思。所以，郭沫若先生也把"惪"解释为"直心"，即"把心放端正"。⑩

商代人已经能在政治实践中运用德。如盘庚在对其众臣训话时说："若网在纲，有条而不紊。若农服田穑力，乃亦有秋。汝克黜乃心，施实德于民，至于婚友，丕乃敢大言汝有积德。乃不畏戎毒于远迩，惰农自安，不昏作劳，不服田亩，越其罔有黍稷。"⑪这段话所讲的一个基本道理是，付出了才有收获，而肯于为社会付出自己的劳动就是有德。再如，祖已曾对高宗说："民有

---

① 《史记·殷本纪》。
② 《尚书·召诰》。
③ 《左传·僖公五年》引《周书》。
④ 《尚书·召诰》。
⑤ 《毛公鼎铭文》。
⑥ 《尚书·盘庚上》。
⑦ 《尚书·皋陶谟》。
⑧ 《尚书·禹贡》。
⑨ 杨荣国：《中国古代思想史》，人民出版社 1973 年版，第 10 页。
⑩ 郭沫若：《先秦天道观之进展》，载《郭沫若全集·历史编》（第一卷），人民出版社 1982 年版，第 336 页。
⑪ 《尚书·盘庚上》。

不若德，不听罪，天既孚命正厥德，乃曰如其台。呜呼！"①凡是不符合统治阶级的道德要求、政治要求的事，都是不顺德或不德。因此，国家对不德之人就要加以处罚，以便促使他端正自己的品行。从这些记载来看，商代人不仅有了德的概念，而且已经把它运用到了政治实践之中。西周统治者正是继承了已为商末贤臣所运用的德这一概念，并进一步把德当成政权得失、政治兴衰的根本，提出了以德配天的新见解。

以德配天的思想使过去的"王—天"关系发生了重大的变化。这个变化就是，在王和天中间加上了一个德，给王获得天命找到了德这个媒介。这个德同王一样都是社会发展的产物，同时，它也同王一样，在尚未摆脱天命思想束缚的人们的理论加工之下，也同天建立了联系。德作为王获得天命的媒介，虽然是当时人们想象出来的，但对于作如此想象、相信如此想象的人们来说，它的重要性是不言而喻的。在西周人的政治议论中，德是一个十分重要的话题。在《尚书》的《周书》中，有数十处讨论德或使用德这个概念。在《诗经》中，德也反复出现，如《大雅·文王》有"无念尔祖，聿修厥德"；《大雅·大明》有"乃及王季，维德之行"，"厥德不回，以受方国"；《大雅·皇矣》有"帝迁明德，串夷载路"，"其德克明，克明可克"，"比于文王，其德靡悔"等。

西周的德的主要内容是保民。周公曾说过："予惟用闵于天越民。"②这也就是所谓"敬天保民"。统治权既是天授予的，所以代替天掌管天下的王朝、天子及其所在的氏族群体当然应该敬天。为了使天命不至于得而复失，享有天命的人或集团更需要敬天。而要敬天就必须保民，因为"惟天阴骘下民"③，或者说"天生蒸民"。④ 民是天生的，不保民自然也就不能算是十分敬天。周人打天下虽然扯的是天命的旗号，但实际上是用"不期而会"的八百诸侯以及"倒兵以战"⑤的纣兵推翻了商朝，使周朝得以建立。正是因为他们看到了民的力量，所以周公等一些有远见的政治家才一再呼吁："人无于水监，当于民监"⑥，"小人难保"。⑦

在天命的笼罩下，西周统治者为了获得天命而保民。但就敬天与保民二者而言，西周统治者更重视保民。民和天二者相比，民同王权的关系更直接。

① 《尚书·高宗肜日》。
② 《尚书·君奭》。
③ 《尚书·洪范》。
④ 《诗经·大雅·荡》。
⑤ 《尚书·康诰》。
⑥ 《尚书·酒诰》。
⑦ 《尚书·康诰》。

在他们看来,"天视自我民视,天听自我民听"。① 天对王的看法好坏取决于民对王的评价。而且,"民之所欲,天必从之"。② 民让一个王朝存则天命延长,民要让一个王朝亡则天就会收回授命。既然民同天的关系、从而也就是同王的关系是这样,周统治者就不能不把其政治的主要着眼点放在保民上。周公告诫成王要"怀保小民","知小民之依(隐痛)","知稼穑之艰难"③,等等,就是出于这种考虑。这样一来,在西周的天命思想中,有实质意义的已经不是对天的祈祷,而是"怀保小民"。他们的德的实质内容主要就是保民。所谓王、德、天的关系已经变成"王—民"关系,甚至是"王—民—天"关系。王过去对天的那种抽象的惧怕变成了对民的直接的畏惧。神秘的天逐渐退到世俗力量的背后。超人间的力量在一种不自觉的理论推演中逐渐地向人间力量的方向还原。尽管西周人还无力彻底揭下神、天的神秘外衣,但事实上他们已经一步一步地放弃了对天的虔诚,把重心逐步转移到了处理人际关系上来。这是一次伟大的转变。

过去的政治统治学主要是"神学",法律思想也是这种"神学"的组成部分,而在西周,人们虽然没有抛弃天,没有否定这种"神学",甚至还在为这种学问添砖加瓦,但他们却为真正社会科学的研究打开了一扇门,把政治学、法学研究的主攻方向从"王—天"关系领域转移到"王—民"关系领域,从而促进了以社会为对象,以统治阶级与被统治阶级的关系为核心的政治学的发达,并相应地促进了法学的发达。如果我们说西周人的思想从根本上来说还没有告别天,那么,我们同时也可以说,在没有完全告别天、神的情况下,科学也可以赢得一定的发展机会,也会逐渐地成长起来,并最终取代天、神在人们的认识中以及在政治学说中的地位。西周人重德是为了天命,后来的儒家把德的神秘属性给剥离了。儒家的学说,尤其是儒家的基本政治法律主张,可以说就是在完成这种剥离的基础上建立起来的。

▶ **三、明德慎罚**

以德配天的思想包含了天和人间社会两个世界的内容。这种思想反映在法律上,表现出天和社会结合的特点。一方面,受天命思想的束缚,人们仍然保持天罚的观念,西周统治者继续以天的代理人的身份对人世间的人或人的集团实施处罚;另一方面,迫于保民的需要,也是迫于处理越来越多、发生

---

① 《孟子》引《泰誓》。
② 《左传·襄公三十一年》引《泰誓》。
③ 《尚书·无逸》。

越来越频繁的社会事务及由其引起的各种矛盾的需要,西周统治集团中的人们不能不更多地考虑社会的需要,更多地注意赏罚等"天"的武器的社会作用,关注如何才能更好地发挥这些武器的社会作用。这后一方面就是西周统治者所探讨的"明德慎罚"。

按照《尚书·康诰》的记载,周文王已能做到"明德慎罚",并且能够妥善处理各种关系、各项重大事务。他不欺侮无依无靠的人,任用那些应当受到任用的人("庸庸"),尊敬那些应当受到尊敬的人("祗祗"),镇压那些应当受到镇压的人("威威"①),体现了运用政治权力应当出于公心,掌握合理界限的要求,体现了德的所谓"直心"的精神。明德慎罚思想主要包含两个方面的内容,一是明德,一是慎罚。

(一)明德

明德主要是要求统治者注重个人的自我修养,为民之则,并注意对臣民的教化。周初君臣非常注意今王为民楷模的问题。周公曾告诫成王说:"君子所其无逸",要兢兢业业地处理国事,不能贪求安逸,要率先垂范,带头为国事操劳。

周公非常重视教化引导,提出"由裕(诱导)民"的主张,认为如果无人对臣民加以引导,他们就不会向善,国家的事就办不好。他在对殷遗民的训话中指出:"乃惟成汤克以尔多方简,代夏作民主。慎厥丽,乃劝;厥民刑,用劝;以至于帝乙,罔不明德慎罚,亦克用劝;要囚殄戮多罪,亦克用劝;开释无辜,亦克用劝。"②这里,周公虽然说的是商王,但实际上反映了他自己的教化观,反映了周朝统治者的德教思想。在同康叔的一次谈话中,周公还说道:殷朝的旧臣"乃湎于酒,毋庸杀之,姑惟教之",只有对那些"不用我教辞"③的人才能施罚。在这里已经蕴涵了后世儒家"先教后诛"思想的萌芽。

(二)慎罚

所谓慎罚就是要求那些用刑施罚的人要谨慎地使用刑罚。根据《尚书·康诰》等文献的记载,西周统治集团的慎罚思想主要有以下几项内容:

(1)仔细审查案情。弄清案情是正确定罪量刑的前提条件。为了做到量刑适当,就必须在审理案件上下工夫。周公提出,审理案件要认真审查犯人的口供,甚至要认真地考虑五六天到十天,即所谓"要囚,服念五六日至于旬时,丕蔽要囚"。④

---

① 《尚书·康诰》。
② 《尚书·多方》。
③ 《尚书·酒诰》。
④ 《尚书·康诰》。

（2）王不干涉辞讼。据《尚书》记载，周代已有专门负责处理案件的职官。周公在还政成王后曾对成王说："王左右常伯、常任、准人、缀衣、虎贲。"①其中准人的任务就是所谓"平法"，所以也称"平法之人"。②狱讼之事应由准人等职官来办理，王不应随意加以干涉。"庶狱庶慎"，"文王罔敢知于兹"。以文王之圣明，都不敢干涉平法活动，后之王更不应插手狱讼之事。所以，周公指出："今文王子孙"，"其勿误于庶狱，惟有司之牧夫"。在这类事务中，王连"一话一言"③也不应有。

（3）用刑施罚不能感情用事。周公曾要求康叔在处理案件上"用其义刑义杀，勿庸以次汝封"。④该杀的杀，该刑的刑，康叔或有司之官不能只按自己的好恶行事。

（4）定罪量刑要区别故意与过失、偶犯与惯犯。周公曾对康叔说："呜呼！封，敬明乃罚。人有小罪，非眚，乃惟终自作不典，式尔，有厥罪小，乃不可不杀。乃有大罪，非终，乃惟眚灾，适尔，既道极厥辜，时乃不可杀。"⑤意思是说：如果一个人犯了罪，不是由于过失，而是一犯再犯坚持不改，故意犯罪，那么，罪虽小也不可不杀。反过来，犯罪人不是坚持不改，而是一时过失而犯罪，罪虽大也不可杀。这种既看行为后果又分析行为人的主观动机的理狱办法更合理，也更符合周统治者保民、教民的要求。

（5）慎中其刑。在正确认定案件的事实，排除了各种可能影响对案件的公正处理的因素之后，剩下的就是选择适当的处罚方法及确定合理的处罚强度了。周统治者非常重视这一点。周公曾说："兹式有慎，以列用中罚。"⑥中，即合适，适当，不重不轻。《叔夷钟铭文》有"慎中有罚"。也是要求断狱者审慎行事，以达到每一个案件都能处理得正确无误，即《吕刑》所说的"罔非在中"或"咸庶中正"。

（6）世轻世重。西周统治者用刑适宜、合适的思想还体现在一条原则上。这条原则就是《尚书·吕刑》所说的"刑罚世轻世重"，意思是根据社会情况的不同使用轻重不同的刑罚。也就是说，对同一犯罪，在不同的社会条件下应采用轻重不同的刑罚。这也就是梁启雄先生所说的"世有治乱，故

---

① 《尚书·立政》。
② 《尚书》，孔颖达疏。
③ 《尚书·立政》。
④ 《尚书·康诰》。
⑤ 同上。
⑥ 《尚书·立政》。

法有轻重"。①

如果说，西周及其以前的其他关于政治、法律的观念、思想都笼罩在天的阴影之下，或多或少地渗透着神的精神，那么，慎罚思想则是最早的基本上摆脱了神的束缚因而可以被称为科学的、且较为系统的法律思想。这个纯粹世俗的思想的产生，其主要推动力是罚所针对的事务，或行为，或关系的世俗特性。西周人要处理的纠纷，所对付的犯罪，都是发生在人与人的关系中，即使看问题的人还没有挣脱天神的认识框架，也难以把那些纯粹社会的事务、行为等都做神的解释。对发生在人与人之间的诸如土地归属的争议、动物及其他财产的争议等，只能做社会的解释，只能用人类对人类自身的办法来处理，而不能用过去那种人类对上帝的办法来解决。正是狱讼事务的世俗性，同时也就是认识对象的世俗性，决定了世俗的法律观点的发生和迅速的发达。

从《周书》等文献中可以看出，西周时期的许多法律观念、法律思想都具有世俗特色，或者说都被世俗化了。"有司"及其分工的形成、狱讼的概念和人们对狱讼的态度、作为衡量犯罪严重程度标准的"眚"与"非眚"等概念、"义"的用刑原则，等等，都是告别天、神、上帝等之后的认识成果，这些是中国古代历史上最早的法律科学。

第二节　西周时期的礼治思想

周代对天的虔诚主要表现为祭祀。周代的祭祀则以活的礼留给了世世代代的中国人。同祭祀一起发展起来的是礼治以及关于礼治的理论。

西周统治者为了加强对社会的主动调整，继承并发展了前代人留下来的礼，把它发展成为一个几乎无所不包的行为规范体系。不管是经济制度、政治制度，还是家族伦理、一般社会交往等，都被包容在这个体系之中。西周人建造的行为规范体系是礼，而这个规范体系所服务的是一个礼治的国家。在这个国家里，礼与国家的基本的政治制度、经济制度等是联系在一起的，礼的兴衰同政权的兴衰也是联结在一起的。

▶ 一、礼的起源及其在周代的发展

为了研究西周时期的礼治思想，我们有必要先粗略地考查一下礼的起源及其发展过程。

礼是由原始社会的习惯发展演变而来的。它最初也带有习惯的特征。

---

① 梁启雄：《荀子简释》，中华书局1983年版，第339页。

在原始社会,人们崇拜图腾、祖先及其他神灵,希望并祈求得到他们的保护。这种经常性的祈祷、祭祀活动事关氏族的命运,是当时社会生活的最重要最严肃的内容。在这种活动中逐渐形成了一些规则,后来人们便把这些规则叫做礼。许慎《说文》云:"礼,履也。所以事神致福也。"这个解释说明,礼来源于祭礼,它首先是祭祀活动的规则。王国维先生对礼的起源与发展做了进一步的考查。他认为,最初的礼字"像二玉在器之形",其核心的含义是"行礼"的物品。后来,"盛玉以奉神人之器"也取得了礼的地位。再往后,"推之(指用为祭品的玉、酒醴等)而奉神人之事通谓之礼"。① 按照王先生的看法,礼的含义经过了一个发展充实的过程。由起初的礼"物",到后来的礼器,再到后来又有了行礼之事的意义。这行礼之事的礼就是《说文》所说的"履"了。

人类进入阶级社会之后,社会并没有因为其文明的长进而结束祭祀等活动的历史。拥有统治力量的人们继续运用超人间的神、天来巩固其统治,维护社会的安定,实现其他政治、经济等方面的目标。在夏、商时期,同天命神权的政治相适应,对天的祈祷及其他虔诚的表示方式并没有被放弃,而是受到了来自于统治集团的更进一步的重视。礼不仅没有消亡,而且在包含了政治内容的社会生活中具有了更大的价值。它从过去的为全氏族或全部落的利益而被遵守的规范,变成了为特定阶级的利益而由这个特定阶级所极力发挥并竭力维护的规范体系。虽然夏商时期的祭祀活动还打着为某个祖先的所有后人或为某个部落全体谋平安的旗号,但这些活动实质上追求的是少数处于统治地位的人们的特殊利益,而整个礼的主要作用在于维护有利于统治者的社会秩序的稳定。

有特定的人的利益才有特定的人际关系;有占统治地位的人们的特殊利益,才有借助于国家力量的推行和维护。正因为礼对维护统治集团的利益有重要价值,它才由社会生活中的一般行为规范上升为政治活动的准则,才由仅具有社会性的规则变为与国家相联系的,并带有国家强制性的行为规范。周人对殷人的评价说明了这一点。《尚书》载周公云:"故殷礼陟配天,多历年所。"②殷礼能和上天参配,所以殷才享国久长。这礼决定了统治的长久与短暂,显然具有重大的政治价值。正因为如此,商统治者为了达到保持国运长久的目的,才在礼上付出了自己的辛劳,倾注了自己的感情。

西周人比夏商统治集团更加注重人事,注意对社会自身的主动调整。而他们从前人那里继承来的调整手段便是礼。他们已经把用礼规范祭祀活动

---

① 《观堂集林·释礼》。
② 《尚书·君奭》。

发展为用一定规范调整其他社会关系。他们把在调整"王—天"关系中具有十分重要价值的礼,运用来规范他们认为同样重要的社会生活、政治生活。顺此展开,礼一旦被用来调整重要的政治关系、社会关系,它在现实社会生活中的地位便迅速提高,成为世俗的社会生活、政治生活中不可缺少的行为规范。在西周几百年的发展史中,礼逐步成为一种无所不包的、调整社会生活各个方面的非常庞大的规范体系。所谓"君令、臣共、父慈、子孝、兄爱、弟敬、夫和、妻柔、姑慈、妇听,礼也"[①],反映了礼的调整范围之广。《礼记·曲礼上》有这样一段描述:"道德仁义,非礼不成;教训正俗,非礼不备;分争辨讼,非礼不决;君臣上下,父子兄弟,非礼不定;宦学事师,非礼不亲;班朝、治军、莅官、行法,非礼威严不行;祷祠、祭祀,供给鬼神,非礼不诚不庄。"这段话告诉我们:第一,礼的调整范围非常之大,父子、兄弟、师生、君臣、上下等涉及社会关系的各个方面。第二,礼在社会生活、政治生活中的地位非常之高。不管是"道德仁义"、"教训正俗"等一般社会生活方面,还是"祷祠祭祀,供给鬼神"等事务的处理;不论是"班朝治军,莅官行法"等政治活动,还是"分争辨讼"等具有司法特征的政府或社会行为,都离不开礼。

▶ 二、礼治的原则

西周以礼为治理国家的基本行为规范。后人把以礼治国的这种治国方法和与之相应的理论、学说等称为礼治。在西周的礼治中,有两条最基本的原则,即亲亲和尊尊,而这两条原则,尤其是其中的尊尊原则进一步应用的结果是另一项更具有政治特征的原则,即礼乐征伐自天子出。

（一）"以藩屏周"与"亲亲"的原则

周灭商之后,天下并不太平。武王死后,管叔及其群弟制造谣言,发动叛乱。殷遗民以武庚禄父为代表,也企图趁机推翻周政权,恢复商的统治。这样,便造成了周初东方的叛乱。周公举行东征,"伐诛武庚,杀管叔而放蔡叔"[②],赢得了周天下的暂时太平。这场叛乱与镇压叛乱的斗争,使周统治者更清楚地认识到了保有天下的艰难。

为了保护既得的政权,周公在平乱之后,采取了建侯卫的措施。周公主持的大分封为西周王朝建立了久固之基,也确立了西周政治的基本格局。所谓大分封可以概括为天子"建国"、诸侯"立家"。封建的结果是构造出西周政治统治的三个基本层级,即天子—诸侯—大夫。这三个层级都有自己的领地

---

① 《左传·昭公二十六年》。
② 《史记·管蔡世家》。

和臣民,共同构筑了西周国家的基本政治骨架,也正是这个骨架成为周天下太平的保障。周公封建也正是要寻求这种保障。富辰说:"封建亲戚,以藩屏周。""屏周"是目的,"封建"是手段。周公希望通过分封天子的诸子、诸弟、诸亲戚,为周天子建立一个以血缘和婚姻联结起来的屏障,使天子直接控制之下的周人不反叛,也使周以外的人难以对周造成严重的危害。

为了达到"屏周"的目的,周公在封建诸侯时贯彻了"亲亲"的原则,即把最亲者分封在最重要的地区,使最亲者地位最尊。分封之后,诸侯对天子的拱卫实际上就是兄弟、子侄及其他众亲戚对周天子的拱卫。这种政治防卫体制的内部凝聚力首先主要是血缘,其次是婚姻。但是,血缘联系本身并不就是政治力量。血缘联系、婚姻关系产生政治力量的前提是同血缘的人或有婚姻联系的人之间相互保护、支持的自觉。尽管当时的人们已有了这种自觉,或者说氏族制度留给人们的这种观念还很强,但为了充分发挥同血缘的人及姻亲对周天子的保卫作用,还必须进行必要的催化,使人们的这种自觉巩固下来,发扬开去。这种催化就是宣传"亲亲",把亲亲相护说成是千古不变的人生范则和政治原则。只要每个诸侯都树立了亲其所亲的观念,把保护亲者、反对一切侵犯亲者的人变成自己的信条,这些诸侯便都成了维护周天子的政治力量单元,并由他们组成"屏周"的万里长城。所谓"捍御侮者,莫如亲亲"①,就是因为人们对保卫亲者有一种"天然"的、超过其他各种关系的责任感。

西周分封体系中的"亲亲"观念借助于与分封制相适应的宗法制而得以加强。周天子既是最高的政治统治者,又是全国的大宗,同姓诸侯相对称小宗。在诸侯国内,诸侯是大宗,卿大夫是小宗。在家内,卿大夫又"收族",建立"贰宗",也形成一种大宗与小宗的关系。这样,"亲亲"的观念就经常靠宗法制去培养,"亲亲"的力量就经常以宗法制的形式表现出来。宗法制与分封制基本同体,人们维护大宗,实际上就是维护分封制,保护大宗最终就是保护周天子。正因为如此,周公告诫成王要"惇宗将礼"。②

在西周的礼中,反映亲亲原则的行为规范非常之多,具体到日常生活的各个细节。这些具体的甚至是琐细的规范、仪式、礼节等,不断强化着人们的亲亲观念。

孝是对"亲亲"原则的概括和集中体现。"亲亲父为首"③,亲父便是孝。

---

① 《左传·僖公二十四年》。
② 《尚书·洛诰》。
③ 《史记索引》,引。

孝父母是亲亲的关键。如果人们连孝都做不到，亲其他亲就更难做到，以藩屏周的政治建构就会失败。孝对一般人来说主要是奉养父母，即"用孝养厥父母"①，而对诸侯、大夫来说就是顺从其父王，保护其"君父"的统治权。《诗经·大雅·既醉》说："威仪孔时，君子有孝子。孝子不匮，永锡尔类。其类维何？室家之壸，君子万年，永锡祚胤。"意思是说，贵族们能成为孝子，孝道不断，孝子不绝，王族的地位就可以维持长久，王族的统治权就能久振不衰。周公非常重视对孝的宣传和对孝观念的培养。他把"不孝不友"视为罪大恶极，主张对这样的人"刑兹无赦"。②

（二）"君令臣共"与"尊尊"的原则

礼治的另一条基本原则是"尊尊"。这一原则是把由分封造成的地位的高下作为既存的合理的制度，并赋予在上者"尊"的称号，然后要求所有在下者去尊重、服从每一个在上者。按照这个原则，天子对于诸侯、大夫、士及众庶是尊者，是全天下最尊贵的人，全天下所有的人都应尊天子，服从他的指挥，保护他的利益。诸侯对于天子是卑者，他应服从天子，但相对于自己的卿大夫和自己封国内的众庶，他又是尊者。这些大夫、士、庶人应当尊诸侯，听从他的安排。大夫也有相对于天子、诸侯为卑而对于士、庶为尊的双重地位。在这个由尊卑关系联结起来的政治序列中，唯有天子只具有尊者的地位，唯有庶人、奴隶只具有卑者的身份。

"尊尊"的原则比"亲亲"具有更广泛的政治价值：（1）它把同天子无血缘、婚姻关系的广大庶人等纳入了政治统一体之中，使这些人也按其卑的地位为周的等级制政权，从而最终为周天子效忠。（2）它不受血缘关系亲疏的影响。周初分封，受封的是天子的兄弟、子侄等，但由于周政权的延续实行嫡长子继承制，这就自然造成这样一种发展趋势——政权延续时间越长，周天子同各诸侯的血缘关系越疏远，而周政权的血缘的凝聚力越小，政治的向心力越弱。"尊尊"不以血缘的亲疏为前提，而以制度宣布的尊卑状态或资格为依据。即使卑者与周天子或其他尊者的血缘关系已经变得很疏远，一定制度下成立的尊卑关系依旧存在。亲随岁月的流逝而变疏，尊不因时间的推移而丧失。只要制度不变，只要人们都一如既往地按照制度的要求尊其所当尊，天子和其他处尊位的尊者，尊卑关系就不会改变，这种尊卑关系所维护的政治就会永远强盛。这一原则，越是到了西周的后期，也就是说，越是到了天子同诸侯、诸侯与大夫之间的血缘关系变得疏远的时候，便越加受到重视。"不

---

① 《尚书·酒诰》。
② 《尚书·康诰》。

以亲亲害尊尊"①的说法反映了亲亲与尊尊二者比价上的消长。

按照尊尊的原则,地位低的人对地位高的人应当尽一定的义务。具体到诸侯对天子来说,各诸侯应根据自己的不同地位向天子履行相应的义务。周礼规定:"邦内甸服,邦外侯服,侯卫宾服,夷蛮要服,戎狄荒服。"不同服者有不同的义务:"甸服者祭,侯服者祀,宾服者享,要服者贡,荒服者王。日祭,月祀,时享,岁贡,终王。"②当周天子遇有紧急军事需要时,诸侯要出兵救援或助战;天子之国遇有经济困难时,诸侯也有义务解囊相助。

此外,在西周的礼中,还有另外一项更能包容诸侯及其他臣民义务的规定,那就是所谓"君令臣共","君令而不违,臣共而不贰"。③ 臣对君的命令都应服从,而不应违背,而君的命令当然可以是要求臣对自己履行某种义务。

不管是亲亲原则,还是尊尊原则,都包含等级的内核。所谓亲亲即亲其亲者,而这亲是以血缘关系的远近为依据的。这个依据所展现的就是由亲到疏的一个可以称为"亲等"的序列。所谓尊尊就是尊其尊者,而这个尊是由宗法制中的高下、大小来确定的。宗法制确定的就是由大宗到小宗,由天子、诸侯到大夫、士、庶的宗法的或政治的等级序列。从这个意义上说,所谓礼治是一种等级之治,礼治思想是一种包含等级内容的思想,而礼治下的法律观念、法律思想也一定是具有等级内核的观念和思想。

(三)"礼乐征伐自天子出"

礼治的最大政治追求是维护周天子的统治地位。孔子在目睹了春秋时期的诸侯争霸、天子丧权的局面之后,曾愤愤地说:"天下有道,则礼乐征伐自天子出;天下无道,则礼乐征伐自诸侯出。"④这有道与无道是孔子的评价,而他所说的"礼乐征伐自天子出"则道出了礼治思想最重要的一项内容,概括了西周礼治方案的基本设计要求。不管是"亲亲",还是"尊尊",其最终的政治追求、根本的政治作用在于维护周天子的利益、维护周政权的统治。人们亲其所亲,就会维护周天子通过战争建立起来的政权和与之相应的制度;人们尊其所尊,就会维护周天子的指挥权、征伐权。"捍御侮"也好,"君令臣共"也罢,其结果都是对天子权力、利益的拱卫、保护。

除此之外,礼的一些具体要求也都反映了确保"礼乐征伐"出自天子的要求。按礼,"天子与诸侯相见曰朝",他们在一起"考礼正刑一德"是为了"尊于天子"。诸侯及伯子男所演奏之乐受"赐"于天子,而非自作;诸侯征伐要由天

---

① 《谷梁传·文公二年》。
② 《国语·周语上》。
③ 《左传·昭公二十六年》。
④ 《论语·季氏》。

子"赐弓矢",而不能自作主张;诸侯要酿酒祭神,也要在天子赐予盛酒的器皿之后才能进行,而不应取决于自己的喜好;兴办学校也不能由诸侯随便决定,必须以"天子命之教"①为前提。

礼、乐、征伐、祭祀等,在周代都是国之大政。按照礼治的要求,这些大政要么出自天子,要么同于天子,诸侯不能随意兴作,不能另搞一套。这种要求的实现,意味着全天下都按有利于周天子的制度行事,其结果自然是周之江山永固。对礼治的这种作用,越是到了西周的后期,人们的认识便越加明确。汉代成书的《礼记》这样描述礼的功能:"礼者,君之大柄也,所以别嫌明微,傧鬼神,考制度,别仁义,所以治政安君也。"②春秋人这样解释礼的重要性:"礼者,所以经国家、定社稷、序民人、利后嗣者也。"③按照这些描述、解释,礼不是一般的行为规范,而是决定国家存亡的根本大法。

▶ 三、礼与刑

西周时期,礼已经发展成为一个无所不包的行为规范体系。这个规范体系的形成不只意味着人们(不管他是天子、诸侯,还是大夫、士、庶)行为有章可循,在国家、社会创制礼的各种规范时,在国家、社会认可了礼这种行为规范时,同时也就宣布了礼对人们的约束力,赋予这种规范以执行力,尽管这种执行力可能一开始并不是十分强大,尽管这种执行力的赋予不一定经过正规的程序。《礼记·礼运》引孔子的话说:"夫礼,先王以承天之道,以治人之情,故失之者死,得之者生。《诗》曰:'相鼠有体,人而无礼。人而无礼,胡不遄死?'是故夫礼,必本于天,殽于地,列于鬼神,达于丧、祭、射、御、冠、昏、朝、聘。故圣人以礼示之,故天下国家可得而正也。"在这段话中,所谓"必本于天,殽于地,列于鬼神,达于丧、祭、射、御、冠、昏、朝、聘",以及对"圣人以礼示之,故天下国家可得而正"的判断,说明了礼的规范性,也指出了创造礼的直接目的,即通过各种形式的"示",让全社会都遵循礼。所谓"天下国家"的"正"就是"天下国家"的人们遵守礼这种行为规范的结果。除此之外,礼这种行为规范也是评价标准。"失之者死,得之者生"给出了礼的规范、人们的行为与行为后果三者之间的一般关系。礼作为行为规范,是人们行为的准则,也是评价人们行为是非、对错的标准。《诗》的那句话就是把礼作为评价标准了。人们的行为与礼的规范之间的关系主要有两种情况:一种是"得",一种

---

① 《礼记·王制》。
② 《礼记·礼运》。
③ 《左传·隐公十一年》。

是"失"。当出现"得"的情况时,行为的后果是"生",也就是一种有利的后果;当出现"失"的情况时,行为的后果是"死",也就是一种不利的后果。

从《诗经·相鼠》等篇章的内容可以看出,礼在周代已经成为人们评价是非的重要规范依据。或者反过来说,当时的人们已经习惯运用礼的标准评价政治或社会行为。《左传》中频繁出现"礼也""非礼也"的评价,不仅可以确证礼已经成为周代人评价是非的标准,而且可以说明,礼已经成为当时国家和社会的最基本的也是最重要的评价标准。

礼不仅是一种行为规范,而且也是对有关行为作出肯定或否定评价的依据。也就是说,社会或国家可以以礼这种行为规范为依据对一定行为作出肯定的或否定的处理。"失之者死,得之者生"中的"死"和"生",就是说话的人对有关行为给出的肯定的和否定的两种处理意见。前述《周语》所载"日祭,月祀,时享,岁贡,终王"是行为规范,同时也是评价的依据,而接下来所说的"刑不祭,伐不祀,征不享,让不贡,告不王"①中的"刑""伐""征""让""告"都是否定性的处理。

从《周语》及其他材料的记载来看,刑是对违反礼的行为的否定性处理办法。刑以国家的"刑罚之辟""攻伐之兵""征讨之备"②等为后盾,以人或人的集团为使用对象,其使用的主要依据是礼。春秋时期的一些事例可以证明这一点。比如,僖公四年,齐"以诸侯之师"讨伐楚国及其同盟。管仲对这次讨伐所做的解释就是楚国"贡包茅不入",造成"王祭不共"。按照他的这个解释,楚国是因为没有很好地履行礼,所以才招致诸侯的讨伐。

礼是有利或不利后果的依据,但不是有利或不利后果的量度的依据。礼给人们提供的只是是非或功罪的标准,但不是与功罪相应的赏罚量度的标准。尽管《周语》有"刑不祭,伐不祀,征不享,让不贡,告不王"的说法,但礼毕竟不是成文法典,没有向定罪机关提供量刑的标准。周代的赏罚量度是由评价机关随机确定的,确定赏罚轻重时的主要依据可以归于德的若干原则。前述慎罚要求是对具体行为使用或不使用,或使用哪种刑罚的基本依据。处理案件的人们不是根据成文规范所确定的量度确定刑罚,而是根据这些体现德的精神的慎用刑罚的原则来选择适当的刑罚方法。对西周时期刑、礼、德的关系可以做这样一个简单的概括:礼为衡量功罪的标准,依据礼的规范可以决定何种行为非法(非礼);刑可以用于对非礼行为的惩罚;德决定刑的种类和轻重,礼和刑的结合受德的影响,甚至由德来决定。

---

① 《国语·周语上》。
② 同上。

【参考书目】

1. 张晋藩:《中国法制通史》(第一卷),法律出版社 1999 年版。
2. 李光灿、张国华:《中国法律思想通史》(第一卷),山西人民出版社 1994 年版。
3. 徐进:《中国古代正统法律思想研究》,山东大学出版社 1994 年版,第二、第三章。
4. 张国华:《中国法律思想史新编》,北京大学出版社 1998 年版,第一章。
5. 徐进:《德在西周政治中的运用及神权法思想的衰落》,载《法制与社会发展》1997 年第 5 期。

【思考题】

一、名词解释

1. 敬天保民
2. 礼
3. 德
4. 明德慎罚
5. 礼治

二、简答题

1. 简述西周时期慎罚思想的主要内容及其历史地位。
2. 试述以德配天思想在中国思想史上的地位。

三、论述题

1. 试述"亲亲"原则的意义及其社会基础。
2. 试述"尊尊"原则的意义及其影响。
3. 试述西周时期刑、礼、德的关系。

第二编　中国古代正统法律思想的准备时期

　　西周统治的危机,造成了受命于天理论的破产。春秋战国时期百家争鸣局面的形成,导源于对天的神秘性的否定:老子不信天而信道,创造了以无为为基础的道家思想。天被"冷落"了,然后有了儒家以仁、礼、人为核心的法律思想。神权法被否定了,人为法才取得合法的地位,才有了墨家提倡法治的条件。同时,以讨论人定法为中心的法家思想才得以发展,并有效地发挥着指导法治实践的作用。礼崩乐坏的现实,打破了礼治一统天下的格局,为治术多元化的探求提供了实践基础,无为而治、尚贤而治、德治、人治、法治、隆礼重法等方案竞相展演,儒墨道法各大家相互砥砺、批判,经集百家思想之大成者荀况的整合、借鉴,为秦汉以后古代正统法律思想的确立准备了丰富的资源。先秦时期原创思想迭出,造就了中国古代绝无仅有的学术繁荣。

第三章　春秋时期政治法律思想的理性化

　　春秋时期是中国古代历史上的一个大变革时期。这个时期社会变革的动力首先来自社会生产力水平的提高,人类改造自然能力的提高造成了社会经济、政治和阶级关系等的变化。与这场变革相应的是人们政治和法律思想的重大变化。我们可以把这个变化称为政治和法律思想的理性化。

　　西周时人对天已经提出怀疑,但他们毕竟还信天。在这样的认识水平上,西周的礼治思想和其他与法律有关的观念、认识都具有明显的非理性特征。春秋时期政治和法律思想的理性化是指春秋人识破了天的虚假,开始用理性的眼光看待各种社会制度。春秋时人在政治思想、法律思想以及在这些思想指导下的各种实践方面所取得的进步,都以对天的告别为前提。尽管这个时期的法律思想还算不上十分丰富,但为后世法律思想的发展开辟了道路,揭开了战国时期百家争鸣的序幕。

　　本章主要学习:(1)否定天命论与创立新学说的关系;(2)重民思想及产生这种思想的原因;(3)春秋人的刑罚思想及其时代特点;(4)礼治思想在春秋时期的发展。

第一节　天的否定与新思想的产生

　　周王朝统治的危机造成了"受命于天"理论的破产,西周统治者的"以德配天"论已不能自圆其说。天文、历算等知识的积累,使人们逐步获得关于天的更接近科学的认识。民在社会经济、政治以及军事等方面的作用越来越明显,统治者及其他有识之士对民有了新的评价,民的地位显著提高。天的否定与民的地位的提高,一方面解除了思想禁锢,另一方面为各种以社会为研究对象的治国思想找到了现实的基础。

▶ 一、天命观的否定

　　西周时期,天的权威已因德的观念的逐步强化而降低,而在西周王朝后来的发展历史上,周王朝的衰落更使王权神授的观念不断淡化。同时,随着人类征服自然能力的提高,尤其是天文、历算等自然科学知识水平的提高,人们越来越清楚地看出了天的自然属性。春秋时期,思想领域具有决定意义的变化,就是人们逐步放弃了天的神圣性而还天以其本来的自然性。当时的人们虽然还不能完全揭开天的神秘,但却越来越多地总结出它的并不神秘的规律。例如,范蠡说:"天道皇皇,日月以为常。"他认为"阳至而阴,阴至而阳,日困而还,月盈而匡"①才是天道。当时人们所总结出来的"盈而荡"②"盈必毁"的"天之道"③实际上就是客观规律。对人的寿夭这个普遍存在的现象,人们也发现了它的自然原因,而不再用天来解释这个问题。子产曾说:"若君身,则亦出入、饮食、哀乐之事也,山川星辰之神,又何为焉?"④国君的健康状况是生活中各种原因造成的,与什么"山川星辰之神"没有瓜葛。健康是这样,祸福也是这样。闵子马说:"祸福无门,唯人所召。"⑤人自身才是人的祸福的根源,无须到神那里寻找理由。

对天的新认识促使人们把对天命的怀疑变成了对天命的否定。如晋史墨说:"社稷无常奉,君臣无常位,自古以然。""三后之姓,于今为庶。"这种"无常"不是天的安排,而是像"高岸为谷,深谷为陵"⑥一样的自然变迁。这种看法虽然仍只看到了王朝更替的现象,没有揭示出这种更替的原因,但它毕竟不再把变迁、无常解释为天意。在对天的研究中,子产没有得出彻底否定天的结论,没有得出关于王朝兴衰的决定力量的肯定性结论,但他的"天道远,人道迩"⑦却朝着否定天和肯定人的方向前进了一大步。老聃则彻底否定天命,用自然解释人类社会的变化,包括政权兴替。老子认为,道是万物的本源,"万物之宗"。它"先天地生","可以为天地母"。⑧ 道产生万物的过程是"道生一,一生二,二生三,三生万物"。⑨ 老子所说的天是与地相对应的自然的天,道也不是有意志、有感情的神物,不是代天而起的另一个具有主体特征,按照自己的意愿决定人间事务的主宰者。按照老子的道论,人们生活在世上,或从事管理社会的工作,只要能体会到运行的规律,并按照道的规律办事就可以取得成功,既不需要乞求上帝的帮助,也无须惧怕上帝的阻挠。

---

① 《国语·越语下》。
② 《左传·庄公四年》。
③ 《左传·哀公十一年》。
④ 《左传·昭公元年》。
⑤ 《左传·襄公二十三年》。
⑥ 《左传·昭公三十二年》。
⑦ 《左传·昭公十八年》。
⑧ 《老子》,二十五章。
⑨ 《老子》,四十二章。

▶ 二、重民思想的发达与平等观念的孕育

西周时期的保民思想已经开了中国古代重民思想的先河。但在西周时期,在依然十分牢固的天命信仰的影响下,保民仍然是按照人们对天的认识而采取的政治措施。从理论上说,那时的保民处在第二位,敬天才是第一位的。在西周人观念中"天"仍然占据重要位置的"王—民"这一关系中,民与天的地位高低成此消彼长之势,民的地位的每一步提高,都意味着天的权威的降低。反过来说,天的神秘性被揭破也表明民在人们思想中政治价值的提高。春秋时期,人们或先或后、程度不同地把政治兴衰同民联系起来。否定天命与重民思想同时发达起来。

促使统治者重视民的首要原因是民对政治所产生的实际的巨大作用。梁伯因"沟其公宫而民溃",被秦消灭。尹戌评道:"民弃其上,不亡何待?"[1]蓼被楚国消灭,臧文仲也说了类似的话:"德之不建,民之无援,哀哉!"[2]民不救其主则君畏、国畏。秦子桑说得更简洁:"无众,必败。"[3]当时的许多有识之士都已发现国家兴衰决定于有民无民这条道理。单穆公说:"上得民心,以殖义方,是以作无不济,求无不获,然则能乐。"反之,"上失其民,作则不济,求则不获,其何以能乐"?[4] 乐祁说:"无民而能逞其志者,未之有也。"[5]州鸠说:"民所曹好,鲜其不济也;其所曹恶,鲜其不废也。故民谚曰:'众心成城,众口铄金。'"[6]当时的诸侯国的君臣们正是面对"我之不德,民将弃我"[7]的威胁,才不得不把注意力集中到民事上,关注民心的向背,并尽量做一些有利于争取百姓支持的事。陈逢滑曾对其君说:"臣闻,国之兴也,视民如伤,是其福也;其亡也,以民为土芥,是其祸也。"[8]按照这个判断,君王要确保国家的兴盛,必须关心民的疾苦。师旷所说的"养民如子"[9]也是这个意思。

在春秋重民思想中,还有把民看的比君更重要的激进言论。如邾文公要迁都,当史告诉他迁都"利于民而不利于君"时,他回答说:"苟利于民,孤之利

---

① 《左传·昭公二十三年》。
② 《左传·文公五年》。
③ 《左传·僖公十三年》。
④ 《国语·周语下》。
⑤ 《左传·昭公二十五年》。
⑥ 《国语·周语下》。
⑦ 《左传·襄公九年》。
⑧ 《左传·哀公元年》。
⑨ 《左传·襄公十四年》。

也。天生民而树之君，以利之也。民既利矣，孤必与焉。"①"天生民而树之君"之论把民放在了首要地位，把君说成是为"利"民而设的职位。师旷与晋侯的一段对话也表达了类似的思想。"晋侯曰：'卫人出其君，不亦甚乎？'（师旷）对曰：'或者其君实甚。良君将赏善而刑淫，养民如子，盖之如天，容之如地；民奉其君，爱之如父母，仰之如日月，敬之如神明，畏之如雷霆，其可出乎？夫君，神之主而民之望也。若困民之主，匮神乏祀，百姓绝望，社稷无主，将安用之，弗去何为？天生民而立之君，使司牧之，勿使失性。""天之爱民甚矣，岂其使一人肆于民上，以纵其淫而弃天地之性？必不然矣。"②总之，君是为民设的，君不能履行利民的责任，民出其君就是合理的。晏婴也持相近的看法。崔杼弑齐庄公后，有人问晏婴是否要随君而死或逃亡，他回答说："君民者岂以陵民，社稷是主；臣民者岂为其口实，社稷是养。故君为社稷死，则死之，为社稷亡，则亡之；若为己死为己亡，非其私匿，谁敢任之。"这段话强调的是社稷，是民，而贬低的是君。君服从社稷，服从民的需要，而不是反过来，民服从君的需要。

设君为民的思想彻底否定了天命论。君不是来自于上天的某个主宰，而是直接产生于由民组成的人类社会。这些思想虽算不上民主思想，但在春秋时期，有些人却也发表过一些带有民主色彩的言论，实施了符合这些言论要求的行为。如《左传·昭公二十四年》载："晋侯使士景伯莅问周故。士伯立于乾祭而问于介众。"这是就重大事情征求众人的意见。《定公八年》载："卫灵公将叛晋，公朝国人，使（王孙）贾问焉曰：'若卫叛晋，晋五伐我，病何如矣？'皆曰：'五伐我，犹可以能战。'贾曰：'然则如叛之。'……乃叛晋。"卫灵公不仅问众，而且从众。这些带有民主色彩的思想和活动，一方面是古代氏族民主制的遗迹；另一方面也是春秋时期政治力量对比关系的一种反映。上述所谓"国人""介众""民"等一般都是有自由民身份的人，在诸侯你争我夺、征战不息的环境中，众人的支持与反对实际上对于国家兴亡、君王立废具有决定性意义。君主们采纳他们的意见，甚至让他们拿主意，目的是为了获得他们的支持，是保全国家、君位的需要。这些带有民主色彩的思想是中国古代法律思想史上光辉的篇章。但可惜的是，随着封建君主制国家的建立与巩固，君主专制的思想几乎充塞了思想领域的每一个角落，春秋时期这种具有民主色彩的思想未及进一步发展便被淹没了。

春秋时期的重民思想，并不止于主张提高民的地位这一面相。随着民的

———————

① 《左传·文公十三年》。
② 《左传·襄公十四年》。

独立地位的获得和对政治影响力的增强,一方面是君不敢轻贱民,而另一方面则是君及其国家机器采取更有效的手段对付民,管理社会。例如,管仲主张"令顺民心",提出"俗之所欲,因而与之;俗之所否,因而去之"。① 他的"遂滋民,与无财,而敬百姓"的"修旧法"②主张也体现了对民的关心和爱护。在强调从民之欲的同时,管仲更重视采取措施控制社会,管理百姓。比如,他认为士、农、工、商四民"杂处则其言咙,其事易",为了达到"士之子恒为士""农之子恒为农""工之子恒为工""商之子恒为商"的目的,提出使士、农、工、商"群萃而州处"的"成民之事"建议。他把百姓按轨里划分,即"五家为轨,轨为之长;十轨为里,里有司;四里为连,连为之长;十连为乡,乡有良人焉"。③ 这个设计虽主要是为了军事的目的,但事实上则是加强了对民的管理。他的"定民之居"的方案更是有助于君王对全国百姓的控制。他的方案大略为:"制鄙,三十家邑,邑有司;十邑为卒,卒有卒帅;十卒为乡,乡有乡帅;三乡为县,县有县帅;十县为属,属有大夫。五属,故立五大夫,各使治一属焉;立五正,各使听一属焉。是故正之政听属,牧政听县,下政听乡。"这实际上设计的是一个中央集权的政治架构。这样一个政治架构的建立,有利于对全国的百姓实行严格的国家管理,把全国的百姓置于国家行政权力的管制之下。

子产也是一个比较注意倾听众人意见的人,但他在尊重众人意见的同时,也明确认识到对民不可太放纵。他的"民不可逞"④一语充分表现了他对民的强硬态度。事实上,作为郑国的执政,他对那些主要是用来对付民的威刑有着明显的好感。在与子大叔作权力交接时他对自己的继任者说:"我死,子必为政。唯有德者能以宽服民,其次莫如猛。夫火烈,民望而畏之,故鲜死焉。水懦弱,民狎而玩之,则多死焉。故宽难。"⑤这无疑是告诉子大叔要用"猛"政,用使人"畏"的办法来管理百姓,治理国家。他的"民畏,故鲜死"的看法,与后来法家的"以刑去刑"遵循了同一思维逻辑。

周代礼制讲究"亲亲之杀"和"尊贤之等"⑥,其中包含着强烈的等级观念,而天子—诸侯—大夫的政权结构也以活的制度无时不在强化人们的等级观念。《左传·庄公十八年》有"名位不同,礼亦异数",表达的就是礼制的等级要求。应该说,在西周礼制的框架内,春秋人基本上还都是等级论者,还很

---

① 《史记·管晏列传》。
② 《国语·齐语》。
③ 同上。
④ 《左传·昭公四年》。
⑤ 《左传·昭公二十年》。
⑥ 《礼记·中庸》。

少有人对等级制度提出怀疑。但是,重民思想的发达却孕育了一种与等级制度背道而驰的观念——平等。在"天生民而树之君"的基本判断中,民是国家、社会的基本组成元素,而君只是应利民的需要而来的服役者。君与民的这种关系中不存在等级。在一些人看来,国君之有卿大夫,就像"士有朋友","庶人、工商、皂隶、牧圉皆有亲匿"一样,他们之间不是等级关系,而是协助和被协助的关系,后者对前者履行"匡""过""救""患"的职责。按照对卿大夫的功能的这种分析,卿大夫并不是隶属于等级制度中的一个等级,尽管揭示这个道理的师旷是在等级制度的框架内说这番话的。管仲的"从民之欲"的主张没有区分等级高下的必要,他的"定民之居"等方案实施的结果不是等级制度的加强,而是以轨里为基本组成单位的齐平社会的建立。这个社会所支撑的政权是中央集权制的,而不是等级制的。

春秋人没有放弃等级观念,等级还是当时的政治论中最流行的原则。但这并不妨碍人们依据现实政治的需要,在等级的逻辑之外寻求救世的方案,正是这样的救世思考,培育了人人平等观念的基因。战国时期法家的法治思想是建立在平等观点的基础之上的,而法家学说所依赖的这个基础在春秋时期就开始孕育了。

▶ 三、诸多新思想的产生

春秋思想中有两个互相联系着的重要方面:一是否定天命,一是重视民。前者否定了天,清除了思想禁锢,为我国思想史争得第一次具有伟大历史意义的思想解放——从神那里挣脱出来。后者为社会科学的研究找到了现实的基础。没有了神秘的天,关于天的学问变成了隶属于日、月等普通自然物的学问。人们研究了自然的变迁,获得了阴阳五行等在以后两千多年思想史中堪称基本原理的发现。天的神秘被打破了,民的地位提高了,人们不再研究神秘的天性,而开始研究人性,人的主要属于自然范畴的"天性"。统治者给了民更为重要的政治地位,同时,也为治理民而采取了"定四民之居①"、以"猛"②服民等措施。从此,人性学成为中国古代思想的最重要的课题之一,而关于治民的学说更是学派迭出,色彩纷呈。

春秋时期的思想解放为战国时期的百家争鸣开辟了道路。它的直接结果是各种不同学派的产生及不同学说的形成。在西周及西周以前,权力和法律的共同来源是天。天是那个时代人们一切活动,尤其是思想活动的根本依

---

① 《管子·小匡》。
② 《左传·昭公二十年》。

据。春秋人否定了天,实际上就是清除了妨碍人们对社会、政治、法律等进行脚踏实地的研究探索的障碍,打开了阻挡人们新思想涌流的闸门——老子不信天而信道,创造了以无为为基本特点的道家思想;天被冷落了,人被还以其本来的社会地位,才有了儒家以仁、礼、人为核心,而不是以天命神权为核心的法律思想;神权法被否定了,人为法才取得合法的地位,才有墨家倡法治的条件,从而以讨论人定法为中心的法家思想才得以产生,并进而以其指导封建法制实践。

仅仅有思想解放不能造就所有这些伟大的变化,但没有思想解放,就不可能有这些新思想的发达。

第二节 礼治思想的充实和发展

春秋时期,礼治思想经历了一个曲折的发展过程。礼崩乐坏的现状给礼治思想以巨大的打击,但又有两种巨大的力量促使它进一步发展:一种力量来自于治民的政治需要。民的政治地位的提高,使礼这种主要以世俗的社会活动为调整对象的规范体系有更广阔的用武之地。另一种力量来自于维护诸侯政权的需要。礼所确立的某些制度被打破了,但礼毕竟仍然是当时维护政权、调整社会关系的主要工具,当时的统治者还没有创造出足以代替礼的行为规范体系。礼、乐的崩溃使统治者有更强的恢复礼、宣传礼治的紧迫感。

成文法的公布,是社会实践给礼治思想的又一重大打击。但礼治思想也未因此而一蹶不振,相反,它利用了当时的优势条件,在反对公布成文法的斗争中再次展示了自己的风采,并在以后的岁月里继续自己曲折的发展历程。

▶ 一、礼崩乐坏

礼崩乐坏是对春秋时期政治现实的最精辟的概括。周平王东迁之后,天子虽还保持着"天下共主"的名义,但实际上越来越无力驾驭诸侯,无法维护过去的经济、政治、军事等制度。诸侯也逐渐不再履行依礼对周天子应尽的义务。如周桓王十三年,天子率虢、蔡、卫、陈等诸侯伐郑,战斗一开始,蔡、卫、陈等诸侯便临阵脱逃,结果让郑把天子之师打得大败,且"祝聃射王中肩"。① 再如,楚国"贡苞茅不入",造成"王祭不共,无以缩酒"。② 又如,周襄

---

① 《左传·桓公五年》。
② 《左传·僖公四年》。

王时,王子带作乱,周天子被迫出逃,即所谓"天子蒙尘于外"。① 天子的无力,使过去的礼乐秩序失去了最重要的维护力量,天子诸侯间的礼便逐渐废弛了。齐、晋等国虽然举过尊王攘夷的旗帜,在一个时期内维护了周天子的面子,但这种办法已无法彻底改变礼崩乐坏的局面,而且他们也没有忘记利用霸主的地位为自己捞取好处,甚至"挟天子以令诸侯",利用诸侯的力量实现自己国家的利益。大小诸侯之间的礼也改变了模样。至于诸侯国内部,君臣之间的礼的约束力也越来越弱。司马谈"春秋之中,弒君三十六,亡国五十二,诸侯奔走不得保其社稷者,不可胜数"②的总结,充分反映了这种状况。天子、诸侯、大夫关系是西周礼治的核心内容,调整这些关系的礼被打破,周统治机器的内部协调关系就紊乱了,这个统治机器的效能也就大大降低了。

　　如果说由于天子无力而造成的礼的废弛是按由上而下的方向发展的,那么,还有一种按由下而上方向发展的崩坏。沿这个方向发展的崩坏来自最基层民众的破坏,也可以说是来自生产力发展的不可逆转的规律。春秋中后期,以小家庭或者劳动者个体为单位的农业生产的优越性越来越明显,而农业的发展促进了商业和手工业的繁荣。不管是个体农业还是手工业、商业,都推动了有独立身份的个体劳动者队伍的形成和壮大。这些劳动者不是奴隶,他们不情愿接受原本用于奴隶的那些待遇。这些劳动者为了争得自己应得的社会地位,对按照传统的方式实行统治的国家以各种不同的形式展开斗争。接连发生的民溃事件就是这种斗争的一种形式。如鲁僖公元年,"邢人溃"③;四年,"蔡溃"④;襄公二十五年,"舒鸠溃"⑤;哀公四年,"蛮氏溃"。⑥ 什么是"溃"?《左传》解释说:"凡民逃其上曰溃。"⑦《谷梁传》认为,"溃之为言,上下不相得也。"⑧"民逃其上"显然是为礼所不容的。民的这种违礼行为也造成了原有的礼乐秩序难以维持。民的违礼行为对礼的秩序的破坏虽然不能决定整个礼治的命运,但民通过"溃"的方式对自己的力量的展示,也向当政的人们提出了一个尖锐的问题,即如何对待民,国家还能不能继续用过去对待奴隶的方式对待新型的臣民。周灵王二十二年,"陈侯如楚","庆氏以

① 《左传·僖公二十四年》。
② 《史记·太史公自序》。
③ 《左传·僖公元年》。
④ 《左传·僖公四年》。
⑤ 《左传·襄公二十五年》。
⑥ 《左传·哀公四年》。
⑦ 《左传·文公三年》。
⑧ 《谷梁传·僖公四年》。

陈叛"，"屈建从陈侯围陈。陈入城，板队而杀人。役人相命，各杀其长"。① 在该事件中被杀的包括陈的大夫庆虎及庆寅。这次的"役人"杀其"长"，是对"长"的传统权威的挑战。它表达了民的态度，即当权者不能随意杀人。"役人"们已经不能忍受当权者的随意定罪、随意施刑。民杀其"长"为礼所不容，但另一方面，正是这种违礼的举动反映了社会对法律秩序的要求。

▶ 二、礼治思想的充实和发展

礼乐制度崩溃了，礼治思想并未销声匿迹。那时的一些有识之士不仅没有因礼乐的崩溃而放弃礼治主张，相反，他们把功能正在迅速减退的礼看作是治理好国家的根本大法，国家存亡所系。如曹刿说："夫礼，所以整民也。故会以训上下之则，制财用之节；朝以正班爵之义，帅长幼之序；征伐以讨其不然。"②曹刿眼里的礼是处理天子诸侯关系、整治万民的大法。再如，叔向说："礼，政之舆也；政，身之守也。怠礼失政，失政不立，是以乱也。"③礼是行政的准则，是君身安泰、国家太平的保障，所以君主不可不慎礼。昭子"无礼必亡"④的断言更无疑是对那些不想亡国的国君所敲的警钟。

在春秋时期关于礼的讨论中，思想家们特别强调礼的内容，强调礼在治国安邦中的作用。他们主张把礼同仪区别开来，反对单纯追求仪的完美。子大叔认为礼是"上下之纪，天下之经纬"，绝不仅仅是"揖让周旋"的仪式。赵简子曾向子大叔请教礼，子大叔明确回答：升降上下周旋之类都是"仪"，而"非礼也"。⑤ 鲁昭公访晋，"自郊劳至于赠贿，无失礼"。晋侯以为鲁君"善于礼"。但女叔齐不同意晋侯的看法。他说："是仪也，不可谓礼。"礼的核心是守国治民，而鲁君"政令在家，不能取也；有子家羁，弗能用也；奸大国之盟，陵虐小国，利人之难，不知其私。公室四分，民食于他。思莫在公，不图其终。为国君，难将及身，不恤其所，礼之本末，将于此乎在，而屑屑焉习仪以亟，言善于礼，不亦远乎"！⑥ 按照礼是治国安邦的根本大法这一基本认识，鲁昭公失去政令权，人民不为国君谋终始，而为三家效力。作为一国之君，鲁昭公连自己的安危都不能保证，显然不能算知礼。

礼的仪式是为礼的内容服务的，也就是说，按礼的仪式从事各种活动都

---

① 《左传·襄公二十三年》。
② 《左传·庄公二十三年》。
③ 《左传·襄公二十一年》。
④ 《左传·昭公二十五年》。
⑤ 同上。
⑥ 《左传·昭公五年》。

以维护政权为根本目的。但春秋时期的现实状况是:礼的仪式一代一代传下来了,但礼所维护的政权却一个一个被消灭了,被吞并了,或被他人篡夺了。正是面对这种形式与内容脱节的局面,一些有识之士一再强调仪与礼的区别,强调礼在治理国家中的根本大法的地位。大概人们过去长期生活在礼治的环境里反倒没有明确认识礼的这种巨大作用,当礼所维护的秩序遭到破坏之后,一些负有治国之责的人仍然没有认识到礼的作用。《左传·昭公二十六年》载:晏子与齐侯谈论"公厚敛","陈氏厚施"的情况。齐侯意识到陈氏将"国其国"的威胁,问晏子如何才能防止陈氏得民而国君丧政的结局。晏子回答:"唯礼可以已之。在礼,家施不及国。民不迁,农不移,工贾不变,士不滥,官不滔,大夫不收公利。"按晏子所说的礼行事,齐侯就可免除失民丧政的威胁。但对晏子所讲之礼,这位国君却是闻所未闻。他说:"吾今而后知礼之可以为国也。"他知道得似乎太晚了,所以晏子不客气地说:"礼之可以为国也,久矣,与天地并。"晏子接下来对齐侯讲的礼的道理,对礼可以"为国"做了进一步的说明。他说:"君令臣共,父慈子孝,兄爱弟敬,夫和妻柔,姑慈妇听,礼也。君令而不违,臣共而不贰。父慈而教,子孝而箴,兄爱而友,弟敬而顺,夫和而义,妻柔而正,姑慈而从,妇听而婉,礼之善物也。"齐侯听了这些道理,更是如获至宝,曰:"善哉!寡人今而后闻此礼之上也。"①

　　以礼治国的思想也是孔子法律思想的重要内容之一。后来的儒家学派进一步发扬了礼治理论。

　　探讨礼的来源,用自然解释社会规范是春秋时期礼治思想的又一特点。礼是什么,礼是怎么来的,礼的要求及其产生的根据是什么,人们对诸如此类的问题展开了讨论。子产有一个比较系统的回答:"夫礼,天之经也,地之义也,民之行也。天地之经,而民实则之。则天之明,因地之性,生其六气,用其五行。气为五味,发为五色,章为五声。淫则昏乱,民失其性,是故为礼以奉之。为六畜、五牲、三牺,以奉五味;为九文、六采、五章,以奉五色;为九歌、八风、七音、六律,以奉五声。为君臣上下,以则地义;为夫妇外内,以经二物;为父子、兄弟、姑姊、甥舅、婚媾、姻亚,以象天明;为政事、庸力、行务,以从四时;为刑罚威狱,使民畏忌,以类其震曜杀戮;为温慈惠和,以效天之生殖长育。民有好恶、喜怒、哀乐,生于六气,是故审则宜类,以制六志。哀有哭泣,乐有歌舞,喜有施舍,怒有战斗。喜生于好,怒生于恶。是故审行信令,祸福赏罚,以制死生。生,好物也;死,恶物也。好物,乐也;恶物,哀也。哀乐不失,乃能

---

① 《左传·昭公二十六年》。

协于天地之性,是以长久。"①从子产这段话中我们可以得出如下几点认识:第一,按子产的说法,礼有一个自然的依据。不管是九文、六采、五章,九歌、八风、七音、六律,还是君臣上下、夫妇内外,都不过是"则"天地、"象"天地而已,都来源于自然的六气、五行、五味,等等。这礼显然都不是上帝的意志,而是按自然法则确定的行为规范。第二,人也有其自然的品性。人的好恶、喜怒、哀乐虽有更深刻的根据,即"生于六气",但它们也是人生的一种自然禀赋。礼除了象天则地之外,也要因人之自然。礼所规定的哭泣、歌舞、战斗等便是因人之哀乐等而来的。第三,天地有多种特征、品性,礼也有多种要求,既有"温慈惠和",也有"刑罚威狱"。"刑罚威狱"以及"祸福赏罚"等不是礼之外的东西,而是礼的内容之一。第四,礼是天地之经,但其基本作用是为民提供行为之"则"。它是"制"民的工具。礼的"制"民主要不是运用某种外加的强制,而是"则"天"象"地,遵循自然规律。在礼中虽然也包含了"使民威忌"的刑罚死生,但"祸福赏罚"也都是天地自然之性的要求,是自然之赏罚。用礼治民之所以能长久,取决于礼"协于天地之性",而不在于统治者在礼之外采取了什么手段。

用自然解释社会,这在春秋时期是常用的方法。虽然这种方法不科学,但它却在神秘的天之外为社会规范找到了较易让人相信的根据。正是运用这种方法,中国古代的思想家创立了中国的自然法思想。

第三节　刑罚威狱思想

在反映春秋人思想的文献中,我们可以找到表达春秋人法律思想的一些材料。用今天的法学体系的概念来分析,这些材料所记载的主要都是刑法思想。刑罚、犯罪、狱讼是与法律有关的言论中最常见的话题。与重民思想有关,春秋人在发布政令以及处理民事和诸侯国间关系的过程中,形成了明确的信的观念。这一观念的形成和普遍应用,为秩序意义上的法律文明的发达铺平了道路。

▶ 一、春秋人的刑罚概念与德刑观

春秋时期,刑罚这个概念既可用"刑"这个语词来表达,也可用"刑罚"来表达。孔子"道之以政,齐之以刑"②、晏子"明其教令先之以行,养民之苛而防

---

① 《左传·昭公二十五年》。
② 《论语·为政》。

之以刑"①等,都是用"刑"来表达刑罚的概念。孔子"礼乐不兴则刑罚不中"②和管仲"劝之以赏赐,训之以刑罚"③中的"刑罚"概念则是用双音节的"刑罚"表示的。

春秋时期没有法定的刑罚概念,我们无法从文献中获取来自于法律规定的关于刑罚概念的准确释义。但是,刑罚实际使用的情况还是向我们展示了春秋人的刑罚概念的内涵。在当时人的实际运用中,大致存在三种内涵外延各不相同但彼此又紧密联系的刑罚概念。

(一)狭义的刑罚——五刑

狭义的刑罚包括肉刑和死刑,也就是《周礼》所载的墨、劓、宫、刖、杀五刑。④ 法律史学界也称之为原始五刑。鲁襄公十九年,齐崔抒等杀死国君夫人戎子并"尸诸朝",对此举《左传》评曰:"非礼也。妇人无刑,虽有刑不在朝市。"⑤这里的刑就是包括杀在内的五刑。君子评鬻拳因"惧君以兵"而"自刖"为"自纳于刑"⑥,其所说的刑也是这五种刑罚意义上的刑罚。

原始五刑的主体是肉刑,其在形式上主要表现为对受刑人造成生理上的残害,或结束其生命,或造成其生理器官或肢体的残缺。汉初少女缇萦所云"死者不可复生,刑者不可复属"⑦正是揭示了原始五刑的这种特点。春秋人使用以原始五刑为内容的刑罚概念,说明他们接受刑罚加害于人的不可修复的特性,并且主动地有目的地利用刑罚的这种特性。

(二)广义的刑罚——兵刑合一

春秋人更多地使用广义的刑罚概念。所谓广义的刑罚就是包括军事性征伐、原始五刑和鞭扑等轻刑在内的各种惩罚手段。鲁僖公28年,"温之会,晋人执卫成公归之于周,使医鸩之。不死,医亦不诛。"⑧为此,臧文仲发表了如下的评价:"夫卫君殆无罪矣。刑五而已,无有隐者,隐乃讳也。大刑用甲兵,其次用斧钺,中刑用刀锯,其次用钻笮,薄刑用鞭扑,以威民也。故大者陈

---

① 《晏子春秋·景公问名王之教何若晏子对以先行义》。四部丛刊本作"明其教令而先之以行义,养民之苛而防之以刑辟"。骈宇骞著《晏子春秋校释》(书目文献出版社1988年版)引吴则虞云:"'义'字字后所增,'先之以行',言以身率教,'行'、'刑'为韵。下句'辟'字亦后人唐朝增。"章本无云"辟"字,知四部丛刊来"辟"确为后人所增。下文"求所于下者不务于上,所禁于民者不行于身",其义在"先之以行",不必加"义"字,而去掉"义"字,"行"与"刑"恰为韵,知"义"字为后人所增。

② 《论语·为政》。

③ 《国语·齐语》。

④ 《周礼·秋官·司刑》。

⑤ 《左传·襄公十九年》。

⑥ 《左传·庄公十九年》。

⑦ 《汉书·刑法志》。

⑧ 《国语·鲁语上》。

诸原野,小者致之市朝,五刑三次,是无隐也。"①臧文仲把刑分成"五刑三次",即大刑"甲兵"、大刑之次"斧钺"、中刑"刀锯"、中刑之次"钻笮"、薄刑"鞭扑"。其中"甲兵"和"斧钺"为大刑,一"次";"刀锯"和"钻笮"为中刑,二"次";"鞭扑"是薄刑,三"次",概括起来叫"五刑三次"。这里的刑显然大大超出了原始五刑的范围。在臧文仲的描述中,刑包含兵和刑两种内容。不过,不是臧文仲硬把兵和刑两个事物合为同一事物,即刑,而是后人所说的兵在他们的头脑中本来就是刑,本来就同具有"斩人肢体,凿人肌肤"特点的"刑"具有相同的意义。宣公十二年,楚国战胜郑国后"退三十里而许之平"。前来救郑的随武子曰:"善!会闻用师,观衅而动。德刑政事典礼不易,不可敌也,不为是征。楚君讨郑,怒其贰而哀其卑,叛而伐之,服而舍之,德、刑成矣。伐叛,刑也;柔服,德也,二者立矣。……德立、刑行、政成、事时、典从、礼顺,若之何敌?"②楚兴师讨伐郑国,范会称之为"刑",此刑显然为"甲兵"之刑。他所说的"叛而伐之,服而舍之,德、刑成矣",十分清楚地表达了征伐为刑罚的思想。他所说的"伐叛,刑也"并非以刑喻兵,而是说甲兵之伐就是刑。鲁僖公二十五年,周襄王把阳地等给了晋文公,"阳人不服",晋国围攻阳樊。苍葛呼曰:"德以柔中国,刑以威四夷,宜吾不敢服也。"苍葛所说的刑指的是兵,也就是晋文"围"攻阳樊的军事镇压活动。他之所以说"不敢服",是因为阳樊人都是周王之"亲姻",晋国对这些周王"亲姻"应该"柔"之以"德",不应该"威"之以"刑"③,也就是说不能动武。

（三）刑罚第三义——"治民"之刑

春秋人也在国家对内管理和调整国内关系的意义上使用刑罚概念。这种意义上的刑罚的外延,比原始五刑意义上的刑罚要大,而比之兵刑合一意义上的刑罚要窄,所以也可以叫做"中义刑罚"。

在晋楚鄢陵之战前,楚子反问申叔时"师其何如",申叔时答曰:"德、刑、详、义、礼、信,战之器也。德以施惠,刑以正邪,详以事神,义以建利,礼以顺时,信以守物。民生厚而德正,用利而事节,时顺而物成,上下和睦,周旋不逆,求无不具,各知其极。故《诗》曰:'立我烝民,莫匪尔极。'是以神降之福,时无灾害,民生敦庞,和同以听,莫不尽力以从上命,致死以补其阙,此战之所由克也。"④他所说的刑是服务于兵事的刑,非包容战伐的刑;是国家内部管理的刑,非伐异国之刑。他派给刑的"正邪"功能也主要表现为正国

---

① 《国语·鲁语上》。
② 《左传·宣公十二年》。
③ 《左传·僖公二十五年》。
④ 《左传·成公十六年》。

内之邪。这种用途的刑与长鱼矫所说的"御轨"的刑一样,都是用于调整国内的关系。

中义刑罚的最大特点是专门"治民",而非治诸侯、治他国;是"为国"的手段,而非"为天下"的手段。楚声子的一段话充分表达了中义刑罚的这一特点。他说:"古之治民者,劝赏而畏刑,恤民不倦。赏以春夏,刑以秋冬。是以将赏,为之加膳,加膳则饫赐,此以知其劝赏也。将刑,为之不举,不举则彻乐,此以知其畏刑也。夙兴夜寐,朝夕临政,此以知其恤民也。"①声子言赏刑是为了谈"为国"。他所论述的"劝赏""畏刑"讲的是"治民"的道理,"劝赏""畏刑"与"恤民"一样都是要作用于"民"。总之,他的刑是国内法意义上的刑。

春秋时期,人之所以使用广义刑罚概念,把征伐之类的兵事也理解为刑,把兵与斩杀之刑等量齐观,是建立在一个十分深厚的思想基础之上的。这个思想基础就是:他们把处理对内对外关系的基本手段或基本方法概括为德和刑两种。许多春秋人物讨论刑都是德、刑并举。如:僖公十五年晋楚鄢陵之战后,曹国为了让晋国释放被执的曹成公而"请于晋",称晋"唯不遗德、刑,以伯诸侯"。② 兴兵讨伐,败人师旅,执人君主,剖分人之土地,此为刑;既服而息兵罢战,归其君主,慰其亡卒,此为德。曹人在晋用"刑"执其君之后,希望晋在曹已服之后以"德"归其君。再如,长鱼矫曾曰:"臣闻乱在外为奸,在内为轨。御奸以德,御轨以刑。不施而杀,不可谓德;臣逼而不讨,不可谓刑。德、刑不立,奸轨并至。"③按长鱼矫的说法,刑是与德相对的另一种治国安民的基本手段。又如,子产在谈大国如何对待小国时说:"侨闻之,大适小有五美:宥其罪戾,赦其过失,救其灾患,赏其德刑,教其不及。"④这里的"罪戾"是小国犯的罪戾,"过失"是小国政务中出现的过失,"灾患"是小国遭遇的灾患,"不及"是小国为政活动存在的欠缺,而"德刑"则是小国管理中的基本手段。

春秋人确立了基本治国手段为刑和德的观念,便给刑留下了广阔的空间,以至于可以说德之外者全是刑。这样一来征伐和鞭扑之类非德的手段、办法便都归入了刑的范畴。作为与德相对称的基本治国手段或者处理对内对外关系的手段的刑,其最基本的特点是"威"或"可畏"。所谓"威刑"⑤的称谓正反映了刑的这个特点。阴饴甥所说"刑莫威焉"、阳人苍葛所说"刑以威

① 《左传·襄公二十六年》。
② 《左传·成公十六年》。
③ 《左传·成公十七年》。
④ 《左传·襄公二十八年》。
⑤ 《左传·隐公二十八年》。

四夷"、成鱄所谓"赏庆刑威曰君"①、楚声子所论"劝赏而畏刑"的"治民"②之道,等等,都提示了刑所应具有的威的特点。刑的这个特点足以使其若干具体的刑罚方法与德区别开来。反过来,人们也完全可以用是否具备这个特点来区分刑和德。当人们真的运用"威"这个鉴别标准时,便很自然地把伐、鞭、扑与斩杀之刑归入一类,视它们为刑。由此我们可以得出结论说,春秋时观念中的广义刑罚就是指各种具有"威"或使人"畏"特点的治国手段,就是各种可以给个人、家族、国家带来某种危害或损失的处罚。

中义刑罚的概念已接近秦汉刑罚和近代刑罚,它远比广义刑罚和狭义刑罚先进、科学。它的科学性表现在:其一,中义刑罚把刑罚规定在国家权力所及的范围之内,使刑罚变成国家权力对内实行管理的一种方式,从而为刑罚奠定了稳定的权力基础,并为刑罚与国内法的对接提供了条件。广义刑罚包含征伐、灭国等内容,其实施常超出国家权力所能控制的范围,因而其实现无法保障。其二,中义刑罚把刑罚视为"为国""治民"的工具,这就摆脱了单纯把刑罚视为暴力,简单按暴力强度理解刑罚和排定刑罚种类的旧模式,为按照"为国""治民"的需要建立科学的刑罚体系,完善刑罚制度打开了方便之门。秦汉以后的劳役刑、财产刑等都是在突破了刑罚的"斩人肢体,凿人肌肤"的界限和直接暴力的界限之后而扩充的新内容。其三,中义刑罚把肉刑、死刑当成刑罚的一部分,刑罚的几种具体形式,这样便淡化了原始五刑"刑之而不可改"的特点,使刑罚概念可以容纳更多样的内容,使由其代表的刑法具有更多的灵活性。这样的刑罚才有可能用来对同类,而非"待异族"③,对同胞,而非对仇敌普遍使用,而刑罚只有可以无例外地对所有社会成员使用时,才会真正具有科学性,才会真正同法制文明结缘,成为法制文明的组成部分和社会文明发展的标志。

春秋人使用了中义刑罚的概念,但并没有真正树立起中义刑罚概念的权威,没有使中义刑罚概念成为最具有普遍性的刑罚概念。当晋国人把范宣子的刑书铸在鼎上,并打算以它为"国之常法"④时,中义刑罚的概念已看到取得压倒性胜利的希望,使它有可能在成文法及成文法所仰赖的国家行政权力的簇拥下取得更广泛的应用舞台和最高的权威性,但可惜的是,晋铸刑鼎并未立即树立起成文法的权威,有赖于成文法扶持的中义刑罚概念也没有很快取

---

① 《左传·昭公二十八年》。

② 《左传·襄公二十六年》。

③ 吕思勉先生认为:"刑之始盖所以待异族。"(参见吕著:《先秦史》,上海古籍出版社1982年版,第425页)。

④ 杜预:《春秋左氏经传集解》。

得全面胜利。尽管如此,被战国和秦汉时期的法律家们继承并普遍使用的还是这个中义刑罚概念。

▶ **二、铸刑事件及子产的救世思想**

春秋人经常使用常刑一词。一些学者推断常刑一词成于鲁僖公时期的《费誓》中反复使用"汝则有常刑"①的语句。《左传》也有多处出现常刑的提法。今人对春秋常刑的具体内容难以作出明确的界定,但从春秋人使用的情况看,我们还是可以对常刑的特点作出肯定的判断。其一,刑罚是常刑的当然内涵。也就是说,常刑肯定离不开惩罚。其二,常刑具有反复使用的特点。它不是仅仅属于偶然发布的某道命令的内容,而是可以反复使用的。当时人对常刑的议论,对常刑的功能和价值的肯定,反映了人们的秩序要求,也说明当时社会已经为法律秩序的建立提供了社会基础和观念基础。

"铸刑书"是春秋人的常刑观念在法律文件制作上的实践和发展。公元前536年,"郑人铸刑书"。23年之后,晋国铸刑鼎。这是春秋历史上最有影响力的两个法律事件。对这两个事件本身,历史没有留下太多的记载,我们现在看到的最大宗的材料是叔向、孔子等发表的反对铸刑的言论。从他们的反对意见中,我们可以反推铸刑者的追求。

对郑国铸刑书、晋国铸刑鼎,不少人,包括士文伯、叔向、孔子等都提出批评,其中最有代表性的是叔向。他专门致书子产,严词批评子产铸刑书的举动。子产在读了叔向的批评书信后说:"吾以救世也。"他的这一反应说明,铸刑书显然不是循着常规走路,而是一种创新,而这种创新的目的是"救世"。他要"救"的是什么"世",他用来"救世"的方法究竟是什么呢?子产并没有解释这些。叔向等的批评话语在一定程度上给出了问题的答案。叔向这样写道:"昔先王议事以制,不为刑辟,惧民之有争心也。犹不可禁御,是故闲之以义,纠之以政,行之以礼,守之以信,奉之以仁,制为禄位以劝其从,严断刑罚以威其淫。惧其未也,故诲之以忠,耸之以行,教之以务,使之以和,临之以敬,莅之以强,断之以刚。犹求圣哲之上、明察之官、忠信之长、慈惠之师,民于是乎可任使,而不生祸乱。民知有辟,则不忌于上。并有争心,以征于书,而侥幸以成之,弗可为矣……诗曰:'仪式刑文王之德,日靖四方。'又曰:'仪刑文王,万邦作孚。'如是,何辟之有?民知争端矣,将弃礼而征于书,锥刀之末,将尽争之。乱狱滋丰,贿赂并行,终子之世,郑其败乎?"②

---

① 《尚书·费誓》。
② 《左传·昭公六年》。

从叔向的反对意见和后来孔子对晋国铸刑鼎提出的批评中,我们可以对铸刑书之举及其所代表的制度作出如下几个判断:

(1)刑书是可以被人们用为"争"的根据的法律文件。

"先王议事以制,不为刑辟"①的话可以合理地认定为"临事制刑,不预设法"。② 叔向对先王不作刑的原因的解释是"惧民之有争心",这说明具有叔向所说的"刑辟"意义的"刑书",可以向人们提供"争"的依据,或者就是叔向所说的"争端",而"征于书"一语更清楚地说明,刑书可"征",刑书中有可"征"的内容。

(2)刑书是公开的法律文件。

不管是郑国铸的刑书,还是晋国所铸的"范宣子所为的刑书",都应该是经过起草的、比较有条理的法律文件。将这些文件铸于鼎或其他器物,文件便具有了可供观瞻的特性。孔子"民在鼎"③一语,表达的就是规定民的行为的文字写在鼎这种器物上。把刑书铸在鼎上,就会出现民"征于书"的效应,说明这铸有刑书内容的鼎是向民公开的,鼎上的内容是可以让民阅读的。也就是说,铸刑的重要意义之一是把法律文件的内容公之于众。

(3)刑书是与礼相敌对的一种规范。

叔向"民知争端","将弃礼而征于书"的话说明,刑书不是礼的助手,也不是礼的下位文件。礼和刑书两者之间存在一种排斥关系。这种排斥倒不一定是内容上的对立或冲突,而可能是结构上的不一致。叔向反对铸刑的理由之一是原来的治民方法很好——"闲之以义,纠之以政,行之以礼,守之以信,奉之以仁,制为禄位以劝其从,严断刑罚以威其淫。惧其未也,故诲之以忠,耸之以行,教之以务,使之以和,临之以敬,莅之以强,断之以刚。犹求圣哲之上、明察之官、忠信之长、慈惠之师,民于是乎可任使,而不生祸乱"。④ 这种与礼相联系的治民方法,或者说礼治方法的明显特点是,国家或治民者以各种方式向民提供行为规范,用做出的或推荐的或提倡的模范行为方式引导民。叔向引述的"仪式刑文王之德,日靖四方"和"仪刑文王,万邦作孚",恰当地反映了这种特点。这种规范的特点是只向人们提供行为规范或模范,即"人们(在什么情况下)应该如何行为",但没有给出循守或不循守这种规范会怎样或应怎样的结果。刑书与此不同。它的特点之一是可"征"。所谓可"征",不是征求行为的规范,而是罚,是具有"斩人肢体,凿人肌肤"特点的刑罚。叔向

① 《左传·昭公六年》。
② 同上。
③ 《左传·昭公二十九年》。
④ 《左传·昭公六年》。

所担心的民争的"锥刀之末"都不是关于怎样行为的要求,而是刑赏。刑书之所以可以引起民因"征"而"争",是因为这刑书主要给出了对一定行为如何罚如何赏的要求或许诺,就像赵简子对"克敌"者给予的"上大夫受县""下大夫受郡""士田十万"的许诺一样。从规范直接表述的内容来看,刑书主要是规定怎样赏如何罚,是关于赏罚的尺度,即"某种行为应受怎样的赏罚"。这不同于礼那种如何行为的尺度,但刑书规范实际上包含了如何行为的尺度。它的完整表达是:如果行为人做了或没做某行为将如何赏罚。而可能遭遇某种赏罚的"做了或没有做某事"的行为,实际上就是"遵循了或没有遵循"某规范的行为。如果说礼的规范是单一结构的,那么,刑书规范就是双重结构的。在刑书规范中,实际上包含了礼的作为行为尺度的规范。

（4）刑书的适用主要不是靠执行者的权威,而是靠规范的宣示。

叔向担心"民知有辟,则不忌于上",说明在实行他所主张的、同时也是过去一直实行的管理方式时,民是"忌于上"的。在那种管理方式下,管理目的的实现要靠被管理的民对管理者的"忌"。叔向留恋"临事制刑,不预设法"的古制,是因为刑的任意采择有利于树立"上"的权威。孔子反对"民在鼎",维护"贵贱不愆"的"度",也是要维护贵者被"尊"的地位。铸刑于鼎器的方法造成民对"上"的不"忌"。这在叔向、孔子看来是不可取的,甚至会造成无以"为国"的恶果,但子产并不认为这有什么不好,相反,他认为,为了"救世"只好如此。铸刑之后,赏罚著于鼎器,宣示于众,民可据刑书规定的尺度与"上"争"锥刀之末",所以作为管理者的"上"不再可"忌"。实行使"上"丧失可"忌"权威办法并不是要放弃对民的管理,相反,按照子产"猛政"的思路,而是要加强对民的管理,只是这种管理不再依赖"上"者的权威,而是靠明确规定可"争"赏罚的行为规范。

（5）铸刑所反映的治理方法以承认民的主动地位为前提。

子产铸刑的目的是"救世",是应对改变了的时代,用叔向的话来说就是"靖民"。也就是说,是因为民变了,"世"变了,所以才对管理"民"的方法、治"世"的方法做相应的调整。按照叔向的描述,礼治的基本特点是治者行,被治者从。不管是"闲之以义,纠之以政,行之以礼,守之以信,奉之以仁,制为禄位以劝其从,严断刑罚以威其淫",是"诲之以忠,耸之以行,教之以务,使之以和,临之以敬,莅之以强,断之以刚",还是调动"圣哲之上、明察之官、忠信之长、慈惠之师",最后的目的都是使"民""可任使""不生祸乱"。至于"仪刑文王,万邦作孚"等等,就更是这样——文王行,万邦从。孔子所追求的"贵贱"之"序"也是这样的模式。叔向对铸刑书提出的最集中的反对意见是"民"的行为的改变,包括"争""不忌"。这种态度概括起来就是不希望民有太多的主动行为,其潜含的基本原则是不希望给民以主动行为的社会地位。从孔子对民在鼎之将使"贵"者不能"守业"的担心中可以看出,他也是不希望"贱"者有太多的主动行为,不愿意给予"贱"者主动地位。面对叔向的关于民将"争",将"不忌"的批评,子产对自己的作为丝毫没有后悔之意,说明他不反对民与"上"争,不反对民在社会生活和政治生活中取得某种程度的主动。

孔子担心公布成文法的做法将造成"贵贱无序"。他的担心是有道理的。当民在面对管理者时可以采取"争"的行为时,当民根据铸在鼎器上的赏罚来决定自己行为,而不是简单地看"上"者的脸色行事时,社会生活和政治生活中将形成一种新的"序"。

▶ 三、赏不僭,刑不滥

西周人已经建立了慎刑的概念,希望刑罚的使用能恰到好处。春秋人继续了这种思考。在总结前人思想成果的基础上,春秋人提出了关于赏罚合理性的比较系统的思想。楚声子的话比较全面地反映了春秋人的这一思想。他说:"善为国者,赏不僭而刑不滥。赏僭,则惧及淫人;刑滥,则惧及善人。若不幸有过,宁僭,无滥。与其失善,宁其利淫。无善人,则国从之。《诗》曰:'人之云亡,邦国殄瘁。'无善人之谓也。故《夏书》曰:'与其杀不辜,宁失不经',惧失善也。《商颂》曰:'不僭不滥,不敢怠皇,命于下国,封建厥福。'此汤所以获天福也。古之治民者,劝赏而畏刑,恤民不倦。赏以春夏,刑以秋冬。是以将赏,为之加膳,加膳则饫赐,此以知其劝赏也。将刑,为之不举,不举则彻乐,此以知其畏刑也。夙兴夜寐,朝夕临政,此以知其恤民也。"[1]这段话对于古人事迹的描述不一定可靠,但这些描述所表达的思想却是古人对赏罚问题长期思考的结果,也是声子本人思想的比较完整的表达。

声子所述的赏不僭、刑不滥的思想,概括起来就是追求赏罚的正当。这种追求是积极的、进步的,也符合法制文明发展的方向。在对声子所表述的赏罚正当给予充分肯定的同时,我们要问,怎样才算正当,正当的标准是什么呢?从声子的话语和春秋人的审判实践中可以看出,这里的正当是一种道德评价,而非法律评价,"僭"和"滥"不是关于法律标准的判断,而是关于社会正义、政治合理性等的要求。僭这个动词的对象不是法律,而是人们的某种是非善恶观点。"善为国者""赏僭"的结果,即赏超出法律规定的量度,会"惧及淫人",也就是让不该受赏的人得赏;"刑滥"的结果不是让受刑人遭受强度超

---

① 《左传·襄公二十六年》。

过法定标准的刑罚,而是"惧及善人",让不当受刑的人受刑。这里的"僭"和"滥"所指的都是质上的正当与否,而不是量上的是否准确。同样,"与其杀不辜,宁失不经"中的"不辜"和"不经",所表达的也都是质的问题。这句格言要求掌握生杀权力的人做的是对杀和不杀的选择,而不是对刑罚轻重的选择。"善"与"淫""不辜"与"不经"两个极端的对称,向我们传递的是这样的信息,即这是关于定性的要求,而非定量的标准。

声子的话还告诉我们,"赏不僭""刑不滥"这个原则产生的依据不是法律的要求,而是直接的政治的或社会的需要。"恤民不倦""将赏,为之加膳,加膳则饫赐"的"劝赏"之心;"将刑,为之不举,不举则彻乐"的"畏刑"之意,"夙兴夜寐,朝夕临政"的"恤民"之举,都不能给"依法办事"原则提供支持。与这种"古之治民者"的善举相适应的,只能是发于良心的正当和充分考虑社会需求的合宜。

不僭赏不滥刑的提法不是依法行赏罚的思想。然而,这个提法所包含的对赏罚正当的追求却有走向依法行赏罚的动力和可能。只要人们为赏罚的当与不当设置了标准,赏不僭刑不滥就可以很容易地转化为对法律标准的或者说对法律标准所代表的正当的追求。事实上,战国法家人物著作中的赏不僭刑不滥就只以法律为准据。

【参考书目】

1. 张晋藩:《中国法制通史》(第一卷),法律出版社 1999 年版。

2. 李光灿、张国华:《中国法律思想通史》(第一卷),山西人民出版社 1994 年版。

3. 徐进:《中国古代正统法律思想研究》,山东大学出版社 1994 年版,第一章。

4. 徐进、马建红:《略论春秋时期的重民思想》,载《烟台大学学报》1998 年第 1 期。

5. 徐祥民:《春秋时期的刑罚概念》,载《现代法学》2000 年第 2 期。

6. 徐祥民:《春秋时期法律形式的特点及其成文化趋势》,载《中国法学》2000 年第 1 期。

7. 徐祥民:《戎事与法制——管仲的思想对齐法制发展的影响》,载《管子学刊》1999 年专刊。

【思考题】

一、名词解释

1. 五刑三次

2. 中义刑罚

3. 赏不僭刑不滥

4．天道远，人道迩

二、简答题

1．天的否定对思想繁荣有何影响？

2．礼治思想在春秋时期有哪些发展？

三、论述题

1．试述春秋时期重民思想的发达及其对法制发展的意义。

2．试述春秋人的刑罚观及其时代特点。

3．试述春秋时期郑、晋等诸侯国所著刑书的特征及其意义。

第四章　儒家的法律思想

儒家法律思想是由孔子创立,由其众弟子加以丰富,由孟子发展起来的思想体系。它产生于诸侯争霸、战乱不息、西周礼制崩坏的环境之中,消灭纷争是其主要追求。同时,它产生于春秋思想大解放的时代,甚少受天命神权思想的影响。儒家思想体系的最重要的范畴是仁。这一核心范畴包含爱的内容。对前代,它是德的继续;对后代,它在孟子时代被升华为"仁政"。儒家法律思想是以仁为基本范畴的儒家思想的组成部分,也是在广泛吸收古代典籍中的精华的基础上形成的,因此,它较多地回顾往古,受历史上曾经出现的治国方法的影响比较大,保守性较明显。在孔子的时代尤其如此。

儒家法律思想比道家思想更积极。它要求通过人类的积极有为去建立太平天下,且对此充满信心。与墨家相比,它更重视细密的礼节在正风俗、陶冶情操、净化社会环境、预防犯罪和消除社会隐患方面的作用。与法家相比,它更宽厚、仁爱、温和,但开创性较差。在法治与礼治的争鸣中,儒、法两家处于对立的地位。

本章主要学习:(1) 孔子以仁、礼、人为核心的法律思想;(2) 孟子的性善论与省刑罚思想;(3) 孟子的民贵君轻思想。

第一节　孔子的仁、礼、人

孔子的法律思想是在总结前人思想成果的基础上略加"损益"而形成的。西周时期的德发展到春秋时期,表现为重民思想的发达。这一思想进一步发展的结晶一是"仁学",二是人性学。孔子是"仁学"的创立者。礼是西周以来治理国家的主要工具之一。孔子不仅强调学礼、守礼,而且希望用礼来达到重建西周盛世的目的。同时,他还根据时代的需要,以礼为根据提出了法律适用的一些重要原则,如亲亲相隐等。禹、汤、文王、武王、周公等,是古代中国人心目中的圣贤。他们是治的象征,是可以给百姓带来太平的伟人。孔子的时代缺乏这种圣贤,也最需要圣贤。孔子一方面歌颂文、武、周公,另一方面为造就致治的圣贤而呼喊。他希望在位者通过自身的修养而使自己成为圣贤。他还提出了"举贤才"的主张,希望由此能给统治集团输入有圣贤品格的新鲜血液。

▶ 一、仁与先教后诛

孔子在不同的场合对仁做过多种解释。一部《论语》仁字出现百余次。孔子的"仁",其基本含义是"亲""爱"。有一次,樊迟问仁,孔子回答说:"爱人。"①孔子之后的儒家传人对仁也多做此解。如孟子说:"仁者,爱人。"②荀子也说:"仁,爱也。"③孔子的爱人是指爱一切人,即所谓的"泛爱众"④。这人和众,既包括君子,也包括小人。《论语·乡党》记曰:"厩焚。子退朝,曰:'伤人乎?'不问马。"这人是同马相对称的人,而这里孔子所关心的人更有可能是处于社会底层的"小人"。孔子的"泛爱众",反映了历史的进步,是人类把自己从神那里解放出来的一个明显标志,它也表明中国社会即将走完奴隶制社会而进入封建社会。泛爱众比把人当做祭祀鬼神的牺牲的做法,比不把奴隶当人看的奴隶制度要先进得多、文明得多。

孔子虽然主张"泛爱众",但他的爱是有等差的。他的爱人先从爱父母开始。他说:"孝悌也者,其为仁之本与!"⑤孝是仁的首要内容,是区别仁与不仁的主要标志。宰予对为父母守丧三年有异议,孔子便说他"不仁"⑥。父母同自己在血缘上最近,感情上最亲,对父母尽孝是最高的爱,最大的仁。孟子正确地理解了这一点。他说:"仁之实,事亲是也。"⑦爱父母必然爱兄弟。与爱父母的孝对称,爱兄弟叫悌。除了爱父母、爱兄弟之外,孔子的仁学中有一个比孝、悌具有更高价值的概念,叫"忠恕"。这"忠恕"便是"一以贯之"⑧的孔子之道。所谓"忠恕"之道是一种推己及人之道。它有两个方面的含义:一方面是"忠";一方面是"恕"。忠是仁的积极方面,表现为诚恳地、积极地为人。所谓"己欲立而立人,己欲达而达人"⑨就是忠。忠要求人们积极地利他,是仁的主要方面。恕是仁的消极方面,表现为不害他,不使他人为其不乐为之事。有一次,子贡问孔子道:"有一言而可以终身行之者乎?"子曰:"其恕乎!己所

---

① 《论语·颜渊》。
② 《孟子·离娄下》。
③ 《荀子·大略》。
④ 《论语·学而》。
⑤ 同上。
⑥ 《论语·阳货》。
⑦ 《孟子·离娄上》。
⑧ 《论语·里仁》。
⑨ 《论语·雍也》。

不欲,勿施于人。"①后来,子贡又对仁作了一番概括:"我不欲人之加诸我也,吾亦欲无加诸人。"②这也就是《中庸》所说的"施诸己而不愿,亦勿施于人"。自己不愿意接受的就不强加于人。积极的忠和消极的恕两者结合起来,便是完整的仁之道。这种推己及人的仁道决定了仁者不仅要爱父母、爱兄弟,而且也要爱别人的父母、兄弟,要爱一切人。这是推己及人的必然结果。

孔子的仁是以己为出发点的。所谓己包括一切人。父亲有父亲之仁,儿子有儿子之仁,君王有君王之仁,臣民有臣民之仁。《礼记》引孔子语曰:"君子之道四,丘未能一焉。所求乎子,以事父,未能也;所求乎臣,以事君,未能也;所求乎弟,以事兄,未能也;所求乎朋友,先施之,未能也。"③这段话正反映了不同的主体,或者说处在社会关系不同位置上的人,都有其仁,都可以以不同的方式表达或实施自己的仁。这说明孔子的仁是建立在承认个人价值的基础之上的。一方面,仁的概念承认了人的独立存在,把人从神那里解放出来;另一方面,它确认了作为个体的人在社会生活中的主动性、自律性。在这种观念培育下的社会,所有人的价值和尊严都应受到尊重。

孔子的仁既可作为一般社会成员为人处世的要求,也可作为为官治政者的行政治民原则。它既是道德信条,又是法律精神。一般人行仁,表现为一般的爱人;而统治者的仁则表现为德。"为政以德"④就来自为政者的仁。"为政以德"可以说是孔子及整个儒家学说中最高的政治原则和立法原则。春秋时期,所谓政,表现在管理和被管理的关系上,主要是两个方面的内容:一方面,国家为保证管理机器的运转,要求臣民做某种贡献;另一方面,国家维护一定的社会秩序,要求臣民服从秩序要求。在第一个方面,孔子按照仁德的政治原则,提出两个基本主张,即薄税敛和"使民以时"。⑤

鲁国的季康子患盗,问孔子应对办法。孔子回答说:"苟子之不欲,虽赏之不窃。"⑥季康子多欲,厚取于百姓,造成民失生计。孔子的回答,实际上指出了产生犯罪、造成多盗的原因在于统治者的厚取。按照仁的要求,为政者应当努力消除产生犯罪的这种原因,而消除之法就是少向老百姓征收赋税。《左传·哀公十一年》载:"季孙欲以田赋,使冉有访诸仲尼。"孔子不同意"以田赋"这种增加赋税的动议。他对冉有说:"君子之行也,度于礼:施取其厚,

① 《论语·卫灵公》。

② 《论语·公冶长》。

③ 《中庸》。

④ 《论语·为政》。

⑤ 《论语·学而》。

⑥ 《论语·颜渊》。

事举其中,敛从其薄。"这可以说是孔子的一贯主张。他的弟子冉求为"富于公室"的季氏"聚敛",孔子非常不满意,宣布:"非吾徒也。小子鸣鼓攻之,可也。"①从这件事可以看出孔子对厚敛的反感程度。

"使民以时"思想的核心是不要因为国家的需要耽误民的生计,影响民的正常生活。在孔子看来,为政者在使用民力上必须持十分慎重的态度,"使民如承大祭"。② 如果说这还只是个态度问题,不涉及使用民力的量度,那么,孔子除了要求为政者"使民以时",不因国家的土木工程等耽误农时之外,也做了关于使用民力的量度的思考。原则上说,使民不能超过一定的限度。孔子对子产评价颇高,而他对这位郑国执政所给予的肯定之一就是"其使民也义"。③ 这个"合宜"的量度的下限是民"不怨"。④

国家对于秩序的需要,也为孔子所重视。在他以"德"为基本原则的秩序论中,有两个前后衔接的环节,即对民的教和教而后的审慎的诛。前者可以概括为"富而教之",后者可以概括为"先教后诛"。

从主动利他的"忠"出发,孔子主张统治者关心百姓,要首先使百姓过上好日子,即所谓"富之"。还要对他们施以教化,即所谓"教之"。⑤ 为什么要对百姓实行教化呢? 这基于两个判断:其一,现实生活中并非所有的人都懂得并乐于遵守忠恕之道及其他礼仪规范,有些人正在或将要做害他的事,违反国家所需要的健康的社会秩序;其二,教育可以使人们懂得礼仪之道和其他道理,可以遏制违反社会秩序的行为,可以造就君子。孔子认为,那些接受了仁的教化,从而养成了利人不害人品德的人,不会做危害社会危害他人的事。颜回"一箪食,一瓢饮,在陋巷,人不堪其忧",他却能"不改其乐"。⑥ 这样的人绝不会做害他的事。相反,那些未经教化的小人,则"穷斯滥也"。⑦ 对他们如不加以教化,违礼犯罪是难以避免的。正所谓"小人有勇而无义,为盗"。⑧

孔子相信教可以培养出像颜回那样的善人,可以使人"贫而乐道,富而好礼"⑨,或者"贫而无怨,富而无骄",到达"见利思义,见危授命,久要不忘平生

---

① 《论语·先进》。
② 《论语·颜渊》。
③ 《论语·公冶长》。
④ 《论语·尧曰》。
⑤ 《论语·子路》。
⑥ 《论语·雍也》。
⑦ 《论语·卫灵公》。
⑧ 《论语·阳货》。
⑨ 《论语·学而》。

之言"①的境界,所以不同意简单地用刑罚去对付社会上的犯罪者。对于实施了害他行为的人,孔子既不主张以单纯的不害来对待,也不主张简单地用刑罚加以惩罚,而是希望在使用刑罚暴力手段之前,为政者要尽到教化的义务,以仁心、仁行教育引导百姓,力争用教的方法使之不犯罪。也就是说,要先教后诛。他曾把"不教而杀"称为"虐"②政。有一次,季康子问政于孔子曰:"如杀无道,以就有道,何如?"孔子回答说:"子为政,焉用杀?子欲善而民善矣。"③孔子对杀一般均持否定态度,他希望用统治者的德政、礼义教化去"胜残去杀"。④ 孔子任鲁国司寇期间,"有父子讼者",孔子把他们父子都拘押起来,三个月也不审理。后来,父亲要求停止诉讼,孔子便把他们父子都放了。季孙对孔子的做法极为不满。他说:"是老也,欺予。语予曰:'为国家必以孝。'今杀一人以戮不孝,又舍之。"孔子听了季孙的批评,"慨然叹曰:'呜呼!上失之,下杀之,其可乎! 不教其民而听其狱,杀不辜也。'"⑤

当然,孔子也不是一概反对一切刑杀。他曾任鲁之司寇⑥,断狱刑人之事不能不做。他的"先教后诛"论中也承认了"诛"的必要性。此外,他的"宽猛相济"论实际上宣布诛杀是为政不可缺少的手段。《左传》记载:郑子大叔为政期间,"郑国多盗,取人于萑苻之泽"。子大叔"兴徒兵以攻萑苻之盗,尽杀之。盗少止。"仲尼评曰:"善哉,政宽则民慢,慢则纠之以猛。猛则民残,残则施之以宽。宽以济猛,猛以济宽,政是以和。"⑦这里既有符合仁爱要求的宽,又有以残酷的诛杀为内容的猛。孔子并未否定其中任何一个。相反,他把两个截然相反的东西糅合在一起。手段是相反的,但目的却是一致的,都是为了国家的安宁、政的"和"。从这里我们似乎可以看出这样一个问题:孔子的爱人论并非仅仅爱人,孔子也关心那个有时与"人"的利益并不统一的国和"天下"。

▶ 二、为国以礼与为尊者讳、为亲者隐

孔子明确提出过"为国以礼"⑧的口号。同当时的许多思想家一样,他认

---

① 《论语·宪问》。
② 《论语·尧曰》。
③ 《论语·颜渊》。
④ 《论语·子路》。
⑤ 《荀子·宥坐》。
⑥ 《史记·孔子世家》。
⑦ 《左传·昭公二十年》。
⑧ 《论语·先进》。

为治理国家不可以没有礼。在孔子看来，"治国不以礼"就等于"无耜而耕"①，是无法成功的。反过来，如果为政者都能"以礼让为国"②，就可以很轻易地把国家治理好。

孔子的"为国以礼"就是主张实行礼治，树立和维护礼作为基本行为规范的地位，要求所有的人都用礼来规范自己的行为，在全国乃至全天下建立和维护礼定的社会秩序。按照这种礼治的要求，为政者要"以礼让为国"，其为政活动应当是以礼"齐"③民。孔子甚至向人们提出了"非礼勿视，非礼勿听，非礼勿言，非礼勿动"④的要求。

孔子主张为国以礼，也把"以礼让为国"视为国家兴旺的保障，然而，他所面对的社会现实却是礼崩乐坏。在他的政治构思与政治现实之间的尖锐矛盾面前，孔子没有放弃自己的治国主张，相反，他希望经过某种努力改变社会的和政治的现实，让社会循着他的政治设计前进。他把东周的衰败归因于人们不守礼，把礼的不被遵守视为社会不安宁的原因。他希望通过说服人们守礼、重新回到以礼定的位置上去的方法，重建西周式的太平天下。而落实到具体的政治措施上，他主张"正名"。子路向孔子提出这样一个问题："卫君待子而为政，子将奚先？"孔子回答说："必也正名乎！"⑤他的正名实际上是针对当时名不正，即所谓"觚不觚"⑥的状况而提出的，是要求处在礼制的不同等级上的人们都根据礼所规定的名行事，克服自己超出"名"的范围的"实"，修正自己诸如"八佾舞于庭"⑦之类的错误，按礼的要求履行自己的义务。总而言之，做到"君君、臣臣、父父、子子"。⑧ 按孔子的设想，只要每个人都按照礼对自己的要求行事，西周礼治下的太平天下也就会重新建立起来。

孔子在礼上虽也同意"损益"，但他的"正名"却是要求以既存的礼为标准，要求人们的行为服从往日形成的礼。这便使他的政治法律主张不可避免地带有极大的保守性。当晋国铸刑鼎时，他就扮演了一个非常保守的反对派角色。他说："晋其亡乎！失其度矣。夫晋国将守唐叔之所受法度，以经纬其民，卿大夫以序守之，民是以能尊其贵，贵是以能守其业。贵贱不愆，所谓度也。……今弃是度也，而为刑鼎，民在鼎矣，何以尊贵？贵何业之守？贵贱无

---

① 《礼记·礼运》。
② 《论语·里仁》。
③ 《论语·为政》。
④ 《论语·颜渊》。
⑤ 《论语·子路》。
⑥ 《论语·雍也》。
⑦ 《论语·八佾》。
⑧ 《论语·颜渊》。

序,何以为国?"①他反对公布成文法的主要理由就是因为此举破坏了"贵贱不愆"的"度",搅乱了礼定的秩序,改变了贵者与贱者之间久已存在的关系,而这种改变,使过去的贵者无"业"可守,甚至无法像以前那样去"为国"。

孔子主张实行礼治,所以,他的其他政治法律主张也都以礼为依归。根据礼的尊君敬长的原理,他提出了为尊者讳,为亲者隐的原则。对大夫以下的违礼行为,孔子都明确表示反对,甚至加以咒骂。但是,当他遇到国君违礼的情况时,除非实在不能容忍的所谓"禽兽行"之类,他一般都予以遮掩。例如,鲁昭公从吴国娶夫人是违礼行为,因为同为姬性,鲁君的行为违反同姓不婚的礼。事实上,鲁君也明知此事违礼。鲁君不称这位夫人为吴姬,而称"孟子",就是为避讳"姬"姓。孔子清楚地知道此事及其违礼性,但当他的学生司败问昭公是否知礼时,孔子仍回答说"知礼"。② 孔子为什么要这样做呢?他的理由是:"臣不可言君亲之恶,为讳者,礼也。"③为了维护君的尊严,为了君的形象的完美,孔子可以不讲真话,可以有意识地掩盖君的不光彩的行为。孔子的这一礼治原则的正面是要求臣民为君上歌功颂德,在公开的场合应作太平颂圣之词;它的反面应当就是诽谤、不敬之类的罪名。

孔子的礼治原则,从而也是法律制度的原则,要求人们在君的污点面前不能说真话。与此相类,孔子认为,在父母亲违礼犯罪时也不能说真话。如果说为尊者讳是要求给君上涂脂抹粉,那么,孔子的礼治原则要求在父母亲犯罪时为父母隐瞒罪行。这条原则可概括为为亲者隐。《论语·子路》载,叶公对孔子说:"吾党有直躬者,其父攘羊,而子证之。"这种直躬者之直是符合后来法治的要求的,反映了叶公之"党"的诚信。但是,把这种"直"用在父子之间,孔子是不能接受的,因为"不言亲之恶,为讳者"也是孔子的礼的要求。所以孔子回答说:"吾党之直者异于是。父为子隐,子为父隐,直在其中也。"儿子对待父亲的罪恶,不需要诚信,相反却要为之隐瞒。这是否就不直了呢?不!孔子认为,在这里,直就在不直中。也就是说,父子之间,对于对方的罪行,不直就是直。

孔子的父子相隐在汉代发展成为一项法律制度,即"亲亲得相首匿",到唐代则演化为"同居相为隐",从而构成了中华法系的一个重要的立法和司法原则。

---

① 《左传·昭公二十九年》。

② 《论语·述而》。

③ 《史记·仲尼弟子列传》。

孔子的"为政以德"的德治和"为国以礼"的礼治,都依赖为政者个人的作用,与这两种治国主张相适应的只能是人治。因为德是仁的积累,只有仁者才会施惠于人,以德治国。而仁首先是人格的修养,这种修养不是人人皆有的,因而德治也不是人人都能做得来的。这也就是说,要行德治,必先有有德的治者。仁人是实行德治的前提条件。因此,倡德治必然重视治国之人,必然主张人治。在孔子的礼治方案中,虽也包含了作为行为规范的礼,带有循规而治的可能性,但是,礼被全社会接受为行为规范的条件是圣明者的率先垂范,而在春秋时期礼乐崩坏的条件下,更需要有圣贤之人用自己守礼的行为和有效的宣传影响社会,以重树礼的地位。如果说循规蹈矩一般人都能做到的话,那么,重树礼的尊严、重建礼治的社会却非一般人所能胜任。管仲之所以被孔子称为"仁",就是因为他相桓公时曾"九合诸侯,一匡天下",为维护周代礼乐秩序立下汗马功劳。按照这个分析,要实行礼治,实现礼治的目标,也必须先有贤圣之人,礼治同时也必须是人治。不管是德治还是礼治,关键都取决于治者,都需要实行人治。所谓"文武之政,布在方策,其人存则其政举,其人亡则其政息"①,讲的就是这个道理。

孔子的"为政在人"主张及其与德治、礼治联结而成的牢固的思想体系说明,孔子不可能是法治的提倡者和支持者。

孔子非常重视贤能的人在治理国家、整治社会中的作用。他认为,有贤者为政,国家便强盛,社会便繁荣;反过来,不贤者为政,则社稷难保,天下不宁。

孔子不仅赞赏文、武、周公圣贤为政的事迹,而且为造就具有贤圣品格的治者做了认真的研究、宣传工作,为确保贤者在位提出了有进步意义的方案。

不管是当时的国家还是后来的政权,都有一些人是生来就注定要做管理者的。如何才能使这些人贤能呢? 外加的教育可以使某些君主在良好的道德环境中度过自己的幼年、青年时期,从而带着较高的道德品质走上统治宝座。但是,外加的教育或其他手段无法强迫有权的君主接受善。使这些生来就有权的人朝着贤圣前进的最大力量,只能来自于这些有权的人自身。孔子正是抓住了这一特点,鼓吹统治者及其大臣的自我修养。他提出"为仁由

---

① 《礼记·中庸》。

己"①的口号,要求君臣们"修己以敬","修己以安人","修己以安百姓"。②

使统治集团中有且多一些贤能之士的更有效的方法,是把贤能的人选拔到统治队伍中来。孔子在强调为政者自身修养的同时,也十分重视举贤才。他的弟子仲弓为季氏家臣,仲弓问如何为政,孔子告诉他:"先有司,赦小过,举贤才。"他的另一学生子游为武城宰。对他为政的情况孔子最关心的是"得人焉耳乎"。③《泰伯》记曰:"舜有臣五人而天下治。武王曰:'予有乱④臣十人。'孔子曰:'才难,不其然乎?'"他感叹人才难得。季康子问如何使民"劝"。孔子回答说:"举善而教不能,则民劝。"哀公问"何为则民服",他回答说:"举直错诸枉,则民服;举枉错诸直,则民不服。"⑤这些都说明孔子对举贤才的重视。

孔子举贤才的思想已冲破了"任人唯亲"的界限,他不反对在贵族之外选拔有用的人才,甚至有时还专门讨论从非贵族中选贤的问题。如他说:"先进于礼乐,野人也;后进于礼乐,君子也。如用之,吾从先进。"⑥关键的是先进于礼乐,君子、野人并不是一个绝对不可逾越的界限。

孔子主张当权者修己,完善自身,又主张通过举贤才为统治队伍输入贤能的分子,这些都以另外一个更深刻的思想为根据。这个思想就是:治人者为人则。如果说法治是要求国家给臣民制定系统的行为规范,在此前提下,君臣上下均依法办事,那么,孔子的为国之道是"人治"。它要求治人者行为端正,为民楷模,用为政者的模范行动引导百姓做好事。百姓即使需要遵守某种社会规范,比如说礼,也是模仿为政者的做法去遵守这种规范。他的"举直错诸枉",就是追求"枉"者学"直"者而成为"直"者的效果。他所说的"其身正,不令而行","苟能正其身,于从政乎何有"⑦,就是坚信为政者的模范行为可以产生巨大的引导作用。他还有一著名的"风草论"——"君主之德风,小人之德草。草上之风,必偃。"⑧何晏引孔安国曰:"偃,仆也。加草以风,无不仆者。"邢引《正义》曰:"不仆者"。这就是说,为政者及其他君子的道德指向是风,而被治者、小人的道德则顺应在上者的道德之风。统治者为善,民亦

---

① 《论语·颜渊》。
② 《论语·宪问》。
③ 《论语·雍也》。
④ 《左传·昭公二十四年》引《大誓》曰:"余有乱臣十人,同心同德。"《说文》:"乱,治也。"可见,乱臣乃治国之臣。
⑤ 《论语·为政》。
⑥ 同上。
⑦ 《论语·颜渊》。
⑧ 《论语·子路》。

为善;统治者循礼,被统治者也守礼不逾。

循孔子的人治论,以后的许多思想家也都主张选贤,甚至尚贤。在后来的历史上,进步的思想家也都要求为政者,尤其是君王修养自身、约束自己。由于后来的人们强调君主的模范作用,强调为政者为民之则,久而久之,便造成了这样一个结果:许多对人们的行为起着约束作用的规则不是记载在某个规范性文件中,而是体现在某个贤人,甚至某个先贤的行为中。

第二节　孟子对孔子法律思想的发展

孟子是战国时期儒家的重要代表人物之一。他曾"受业子思之门人"①,以孔门正宗传人自居,有"乃所愿,则学孔子"②之语。但孟子并未全面继承并发展孔子的思想。孔子的法律思想有仁、礼、人三个方面,而孟子实际上主要继承、发展了关于仁和人的思想。他很少谈礼。孟子接过孔子的"仁学",把它发展为"仁政"学说,并把仁提高到人性的高度,用人性论来论证他的政治论、法律论。孟子也十分重视贤人在治理国家中的作用,但在君、臣、民的关系上,却比孔子走得更远些。首先,他赋予了大臣更多独立的人格和独特的政治地位;其次,他提出了当时条件下堪称绝唱的"民贵君轻"论。

▶ 一、性善论

孟子是孔子仁学的忠实继承者,但这忠实的继承并不是简单的接受,而是在接受仁的精神的基础上,将其进一步发扬光大。孔子的仁,更多地停留在对人的外部行为的要求上,而孟子则将其上升为人的内在品性。他曾说:"仁,人心也。"③这仁已经不再只是如何对待父母、臣民的行为原则,而是人的内心世界的品质,是人的精神,而不只是人的行为。这便把春秋以来出现的仁学提高到了一个新的高度。

孟子认为,人都有"良知""良能"。他说:"人之所不学而能者,其良能也;所不虑而知者,其良知也。"④这种良知、良能是人们先天就具备的,是区别于其他生物的本性。这种本性是善的,所以,可以说人性是善的。"仁、义、礼、智,非由外铄我也,我固有之也。"⑤这种非由"外铄"的仁、义、礼、智,便是人的

---

① 《史记·孟子荀卿列传》。
② 《孟子·公孙丑上》。
③ 《孟子·告子上》。
④ 《孟子·尽心上》。
⑤ 《孟子·告子上》。

良知、良能,也就是人的善性。

孟子谈人性的出发点是人都有共同的属性,即所谓"凡同类者举相似也"。所有的人都一样,"口之于味也,有同嗜焉;耳之于声也,有同听焉;目之于色也,有同美焉。"人的共同性的重要表现是人皆有四心:"恻隐之心,人皆有之;羞恶之心,人皆有之;恭敬之心,人皆有之;是非之心,人皆有之。"①这四心就是人的四个善端:"恻隐之心,仁也;羞恶之心,义也;恭敬之心,礼也;是非之心,智也。"②孟子还说:"恻隐之心,仁之端也;羞恶之心,义之端也;恭敬之心,礼之端也;是非之心,智之端也。"③仁、义、礼、智这些善端是先天存在的,是"根于心"的,也是一切人都具有的。

孟子不仅论证了人性善的普遍性,一再强调"人皆有不忍人之心"等,而且也论证了人性善的必然性。用他的话说就是,"人性之善也,犹水之就下也","人无有不善",就像"水无有不下"④一样。

孟子找到了人的一般"品性",也就为自己的政治构想建立了社会的基础,为维护自己的政治观点找到了根据。因为人是善的,所以为政者应该用对待善人的办法,而不是用对付恶魔的办法管理社会;因为教育感化的方法可以对本性上善的人发挥引导的作用,所以君王对待自己臣民便不需要动辄以刑罚相威胁;因为百姓都是善良的,都喜欢善良的君主,所以,圣君贤相就应行"王道",而不是用"霸道",更不能用"强道"。

▶ 二、仁政说与省刑罚论

孟子的人性论同时就是政治论。人性善在政治上的体现,或者说孟子论证人性善所要说明的首先就是仁政。从理论的表面逻辑来看,把善性落实到政治上就是行仁政。"人皆有不忍人之心。先王有不忍人之心,斯有不忍人之政矣。"⑤人人都有"不忍人之心",当具有这种"不忍人之心"的人同他人相遇时,必然以善待人,以仁遇人。所谓"老吾老,以及人之老;幼吾幼,以及人之幼"就是这样一种行为原则。这也就是孔子的推己及人之道。一般人推其仁心于人,表现为爱邻里、爱他人,而君王推其仁心于人,便是仁政。孟子把这种政治上的推己及众人叫做"推恩"。他说:"推恩足以保四海,不推恩无以

---

① 《孟子·告子上》。
② 同上。
③ 《孟子·公孙丑上》。
④ 《孟子·告子上》。
⑤ 《孟子·公孙丑上》。

保妻子。古之人所以大过人者,无他焉,善推其所为而已矣。"①为政者推恩于百姓,便是"行不忍人之政",就能"保四海",就可以非常轻易地治理好天下。

孟子的仁政说有对内对外两个方面。在对外上,他反对战争,反对因争城略地而涂炭生灵。在对内上,他除了继承孔子的"先教后诛""薄税敛""使民以时"等主张外,还提出了经济上的"制民之产"与法律上的省刑罚主张。

在"制民之产"的问题上,孟子的基本观点是"使民有恒产"。他曾对滕文公说:"民之为道也,有恒产者有恒心,无恒产者无恒心。苟无恒心,放僻邪侈无不为已。"②这个"恒产"的标准是使民"仰足以事父母,俯足以蓄妻子,乐岁终身饱,凶年免于死亡"。③ 而使民足以获得这种恒产的具体方案是给百姓以"五亩之宅""百亩之田"。孟子曾具体描述过这个方案:"五亩之宅,树之以桑,五十者可以衣帛矣。鸡豚狗彘之畜,无失其时,七十者可以食肉矣。百亩之田,勿夺其时,八口之家可以无饥矣。"④这个方案的核心就是要求国家向所有百姓提供足以生产出供养个人及家庭所需的最基本的生产资料,即土地。此外,孟子还提出"关市讥而不征,泽梁无禁"⑤等有利于发展商品经济和便于百姓得山泽之利的主张,以及"数罟不入洿池""斧斤以时入山林"⑥等保护自然资源的建议。

如果说孟子的"制民之产"方案已经涉及财产分配制度,那么,他关于不"以政杀人"的论说对制定政策,甚至在法律上设定利益分配界限都是富有指导意义的。他在同梁惠王的一次谈话中说道:"狗彘食人食而不知检,途有饿莩而不知发,人死则曰:非我也,岁也。是何异于刺人而杀之,曰:非我也,兵也。"⑦"兵"致人死是持兵者的责任,因为可致人死的兵不必然致人死,持兵者用之杀人才能致人死;"岁"致人死是为政者的责任,因为可能造成歉收从而使人挨饿的岁不必然使人陷于死亡,为政者不能妥善处理财富的分配才使一部分人陷入死亡的境地。孟子清楚地认识到,"杀人以刃"与"杀人以梃",虽用具有别,但同为杀人无异。与此相类,"杀人以刃"与"杀人以政",岁杀的方式不同,但同样造成了杀人的结果也是没有差别的。仁人不可以杀人以仁,也不可以杀人以政。为政者要避免"杀人以政",就必须调整分配政策,以便

---

① 《孟子·梁惠王上》。
② 《孟子·滕文公上》。
③ 同上。
④ 《孟子·梁惠王上》。
⑤ 《孟子·梁惠王下》。
⑥ 《孟子·梁惠王上》。
⑦ 同上。

让社会底层的人避免成为途上饿莩的灾难。孟子曾提到,"庖有肥肉,厩有肥马,民有饥色,野有饿莩,此率兽而食人也。"这种"率兽而食人"的情况是由社会分配政策的不合理造成的。孟子认为"为民父母"的"行政"者不应当允许这种"率兽而食人"的情况发生。而要避免这种情况的发生,只能是调整社会财富的分配办法,使贫者不至于因乏财而成为路边饿莩,使富者不至于率自己的兽而去侵蚀贫者用来维持生存的财富。

在省刑罚方面,孟子提出两个重要的观点。一个是"罪人不孥"①;另一个是主张慎重行刑。我们可以把它概括为"国人杀人"。孟子把"罪人不孥"的功绩记在了周文王名下。这倒不一定是真实的,但他贯彻这一原则的愿望却是真实的。这一主张是针对当时普遍使用的族刑而提出的,它反映了孟子对族刑及重刑主义主张的反对态度。

"国人杀人"的主张与西周慎罚思想是一脉相承的。所不同的是,孟子已经获得了性善的理论武装。对待本性善良、由于偶然因素的影响而走向犯罪的人,即使必须用刑也要十分的小心谨慎,以防错杀错刑。一次,齐宣王问孟子如何才能判断一个人该不该杀,孟子作了如下回答:"左右皆曰可杀,勿听;诸大夫皆曰可杀,勿听;国人皆曰可杀,然后察之,见可杀焉,然后杀之。"②这样处理案件可谓非常慎重了。

"国人杀人"的建议说明,孟子所说的用刑或杀人,不是依法行赏罚的观点,而是春秋义刑制度下的一种选择。"国人皆曰"要解决的不是案件事实问题,而是对案件的定性问题,不是使用刑罚的强度问题,而是大家是否同意结束当事人生命的问题。

▶ 三、人治说

从孟子的人性论来看,社会上所有的人都是平等的。"尧舜与人同耳"③,"圣人,与我同类者"④。但是,社会上的人们在政治、经济的地位上又是不平等的。孟子对这种不平等给予了人性的解释:由于人们的"良知""良能"可因物欲的吸引而失去,即"放心",这便使社会上本来在人性上平等的人们分化为两类:一类"存心"者为君子,一类"放心"⑤者为小人。君子在社会上充当"劳心者",小人充当"劳力者"。这就是说,由于人的良知、良能的放失,造成

---

① 《孟子·梁惠王下》。
② 同上。
③ 《孟子·离娄下》。
④ 《孟子·告子上》。
⑤ 《孟子·公孙丑上》。

了社会的等级划分,使社会上产生了"治人"者与"治于人"者两大阵营。

　　孟子的"放心论"一方面论证了社会等级存在的原因,另一方面也为他的人治说找到了根据。其一,他从人性论的高度给了统治者以"治人"者的地位;其二,由于人们为"放僻邪侈"之行的主观原因是"无恒心",是"良知""良能"的丧失,因此,所谓治人除了以仁政给人们提供恒产之外,便是做能起到直接巩固或扩充人的良知的工作,即对"根于心"的善端"扩而充之"①,或者设法"求其放心"。② 这不仅是对百姓所必为,而且是为政者首先必须对自身做的工作,因为只有保有并扩充了善端才能有"不忍人之政",才能"保四海",反之则"仰不足以事父母,俯不足以蓄妻子"。③ 孟子的这种治道仍然是主要或首先表现为自我约束、自我修养。这种办法就是同法治相对立的人治。

　　他的人治同法家的法治的主要区别有两点:一是不以强制性规范约制社会,而以治国者的模范行为引导社会。他曾这样说:"爱人不亲返其仁;治人不治反其智;礼人不答反其敬;行有不得者,皆反求诸己。其身正,而天下归之。"又说:"君仁,莫不仁;君义,莫不义;君正,莫不正;一正君而国定矣。"④如果说治国者的模范行为在反复的实践中可以抽象为一定的规则,那么,孟子的人治仍然不是要强制社会遵守这种规则,而是希望臣民们在思想上视之为当然当行之道而循守之。二是不以强力强迫人民服从、效力,而是靠德行吸引人民。他认为,治人者只要有德,对百姓行仁政,就能创造士"皆悦而愿立于其朝",商"皆悦而愿藏于其市",天下之旅"皆悦而愿出于其路",农"皆悦而愿耕于其野",天下之民"皆悦而愿为之氓"⑤的奇迹。

　　孟子的这种人治实际上是希望从国家的政治中心向外释放仁德的感召力,给四方投放道德楷模。要实现这种人治,当然只能靠圣君贤臣。对圣君,他相信"五百年必有王者兴"⑥,而且他似乎也认为,只有等到有"王者兴",天下才能太平,人间才能大治。他希望有王者出来治世,同时他痛恨桀、纣式的"残贼"之君。在同齐宣王的一次谈话中,他提出著名的暴君放伐论。齐宣王就"汤放桀,武王伐纣"之类按通常道理被称为"臣弑其君"的事情请教孟子。孟子回答说:"贼仁者谓之贼,贼义者谓之残,残贼之人谓之一夫。闻诛一夫

----

① 《孟子·公孙丑上》。
② 《孟子·离娄上》。
③ 《孟子·公孙丑上》。
④ 《孟子·离娄上》。
⑤ 《孟子·公孙丑上》。
⑥ 《孟子·公孙丑下》。

纣矣,未闻弑君也。"①孟子的这番话除了为他理想的圣君辩护之外,还反映了他的另一重要思想,那就是臣民可以选择君王。武王伐纣是"救民于水火之中",是为臣民排除其不喜欢的暴君的壮举。而百姓对商汤征西夷、征北狄的队伍"望之若大旱之望雨"②,则表示了百姓对新君王的欢迎。孟子在谈"贵戚之卿"的作用时更清楚地表达了他的这种"选择"主张。他说:"贵戚之卿,君有大过则谏,反复之而不听,则易位。"③这就是说,贵戚之卿可以在贵戚范围内另选君主。

孟子在等待王者的出现,但理想的王者却迟迟不"兴"。这样,"中心辐射"式治国之道的热源便只能由贤臣提供。孟子十分重视"尊贤使能",力图实现"俊杰在位"。④ 他认为,"不信仁贤则国空虚"⑤,甚至"不用贤则亡"。⑥尚贤在战国时期是为多个学派所共同提倡的,但孟子的尚贤却有着与诸家不同的特点。与其否定昏暴君王的态度相应,他给予臣更大的独立性、更多的人格尊严。他认为,君臣之间应平等相待,"君之视臣如手足,则臣视君如腹心;君之视臣如犬马,则臣视君如国人;君之视臣如土芥,则臣视君如寇仇"。⑦君臣之间的这种关系要求想有所作为的君王必须对贤臣"致敬尽礼"。⑧ 孟子还提出了"不召之臣"的概念。他说:"故将大有为之君,必有所不召之臣。欲有谋焉,则就之。其尊德乐道不如是,不足与有为也。故汤之于伊尹,学焉而后臣之,故不劳而王。桓公之于管仲,学焉而后臣之,故不劳而霸。"⑨在孟子心目中,贤士,尤其所谓"不召之臣",都是用有"道"且"乐其道"的王者之师,或者叫圣人。这种人虽没有君王的权势,但却有君王所不具有的道。君王的权势和治国平天下的道相结合,才能实现王天下的目标。在孟子的这一认识中,实际上存在一个权与道的二元结构:君掌握权势,圣人拥有道。这个思想与他关于臣的独立品格的呼吁是一致的。

孟子反对臣下"以顺为正",唯君命是从的做法,称这种臣道为"妾妇之道"。⑩ 他认为臣应保持自己政治品格上的独立性,应有大丈夫气概。他说:

---

① 《孟子·梁惠王下》。
② 《孟子·滕文公下》。
③ 《孟子·万章下》。
④ 《孟子·公孙丑上》。
⑤ 《孟子·尽心下》。
⑥ 《孟子·告子下》。
⑦ 《孟子·离娄上》。
⑧ 《孟子·尽心下》。
⑨ 《孟子·公孙丑下》。
⑩ 《孟子·尽心上》。

"居天下之广居,立天下之正位,行天下之大道,得志,与民由之;不得志,独行其道。富贵不能淫,贫贱不能移,威武不能屈,此之谓大丈夫。"①又说:"天下有道,以道殉身;天下无道,以身殉道。"②按照这样的认识,臣的行为的从违应以道为准则,而不是以君命为依据。如果道与权势出现了矛盾,也就是臣按其道而提出的意见和君依据其权势而作出的决定不一致,这些大丈夫该如何处理呢?孟子的办法主要有二:一是不屈就。大丈夫不能委屈自己而迎合君王。当他的弟子陈代用"枉尺而直寻"的道理劝说孟子暂时迎合诸侯,以便利用诸侯的委任实现自己的远大抱负时,他坚决不同意,理由是:"枉己者,未有能直人者也。"③二是不合则去。按照孟子的理解,臣的重大任务是依据自己的道纠正君的不当言行,也就是"格君心之非"。④ 如果经过努力,君臣仍然不能达到一致,也就是君不能接受臣的"道",作为异姓之卿的选择只能是离开这位君王,另投明主,即"君有大过则谏,反复之而不听则去"。⑤

▶ 四、"民贵君轻"论

孟子把普通百姓称为"劳力者"甚至"小人",但这并不能说明他忽视民的利益。他的仁政包含着对百姓的关心,他对君的要求体现着利民的精神。而用"民之望之如大旱之望雨"来论证汤武征诛的合理性,更说明他在重大问题上没有忘记主要体现在普通百姓身上的天下利益。孟子的"民贵君轻"论进一步说明,他不仅重视民的利益,而且可以说是以民的利益为政治取舍的根据,也包括桀、纣式的君王的去留的根据。他这样说过,"民为贵,社稷次之,君为轻。是故得乎丘民而为天子,得乎天子为诸侯,得乎诸侯为大夫。诸侯危社稷则变置;牺牲既成,粢盛既洁,祭祀以时,然而旱干水溢,则变置社稷。"⑥孟子继承了春秋以来的重民思想和由奴隶制时代继承来的民本思想,把民看成是国家的根本。诸侯可以"变置",社稷可以"变置",唯民为国家的根本,不可"变置"。从王天下的大目标出发,按照"得民者斯得天下"的逻辑,民比诸侯国君更贵重、更根本。不仅如此,民与天子相比,似乎也是民更重要。因为既然说"得乎丘民而为天子",那么,王者能否为天子,决定于他是否与"丘民"相"得"。如果说丘民不喜欢某个人,这个人当然也就无法"得乎丘

---

① 《孟子·滕文公下》。
② 《孟子·尽心上》。
③ 《孟子·滕文公下》。
④ 《孟子·离娄上》。
⑤ 《孟子·万章下》。
⑥ 《孟子·尽心下》。

民",从而也就无法"为天子"。按照孟子的暴君放伐论,既然把民置于水火之中,为丘民所不喜欢的"一夫"可以被放、被杀,那与丘民不相得的天子当然也可以推翻。

【参考书目】

1. 瞿同祖:《中国法律与中国社会》,中华书局 1981 年版,第一章。

2. 李光灿、张国华:《中国法律思想通史》(第一卷),山西人民出版社 1994 年版。

3. 俞荣根:《儒家法思想通论》,广西人民出版社 1998 年版。

4. 徐进:《中国古代正统法律思想研究》,山东大学出版社 1994 年版,第五章、第六章。

5. 武树臣:《儒家法律传统》(上篇),法律出版社 2003 年版。

6. 徐进:《孔子"无讼"辨正》,载《齐鲁学刊》1984 年第 4 期。

7. 徐祥民、马建红:《清官精神的儒学渊源及其当代价值》,载《法商研究》1999 年第 5 期。

【思考题】

一、名词解释

1. 先教后诛

2. 为尊者讳

3. 为亲者隐

4. 国人杀人

二、简答题

1. "为政在人"对法治有何影响?

2. 简述孟子的人性论与其法律思想之间的联系。

三、论述题

1. 试述孔子的"为国以礼"主张与法治的矛盾。

2. 试述"暴君放伐"论与"民贵君轻"论的理论基础。

第五章　墨家的法律思想

墨家的创始人是墨翟。他曾"学儒者之业,受孔子之术"①,其法律思想受儒家影响较大。但墨翟之背儒而创立墨学,又使墨家的法律思想同儒家有着很大的不同。主要表现在:(1)墨家适应公布成文法的社会发展大趋势,首倡法治,而儒家对法治持否定态度。(2)墨家对犯罪问题做了更深入的研究。尽管儒家希望消灭犯罪,但他们却极少研究犯罪本身的问题。墨家既追求消灭犯罪的目标,同时,也通过对犯罪的深入研究,提出了消灭犯罪的方法、途径等。(3)在尚贤问题上,墨家学说彻底打破了门第、身份的界限,从理论上为所有社会成员走上仕途打开了通道。

本章主要学习:(1)儒家的仁对墨家法律思想的影响;(2)墨家的法治论;(3)墨家关于犯罪与刑罚的思想。

第一节　墨家的法律观

墨家对公布成文法的现实持承认、支持的态度,他们研究了法的来源,提出了"一同天下之义"的国家、法律起源的观点。墨家接受了儒家的仁学,并用以解释社会,据以寻求稳定社会的方法,这便决定了墨家学说渗透着仁的精神。他们把仁视为法的标准,为了强调"仁"的权威性,还拉出了天这个已被人们抛弃的神物,赋予它以仁的属性。

▶ 一、"一同天下之义"的法律起源论

墨家认为,在人类社会的早期,有一个"未有刑政之时"。这时人们之间不断地发生着各种争斗。墨家考查了这种争斗及其原因。考查的结果是:当时的人"异义","一人则一义,二人则二义,十人则十义。其人滋众,则其义者亦滋众"。② 每个人"皆是其义而非人之义"③,人与人之间形成"交相非"④的

---

① 《淮南子·要略》。
② 《墨子·尚同上》。
③ 《墨子·尚同下》。
④ 《墨子·尚同上》。

紧张关系,以至于"厚者有斗而薄者有争"①,"内者,父子兄弟作怨恶,离散不能相和合。天下之百姓,皆以水火毒药相亏害,至有余力不能以相劳;腐朽余财不以相分,隐匿良道不以相教"。那时的"天下之乱若禽兽然"。②

墨家认为,出现这种状况的原因是"无政长"。墨子说:"天下之所以乱者,生于无政长。"所谓"未有刑政之时"就是"未有政长之时",也就是天下大乱之时。既然乱生于无政长,救乱之法自然就是使社会上产生政长。墨子说:"明乎天下所以乱者,生于无政长,是故选天下之贤可者,立以为天子。天子立,以其力为未足,又选择天下之贤可者,置立之以为三公。天子三公既已立,以天下为博大,远国异土之民,是非利害之辩,不可一二而明知,故划分万国,立诸侯国君。诸侯国君既已立,以其力为未足,又选择其国之贤可者,置立之以为政长。"有了政长,便可以"一同天下之义",变多义为一义,从而消除义与义相非,消除人与人之间的相互亏害。墨家认为,天子的责任是"一同天下之义",诸侯的任务是"一同国之义",乡长的职责是"一同乡之义"。③ "一同"的目标则主要通过各级政长的"发宪布令"④来实现。有了统一的政令便可改变"无刑政之时""无君臣上下长幼之节,父子兄弟之礼"的状况,给人们以统一的礼法。

从墨家的这一论证来看,礼法是政长们"一同天下之义"的结果。他们的这种经"一同"后确定下来的"义",具有两个明显的特点;一是,这个统一的"义"是贵且智者的主张。即"义者,不自愚且贱者出,必自贵且智者出"⑤;二是,这个统一的义又具有权威性。在有政长的社会里,有一条极为重要的原则,那就是"上之所是,亦必是之;上之所非,亦必非之"⑥,或者笼统地称为"尚同"。在上者所出的义,就是全社会统一的义,在下者必须上同于上。

墨家不仅提出了"一同"的法律起源观点,而且也注意到这"一同"的国家特性。墨子曾谈到,为了让百姓万民服从"贵且智"者确定的"义",天子对天下所施的"教"明确要求,"尚同义于上,而毋有下比之心,上得则赏之"。反过来,如果"上之所是不能是,上之所非不能非","下比而非其上者","上得则罚之"⑦。从这里可以看出,墨子的"上下"包含政治权力的内容,上意味着权力,

---

① 《墨子·尚贤下》。
② 《墨子·尚同上》。
③ 同上。
④ 《墨子·尚贤下》。
⑤ 《墨子·天志下》。
⑥ 《墨子·尚贤上》。
⑦ 《墨子·尚同中》。

甚至就是赏罚这种国家暴力。墨子关于国家机关体系的设计方案尽管明显地具有描述现状的痕迹,但这种描述中也明显地具有国家力量的显现。正因为天子"力"不足,才为之设三公,正因为诸侯"力"不足,才为之置"左右将军大夫,以远至乎乡里之长"。① 政长系统中渗透着力,是这种国家力量一方面维护了"贵且智"者出"义"的权力,确保政长系统的安全,另一方面保证了天子等所发之"宪"、所布之"令"的实施。

▶ 二、"法不仁不可以为法"

墨家虽然给了在上者"出义"的权力,但他们并不认为有权者可以随心所欲地"发宪布令"。他们认为天子所发之"宪"所布之"令",必须符合"仁"的标准,并明确提出"法不仁不可以为法"的原则。墨子说:"奚以为治法则可? 当皆法其父母奚若? 天下之为父母者众,而仁者寡。若皆法其父母,此法不仁也。法不仁不可以为法。当皆法其学奚若? 天下之为学者众,而仁者寡。若皆法其学,此法不仁也。法不仁不可以为法。当皆法其君奚若? 天下之为君者众,而仁者寡。若皆法其君,此法不仁也。法不仁不可以为法。故父母、学、君三者,莫可以为治法。"② 法的标准不是某个有特定身份的人,而是仁。

墨家的仁是从儒家那里继承来的。但他们的仁又同儒家的仁有明显的区别。儒家的仁具有爱人的含义,但其爱人有亲亲之等,是一种有差等的爱。墨家继承了儒家仁的"爱人"元素,把"爱人"发展为无亲疏界限的"天下之人皆相爱"③,亦即所谓"兼爱"。也正因为墨家抹掉了"爱人"的亲疏界限,所以才被孟子贬斥为"无父"。④ 孟子的批评反映了儒家和墨家对仁的理解上的差异,而正是这一差异,才使得以被儒家所重视的仁为核心的墨家法律思想,与儒家的思想产生了许多的不同,甚至是矛盾和对立。

为了给法找一个"实在"的标准,墨家在君、父母、学之外找到了"天"。墨子说:"然则奚以为治法则可? 故曰莫若法天。天之行广而无私,其施厚而不德,其明久而不衰,故圣王法之。"如何法天呢? 墨子接着说:"既以天为法,动作有为,必度于天。天之所欲则为之;天所不欲则止。"那么,"天何欲何恶"呢? 墨子的回答是:"天必欲人之相爱相利,而不欲人相恶相贼也。奚以知天之欲人之相爱相利,而不欲人之相恶相贼也? 以其兼而爱之,兼而利之也。奚以知天兼而爱之,兼而利之也? 以其兼而有之,兼而食之也。今天下无大

---

① 《墨子·尚同中》。
② 《墨子·法仪》。
③ 《墨子·兼爱中》。
④ 《墨子·尽心上》。

小国,皆天之邑也;人无长幼贵贱,皆天之臣也。此以莫不犓羊、豢犬猪,以敬事天,此不为兼而有之,兼而食之邪?"①墨子的这番论证并不高明,但其结论却十分明确:天是兼爱、兼利的,天亦欲人之相爱相利。法天就是要以兼爱、兼利为立法的原则,就是要求法律体现兼相爱、交相利的精神。在墨子的论述中,天体现了人的精神,同时又是仁的楷模、仁的根据。如果说孟子从人性中找到了仁的根据,那么,墨子则是从虚构的天那里寻得了仁的来源。

第二节　以法治国

墨家赋予法以仁的精神,这反映了儒墨间的继承关系。而墨家首倡法治,则又使墨家同法家结成了亲缘关系。墨家认真总结了战国时期各诸侯国立法用法的实践,不仅从理论上论证了治国要用法度的道理,而且分析了法如何发挥规范社会、治理国家的作用以及如何才能更好地发挥法的效用等问题。

▶ 一、治大国须有法度

墨家把法解释为规矩,认为治国需要有法,就像为方需要有矩、画圆需要有规一样。墨子说:"天下之从事者,不可以无法仪。无法仪而能成事者无有也。虽至士之为将相者,皆有法。虽至百工从事者,亦皆有法。百工为方以矩,为圆以规,直以绳,正以悬,无巧工不巧工,皆以此五者为法。巧者能中之,不巧者虽不能中,放依以从事,犹逾己。故百工从事,皆有法所度。今大者治天下,其次治大国,而无法所度,此不若百工辩也。"②这段论述肯定了法的作用,并把"从事"需有法上升为一种普遍规律,这就为各诸侯国立法、用法,实行法治提供了理论根据。

墨家把法比喻为像规矩一样的工具,同时,他们也总结出工具要由人来操纵,操纵者水平的高低影响其效用的发挥的道理。就像用规矩的有"巧工"与"不巧工"之分一样,用法的人也有巧与拙的差别。但在墨家的理论中,用法者巧或拙,只是对法的效用的大小有影响,而不决定法之作用的有无。也就是说,即使由拙者用法,法仍能发挥一定的作用,用法仍比不用法好。这就是墨子所讲的"不巧者虽不能中,放依以从事,犹逾己"的道理。

墨家所讲的这一道理,反映了儒家和墨家之间观点的不同。在儒家看

---

① 《墨子·法仪》。
② 同上。

来,治国非有圣贤不可,而墨家的"放依"理论则承认了非圣贤的君王也可以治理好国家。非圣贤的君王使用法律治理国家比单纯凭借自己的意志治理得更好,这一见解为众多正在统治宝座上的非圣贤的君王找到了治理好国家的普适性的道路。

▶ **二、兴利除害,劝善沮恶**

法是治国的工具,在墨家的理论中,这种工具的基本作用就是"兴利除害""劝善沮恶"。所谓以法治国,就是通过"兴利除害,劝善沮恶"创造人们安居乐业,相爱相利的太平世界。墨家从法天的基本观点出发,主张"法必顺天"。按照他们所相信的天意,"兼相爱,交相利,必得赏";"别相恶,交相贼,必得罚"。① 墨子曾说:"仁人之为事者,必兴天下之利,除天下之害,将以为法乎天下。利人乎即为,不利人乎即止。"②这既是墨家为当政者规定的基本政策,也是立法的准则和实行法治所要达到的目标。法的兴利除害的作用主要表现为以赏的手段引导人们做爱人利人的事,以罚的手段阻止人们做恶人贼人的事,也就是用罚和赏"禁恶而劝爱"③,使人们都相爱相利而不相恶相贼。墨子多次谈到劝善沮恶。他在谈兼爱问题时要求君王"劝之以赏誉,威之以刑罚"。他主张君王积极为政,对臣民"发宪布令以教诲,施赏罚以劝沮"。④在谈尚同时,他说:"若苟上下不同义,上之所赏则众之所非","上之所罚则众之所誉",就会造成"赏誉不足以劝善,而刑罚不足以沮暴"⑤的结果。他认为,赏应起到劝善的作用,罚应有沮恶的效果。行赏而不能劝善,施罚而不能沮恶,就失去了赏罚的意义,就是为政的失败。他还说:国君为了治理好国家,"发宪布令于国之众,曰:若见爱利国者,必以告;若见恶贼国者,亦必告;若见爱利国以告者,亦犹爱利国者也。上得且赏之,众闻则誉之。若见恶贼国不以告,亦犹恶贼国者也。上得且罚之,众闻则非之。是以遍若国之人,皆欲得其长上之赏誉,避其毁罚。是以见善者言之,见不善者言之。国君得善人而赏之,得暴人而罚之。善人赏而暴人罚,则国必治矣。"⑥对爱利国和恶贼国者,人民同君王的看法一致,并能主动向君王及其官吏报告有关情况,这不仅保证了善人及时得赏,恶人早日受罚,同时,也是赏罚充分发挥劝、沮作用的

---

① 《墨子·天志上》。
② 《墨子·非乐上》。
③ 《墨子·兼爱上》。
④ 《墨子·非命中》。
⑤ 《墨子·尚同中》。
⑥ 《墨子·尚同下》。

表现——欲得长上之赏誉,这是劝的作用;欲避上之毁罚,这是沮的结果。

在对劝、沮的论述中,墨子看到了也利用了人们欲富贵而恶贫贱的一般心理,只是他没有明确指出这一点,更不像法家那样把人们的这种心理上升为人性,并把它概括为性恶。赏之所以能劝善,是因为人们欲得赏誉;罚之所以能沮恶,也是因为人们不欲受罚。国家用赏罚治理社会的办法从思想过程上来看有两个阶段:一个阶段是对人们心理的分析和总结;另一个阶段是利用这种心理适用赏、罚对策。在前一个阶段中,思想家们总结出人们的一般心理。做到这一点并不难。因为在私有制社会里,人们几乎每日每时都在为获得某种利益而奔波。在后一个阶段中,国家针对人们欲多而不欲寡的心理,投其所好,以赏誉“诱之”①;施其所不欲,以罚惧之。起初的统治者手中的赏罚还只是一种“报应”,即因臣民行为善而报之以赏,因臣民行为恶而应之以罚。而后来的统治者则是先设定赏格以吸引臣民做善事,劝的作用就是由此产生出来的;先设定罚以警吓臣民,沮的作用就是从这种警吓中产生出来的。墨子的所谓“富贵以道其前,明罚以率其后”说的正是这种有目的的设定。

▶ 三、赏信罚威与赏罚“当”

根据对人们爱赏誉、恶刑罚心理的分析,赏罚可以产生劝沮的作用。但在有了人们这种心理基础的条件下,要使赏罚真正产生劝沮作用,还必须使赏罚的量度等达到一定标准。按墨子的看法,原则上应达到“赏明可信,罚严足威”②的程度。因为赏誉只有可信,人们才会为赢得那可以得到的赏誉去努力工作,去做那些被法律确定为善的事;因为刑罚只有令人惧怕,人们才会为避免可能来临的刑罚而服从法律的规制,不去干那些被法律确认为恶的事。在这里,墨家实际上提出了两个问题:一个是赏罚的必然性问题,即信;一个是赏罚的量度问题,即赏足以使人慕,罚足以使人畏。对赏罚的量度,墨家的基本观点是:“命必足畏,赏必足利。”③他们认为,“爵位不高,则民弗敬”;“政令不断,则民不畏”。④《号令》篇提出的对“归敌者”,要“父母妻子同产皆车裂”,对“诈伪自贼伤以避事者,施之”等要求,就是贯彻这种观点的一个事例。

对赏罚信的问题,墨家讨论得比较多。在墨子看来,赏罚用而天下治的必要条件就是善人必得赏,恶人必受罚;为善必得赏,为恶必受罚。如果“善

---

① 《墨子·尚贤下》。
② 《墨子·备城门》。
③ 《墨子·号令》。
④ 《墨子·尚贤上》。

人不赏而暴人不罚"，则"国众必乱"①，不可能有太平的天下。墨子非常清楚赏罚的必然与百姓的信服之间的关系，以及赏罚信与劝沮作用的发挥之间的关系。他反复阐述的天罚说，实际上主要是为了突出一个信字，强调了赏罚的必然性问题。如《天志》篇说："顺天意者，兼相爱，交相利，必得赏；反天意者，别相恶，交相贼，必得罚。"②这里说的是必然赏、必然罚。在墨子的论述中，天是绝顶聪明、绝对不受蒙骗的神灵，他不仅赏贤罚暴，而且"无小必赏之"，"无大必罚之"③，任何人也休想逃避他的惩罚，任何善行都会得到应有的奖赏。墨子力图把天的存在说成是不容怀疑的，把天的力量说成是不可战胜的，把天的品格说成是绝对守信的。墨子对天的这种描述虽然不科学，但正是这种并非科学的理论虚构，反映了这位思想家对赏罚信的执着的追求。《明鬼》篇的一段话更清楚地反映了墨子的这一追求。他认为天下大乱的原因是人们"疑惑鬼神之有无"，"不明乎鬼神之能赏贤而罚暴"。如果能让"天下之人，偕若信鬼神之能赏贤而罚暴"④，天下就不会乱了，人们就不会相恶相贼了。这非常清楚地反映了墨子的思想；他是为了让人信才人为地编织了天或天鬼的图画，塑造了天这种超人的力量。他的后学一再谈到的"子墨子之有天之意"云云，更反映了所谓"天志"是墨子之"志"，是墨子虚构的神秘世界的意志。

在赏罚的使用上，墨子除了主张"信"和"威"之外，还提出了"当"的要求。所谓"当"，一方面是赏罚对象上的正确，即"赏当贤，罚当暴"；另一方面是赏罚量度上的适宜。墨子曾向国家提出"赏当贤，罚当暴，不杀不辜，不失有罪"⑤的要求。他认为，做到这一点不仅是良好政治的必然要求，也是发挥赏罚的劝沮作用的必备条件。他说："若苟赏不当贤，而罚不当暴，则是为善者不劝，而为暴者不沮矣。"也就是说，仅仅从实效的角度看问题，赏罚也应做到对象准确。

如果说"不杀不辜，不失有罪"意义上的赏罚当这种要求，在春秋时期及其以前就被人们反复提起了，那么，赏罚的量度上的"当"这一层意思是有新意义的。墨子对"赏于祖""戮于社"的解释就表达了这一层意思。他说："赏于祖者何也？告分之均也。戮于社者何也？告听之中也。"⑥

---

① 《墨子·尚同下》。
② 《墨子·天志上》。
③ 《墨子·明鬼下》。
④ 同上。
⑤ 《墨子·尚同中》。
⑥ 《墨子·明鬼下》。

第三节　关于犯罪与刑罚的思想

墨家的法律思想以"仁"为核心,其对犯罪与刑罚的认识也都体现着仁的精神。犯罪就是不仁,这可以说是墨家对犯罪的基本观点。从这一基本观点出发,墨家不仅看到了犯罪的客观方面,而且对犯罪的主观方面也作出了在当时来说比较深刻的说明,尽管这种说明远非科学。同其他学派一样,研究犯罪是为了寻求阻止或消灭犯罪的途径和方法。如果说儒家对消灭犯罪主要寄希望于君王的仁政和由此造成全天下的安居乐业,以及在此基础之上的良好道德教育,这种方法还比较现实,那么,墨家的方案则具有更多想象的成分。对"仁"的精神的过分重视,使他们过分追求推论中的成功,而相对忽视了实践的可行性。他们借天或天鬼迫使人们相爱的理论体现更多的是感情色彩,而不是理性的论证。而这恰恰反映了整个墨家法律思想的一个极大弱点:目标远大,方法简单;立论宏伟,论证薄弱。

▶ 一、对犯罪的多角度认识

在墨家对犯罪的论述中,犯罪有三个主要特征:犯罪的第一个特征是对社会的现实危害性,包括对他人的危害、对他家的危害,甚至也包括对他国的危害。[①] 这一特征表现为:"入人之场园,取人之桃李瓜姜","逾人之墙垣,担格人之子女","角人府库,窃人之金玉蚤累","逾人之栏牢,窃人之牛马",以及杀"不辜人"[②]等行为。这是犯罪最容易为人们所认识的一个特征。根据这一特征,人们可以把犯罪按其侵犯对象、侵犯方式、侵犯程度区分为不同种类。战国时期关于"贼""盗"以及"盗牛""盗马"等罪名的确立正是以这种特征为根据的。

犯罪的第二个特征是行为人的主观心理特征。墨子把它概括为"不仁""不义"。他说:"今有一人,入人园圃,窃其桃李,众闻则非之,上为政者得则罚之。此何也?以亏人自利也。至攘人犬豕鸡豚者,其不义又甚入人园圃窃桃李。是何故也?以亏人愈多。苟亏人愈多,其不仁兹甚,罪益厚。至入人栏厩,取人马牛者,其不仁义又甚攘人犬豕鸡豚。此何故也?以其亏人愈多。苟亏人愈多,其不仁兹甚,罪益厚。至杀不辜人也,扡其衣裘,取戈剑者,其不义又甚入人栏厩取人马牛。此何故也?以其亏人愈多。苟亏人愈多,其不仁

---

① 墨家把攻国也说成是犯罪。
② 《墨子·天志下》。

兹甚矣,罪益厚。"①按墨子这番话的意思,对窃桃李、攘犬豕鸡豚者实施惩罚,并不仅仅因为这些行为侵犯了他人、他家的利益,而是同时包含了对行为人主观心理的评价,考虑了行为人的主观因素。这种主观因素就是"不义""不仁"和"亏人自利"的故意。墨家这一思想有利于启发统治者从主、客观两个方面来认识犯罪,帮助人们克服客观归罪的古老观点的局限,以更为科学的态度对待犯罪,至少是促进人们沿着正确的方向去研究犯罪。但是,墨家自己并没有沿着这个方向继续走下去,没有走进这扇已被不意撞开的科学之门。法家沿着这个方向做了继续探寻的努力。他们对犯罪的主观因素做了认真的思考,并在法律实践中按照犯罪人主观过错的不同把犯罪区分为故意和过失两大类。如断狱轻重失中,"端为"为"不直","不端"为"失刑";告发不实的,"端为"为"诬人","不端"为"告不审"。②

由于墨家只是发现了犯罪的主观特征便停止了对这一特征的继续探讨,所以,他们不仅没有像法家那样按主观特征划分犯罪种类,而且衡量主观过错的大小、轻重仍然必须借助于作为犯罪的客观特征的可观的量度,即"亏人愈多","不仁兹甚"。这种简单地以客观说明主观的逻辑决定了墨家对犯罪的认识仍然只能是对犯罪的客观方面的评价,犯罪的重与轻以客观要件为根据,对犯罪人所处的刑罚的轻重以行为的客观危害的大小为标准。这样,最后实际上又否定了犯罪的主观特征,或者把主观特征置于可有可无、可见可不见的地位。墨家的刑罚报应观点也正反映了这一情况。

犯罪的第三个特征是违法性。墨家学派曾明确指出:"罪,犯禁也。"③犯罪就是犯禁的行为。犯罪必然犯禁。这告诉我们,犯罪的成立以违法为必要条件。反过来说,不违法的行为就不能构成犯罪。墨家也正是这样说的:"罪不在禁,惟害无罪。"④对这个问题,墨家虽未展开讨论,但这一观点是可取的,也符合战国时期以及后来人们对犯罪的一般认识。从战国时期起,随着立法的不断完善,我国古代法制逐渐形成了罪依法定的传统。虽然各朝各代并未明确罪刑法定原则,没有,甚至也不可能严格遵循罪依法定的原则,但在一般情况下,定罪量刑是以法律为根据的。

▶ **二、关于犯罪原因和消灭犯罪的途径的认识**

在墨家的著作中,犯罪主要有两个互相联系着的原因,一个是客观原因,

---

① 《墨子·非攻上》。
② 《秦简·法律答问》。
③ 《墨子·经上》。
④ 同上。

另一个是主观原因。其中客观原因是由于在上者过分的索取而造成的臣民的贫穷;主观原因则是人们之间的不相爱。而后一原因具有更大的普遍性。在墨家看来,似乎主观原因更根本,因为从表面看来,在上者过分索取就是对臣民不相爱,这种不相爱又是造成臣民贫困这个客观原因的原因。

对于客观原因,墨家是以统治者搜刮的现实为出发点而展开论述的。墨子说:"当今之主","必厚作敛于百姓,暴夺民衣食之财,以为宫室台榭曲直之望,青黄刻镂之饰。为宫室若此,故左右皆法象之。是以其财不足以待凶饥,振孤寡。故国贫而民难治也"。① 厚敛于百姓以美饰宫室台榭的直接后果就是国贫、民贫,衣食之财不足。而所谓"民难治"的重要方面便是犯罪频生而不可禁。墨子分析道:如果"衣食之财""不足","为人弟者,求其兄而不得,不弟弟必将怨其兄矣。为人子者,求其亲而不得,不孝子必是怨其亲矣。为人臣者,求之君而不得,不忠臣必且乱其上矣。是以僻淫邪行之民,出则无衣也,入则无食也,内续奚吾②,并为淫暴,而不可胜禁也,是故盗贼众而治者寡"。③

既然民财不足是造成犯罪的原因,为了减少犯罪,防止犯罪的发生,国家就应设法丰民之财。足民之法主要有二:一是"兴天下之利"为"利人"④之事;二是节省用度,减少奢侈性开支。为了通过节俭达到足民的目的,墨家提出了节用、节葬、非乐的主张。墨子背弃儒道概与这一认识有关。

在墨家看来,犯罪的根本原因出在主观方面,即人们之间互不相爱。墨子说:"圣人以治天下为事者也,不右不察乱之所自起。当察乱何自起,起不相爱。臣子之不孝君父,所谓乱也。子自爱,不爱父,故亏父而自利;弟自爱,不爱兄,故亏兄而自利;臣自爱,不爱君,故亏君而自利。此所谓乱也。虽父之不慈子,兄之不慈弟,君之不慈臣,此亦天下之所谓乱也。父自爱也,不爱子,故亏子而自利;兄自爱也,不爱弟,故亏弟而自利;君自爱也,不爱臣,故亏臣而自利。是何也? 皆起不相爱。虽至天下之为盗贼者亦然。盗爱其室,不爱其异室,故窃异室以利其室;贼爱其身,不爱人,故贼人以利其身。此何也? 皆起不相爱。虽至大夫之相乱家、诸侯之相攻国者亦然。大夫各爱其家,不爱异家,故乱异家以利其家;诸侯各爱其国,不爱异国,故攻异国而利其国。天下之乱物,具此而已矣。察此何自起? 皆起不相爱。"⑤墨子罗列了当时的

---

① 《墨子·辞过》。
② 俞樾释该四字为"内积职辱"。
③ 《墨子·节葬下》。
④ 《墨子·非乐上》。
⑤ 《墨子·兼爱上》。

各种犯罪,即所谓"天下之乱物",认为这一切违礼背法的"乱"行都根源于人们之间的不相爱。人们之间的不相爱,不仅可以直接表现为犯罪,即"亏人自利",而这种"亏人自利"的不相爱又是产生新的犯罪的原因,如在上者的自利造成民贫,民贫引起新的犯罪。由此可见,在墨家的理论中,犯罪的主观原因比客观原因更根本、更具有普遍性。要想消除犯罪的客观原因,必须先从主观原因上做文章。他曾作了一个假设:"若使天下兼相爱,爱人若爱其身,犹有不孝者乎?视父兄与君若其身,恶施不孝?犹有不慈者乎?视弟子与臣若其身,恶施不慈?故不孝不慈亡有。若使天下兼相爱,国与国不相攻,家与家不相乱,盗贼无有,君臣父子皆能孝慈,若此则天下治。"①尽管这只是假设,但墨子要得出的结论是清楚的,即:"天下兼相爱则治,交相恶则乱"②,兼相爱则无犯罪,交相恶则罪行多有。墨子还进一步把这一理论概括为兼与别。"恶人而贼人者"为"别";"为人之国若为其国""为人之都若为其都""为彼犹为己""为人之家若为其家"为"兼"。③ 按照这个概括,则罪生于别,乱息于兼。由于社会上有别相恶才有种种的"乱物";如果社会上人人都能兼相爱,则犯罪就会消失。

既然事情是如此简单,消灭犯罪的途径就不难找到。墨子的上述假设已经说出了他的止乱之法,即人与人兼相爱。因为天下的一切"祸篡怨恨"都"以不相爱生",而相爱的人们便不相贼害,所以要止罪息乱,只有"以兼相爱交相利之法易之",改变人们相恶相贼的思想,树立相爱相利的风尚。只要人们都以相爱相利之心相待,一切罪恶纷争便可一扫而光。按照墨家的分析,"诸侯相爱则不野战;家主相爱则不相篡;人与人相爱则不相贼;君臣相爱则惠忠;父子相爱则慈孝;兄弟相爱则和调;天下之人皆相爱",则"强不执弱,众不劫寡,富不侮贫,贵不傲贱,诈不欺愚"。④

▶ 三、刑罚报应论

《经上》篇说:"赏,上报下之功也。""罚,上报下之罪也。"这表达了墨家刑罚报应的思想。但墨家的报应论并不等于以眼还眼、以牙还牙的报复。

《吕氏春秋》曾记载了关于墨家的一段故事:"墨者有钜子腹𫗭,居秦。其子杀人。秦惠王曰:'先生之年长矣,非有它子也,寡人已令吏弗诛矣。先生之以此听寡人也。'腹𫗭对曰:'墨者之法曰:杀人者死,伤人者刑。此所以禁

---

① 《墨子·兼爱上》。
② 同上。
③ 《墨子·兼爱下》。
④ 《墨子·兼爱中》。

杀伤人也。夫禁杀伤人者,天下之大义也。王虽为之赐,而令吏弗诛,腹䵍不可不行墨者之法。'不许惠王,而遂杀之。"①从这个故事看,墨家之"报"似有"以死报死"的特点,腹䵍执行"以死报死"的墨者之法,主要不是为了还杀人者以死,而是为了"禁杀伤人"。也就是说,行罚不是为了"报复",而是为了"禁恶沮暴",使人不再犯杀人伤人的罪行。

另外,墨家所谓"天鬼"赏罚的理论也有所谓"无德不报,无言不雠"②的报应特征,即所谓"杀一不辜者,必有一不祥"。③ 但墨子强调的不是报复,而是为了让天下人都明白天之欲人相爱相利,而不欲人相恶相贼。也就是说,不管是君王之罚,还是天鬼之罚,目的都不只在于惩罚本身,而在于"劝爱禁恶"。这种目的同复仇主义是不同的。

由此可知,墨家使用了"报"的概念,说明其刑罚论受到了古代同态复仇观念的影响,或者说,刑罚报复主义的观念在春秋战国时期人们的心目中还有一定影响,但这种观念已改变了其原来的属性,只剩下了罚与罪在强度上的相应这种形式,以及罪生刑应的不可逃避性,而目的性已在人类观念的世代传袭的过程中慢慢失落。腹䵍的"杀人者死,伤人者刑"的墨者之法,并非原来意义上的报复主义,这同汉高祖刘邦的"杀人者死,伤人及盗抵罪"不是以牙还牙的报复一样。

【参考书目】

1. 张晋藩:《中国法制通史》(第二卷),法律出版社 1999 年版。
2. 张国华:《中国法律思想史新编》,北京大学出版社 1998 年版,第一讲。
3. 徐进:《中国古代正统法律思想研究》,山东大学出版社 1994 年版,第七章。
4. 徐进、宋燕敏:《"仁"是墨家法律思想的核心》,载《山东大学学报》1992 年第 1 期。
5. 徐进:《儒墨异于仁》,载《烟台大学学报》1994 年第 2 期。

【思考题】

一、名词解释

1. 法不仁不可以为法
2. 赏明可信,罚严足威

---

① 《吕氏春秋·孟春纪·去私》。
② 《墨子·兼爱下》。
③ 《墨子·天志上》。

二、简答题

1. 简述墨家法律起源论的合理性。
2. 简述天鬼在墨家学说中的作用。
3. 简述刑罚报应观点与消灭犯罪方案之间的关系。

三、论述题

1. 试述仁在墨家法律思想中的地位。
2. 评析墨家关于法治的"放依"论。
3. 试述墨家犯罪原因论及其合理成分。

第六章　道家的法律思想

儒、墨都主张以积极地为政去整治社会,以有效的措施维护天下的太平。道家则不同。他们几乎对人类的一切自我控制的方式都不感兴趣,对人类自我控制的能力丧失信心,主张消极无为,放弃一切人为的整治社会的努力。对儒家的礼治和墨家、法家的法治都持否家的态度。

道家的政治法律主张基本上是消极的,但他们对人的发现却别具一格。他们不仅较多地研究了人的独立存在,而且建立了实现自我的观念。虽然在追求自我实现的奋斗中表现出了难以克服的迷惘,但他们对人的自我价值的认识已达到了较高水平。

道家的主要代表人物有老子、杨朱和庄子,主要作品有《老子》和《庄子》。对《老子》的成书时间,学界认识不一,但一般都能接受这样的看法,即该书非一人之言,亦非一时之作,其成书"最早不能在孔子以前,最晚不能在庄子之后"。① 对杨朱的活动时期及其与老子的关系,学界看法也颇多分歧。有的言杨朱早于老子②,有的说杨朱后于老子。③ 本书采后一种观点。不过,老子早于杨朱并不等于《老子》的成书时间也一定早于杨朱。

本章主要学习:(1) 道家对人的认识;(2) 无为而治的思想;(3) 道家对礼、法的认识。

第一节　"贵己"与人性自然说

儒、道两家对春秋以来的人学都有贡献,但道家对人的理解与儒家却不同。儒家的人学主要表现为承认他人,而道家的人学则主要表现为重视自己。儒家的人学是由己出发给他人以爱,而道家则把注意力更多地投放在"己"上。儒家以利他为人的本性,而道家则认为人性只是自然之禀、生之质。儒家由其对人的认识出发,追求的是善的保全与扩充,道家虽也主张全性保

---

① 梁启超:《先秦政治思想史》,东方出版社1996年版,第79页。
② 童书业:《先秦七子思想研究》,齐鲁书社1982年版,第109页。
③ 吕振羽:《中国政治思想史》,生活书店1949年版,第122页。

真,但在自我无法实现的困境面前却寻求对大自然的回归。道家对人及人性的这种看法,决定了其消极的处世态度,决定了他们对人为的治世之术、礼法制度的否定与厌恶。

▶ 一、杨朱的"贵己"思想

儒、墨讲仁,讲爱人,而杨朱主张"贵己""为我"。《吕氏春秋·不二》说:"阳生(即杨生)贵己。"仅只四个字,概括了杨朱对人生的基本态度。以"距杨、墨,放淫辞"为己任的孟子对杨朱做了这样的评价:"杨氏为我。"尽管孟子做如此评价的目的是为了批判,即为了说杨朱的"为我"主张是"无君"①,但他却从非议的角度给出了肯定的结论——杨朱的确是主张"贵己"的。同时,孟子的这一评价也恰好说明了儒家和道家在对人的问题上观点的矛盾:儒家重人,建立了以人为核心的人学,但其爱人主要在爱他人、爱父母、爱君王;道家也重人,但他们的爱人重在"自爱",不在于爱他人,更不在于爱国君。正是由于在这一基本观点上有这种不同,所以,儒家张口便是天下、国家,而道家则津津乐道于自我;儒家以天下为己任,而道家以自我的保全为满足。

杨朱"贵己",一方面主张"全性保真,不以物累形"②,另一方面主张不损害自我。所谓"全性保真",就是保持自然赋予的生命,保持自然赋予的"天真"。为了"全性保真",就要防止外界事物的侵害,不要拿外界事物来劳累自己的形体。他所说的"物"不仅包括自然之物,同时也包括社会之物,如利禄、名位等。为了"保真","累形"不可为,损伤自己更不可取。孟子对杨朱有"拔一毛而利天下不为也"③的评价。这一评价说明杨朱的确不同意对自己先天得来的东西有任何损害。这种不损自己"一毛"的做法反映了十足的利己主义。但杨朱的利己并不是损人利己。他强调的是"不损己""不累形",这"己"包括人人。不损己是人人不损己,"人人不损一毫"。④

杨朱对人的存在于自然中的价值给予了充分的肯定,这种肯定从一个侧面承认了人在社会生活中的独立性和自主性,反映了那个时代对人的价值的肯定。

▶ 二、庄周的天性论

庄子同先秦许多思想家一样,也把对人的研究提到了人性的高度。不

---

① 《孟子·滕文公下》。
② 《淮南子·氾论训》。
③ 《孟子·尽心上》。
④ 《庄子·庚桑楚》。

过,他对人性的看法既不同于儒家,也不同于墨家、法家。在他看来,人性就是人之天性,或云自然性。他说:"性者,生之质也。"①"质,本也","生之质"就是人的"自然之性""禀生之本"。② 人这种"禀生之本"的性没有任何神秘性和主观性。在庄子看来,"人之生,气之聚也。聚则为生,散则为死。"③人的生死就是一个自然过程,人是自然的一种存在形式。人性就是自然。

在庄子看来,人的自然性是不可变的。"性不可易,命不可变。"④如果改变,那就不是人性,或者说违反了人性。他说:"性之动,谓之为;为之伪,谓之失。"⑤为是自然之动,可称"真为"⑥;伪是对性的矫饰和破坏,伪已不属于人性。

人性不可改变,不应改变,对它要做的只能是保全。这样,庄子的人性论同杨朱的贵己论是合拍的。庄子也有明确的贵己重生的思想。如他说:"夫天下至重也,而不以害其生,又况他物乎!"又说:"能尊生者,虽贵富,不以养伤身;虽贫贱,不以利累形。"⑦庄子的重生是以一种自然而然的方式实现的。他说:"彼民有常性,织而衣,耕而食,是谓同德;一而不党,命曰天放。"⑧人性是自然,人们重生的方式也是自然。在"天放"生活中,人们都以生存和温饱为满足,而不追求过分的"利"。他认为,追名求利的结果往往就是灾祸。"荣辱立,然后睹所病;财货聚,然后睹所争。今立人之所病,聚人之所争,贫困人之身,使无休时,欲无至此,得乎!"⑨又说:"尧舜有天下,子孙无置锥之地;汤武立为天子,而后世绝灭,非以其利大故邪?"⑩不管是荣辱名位,还是过多的财货,都为重生所不需要,都是生的祸害。在"天放"的生活中,人们只需要耕、织,为了生存和温饱,人们也只要耕、织就够了。

人们织而衣、耕而食便可实现温饱,维持生命。这种生活是人性的自然要求,但社会上却到处充满着违背人性的有为和种种制度、戒条。为了抵御这些侵害人性的东西,庄子为人们描绘了一幅"至德之世"的乐园图:"夫至德之世,同与禽兽居,族与万物并,恶乎知君子小人哉! 同乎无知,其德不离,是

---

① 《庄子》成玄英《疏》。
② 《庄子·知北游》。
③ 《庄子·天运》。
④ 《庄子·庚桑楚》。
⑤ 《庄子》成玄英《疏》。
⑥ 《庄子·庚桑楚》。
⑦ 《庄子·让王》。
⑧ 《庄子·马蹄》。
⑨ 《庄子·则阳》。
⑩ 《庄子·盗跖》。

谓素朴。朴素而民性得矣。"①一方面,人们皆"一而不党",无君子、小人之别,甚至无所谓治者、被治者之别,从而也就无需礼、法;另一方面,人人"同德",人皆无知,既无师辅贤达,也无礼让仁义,从而也就没有圣人制作礼法的必要。这就是"素朴",是具有自然之性的人们的自然的生活。

第二节 道法自然与无为而治

从杨朱、庄子关于人与人性的思想中,我们已经看出了道家对政治、法律的消极态度,而道家的道论则从理论上进一步论证了自然、无为的主张。春秋以来,思想家逐渐形成了一种以自然释社会的思想方法。前述子产把礼解释为"天之经""地之义"便是一例。道家继承了这一传统,认真研究了天、地、人之自然,提出了道为万物本源的新认识,总结出"法自然"的基本规律,并把这法自然之道运用于对政治、法律、军事等问题的研究,提出了"无为而治"的基本主张。

▶ 一、道法自然

道家的政治法律思想以及庄子的人性论的哲学根据是道。道的最基本的特性是自然。老子说:"人法地,地法天,天法道,道法自然。"在老子看来,世间一应事物的本源是道:"有物混成,先天地生,寂兮寥兮,独立而不改,周行而不殆。可以为天下母。吾不知其名,字之曰道,强名之曰大。"②道产生万物,但道生万物又不是有目的的行为。"道常无为"③,对万物"生而不有,为而不恃,长而不宰"④,一切任其自然,一切都是自然地生、自然地运动、自然地灭亡。

道是万物之母,道的法则是自然,万物运行的规律也是自然。所以,庄子赋予人性以自然性,舍此之外便认为不是人性。道家认为,道对万物无为,生于道的人类对生于道的万物也应无为,也应任其自然。人对客观事物,包括社会,应当"知常",也就是掌握其自然规律,并按照规律去适应它,这叫"明"。如果"不知常",不了解事物的自然规律,违背事物的自然规律,就是"妄作",

---

① 《庄子·马蹄》。
② 《老子》,第 25 章。
③ 《老子》,第 37 章。
④ 《老子》,第 10 章。

其结果便只能是"凶"。① 对待"天下神器"也是一样,"为者败之,执者失之"②。

这种"道"显然不是一种积极有为的哲学。但所谓"任其自然",反映着遵循规律的精义。如果道家能在这一精义上进一步做深入的研究,他们的道论将不失为一种科学。然而,在道家学说中,尽管道是本源,但决定道论能否成为科学的是道家对"自然"的界定,即何为自然,怎样做才被他们认为符合自然,才算无为呢? 是"织而衣,耕而食"为自然,还是"忠君、孝亲"为自然? 是宁神打坐为无为,还是依法量功处刑为无为呢? 老子、庄子对自然、无为划定的圈子落后于时代,所以,他们的以道为最高原则的政治法律主张也只能是消极的,甚至是反历史潮流而动的。

▶ 二、无为而治

无为是道家对待社会的基本态度,也是道家向当时的君王们提出的弥止纷争的治世之道。老子说:"道常无为,而无不为。侯王若能守之,万物将自化。"③这里,老子说出了心里话——他并不是主张无所作为,讲"无为"是为了"无不为"。同时,这"无为"还是侯王"化育万物"的法宝。他又说:"故圣人云:我无为而民自化,我好静而民自正,我无事而民自富,我无欲而民自朴。"④庄子也说:"故君子不得已而临莅天下,莫若无为。"⑤又说:"顺物自然而无容私焉,而天下治矣。"⑥

怎样才算无为而治,顺物自然呢? 杨朱曾描绘过一幅童子牧羊式的社会生活图画。《说苑·政理》载:"杨朱见梁王,言:'治天下如运诸掌然。'梁王曰:'先生有一妻一妾不能治,三亩之园不能芸,言治天下如运掌然,何以? 杨朱曰:'臣有之。君不见夫羊乎? 百羊而群,使五尺之童荷杖而随之,欲东而东,欲西而西。君且使尧率一羊,舜荷杖而随之,则乱之始也。'"这一政治图景的突出特点是不干涉。老子对无为政治也有一个形象的比喻:"治大国若烹小鲜。"⑦王弼注释老子云:"不扰也。"⑧"烹小鲜"的治国之道要在一个静

---

① 《老子》,第 16 章。
② 《老子》,第 29 章。
③ 《老子》,第 37 章。
④ 《老子》,第 57 章。
⑤ 《庄子·在宥》。
⑥ 《庄子·应帝王》。
⑦ 《老子》,第 60 章。
⑧ 《老子》王弼注。

字。庄子所说的"渊静而百姓定"的古人"蓄天下"①之道也表达了这一层意思。

怎样不干涉才能使百姓"静"呢？道家提出了一系列具体的主张：

（一）"少私寡欲"

老子曾提出"祸莫大于不知足，咎莫大于欲得"②的观点，主张寡欲。所谓"寡欲"落实到站在统治舞台上的人们的身上，就是要"去甚，去奢，去泰"③，就是少向臣民索取。因为只有统治者"无欲"，少搜刮，才能使"天下足"。④"天下足"才能天下治。天下不足，就会出现盗贼等罪行，人类社会的自然便会被彻底搅乱。

道家的无欲还有另外一种社会效用，就是造成社会无求，从而使人人不为盗。老子曾提出"不贵难得之货，使民不盗"⑤的见解。他认为，"难得之货"会勾起人们的获得欲，成为引发犯罪的诱因。因此，统治者不应重视、组织生产或买卖这种东西。按照"我无欲而民自朴"⑥的逻辑，统治者除了"寡欲"之外，还应当尽量防止任何难得之货的出现，甚至应"绝巧去利"。老子提出："绝巧去利，盗贼无有。"⑦这就是说，民不足会为盗，民见巧利也会为盗。而消灭盗窃之法有二：一是消灭不足；二是消灭难得之货。

很明显，按照道家的弥盗之法建立起来的无盗社会，只能是一种温饱的绝对平均主义的社会，同时也是一个不需要也没有创新活力的社会。

（二）"绝圣弃知"，搞愚民政策

道家无为政治的另一项重要内容是不以智治国，反对开发人的智慧。老子说："古之善为道者，非以明民，将以愚之。民之难治，以其智多。故以智治国，国之贼；不以智治国，国之福。"⑧这是道家关于智慧与治国之间关系的基本看法。庄子也说："故天下每每大乱，罪在于好智。"⑨按照庄子的理解，智慧用在哪里，哪里就会产生乱、惑。

智慧乱国首先表现在智慧产生大盗。在智慧与国家治理之间的关系上，老子有一个基本判断，那就是："智慧出有大伪。"在庄子看来，世俗所谓智慧，

---

① 《庄子·天地》。
② 《老子》，第46章。
③ 《老子》，第29章。
④ 《庄子·天地》。
⑤ 《老子》，第12章。
⑥ 《老子》，第57章。
⑦ 《老子》，第19章。
⑧ 《老子》，第65章。
⑨ 《庄子·胠箧》。

如为防止"胠箧、探囊、发匮之盗"而"摄缄、縢，固扃、鐍"等，都不过是"为大盗积"，因为大盗可以甚至总是"负匮、揭箧、担囊而趋"。统治者为治理国家，发明了"圣智之法"，然而田成子之类"窃国者"所做的是"并与圣智之法而盗之"，同时还反过来用这"圣智之法"以"守其盗贼之身"。所以，庄子得出结论："圣人生而大盗起"，"圣人不死，大盗不止"。①

用智慧治国还造成"民之难治"的后果。这就是老子所说的"民之难治，以其智多"。圣人用智慧发明符玺，本为明真伪，可民知符玺便大肆利用符玺弄虚作假；圣人发明衡石本为去纷争，可民知衡石却更加起劲地为公平和欺诈而争讼。此外，庄子还提到，老百姓听说"某所有贤者"，便会"赢粮而趋之"，"内弃其亲而外去其主之事"。这种乱事也是"上好智之过"。②

既然智慧乱国，要使天下太平，便只有禁绝智慧。道家对此确信不疑。庄子说："绝圣弃智，大盗乃止。摘玉毁珠，小盗不起；焚符破玺，而民朴鄙；掊斗折衡，而民不争。"③只有禁绝圣智，才不会再出现连"圣智之法"一块盗去的窃国者；把权衡、符玺等体现智慧的工具一概废除，才能使百姓"朴鄙""不争"。为了防止智慧产品重新问世，道家还提出"绝学"。所谓"绝学无忧"就是要铲除智慧，而不只是消灭智慧产品。按照道家的学说，众生皆"无知"④，或"同乎无知"⑤，社会便可无忧，人类理想便可实现了。

第三节　对礼、法的否定

按照"焚符破玺"的治世方略，道家对儒家的礼治和墨家、法家所提倡的法治都持否定的态度。这些治国的工具是有为的产品。它们是有为的，也是智慧的。正是因为它们是有为的，所以有它们参与治理的国家便只能大乱。正是因为它们是智慧产品，它们对上制造了大盗，对下搅动了百姓的"朴鄙"状态，引来了多欲和纷争。按照"焚符破玺"的逻辑，礼、法也在当被废弃的范围。这一观点使道家实际上站到了儒、墨、法三家的对立面上。如果说儒与法是对立的，那么，这对立的两家又同时都同道家对立。道家要否定在中国已有千余年历史的礼，要否定春秋以来为各诸侯普遍使用的法，就不能不作认真的否定性论证。他们的分析论证讲出了一定的道理，但从总体上来看是

---

① 《庄子·胠箧》。
② 《老子》，第20章。
③ 《庄子·胠箧》。
④ 《老子》，第20章。
⑤ 《庄子·马蹄》。

错误的。至少他们要得出的最后结论是错误的。

▶ 一、礼、法是"失道"的产物

在道家理论中，人类的初始状态是美好的。那时，一切都按照道的规律运行。后来，人类的这个初始状态被打破了，社会上出现了礼、法、刑、政，出现了纷争祸患，使人类蒙受了各种灾难的打击。按照老子的说法，这一切都是从"失道"开始的。他说："故失道而后德，失德而后仁，失仁而后义，失义而后礼。"①人类脱离了大道之世，便自然崇尚从道那里分出来的德；失去了德，"不能无为"，便只好采取有为的"仁"，表现为"博施"；当人们不能博施，即"失仁"之后，便"贵正直"，即尚"义"。顺此下去，"不能正直，而贵饰敬"。②经过这样几个阶段的失落，社会上便产生了礼。

按照道家对礼的产生过程的描述，礼的产生并不是人类的进步，而是人类由光明走向黑暗的结果。在上述人类逐步退化的过程中，由道到德还不是根本的变化。使人类步入灾难的重要一步是仁义的出现。"大道废，有仁义。"③老子的这句话说明了他对仁义的基本看法。庄子认为，由于仁义的出现，圣人"招仁义以挠天下也，天下奔命于仁义"。这是"以仁义易"天下人之"性"。④ 人之性本与道合，仁义使人失性，使社会失道、失德。礼的出现使人类进入了更大灾难。因为礼不仅违背了人类的自然，而且用虚伪的形式掩盖违背人道的事体。它的存在只能使社会走向混乱。面对这种由礼带来的灾难，不识道的君王们没有采取摒弃礼仪的措施。相反，他们又进而用法律整治社会。这种努力只能进一步加深人类的灾难。

道家叙述的礼、法降生史已经把它们列在了灾难的纪元表上。它们代表的是"失道"，它们本身的存在就是"失道"，而要回复大道只有使它们消失。道家不仅给礼、法编排了这样一种历史地位，而且对迟迟赖着不肯离去的礼、法进行了无情的批判。

▶ 二、礼为乱之首

道家反对有为的人之道，首先就是反对儒家的礼治。老子在讲人类倒退的过程时曾说："夫礼者，忠信之薄而乱之首。"⑤儒家以礼为政治的手段，希望

---

① 《老子》，第 38 章。
② 王弼：《老子注》。
③ 《老子》，第 18 章。
④ 《庄子·骈拇》。
⑤ 《老子》，第 38 章。

通过"复礼"建立起西周式的太平天下,而老子却断然否定礼有这种作用。他认为礼不仅不能致治,而且是乱之首。

礼体现了仁义的精神,老子把仁义称为枷锁的孔枘。礼、仁义这些东西被所谓圣王用来"撄人之心",而"天下脊脊大乱,罪在撄人心"。因为这种"撄人心"的工作引发了是非、辞让、贵贱、厚薄等观念及趋贵避贱、争厚舍薄的行为,即所谓"喜怒相疑,愚智相欺,善否相非,诞信相讥"。这种仁义礼法的教育不仅无法克服社会的混乱,相反,由于无法避免各种犯罪的发生,在礼的旗帜下行仁义的君不得不"放讙兜""投三苗""制""釱锯","杀""绳墨""决""椎凿",致使"殊死者相枕也,桁杨者相推也,刑戮者相望也"。① 道家根据这些分析,认为礼是"乱之首"。

此外,庄子还发现了仁义可以为"禽贪"者用为谋利之器的特点。他说:"捐仁义者寡,利仁义者众,夫仁义之行,唯且无诚,且假夫禽贪者器。"②在众多讲仁义的人中,行仁义者少,通过讲仁义希望获得些什么的多。禽贪者利用它还可以达到其卑鄙的目的。所谓"诸侯之门而仁义存焉"③则进一步说明没有什么真实的仁义。按照庄子的理解,真仁义已是造乱之源,假仁义更为谋私利者利用。

▶ 三、"法令滋彰,盗贼多有"

法是有为的治国手段。道家在批判礼的同时,对法也给予了有力的批驳。前述所谓"殊死者相枕""桁杨者相推""刑戮者相望"既是对仁义这种枷锁的孔枘的否定,同时也包含着对刑罚以及与刑罚相联系的法律这种枷锁的否定。在庄子生活的时代,法律已成为各诸侯国普遍采用的治国手段,而刑戮与这种治国手段紧密结合。在这种情况下,否定刑戮同时就包含着对以法治国方案的批判和对法的否定。

道家否定刑戮不只是因为某些刑戮过分残酷,而是要否定一切刑杀,否定整个以法治国的办法。老子曾说过:"法令滋彰,盗贼多有。"④统治者对臣民用刑是因为民为盗贼。在这些统治者看来,对盗贼用刑是合理的,但在老子看来是不合理的,因为"盗贼多有"是由于统治者制定了那些用以约束人民的法令。法令太多,甚至建立法令本身是造成"盗贼多有"的原因。按老子所讲的道理,统治者应当做的不是对盗贼用刑,而是废除那些属于人为之道而

① 《庄子·在宥》。
② 《庄子·徐无鬼》。
③ 《庄子·胠箧》。
④ 《老子》,第 57 章。

非自然之道的法令。

有法令就会有盗贼吗？或者说老子的"法令滋彰,盗贼多有"的判断能成立吗？按照道家的理论是可以成立的。老子认为,"天之道"是"损有余而补不足"。按此道,其结果是人人享欢乐,社会得安宁。"人之道"是"损不足以奉有余"。① 社会行此道的结果只能是贫富分化,苦乐不均,引起人们之间的利益纷争。而法令正是这种人之道。它同礼一样,按照"损不足以益有余"的原则把社会分为不同的等级,并以保护贵族的特殊利益为首要任务。这种法同其所保护的制度一样,制造着矛盾,生产着犯罪。老子说:"朝甚除,田甚芜,仓甚虚,服文彩,带利剑,厌饮食,财货有余,是谓盗夸,非道也哉!"②韩非子在引用这段话时,把"夸"比作"竽",并进一步解释说:"国有若是者,则愚民不得无术而效之,效之则小盗生。由是观之,大奸作则小盗随,大奸唱则小盗和。竽也者,五声之长者也,故竽先则钟瑟皆随,竽唱则诸乐皆和。今大奸作则俗之民唱,俗之民唱则小盗必和。故服文采,带利剑,厌饮食,而货资有余者,是之谓盗竽矣。"③按照韩子的解释,一部分人的过分富有造成了社会的不平等,这种不平等的现实,必然诱使百姓"效之"而谋求自己的富有,从而产生"小盗"。"小盗"的产生是因为社会的不平等,因为一部分人"服文采,带利剑,厌饮食,而财货有余"。法律确认并保护这种不平等,当然它也是造成"小盗"多有的原因。庄子关于法律保护大盗的总结更说明了法律保护不平等,从而制造小盗的道理。他曾指出"窃钩者诛,窃国者为诸侯"④的客观事实。法律保护"大盗",制造小盗,又反过来惩罚小盗。这法律显然是不合理的。

道家关于法令与盗贼关系的分析揭示了法令保护的制度同盗贼之间的关系,也就是剥削制度与犯罪之间的关系。道家实际上发现了犯罪根源于剥削的道理。老子说:"民之饥,以其上食税之多,是以饥。""民之轻死,以其上求生之厚,是以轻死。"⑤这说得很清楚:民遭饥饿之苦,以至于轻死犯罪,都是由于一部分人求生太厚,食税太多造成的。庄子的话也揭示了这条道理:"匿为物而愚不识,大为难而罪不敢,重为任而罚不胜,远其途而诛不至。民智力竭,则以伪继之。日出多伪,士民安得不伪!夫力不足则伪,智不足则欺,财不足则盗。盗窃之行,于谁责而可乎?"⑥庄子的提问实际上已有了答案:"伪"

---

① 《老子》,第 77 章。
② 《老子》,第 53 章。
③ 《韩非子·解老》。
④ 《庄子·胠箧》。
⑤ 《老子》,第 75 章。
⑥ 《庄子·则阳》。

"欺""盗"等犯罪是"力不足""智不足""财不足"的结果,而力、智、财不足是由统治者"匮为物""大为难""重为任""远其途"造成的。因此,"盗窃之行"应当"责"统治者、剥削者。

法律制造了犯罪,可现实生活中的统治者却企图用法律去消灭犯罪。道家认为这是不可能成功的。统治者希望用酷刑使百姓驯服,不再犯罪,但在道家看来,只要统治者的剥削严重到使百姓无法忍受的程度,一般刑罚便都失去了作用。老子说:"民不畏死,奈何以死惧之。"①当百姓难以继续生存时,就不再惧怕肉刑、死刑。到那时,"民不畏威,则大威至"②,老百姓就会奋起反抗,将法律及执法机关一起打翻。总之,礼法引来了犯罪,却无法再消灭犯罪。要使人类回到没有犯罪、纷争的黄金时代去,必须"殚残天下之圣法"。③

道家反对以法治国,反对残酷的杀伐,但在《老子》书中又有对刑杀的某种肯定。老子说:"若使民常畏死,而为奇者,吾得执而杀之,孰敢?"④对这段话,我们或许可以做这样的理解:在"民常畏死"的条件下,人们向往和谐、自由的生活,有"诡异乱群"的为"奇"者出现,国家将其执而杀之,就能使社会上的人都不敢不服,从而不再出现为"奇"者。老子的这段话预设了由"杀"产生使社会不"敢"这种效果的前提条件,即"民常畏死"。这个条件大概只有在循无为之道而治的国家里才具备。

【参考书目】

1. 张晋藩:《中国法制通史》(第二卷),法律出版社 1999 年版。

2. 张国华:《中国法律思想史新编》,北京大学出版社 1998 年版,第一讲。

3. 徐进:《中国古代正统法律思想研究》,山东大学出版社 1994 年版,第八章。

4. 徐进、姬红艳:《试析道家法律思想的积极方面》,载《山东大学学报》1995 年第4 期。

【思考题】

一、名词解释

1. 道法自然

2. 无为而治

---

① 《老子》,第 74 章。
② 《老子》,第 72 章。
③ 《庄子·胠箧》。
④ 《老子》,第 74 章。

二、简答题

1. 简述道家对礼的批评及其合理性。
2. 简述道家对法的批评及其合理性。

三、论述题

1. 试述庄子的人性论、道家的道论与无为而治方案的关系。

第七章　法家的法律思想

　　法家是战国"百家"中同政治法律实践结合最密切的一家。法家代表人物往往同时都是法律改革家、政治实践家。理论与实践的结合使法家学说内容丰富,切于实用。他们不像儒家那样沉浸于对禹汤文武的崇拜和对昔日礼治的回味之中。他们研究的是正在发挥作用的法律武器和今王的现实政治。法家也不像道家那样非今而求复古,讨论脱离实际的"无为",发表于现实政治无补的玄妙的空谈。他们对国家、社会的前途充满希望,主张积极创造、进取,并力图用法治创造一个新的"王"天下的局面。法家也不像墨家那样津津乐道于人们主观世界的相爱与相恶,用"天鬼"满足人们对和平、幸福的要求。他们着眼的是客观的世界和社会,他们立足的是客观的政治、经济形势和国家力量,他们运用的是最客观、最现实的武器,即用法生力、致强。法家不仅获得了法治理论的成功,还获得了指导法治实践方面的胜利。

　　本章主要学习:(1)法家对法律的一般看法;(2)法家主张实行法治的主要理由;(3)法家的基本法治理论;(4)齐法家法律思想的主要特点。

第一节　法家学派的形成、发展与法家的法律观

　　墨家虽首倡法治,但他们学说的中心不是论法,而法家则是专门讨论法、研究法治的学派。墨家谈法治是顺应了春秋以来公布成文法及后来各国实行法治的大趋势,而法家则是站在时代的前列,以自己的观点、学问呼唤法治,用自己的行为推动法治。法家的这一特点决定了它的产生与发展、兴旺与衰落同法治的发展有极为密切的关系。古代法治的发展孕育了法家学派,法家学派又推动了法治的发展。战国时代法治最发达的时期同时就是法家学派最兴盛的时期,法治最发达的诸侯国也是法家在政治舞台上表演最充分的国家。

▶ **一、法家学派的形成与发展**

　　春秋时期,管仲帮助齐桓公治齐,曾"修旧法,择其善者而业用之"[①],在齐

―――――――――――

　　① 《国语·齐语》。

国进行了一系列政治、经济、社会改革,实行了一系列新制度,促进了齐国的强盛。子产治郑,不仅进行了各种改革,而且公布了成文法。这些改革实践,尤其是公布成文法,为在古代中国实行新的治国之道——法治创造了条件。尽管这些改革者当时并未意识到他们所进行的改革将会产生的影响,甚至仅仅是为了"救世"才不得不改革,但他们却使法这种社会控制的手段作为一个具有独立资格的角色在政治舞台上出场了。这个新角色的出场,为治国之道的多样化提供了条件。一方面,即使习惯于传统礼治的人们,也可以在"为国以礼"的前提下,在一定范围内发挥法律的作用;即使十分看重统治者个人作用的人治拥护者,也可以让他们贤明的统治者英明地使用法律武器。另一方面,使法治这种治国方略的产生和运用成为可能。后世的法家就是在法不断被诸侯国所接受的过程中,在讨论法、宣传法、研究法的理论和法的实践的过程中提出了实行法治要求、创造了法治理论。法家学派就是在论证法治的过程中形成的。由于管仲、子产有实行改革、用法治世这种开创性活动,因此,后世把他们称作"法家先驱"。

成文法的公布首先引起了人们对公布成文法当否的争论。在这场争论中,尽管反对派的观点占了上风,参加讨论的人中,对公布成文法持否定态度者居多,但这场争论却促使人们对法有了越来越多的了解。到了战国时期,冲破礼制界限而建立起来的新兴政权,很难用礼来说明造成"礼崩乐溃"的行为和制度的合理性;而礼这种具有明显习俗性特征的规范,也难猝然改变以适应与昔日之俗不相同的新制度的要求。已掌握政权的新兴地主阶级为了确认、调整新的社会关系,便自然拿起了已为前辈所使用过,且没有什么历史负担的法这一武器。各诸侯国纷纷制定成文法,法律逐渐成了同礼并行,甚至比礼更重要的治国手段。法的广泛使用,必然促进人们对法的认识的加深,从而引起法的理论的发展。运用法律武器的统治者需要对法的使用及用法的合理性作出理论上的论证,赞成使用法律武器的人们也需要认真研究法,把对法的应用作理论的提升,以回答反对派的问难,用法治的合理性来说明和辩驳礼治及其他主张的不合理。这样,在战国时期,便逐渐形成了法家学派。

法家学派形成于战国初、中期。当时的主要代表人物有李悝、商鞅、慎到、申不害等。这些人物大都既是改革家、应用法律的实践家,又是理论家。他们一边从事改革,推行法律,一边做以法律为武器的治国之道——法治的论证,总结实行法治的经验,研究法治的规律,充实法治的理论。根据这些思想家在法家学派发展史上活动的先后,我们称他们为"前期法家"。

战国末期,韩非总结了前期法家的思想,集法家之大成,把前期法家因对

"法""术""势"的重视而形成特色的三个"派别"的学说融合在一起,创造了更具包容性,在形式上也更为完整的一个法律思想体系。秦始皇父子及秦丞相李斯接受了法家的主张,使法家思想在秦国最大限度地发挥了指导实践的作用。他们是法家思想的实践者,同时,他们,尤其是李斯,实际上也是法家学派的一个成员。学界习惯上称韩非子、李斯等战国末期的法家人物为"后期法家"。

由于诸侯国之间的对立和不同地区历史传统上的差别等原因,战国时期的法家形成了两个大的分支:一个称"三晋法家",主要以李悝《法经》为经典,在韩、赵、魏等国活动;另一个是"齐法家",主要以齐国为中心,以《管子》为基本文献。有时我们把从商鞅到秦皇父子等在秦国活动的一些思想家称为"秦法家",但"秦法家"基本上与"三晋法家"一系,其思想主张也比较接近。相比较而言,三晋法家与齐法家在思想主张上的差别则较大。

秦朝灭亡后,法家学派一蹶不振。法家人物成为人们一再攻击的对象,法家思想不断遭到批判。从此,法家作为一个学派,法家学说作为一种独立的理论不复存在,在政治实践中,法治成为历史。不过,法家的一些看法、主张,却一直被人们,包括批判法家的人们所接受和运用。

▶ **二、法家的法律观**

法家认真地研究了法律适用于实践中的一系列问题,同时,对法律事物本身也形成了有较高理论深度的认识。从他们的论述中可以看出,他们已从不同的角度透视了法律。

(一)法律起源论

法家认为,人类早期有一个"刑政不用而治,甲兵不起而王"[①]的时代。在这个时代,人们之间的关系并不像道家想象得那样和睦,社会生活并不太平。商鞅曾把由这个"不用刑政"的时代以来的历史分成"上世""中世""下世"三个阶段。在这不同的阶段,人类采取了不同的自我控制手段。但由于所有这些手段都没有妥善处理好人与人之间的关系,所以,后来的"圣人"承此乱世,"作为土地货财男女之分",并为维护这种"分"而"立禁""立官""立君"。[②]法就是这样产生的。它是应治理社会的乱的需求而产生的,它的作用是确定"土地货财男女"的界限,它产生规范作用的保障是国家。

① 《商君书·画策》。
② 《商君书·开塞》。

（二）法为国之权衡

法家常把法解释为规范、尺度、标准。《管子·七法》曰："尺寸也，绳墨也，规矩也，衡石也，斗斛也，角量也，谓之法。"尺寸是量长度的标准，权衡是称轻重的标准，绳墨是测曲直的标准，斗斛、角量是量体积的标准，而法是规范人们行为的标准。法具有权衡的作用，但法毕竟不是普通的权衡，而是国家的权衡。商鞅说得清楚："法者，国之权衡也。"①法作为治理国家的权衡，其作用在于"一民"②。具有权衡、尺度作用的法，其特点之一是具有客观性。法家非常强调法这种尺度的客观性，并以之与君王的主观裁断相对抗。他们主张用客观的法定的赏罚标准，反对以君王的"心"定功过。慎子说："君人者舍法而以身治，则诛赏予夺从君心出矣。然则，受赏者虽当，望多无穷；受罚者虽当，望轻无已。"这样定赏罚不仅不能"一人心"，相反，却使"怨之所由生"。③ 正是根据这一分析，慎子要求君王"据法倚数以观得失"④，韩非子主张，"使法量功，不自度"。⑤

（三）法是有效用的工具

商鞅曾说："背法而治，此任重道远而无马牛，济大川而无舡楫也。"⑥船只是渡江河的工具，牛马车辆是陆行载重致远的工具，而法则是治理国家的工具。商鞅深入地研究了法的效用。他劝秦孝公变法就是"启之有效"⑦，他认为法在当时所要发挥的最大"效用"就是生力、致强。商鞅曾指出："国之所以重，主之所以尊者，力也"⑧，而法律就具有生力的作用。他曾不止一次地阐述过"刑生力，力生强"⑨的道理。

（四）法是公义

法家认为法代表着整个国家的公。与这个公相对的是君王的私、臣民的私。在公与私或法与私发生矛盾时，应服从公法。君王应做到不以己私害公法。慎到说："故蓍龟，所以立公识也；权衡所以立公正也；书契，所以立公信也；度量，所以立公审也；法制礼籍，所以立公义也。"⑩韩非子也说："立法令

---

① 《商君书·修权》。
② 《韩非子·有度》。
③ 《慎子·君人》。
④ 《慎子·君臣》。
⑤ 《韩非子·有度》。
⑥ 《商君书·弱民》。
⑦ 《商君书·开塞》。
⑧ 《商君书·慎法》。
⑨ 《商君书·去强》。
⑩ 《慎子·威德》。

者,以废私也。法令行而私道废。"法家所说的公就是国家之公,他们主张用法确定国家的公,反对以任何人的私侵犯国家的公。他们一再强调:"所以治者,法也;所以乱者,私也。"①"释法而任私必乱。"②

第二节 法家对法治合理性的论证

法家提倡法治,即商鞅所说的"缘法而治"③。可人们习惯了的却是禹汤文武周公之道,是礼治或人治。尽管大家对禹汤知之甚少,但文武周公的治国之法却为大家所熟知。在这种传统的治国之道面前,在人们还对文武周公赞美不已的条件下,要鼓吹与这种传统方法相矛盾的法治,必然面临着传统势力的反对。要使君王们接受法治主张,就必须驳倒文武周公之道和反对派的辩难,说明法治的合理性并让人信服。法在春秋时期便已成为社会政治舞台上的一个独立的角色,可它们只是起补礼之不足的作用,要确立以法治国这种与过去的礼治、人治相反的治国之道,理论论证的工作仍然是十分必要和相当艰苦的。法家在宣传法治以及在一定地区推行法治的过程中,一直不断地从事着这项工作。在诸子百家的互相批评中,尤其是在儒、法两军对垒的情况下,法家有力地论证了实行法治的必要性和合理性。

▶ **一、变法论**

法家从治国方法应适时改变的角度,论证了实行法治的合理性。首先,他们把治法视为致治的手段。商鞅说:"法者,所以爱民也;礼者,所以便事也。"治法既然是手段,就具有可变更性、可选择性。所以,商鞅接着说:"是以圣人苟可以强国,不法其故;苟可以利民,不循其礼。"④韩非子也说:"是以圣人不期修古,不法常可,论世之事,因为之备。"⑤按照这一分析,只要是为了"强国""利民",为了"备""世",对治法做相应的改变是合理的。只要符合当"世"致治的需要,实行法治并无不可。

其次,前世不同教。反对变法的人常拿圣王之法来抵制新法,秦国的杜挚还提出了"法古无过,循礼无邪"的观点。针对这种论调,商鞅明确提出:"前世不同教,何古之法?帝王不相复,何礼之循?"既然前世的圣王,如羲、神

---

① 《韩非子·诡使》。
② 《商君书·修权》。
③ 《商君书·壹言》。
④ 《商君书·更法》。
⑤ 《韩非子·五蠹》。

农、黄帝、尧、舜，都是"当时而立法，因事而制礼"①，就说明治法无一定之规，后世人也没有必要一定墨守某个先王的"古"制。变法是合理的，同时与圣王们的做法也是相符的。

再次，法家以人类社会的发展变化论证了当时实行法治，也就是向法治"变"的合理性。商鞅认为："古之民朴以厚，今之民巧以伪。"对改变了的民应采取新的治理方式。他分析道："民愚则智可以王，世智则力可以王"，因为"民愚则力有余而知不足，世智则巧有余而力不足"。愚民"不怀智而问"，故服于智，所以有智者可以王天下。有智巧的民"无余力而服"②，故用力可以统治智巧之民。这样，法家给了圣人之道以一定的历史地位，认可了儒家德治、礼治和人治曾经的合理性，但结论却是有利于变法的："仁义用于古而不用于今"。"古今异俗，新故异备。如欲以宽缓之政治急世之民，犹无辔策而御悍马，此不智之患也。"③总之，当时的社会只能用以力量为特征的法治进行治理。

▶ 二、性恶论

法家通过对人性的分析，得出了实行法治合理的结论。商鞅说："民之性，饥而求食，劳而求佚，苦则索乐，辱则求荣。此民之情也。"又说："民之生，度而取长，称而取重，权而索利。"④《管子》云："凡人之情，见利莫能勿就，见害莫能勿避。其商人通贾，倍道兼行，夜以续日，千里而不远者，利在前也。渔人入海，海深万仞，就波逆流，乘危百里，宿夜不出者，利在水也。故利之所在，虽千仞之山，无所不上；深渊之下，无所不入焉。"⑤法家对人性作了反复的探讨，他们的结论是明确的：人都是自私自利的，人对人没有真正的爱，"主人"不"爱""庸客"，"庸客"也不"爱""主人"；君王不爱臣子，臣子对君王的顺从也只是为了俸禄。因此，要有效地控制这样一群各怀"计算之心"的臣民，要妥善地处理由有"权衡之心"的人们组成的社会的各种关系，用儒家的仁慈忠信的方法是不行的。法家认为，顺应这种人性的治国方法只能是法治。商鞅说："人君而有好恶，故民可治也。"因为人欲多而不欲寡，国家便可以设赏罚，"以御民之志而立所欲"，即用赏"设民所欲以求其功"，用罚"设民

---

① 《商君书·更法》。
② 《商君书·开塞》。
③ 《韩非子·五蠹》。
④ 《商君书·算地》。
⑤ 《管子·禁藏》。

所恶以禁其奸"。① 以赏罚为主要内容之一的法治既顺乎人性，又能禁奸、求功。

三、用众论

法家认为，儒家的仁义之道至多只能培养出极少数的善良君子，无法使全社会都为善行德，而用法治则可以使全社会的人都服从。治道应以全社会为对象，而不应以造就一两个君子为目的。这样，法治与儒家的仁义之治相较，法治更可取。慎到指出："尧为匹夫，不能使其邻家，至南面而王，则令行禁止。由此观之，贤不足以服不肖，而势位足以屈贤矣。"②从命令与服从的角度看，儒家的仁贤不如法家的权势。韩非子还以孔子与鲁哀公的对比为例说明这个道理。他说："且民者，固服于势，寡能怀于义。仲尼，天下之圣人也，修行明道以游海内，海内说其仁、美其义而为服役者七十人，盖贵仁者寡，能义者难也。故以天下之大，而为服役者七十人，而仁者一人。鲁哀公，下主也，南面君国，境内之民莫敢不臣。民者固服于势，势诚易以服人。故仲尼反为臣而哀公顾为君。仲尼非怀其义，服其势也。故以义则仲尼不服于哀公，乘势则哀公臣仲尼。"③权势可以使所有臣民就范，而仁义只能使少数人"说""美"。治理国家应以社会的绝大多数人为出发点，应选择能管理好绝大多数人的方法。用韩子的话说就是"用众而舍寡"。④ 即使儒家的仁义能赢得少数人的赞赏，能培养出曾参、史鳅之类的少数君子，也"不足与为政"。⑤ 对众人都有效的方法不是仁义德行，而是法治，所以国家应"不务德而务法"。⑥

四、中君论

儒家有圣君兴则治，无圣君则乱的观点。按照这一观点，只要有圣君就行了，无须用法。法家承认尧舜等传说中的圣人有超过常人的能力，但他们同时指出，经常在政治舞台上出现的并非都是圣君。如商鞅说："不以法论智、能、贤、不肖者，惟尧。"但是"世不尽为尧"。⑦ 不仅普通百姓"不尽为尧"，君王也不尽为尧。这一点儒家自己也承认。韩非子对这一情况做了如下概

---

① 《商君书·错法》。
② 《慎子·威德》。
③ 《韩非子·五蠹》。
④ 《韩非子·显学》。
⑤ 《韩非子·难一》。
⑥ 《韩非子·显学》。
⑦ 《商君书·修权》。

括:"世之治者,不绝于中"。"中者,上不及尧舜,而下亦不为桀纣"。① 圣君靠自己的仁德智慧就能治好国家,中等的君王却不能靠这些。法家认为,儒家所倡之道是圣人之道,而法治才是适合中等君王的办法。慎子说:"厝钩石,使禹察锱铢之重,则不识也;悬于权衡,则氂发之不可差,则不待禹之智,中人之智,莫不足以识之矣。"② 用权衡则中人可以断,无权衡,则圣禹不识。同理,用法治,则中君可治;不用法治,虽圣君难治。法家倡法治,正是为中君设法。韩非子"吾所以言势者,中也"③ 的话表达了这一思想。

法家还针对儒家待王者兴而治的思想,以用法治则千世治一世乱、用圣贤之治则千世乱一世治来说明法治的合理性。韩非子说:"今废势背法而待尧舜,尧舜至乃治,是千世乱而一世治也;抱法处势而待桀纣,桀纣至乃乱,是千世治而一世乱也。且夫治千而乱一,与治一而乱千也,是犹乘骐骥而分驰也,相去亦远矣。……且夫百日不食以待粱肉,饿者不活。今待尧舜之贤乃治当世之民,是犹待粱肉救饿之说也。"④ 韩非子的这一对照颇有说服力。法治也不能防止桀纣为乱,但千治一乱与千乱一治的比较,已足以说服统治者选择法治之道。

第三节　法家的基本法治主张

法家不仅对法治的合理性做了大量的探讨,而且也从理论上勾勒出了法治的基本轮廓。法家的法治是富有建设性的。从目的上来看,法家并不满足于一般的维护社会秩序,禁奸止过,而是希望用法治的手段实现王天下的目标。正是因为法家有此追求,而当时的天下又是诸侯割据,互相攻杀,离王天下相去甚远,所以,他们的法治主张就不免有几分急切。

法家基本法律主张主要包括以下几个方面:

▶ 一、明法论

法是行为规范。人们有趋利避害之性,会主动遵循有赏罚内容的行为规范。从这两个基本认识出发,法家主张宣明法律。从立法上说,法律应当"明白易知"⑤、含义明确。从法律在臣民中的传播方面看,法律应当使"境内卑贱

---

① 《韩非子·难势》。
② 《太平御览》830 引《慎子》。
③ 《韩非子·难势》。
④ 同上。
⑤ 《商君书·定分》。

莫不闻知"。①

法家认为,要使法律明白易知,立法上就要避免使用"微妙意志之言"。商鞅说:"夫微妙意志之言,上知之所难也。夫不待法令绳墨而无不正者,千万之一也。故圣人以千万治天下。故夫知者而后能知之,不可以为法,民不尽知;贤者而后知之,不可以为法,民不尽贤。故圣人为法,必使之明白易知,名正,愚知遍能知之。"②法的明白易知是使千万人明白易知,而非少数"上智"明白知晓。

法律除了明白易知外,其所规定的尺度、界限、可与否的要求等必须明确,不能似是而非。商鞅把这称为名分定。他说:"名分定,则大诈贞信,民皆愿悫,而各自治也。"反过来,"各分不定,尧、舜犹将折而奸之,而况从人乎?此令奸恶大起,人主夺威势亡国灭社稷之道也。"法律要保护、要禁止的规定不明确,就会有人利用这种情况牟取私利,侵损君王之威。此外,法令不明,还不可避免地引起人们对法令的议论,产生对法律的不同理解。这样也会损害君王的权威。商鞅接着说:"今法令不明,其名不定,天下之人得议之,其议人异而无定。"这样,"人主为法于上,下民议之于下,是法令无定,以下为上也"③。所以,明法还要求法律的规定明确、具体。

法律明白易知、名分定都是使法具备了可知的条件。要让千万人真正了解法律,除了创造这些可知的条件外,还必须采取其他使百姓知的方法。商鞅发明了这样的方法。有一次,秦孝公提出这样一个问题:"法令以当时立之者,明旦欲使天下吏民皆明知,而用之如一而无私,奈何?"商鞅回答说,达到这一要求的办法是置"主法令之吏"。具体来说,"诸官吏及民"欲"知法令者,皆问法官",法官法吏"以其故所欲问之法令明告之"。他认为,这样便可做到"天下之吏民无不知法者"。④

置"主法令之吏"是使吏民知法的手段,但商鞅并不希望吏民每遇事必问法吏,而是希望吏民在通过问之后便精通法律、熟知法律,遇事不是去问法吏,而是由自己作出判断。他提出"治国者贵下断"的口号,甚至把百姓能否独自判定法律上的是非作为国家治理得好坏的标志。他说:"以十里断者弱,以五里断者强"。"断家王,断官强,断君弱。"又说:"治则家断,乱由君断。"⑤

---

① 《韩非子·难三》。
② 《商君书·定分》。
③ 同上。
④ 同上。
⑤ 《商君书·说民》。

家断能速断,是民"自治";官断缓慢,须"以夜治则强,以宿治则削"。① 明法的最高水平应当是"家断""自治",或称"刑赏断于民心"。②

▶ 二、重刑论

法家为臣民设计的"自治"之路,也就是主动择利避害的路,而为国家设计的是用赏导、用刑督的"禁使"之法。百姓的择利避害与国家的禁使必须实现统一,法治方案才是有效的治国方案。二者如何实现统一呢? 法家认为,只有一个办法,那就是使赏足以"使"民"择"而不旁求他利,使罚足以"禁"而民不得不避其害。要使民在众利中择君赏之利,赏必须厚;要使民不得不避君罚之害,罚必须重。只有这样,臣民的择、避才能恰与国家设定的禁使之路相合,从而法治所要追求的目的才能实现。相反,如果"刑不可恶,而爵禄不足务",臣民的择、避必背离国家设定的路,国家就很难用这种法律达到其政治目的。

在厚赏与重罚这两个方面,法家讨论得更多的是重罚。同法家人物讴歌"力"一样,商鞅、韩非等对重罚也大肆赞美,并提出了系统的重刑理论。

法家的重刑论不是简单的惩罚主义,而是彻底的预防主义。他们主张采用重刑的目的不是给犯罪者以报复性惩罚,而是"去奸""去刑"。商鞅说:"夫利天下之民者莫大于治,而治莫康于立君。立君之道莫广于胜法,胜法之务莫急于去奸,去奸之本莫深于严刑。故王者以赏禁,以刑劝,求过不求善,藉刑以去刑。"③尽管所谓"利天下"云云只是自我标榜,但用重刑的直接目的却是非常清楚的,即"去奸"。其基本的思路是"以刑去刑"。韩非子说得更清楚:"且夫重刑者,非为罪人也,明主之法揆也。""治贼"非为治贼,若为治贼而治贼,"是治死人也";"刑盗非治所刑也,治所刑也者,是治胥靡也。故曰:重一奸之罪而止境内之邪,此所以为治也。重罚者盗贼也,而悼惧者良民也。欲治者奚疑于重刑! 若夫厚赏者,非独赏功也,又劝一国。受赏者甘利,未赏者慕业,是报一人之功而劝境内之众也。欲治者何疑于厚赏!"④可见,法家的重刑论是预防论,而所谓预防主要是一般预防。

法家倡重刑,但他们的重刑不只是表现为在强度上比儒家的轻刑重,而是同犯罪相比较的重。韩非子说得透彻:"所谓重刑者,奸之所利者细,而上之所加焉者大也。民不以小利蒙大罪,故奸必止者也。"重刑的重是与犯罪比

---

① 《商君书·去强》。
② 《商君书·说民》。
③ 《商君书·开塞》。
④ 《韩非子·六反》。

较的结果。同样,他们所反对的轻刑也是在这种比较意义上的轻刑。韩非子接着说:"所谓轻刑者,奸之所利者大,上之所加焉者小也。民慕其利而傲其罪,故奸不止也。"①

▶ 三、行法论

法家是实践家,他们不仅研究了立法问题,而且也研究讨论了执法中存在的问题。在这方面,他们主要阐述了下面两项主张:

（一）信赏必罚

法家让百姓"自治"的法治之术的一个重要前提是法守信。法定的赏有信,人们才会为赏而尽力;法定的罚有信,人们才会为避罚而不犯。信对法治是十分重要的。商鞅把它提到了与法同等重要的地位。他说:"国之所以治者三:一曰法,二曰信,三曰权。"②法是规范,权是统治力量,而信则是以统治力量运用规范的方式和要求。如果没有信,法律便无法充分发挥其规范作用,统治效果也会大大降低。正因为如此,法家在行法之初就尽力立法律之信。商鞅在秦发布变法之令之前,"恐民之不信",搞了一次"南门徙木"的宣传,"以明不欺",然后才"下令"。③

信赏必罚的基本含义是法律规定的赏和罚要兑现。信赏是说国家只要应允立功予奖,当臣民真的立功之后,国家就一定要依法予赏。必罚是说国家宣布有过予罚,当有人犯过时,就一定要依照法律的规定予其惩罚。他们不仅担心统治者不把法律的许诺放在心上,使法失信于民,更担心执法者对其所喜欢的人能否依法用刑,对其所不喜欢的人能否依法施赏。韩非子要求执法者做到"诚有功则虽疏贱必赏,诚有过则虽近爱必诛"。④ 商鞅提出赏"不失疏远",罚"不违亲近"。⑤ 这里的"失"和"违"都是执法者的行为,或者执法的结果。法家希望负有执法之责的君臣为法守信,"中程者赏,毁公者诛"⑥,赏诛完全依法而定。"功立而富贵随之",罪生而刑罚加之,使赏罚成为臣民行为的"自然"结果,君臣只是"守"法之"成理","因"臣民行为之"自然"。⑦

（二）赏不僭,刑不滥

信赏必罚是要求国家不"食言",反对把法律变成空头支票。按照法家

---

① 《韩非子·六反》。
② 《商君书·修权》。
③ 《史记·商君列传》。
④ 《韩非子·主道》。
⑤ 《商君书·修权》。
⑥ 《商君书·错法》。
⑦ 《韩非子·大体》。

"赏罚随是非""祸福随善恶""死生随法度"①的原则,仅有信赏必罚还不够。赏罚既不能不及,也不能有过。也就是说,除了信赏必罚之外,还应有不逾赏、不滥罚的要求。只有这两者结合为一体,才能更充分地发挥在社会生活中的规范作用,才是彻底的法治主义。

法家把赏视为国家"为民所先"的导向,希望用赏劝民耕田、参战,用赏诱民多打粮食、多立战功。这一目的的达到,以赏罚的唯一和严格的按功行赏为条件。所以,法家极力反对无功予赏的做法。商鞅指出:"授官予爵不以其劳,则忠臣不进;行赏赋禄不称其功,则战士不用。"②因为既然无功劳也可获爵得赏,臣民何必再去冒掉脑袋的危险争取军功、顶着酷暑去种地锄草呢?要使百姓投身于"天下莫苦"的耕田之事,要使百姓效力于疆场,就必须杜绝任何无功之赏,真正做到"计功而行赏,程能而授事"。③

后世人多称法家残酷。如果说重刑为酷的话,那么,法家是酷而不滥。法家一再阐说的是:"赏罚有度",强调的是"中程者赏,弗中程者诛"。度和程,也就是法,是行罚施赏的依据。无依据便无赏罚。韩非子曾明确表示反对无度的赏罚。他说:"赏罚无度,国虽大,兵弱。"这是因为"用刑过者民不畏","民非其民"。④ 正是根据这种分析,他把"喜淫刑而不周于法"列为国家可亡的"亡征"⑤之一。

第四节　齐法家法律思想的特点

齐法家是法家的一个重要支派,其思想主要反映在《管子》一书中。齐法家思想的基本特点是,以法为核心,融道、德、礼、法、仁、爱、义、利、威、信为一体。具体说来,齐法家的法律思想主要体现在以下几个方面:

▶ 一、"以民为本","令顺民心"

三晋法家十分重视"力",但却忽视了民,他们看到了"强必王",但却只见"强"而不见民。在他们眼里,民只是被统治的对象,对民只要使之以赏、驱之以刑就够了,除此之外便无须再考虑更多的问题。齐法家不同。他们继承了春秋以来的重民思想,以民为国之根本。《管子》曾引用管仲的话说:"齐国百

---

① 《韩非子·安危》。
② 《商君书·修权》。
③ 《韩非子·八说》。
④ 《韩非子·饰邪》。
⑤ 《韩非子·亡征》。

姓,公之本也。"①这是说百姓是国君之本。《管子》在另一处还说:"夫霸王之所使也,以民为本。"②这并不是一两句堂皇的宣言。齐法家认为:"欲为天下者,必重用其国;欲为其国者,必重用其民。"③要夺取天下、统有天下,必须依靠民众的力量。他们认为历史是这样写的:"古之圣王,所以取明名广誉,厚功大业,显于天下,不忘于后世,非得人者未之尝闻。"④欲得天下,不但要得民,而且必须多得民,必须赢得天下广大民众的拥护。"得天下之众者王,得其半者霸。"⑤这就是齐法家对得天下与得民关系的一般看法。

如何得民呢?齐法家的基本手段是德和刑,即"德之以怀也,威之以畏也,则天下归之矣"。⑥齐法家的德不只是动听的许诺。他们认为,要赢得民众,必须先有利民、爱民的实举。《小称》篇载管仲告诫君主说:"我有过为,而民毋过命。民之观也察矣,不可遁逃以为不善。故我有善则立誉我,我有过则立毁我,当民之毁誉也,则莫归同于(自)家矣。故先王畏民。"⑦这里,"天听自我民听"的神秘色彩已被抹掉,墨家精明的天鬼也成为多余。民对君政的反应敏感、明察,君在对待民的问题上掺糠使水,就不会赢得百姓的爱戴。所以,齐法家要求君王"与民为一体"。他们说:"先王之在天下也,民比之神明之德。先王善牧之于民者也。夫民别而听之则愚,合而听之则圣。虽有汤武之德,复合于市之人言。是以明君顺人心,安情性,而发于众心之所聚。是以令出而不稽,刑设而不用。先王善与民为一体,与民为一体则是以国守国,以民守民。"⑧齐法家心目中的民是一个整体。他们的高明在于发现了民作为整体的力量。民分为个体是渺小的,但合为整体就是伟大的。所谓"与民为一体"就是运用了这一高明的见解,把"得民"变为寓己于民,把民的力量变成自己的力量。

齐法家对民的力量的认识,对君王、国家同民的关系的上述分析,决定了他们在政治决策上,在法律上不能不充分考虑民的要求。在立法布令上,齐法家的基本态度是"令顺民心"。既然君王"与民为一体",民的利益自然联系着君的利益,君王立法布令就应"发于众心之所聚",体察百姓的好恶,"民恶

① 《管子·霸形》。
② 《管子·霸言》。
③ 《管子·权修》。
④ 《管子·王辅》。
⑤ 《管子·霸言》。
⑥ 《管子·君臣下》。
⑦ 《管子·小称》。
⑧ 《管子·君臣上》。

忧劳,我佚乐之;民恶贫贱,我富贵之;民恶危坠,我存安之;民恶灭绝,我生育之"。①令顺民心,就应"取于民有度,用之有止"②;令顺民心,就应"为民兴利除害"③。齐法家为了保证令反映民的疾苦和要求,还提出了设置"啧室之议"的建议。《桓公问》篇载管仲对桓公曰:"黄帝立明台之议者,上观于贤也;尧有衢室之问者,下听于人也。舜有告善之旌而主不蔽也,禹立谏鼓于朝而备讯矣,汤有总街之庭以观人诽也,武王有灵台之复而贤人进也。"他建议齐国为"啧室之议"④,招纳"正士",评论政令得失。这一建议的前提是允许国人议论国家大事,这种政治主张比三晋法家禁止一切言论,比秦王朝的动辄以妖言、诽谤问罪,以致天下皆"拑口而不言"⑤的做法更合理,也更有利于政治的稳定和社会的持续繁荣。

▶ 二、君执本,相执要,大夫执法

对于君主制度及君主在法治中的地位,齐法家也有不同于三晋法家的看法和主张。如果说三晋法家,尤其是韩非鼓吹的是绝对君主专制的话,那么,齐法家的君主论要温和得多。尽管齐法家也讲"威势独在于主,而不与臣共,法政独制于主,而不从臣出"⑥,但他们的专制要求远比三晋法家要低。

首先,在齐法家的君臣分工中,臣的权力更大一些,臣的作用更重要一些。《管子》说:"有道之君者执本,相执要,大夫执法,以牧其群臣,群臣尽智竭力以役其上。四守者,得则治,易则乱,故不可不明设而守固。"齐法家所设计的君臣结构是"四守",而三晋法家的方案是君"一守"。齐法家设想的是君依靠相、大夫统领群臣百姓,即"制臣百姓,通中央之人"。⑦三晋法家主张君独制群臣。在齐法家的规划中,相始终处于非常重要的地位。《管子》说:"是故岁一言者,君也;时省者,相也;月稽者,官也;务四支之力,修耕农之业以待令者,庶人也。是故百姓量力于父兄之间,听其言于君臣之义,而官论其德能而待之。大夫比官中之事,而言其外,而相为常具以给之。相总要者,官谋士,量实议美,匡请所疑,而君发其明府之法瑞以稽之,立三阶之上,南面而受要。是以上有余日,而官胜其任,时令不淫,而百姓肃给。唯此上有法制,下

---

① 《管子·牧民》。
② 《管子·权修》。
③ 《管子·君臣下》。
④ 《管子·桓公问》。
⑤ 《史记·秦始皇本纪》。
⑥ 《管子·明法解》。
⑦ 《管子·君臣下》。

有分职也。"①君"岁出一言"就能治好国家,这是因为有相的操持。"相总要",君王"南面而受要",这是最高统治权运行的基本规则。齐法家实际上给了相统领百官的权力,而把君主置于"无为"之地。三晋虽有相,但三晋法家没有给相以足够的信任,对相处"一人之下万人之上"的地位始终感到担忧。韩非一再强调的是"国有贵臣无重臣",深怕相这样的掌权人侵夺了君王的权力。齐法家和三晋法家对臣下的所谓忠心都表示怀疑,都主张防范臣下谋私,甚至"闭主",但齐法家主张个别防范,其所规划的制度立足于对臣的信任,立足于君臣团结。而三晋法家,尤其是韩非、申不害,不是主张个别防范,而是要求把制度建立在不信任臣下的基础上,像对待敌人一样防范朝廷百官。在君主世袭,尤其是在嫡长子世袭的制度下,不管君是否怀疑臣,也不管臣是否忠于君,相都是不可缺少的。齐法家正视了这一点,而三晋法家不愿意接受这一现实。

其次,齐法家接受了儒家的"暴君放伐"论。三晋法家的格言是"人主虽不肖,臣不敢侵",臣应绝对地服从君。齐法家不回避君会有过这种情况,并且提出了"倒君"的概念,即"君有过而不改,谓之倒"。② 同时,对于暴君,他们不反对臣采用"放伐"的方法来对待。《管子》载有管仲同桓公的一段对话。桓公曰:"昔三王者,既弑其君,今言仁义,则必以三王为法度,不识其故何也?"管仲对曰:"昔者禹平治天下,及桀而乱之,汤放桀以定禹功也。汤平治天下,及纣而乱之,武王伐纣以定汤功也。且善之伐不善也,自古及今,未有改之。君何疑焉?"③管仲对三王弑君的解释与韩非对此事的评价,一褒一贬,恰成对照。齐法家以善恶为选择,故以为君"乱"则可伐;三晋法家以君为取舍,故主张绝对服从君王。

再次,在君守法的问题上,齐法家的要求更具体,更具有可操作性。《管子》说:"故明君知民之必以上为心也,故治法以自治,立仪以自正也"。又说:"是以有道之君,行法修制,先民服也。"④在三晋法家那里,法治的基础是法立而民自治,而齐法家则要求君"立仪以自正",要求君率先"服"法制。《君臣》篇说:"朝有定度衡仪,以尊主位,衣服绋绤,尽有法度,则君体法而立矣。"尽管朝中仪度、衣服绋绤是君王权威的象征,但这些仪度同时也是对君王的一种限制。这是利用传统的礼仪资源对君王加以限制。齐法家还把这种君守

---

① 《管子·君臣上》。
② 《管子·君臣下》。
③ 《管子·中匡》。
④ 《管子·法法》。

法的要求扩大到君行令的领域,要求"君据法而出令"。① 按照"君臣上下贵贱皆从法"②的要求,尽管君王有"生法"的权力,但临时发布新令也必须符合通行的法律,这就是说,"生法"并不就是法之外的绝对权力,"生法"也必须依法而行。从齐法家所说的"虽圣人能生法,不能废法而治国"③来看,他们似乎已经注意到防止以临时的命令乱法的问题。要求君王"据法出令",这就不仅限制了君王权力的滥用,而且也有利于保证法律的稳定和统一。

▶ 三、礼义廉耻,国之四维

齐法家同三晋法家的另一重大区别是他们对儒家的或称传统的仁义礼乐的接受。

齐法家接受仁义礼乐,不是把这些东西当做陪衬或者仅仅是对法治的补足,而是把它们看得极为重要,看成是守国的法宝。他们提出:"守国有度,在饰四维。"这"四维"是什么呢?"一曰礼,二曰义,三曰廉,四曰耻。"这四维是守国之"度"。他们断定,"四维不张,国乃灭亡。"④除此之外,齐法家还提出"亲之以仁,养之以义,报之以德,结之以信,接之以礼,和之以乐"。⑤ 对于礼,他们做这样的理解:"上下有义,贵贱有分,长幼有等,贫富有度,凡此八者,礼之经也。"⑥

这样推崇礼义廉耻,并不意味着一定像儒家人物那样反对法治。他们注意到了对礼义仁爱与以法治国关系的处理。《法法》篇明确表示:"法重于民","不为爱民枉法律"。在法律面前,仁义惠爱均无特权。又说:"仁而不正伤法。"这实际上就是给仁划定了不伤法的界限。所谓"政者,正也",表现在"仁"上,仁之正就是"不伤法"。在仁与法两者之间,法不"侵"⑦更为重要。

那么,齐法家又为什么重视礼义廉耻这些传统呢? 这主要是因为:

(一)"法出于礼"

在齐法家看来,所谓礼主要是确定人们之间等级关系的规范或者原则。在政治上使"上下有义""贵贱有分",确立"君臣上下之分素"⑧;在经济上使

---

① 《管子·君臣上》。
② 《管子·任法》。
③ 《管子·法法》。
④ 《管子·牧民》。
⑤ 《管子·幼官》。
⑥ 《管子·王辅》。
⑦ 《管子·法法》。
⑧ 《管子·君臣下》。

"贫富有度";在伦理关系上要求人们"长幼有等","亲疏有体"。① 这些礼既是圣贤对人们的自发行为损有余益不足的结果,同时它所反映的又是现实社会的状态,而且礼的这些规定合乎道,顺乎理。"礼者,因人之情,缘义之理,而为之节文者也。"人有爱恶喜怒,礼就因人情而立,所以"节怒莫若乐,节乐莫若礼"。②《管子》说:"理国之道,地德为首。君臣之礼,父子之亲,复育万人,官府之藏,强兵保国,城郭之险,外应四极,具取是也。"③如此说来,不仅可以说"礼出乎理,理因乎道"④,而且可以说礼本身也取之于道。

君臣之礼、父子之亲等既然合于理又出乎道,作为治理国家的重武器的法自然与之相通,也应当相通。所以齐法家一面说"宪律制度必德道"⑤,一面又说:"法出于礼,礼出于治,治、礼,道也。"⑥道是抽象的"万物之要"⑦,而礼是现实社会的规范模型,反映着活动的社会,所以法的直接来源是礼,是礼所反映的那个现实的社会。

既然法出乎礼,主张法治的齐法家当然不能否定礼,也无法否定与礼联系在一起的仁、义、德、爱、廉、耻等。

(二)"仁义礼乐,皆出于法"

齐法家认为,礼出于理,取之于道。这一认识肯定了礼的合理性。按照这一认识,礼既是法产生的根据,同时又是法治的目标。也就是说,法产生于礼,又维护礼,因社会、人情、道而产生,又为维系这个社会,满足这种人情,实现这种道而存在。在齐法家看来,礼所调整的,充满了仁义廉耻诸多要素的等级社会是合理的,这种社会应当得到维护并进一步发展。法是服务于这种维护和促进的。《管子》载桓公曰:"凡贵贱之人,入与父俱,出与师俱,上与君俱。凡三者,遇贼不死,不知贼,则无赦。"⑧这说明法律实际上在维护着贵贱之义,而齐君也希望坚决地用法治来维护这种贵贱之义。齐法家的这一思想是明确的。他们就是希望用法治的方法来维护按照礼所设定的模式存在和发展着的等级社会。他们说:所谓"仁义礼乐者,皆出于法"⑨,即仁义礼乐是

---

① 《管子·心术上》。
② 《管子·心术下》。
③ 《管子·乘马》。
④ 《管子·心术上》。
⑤ 《管子·法法》。
⑥ 《管子·枢言》。
⑦ 《管子·君臣上》。
⑧ 《管子·大匡》。
⑨ 《管子·任法》。

通过法律来实现的,"法行顺",则"仁义生"①,法得到良好的执行,仁义礼乐便可得以实现。

▶ 四、仓廪实则囹圄虚

在对待犯罪的问题上,齐法家同三晋法家的看法差别甚大。三晋法家把犯罪的原因仅仅归结于人性,较多地考虑的是犯罪的主观原因。齐法家也有人性好赏恶罚的分析,但他们更关心的是客观的物质生活条件对人的影响,这种条件同犯罪、同社会秩序稳定之间的关系。管仲的"仓廪实则知礼节,衣食足则知荣辱"②的著名论断,既是对现实社会情况的总结,也是后来的齐法家对物质生活和社会秩序的关系的基本看法。齐法家提出的"仓廪实而囹圄空""仓廪虚而囹圄实"③的见解,正是对管仲的论断的应用和在犯罪问题上的具体化。在齐法家看来,"君有三欲于民","一曰求,二曰禁,三曰令",而且"求必欲得,禁必欲止,令必欲行"④,但是"人君"的"无穷"之"欲"⑤并不是一概都能实现的,人君的求如无限制,民就无法使其得到满足,因为"地之生财有时,民之用力有倦"。如果人君不有所节制,一味地"赋敛厚",就会导致"下怨上"。⑥ 由于民不足,就会不知"荣辱""礼节",就会犯罪,造成"囹圄实"的结果。

齐法家同三晋法家在犯罪原因上的看法有差异,决定了他们解决问题的办法也不相同。三晋法家主要靠的是重刑,甚至轻罪重刑,而齐法家则主张首先解决生产、生活问题,布"德"之"六兴",即"辟田畴,制坛宅,修树艺,劝士民,勉稼穑,修墙屋",以"厚其生";"发伏利,输墆积,修道途,便关市,慎将宿","输之以财";"导水潦,利陂沟,决潘渚,溃泥滞,通郁闭,慎津梁","遗之以利";"薄征敛,轻征赋,弛刑罚,赦罪戾,宥小过",以"宽其政";"养长老,慈幼孤,恤鳏寡,问疾病,吊祸丧",以"匡其急";"衣冻寒,食饥渴,匡贫窭,振罢露,资乏绝",以"振其穷"。⑦ 三晋法家对"止奸"寄希望于重刑,故奸愈多而刑愈重。齐法家以"仓廪虚而囹圄实"为真理,不相信法令刑罚万能,认为令是否得行,刑是否有效决定于民的接受能力,"民力竭,则令不行"⑧,"未有能

---

① 《管子》尹知章注。
② 《管子·牧民》。
③ 《管子·五辅》。
④ 《管子·法法》。
⑤ 《管子·权修》。
⑥ 同上。
⑦ 《管子·王辅》。
⑧ 《管子·权修》。

多求而多得者也,未有能多禁而多止者也,未有能多令而多行者也。"①正是根据这种认识,他们建议"度量人力之所能为而后使",反对不分青红皂白一味地用政令刑罚去督迫。他们进一步论述道:"令于人之所能为",则"令行","使于人之所能为",则"事成"。相反,"令于人之所不能为","使于人之所不能为",就会"令出而废,举事而败"。②

【参考书目】

1. 张晋藩:《中国法制通史》(第二卷),法律出版社 1999 年版。

2. 栗劲:《秦律通论》,山东人民出版社 1985 年版。

3. 张国华:《中国法律思想史新编》,北京大学出版社 1998 年版,第一讲。

4. 徐进:《中国古代正统法律思想研究》,山东大学出版社 1994 年版,第九章、第十章。

5. 徐进:《法家法治理论的精髓》,载《山东大学学报》1994 年第 2 期。

6. 徐进:《法家的法治合理论》,载《山东法学》1994 年第 1 期。

7. 徐祥民:《法家学派的由来及其界限》,载《山东大学学报》2002 年第 1 期。

8. 徐祥民:《申不害的法治思想及其局限性》,载《文史哲》2003 年第 2 期。

9. 徐祥民:《商鞅法治论中的禁使》,载《山东公安专科学校学报》2002 年第 3 期。

【思考题】

一、名词解释

1. 法家先驱

2.《管子》

3.《更法》

4. 以刑去刑

二、简答题

1. 简述法家关于法的效用观点。

2. 简述法家的法律起源论。

三、论述题

1. 试述法家的人性论与其法治论的关系。

2. 试评法家实行法治的主要理由。

3. 试述法家的重刑论及其局限性。

4. 试析齐法家法律思想的合理性。

---

① 《管子·法法》。
② 《管子·形势解》。

第八章　荀况对诸子百家思想的总结

战国时期的百家争鸣包含着法律思想上的争鸣。随着封建制度的日趋成熟,思想上的争鸣逐渐被思想融合所代替。战国末期的一些思想家如庄子、韩非等的作品,以及《吕氏春秋》等多人完成的著作,都反映了明显的融合倾向。荀况作为战国时代的"最后一位大师",对趋于成熟的封建制度了解最多。他在齐稷下学宫"三为祭酒",又"最为老师"①,对诸子百家的学问有最全面的了解。他作为儒家的传人首先打破"儒者不入秦"的成例,考察秦国的政治、经济、社会,对如何治理封建国家有多角度的分析。他著有《非十二子》,对诸子百家之学进行了批判。同时,他不以门派界限拒绝接受他家的学问,而是以开放的心态广泛吸收诸子百家思想的精华,这样,一方面使其受之于儒家的思想体系的内容更加丰富;另一方面,又使他的思想与孔、孟等儒家前辈有所不同。在总结前人思想成果的基础上,荀况构建起在封建时代长期适用的正统法律思想的基本构架。

本章主要学习:(1) 荀况的法律思想体系;(2) 荀况对儒、法思想的融合及其法律思想的儒家特色;(3) 荀况的刑罚思想。

第一节　荀况的人性论及其法律思想体系

在人性问题上,荀况坚持性恶论。他的这种人性论与法家的观点相合,而与儒家,主要是与孟子的观点相背。性恶论是荀况政治法律主张的出发点,是他的整个法律思想体系借以建立的理论基础。反对性善论、坚持性恶论是他修正儒学并敞开学术胸怀接受其他家派学术观点的理论前提。同时,他的性恶论,没有造成像法家那样彻底否定儒家法律思想的结果。这种人性论,使他得以在超越儒法的新高度重新组织各家各派提供的法律主张,构筑更能适应封建统治需要的法律思想体系。

---

① 《史记·孟荀列传》。

▶ **一、性为伪**

荀况对人性的基本看法是:性是人的先天禀赋。他说:"凡性者,天之就也,不可学,不可事。"①又说:性,"人之所生而有也","无待而然者也"。② 这种人性是人们在维持生存和人类繁衍的活动中自然表现出来的,具体再现为"饥而欲食,寒而欲暖,劳而欲休","目好色,耳好声,口好味,心好利,骨体肤理好愉佚",属于人的自然属性的范畴。说这种性恶,是用已然的社会道德标准对其加以评价的结果。荀况说:"今人之性,生而有好利焉,顺是,故争夺生而辞让亡焉;生而有疾恶焉,顺是,故残贼生而忠信亡焉。""从人之性,顺人之情,必出于争夺,合于犯分乱理而归于暴","用此观之,然则人之性恶明矣"。③因为受性驱使的行为不符合封建道德的要求,所以称之为恶。

人性是恶的,可社会上又有善人、善事,这善从何而来呢?荀况用"性伪之别"论证了人的恶性与人的善行可以并行不悖。他说:"人之性恶,其善者伪也。"性是生而有的,故谓之"天性""天情"④;伪是后天以"人为"⑤的力量"积"来的,"伪字人傍为"⑥正反映了人对人性的"人为"努力。

人性是恶的,人何以又能生出与恶性相反的善来呢?荀况生前和死后都遇到了这种诘难。这个问题在荀子的书中早已有了答案。在荀子看来,人不仅有"天之就"的性,而且有"不待而然"的智能,有"可以知仁义法正之质""可以能仁义法正之具"。⑦ 人们可以通过"思虑"选择自己的行为方案。因此,人们既可以用智能、思虑限制自己的耳目之欲,又可以根据社会生活和长远利益的需要,选择并遵守共同生活的规则。人们的性必然要表现为现实的活动,但如何表现是要经过心的"虑"而后"择"⑧定的。根据性的要求决定的某种行为,是经过思虑"从其所可而去其所不可"⑨的行为。人们"见其可欲也,则必前后虑其可恶也者;见其可利也,则必前后虑其可害也者,而兼权之,熟计之,然后定其欲恶取舍"。⑩ 总之,作为有智能的人,他虽然具有恶的本能

---

① 《荀子·性恶》。
② 《荀子·荣辱》。
③ 《荀子·性恶》。
④ 同上。
⑤ 傅山:《荀子评注(手稿)》山西省博物馆藏。
⑥ 《荀子》杨倞注。
⑦ 《荀子·性恶》。
⑧ 《荀子·正名》。
⑨ 《荀子·性恶》。
⑩ 《荀子·不苟》。

属性,但人们总是要经过思虑然后才将某种企求按一定方式付诸行动。

人既然有虑,有"心"这个思维器官,能选择自己的行为,认识自己行为的利害,就能创造高尚的人间道德,建立礼义法度。常人为自己"长虑顾后",故能"畜鸡猪彘,又畜牛羊,然而食不敢有酒肉;余刀布,有囷窌,然而衣不敢有丝帛;约者有筐箧之藏,然而行不敢有舆马"。圣人"为天下生民之属长虑顾后",故制为"诗书礼乐之分"。① 因为人有知能,所以,不仅知虑广博的圣人可以创造出诗书礼乐,甚至常人也都"有余可以为君子之所为"。② 只要不断地积伪,人们都可以成为尧舜那样的圣人。

二、荀况的法律思想体系

荀况的人性论为其法律思想奠定了理论基础。他在《性恶》篇中说:"人之性恶,故古者圣人以人之性恶,以为偏险而不正,悖乱而不治,故为之立君上之势以临之,明礼义以化之,起法正以治之,重刑罚以禁之,使天下皆出于治,合于善也。是圣王之治而礼义之化也。"这段话高度概括了荀况的法律思想体系。荀况的法律思想体系以人性为基础,采取多种互相联系的治理手段,而这些手段又可以说是概括了先秦各派法律思想的主要内容——"君上之势""礼义之化""法正之治""刑罚之禁"。这几项内容是中国古代法律思想的重要组成部分,在不同派别的思想家的著述中都分别讨论过其中的一项或几项,而荀况则把这几个方面归纳在一起,组成一个有机的整体,铸就他自己完整的法律思想体系。

（一）人性的受制性

人性是恶的根源,受人性驱使的行为必然违反社会公共生活的要求。为了维护正常的社会生活秩序,使人们都能相安无事地生活,就需要采取措施约束人的恶性的发作。荀况人性恶的理论为"礼义之化""刑罚之禁"等措施的产生提供了条件,为君王、官僚、警察、狱卒等留下了表现的舞台。因为如果性本善,人的行为都符合善的要求,那就"不用圣王",无须"礼义"③了。

人性恶只说明了需要约束人性,没有说明人性可以约束,从而也就没有说明"礼义之化"、"法正之治"等产生的必要。只有从人身上找到了人性受约制的可能性(我们可以把这种可能性称作受制性),才使约制人性的措施有存在的必要,也才有可能产生这样的措施。人性可化才会去化,为恶性支配的

① 《荀子·荣辱》。
② 《荀子·性恶》。
③ 同上。

行为禁得住才去禁,由恶性导致的社会混乱能治才会去治。单纯具有恶性的本能的人是不可能有这种受制性的,只有能思维,能自制的人才会有受制性。荀况的人性理论找到了人的这种受制性,即人有"知能"、"思虑"。人既可以自制又可以受制。人们"见可欲","见可利",便思虑其"可恶""可害"①的一面。如果利小害大,或一时为利长远为害,人们的自制力便会抑制自己的欲望,放弃小利或一时之利。人的这种自制性,表现为自觉地不去违反社会向他提出的要求。对社会提出的要求而言,自制性就是受制性。

（二）君上之势

人是社会性的动物。人之所以能"裁万物",使自然界的牛马等财富为己所用,就是由于"人能群"②,其他生物不能"群"。然而,要维护正常的"群"生活,则必须有分,"群而无分则争"。③ 有了分还要有维护这种分的手段。不管是分还是维护分的手段,都以"君上之势"的存在为前提。荀况提到,"大儒"本是"善调一天下"的人,但无君上之势,则"无所见其功"。④ 只有凭借国家政权的力量才能将治理国家的方案付诸实施。"人君者,所以管分之枢要也"。⑤ 只有握有权势的君王才能对社会上的人进行尊卑贵贱的区分。人皆"可以为尧禹",然而不仅一般人自己不会自然成为尧禹,而且"君子非得势以临之,则无由得开内"⑥。没有君上之势,教化也难以发挥作用。罚是使规范产生约束作用的保证力量,但"不威则罚不行"。⑦ 总之,"君上之势"是"礼义之化""法正之治""刑罚之禁"等得以实施并发挥效用的前提。没有政权的力量,思想家们设想的一切政治法律措施都只能是空谈。所以,荀况把"君上之势"置于"礼义之化"等具体措施之前。

（三）"礼义之化"

人具有自制性,可以自觉地遵守一定的行为规范,可以通过学习或受教从思想上抑制自己的恶性,因此个人的学习和君上的教化都是维护社会秩序,防止人们争乱的有效措施。一般来说,人们学礼义,"善积靡",便可使自己成为"君子"⑧,但由于主客观条件的限制,一般老百姓很难学会完全按礼义的要求行事,需要圣贤施以教化。"枸木必将待檃括烝矫然后直,钝金必将待

---

① 《荀子·荣辱》。
② 《荀子·王制》。
③ 《荀子·富国》。
④ 《荀子·儒效》。
⑤ 《荀子·荣辱》。
⑥ 同上。
⑦ 《荀子·富国》。
⑧ 《荀子·儒效》。

奢厉然后利。今人之性恶,必将待师法然后正。"①由此看来,"礼义之化"对培养道德高尚的君子是至关重要的。

（四）"法正之治"

礼和法都首先是一种社会规范,但礼的规范主要是通过教化使人们自觉遵守,而法的规范主要是强迫人们必须遵守。它是人们行为的"表仪"。② 这种规范以刑罚和行政强制为后盾。荀况主张礼、法两种规范同时使用,用礼引导,用法划定必须遵守的界限。为儒家所倡导的以引导为主要实现手段的礼和为法家所崇尚的以刑罚强制为基本保障手段的法是同一序列的治国手段。

（五）"刑罚之禁"

由于"人之生固小人"③,教化不能保证人人从化,规范本身不能保证人人遵守,因此,必须有保障规范实施的强制手段,君上之势也需要以刑罚的形式表现出来。人们受趋利避害的品性所支配,只有威之以刑罚之苦,才能使之遵守礼法规范,从礼义之化。

此外,在荀况看来,人性虽恶,但这种恶性的存在又具有其合理性。"虽为守门,欲不可去",如果得不到一定程度的满足,人们就会为满足这种欲望而发生争夺。所以在荀况的法律思想体系中还有另外一项重要内容,那就是要求国家以礼、法等手段"养人之欲,给人之求"。④

第二节 "治之经,礼与刑"

在先秦诸子百家中,儒家对礼的论述最多,也最重视礼在治理国家中的作用。荀况在礼的理论方面贡献最大。他除了把"儒家的礼学发展到尽头"之外,还把礼同法家的法这两个原本矛盾对立的东西联结在一起,明确提出"治之经,礼与刑"的观点,从而结束了儒法两家就礼和法的优劣长短而发生的争论。

▶ 一、礼为"度量分界"

法家为了说明法存在的合理性,讨论过法的起源问题。荀况研究礼也做了探源性的工作。他说:"礼起于何也? 曰:人生而有欲,欲而不得则不能无

---

① 《荀子·性恶》。
② 《荀子·成相》。
③ 《荀子·荣辱》。
④ 《荀子·性恶》。

求,求而无度量分界则不能无争,争则乱,乱则穷,先王恶其乱也,故制礼义以分之,以养人之欲,给人之求,使欲必不穷乎物,物必不屈于欲,两者相持而长,是礼之所起也。"①从荀况这段论述中我们可以看出:第一,礼是社会的产物,既非天赐,也非受命之君本天意而制定。"人之生不能无群,群而无分则争,争则乱,乱则穷矣。"②所以,圣王才为人们创造了调整"群"的关系的礼。第二,礼是社会物质生活的产物。人们对经济利益的追求产生了对有"养人之欲,给人之求"功能的礼的需要,圣王根据这种需要制定了礼。他说:"人之情,食欲有刍豢,衣欲有文绣,行欲有舆马,又欲夫余财蓄积之富矣。"③这种需要有一个"度量分界"。第三,礼的产生是缓和人们之间的矛盾争夺的需要。人生而有欲,且"贵为天子,富有天下,是人情之所同欲也",这样,"从人之欲,则势不能容、物不能赡"。④ 如果不给人们划定一个"势"、"物"的范围,"则夫强者害弱以夺之,众者暴寡以欲之"。正是为了缓和这个矛盾,平息这种争斗,先王才"为之制礼义以分之"。第四,解决争乱的方法也就是礼的基本原则是"别",即把人们"分"成不同等级。荀况说:"曷谓别? 曰:贵贱有等,长幼有差,贫富轻重皆有称者。"⑤在政治上有"贵贱之等"⑥,使上对下"足以相兼临;"⑦在伦理上"长幼有差";在社会生产中有职业之分工;在经济利益上有"贫富"之等异,使"或禄天下而不自以为多,或监门御旅、抱关击柝而不自以为寡"。⑧

　　荀况对礼的这番解释,实际上是设计了一套解决封建社会阶级矛盾、社会矛盾,使天下人都能得到一定程度的满足,从而使统治者稳坐宝座的方案。正因为礼是这样一种"度量分界",对解决封建社会的矛盾、巩固统治者的地位有如此重大的作用,所以儒家人物才一再宣扬礼,荀况更是把礼称为正国之"权衡""国之命""政之輓"。⑨

▶ **二、"法者,治之端"**

　　荀况与其他儒家人物不同,他在强调礼的同时,也给法以"治之端"的地

---

① 《荀子·礼论》。
② 《荀子·富国》。
③ 《荀子·荣辱》。
④ 《荀子·性恶》。
⑤ 《荀子·礼论》。
⑥ 《荀子·荣辱》。
⑦ 《荀子·王制》。
⑧ 《荀子·荣辱》。
⑨ 《荀子·大略》。

位。他虽然只是把法放在与"治之源"的君子相对的"治之流"①的位置上，但毕竟接受了法，承认了法在"治"中的作用。他的学说体系容纳了法。他眼中的法与法家的法一样，都是他们生活的那个时代的法，都是在法治实践中正在发挥作用的法。

（一）法是客观的规范

法家把法看做是衡量是非功过的权衡尺寸，荀况的法也是这样的客观规范。他把法比作"符节""契券""衡石"②，还把礼、法规范比作防止人们被淹而标明水深的标尺。他说："水行者表深，表不明则陷；治民者表道，表不明则乱。"③他认为治理天下必须给百姓以明确的法律准绳，以使他们"进退有律"。④ 他还借孔子之口，说水"主量必平"的特点似法，进一步揭示了法"盈不求概"⑤的客观性。

（二）法具有公正性

荀况同法家一样把法看成是公正的，把为个人利益，根据个人好恶而背法看成是私。他所说的"合符节，别契券者，所以为信也"，"探筹投钩者，所以为公也"，"衡石称悬者，所以为平也"，"斗斛敦概者，所以为啧也"，同法家"公正""公义""公信""公审"的论述基本上相同。荀况认为依法行赏罚是公，依好恶喜怒行赏罚是私。他说："怒不过夺，喜不过予，是法胜私也。"⑥他主张"以公义胜私欲"，反对在适用法律中"私请"，在用刑上"轻私门"。

（三）法要平等

荀况主张在适用法律上一律平等。他把"无德不贵，无能不官，无功不赏，无恶不罚"，"尚贤使能而等位不遗"看做是"王者之论"⑦，他提出选贤任官要"外不避仇，内不阿亲"。不管是旧仇还是亲戚，都以同一标准来对待。他还说："人主欲得善射，射远中微者，县贵爵重赏以招致之，内不可以阿子弟，外不可以隐远人，能中是者取之。"标准是射远中微，不管是子弟还是远人，取与不取都按同一标准来决定。

（四）法要宣明

法家主张明法，荀况对宣明法律也有许多寓意深刻的议论。他说："君法

① 《荀子·君道》。
② 《荀子·君道》。
③ 《荀子·天论》。
④ 《荀子·成相》。
⑤ 《荀子·宥坐》。
⑥ 《荀子·修身》。
⑦ 《荀子·王制》。

明,论有常,表仪既设民知方"。法是规范,规范只有宣明才能真正被百姓当成行为准则。他讲的"治民者表道",也是为了防止百姓因不知法"迷惑而陷祸患"。① 为了达到"使人无失"的标准,他提出要使百姓"晓然皆知"法律的规定。

由以上荀况对法的认识中我们可以看出,荀况的"治之端"的法与法家的法是同一的,都是当时社会生活中的法。在对法的认识上,他同法家基本上一致。但是,荀况把礼与法这两个原本有矛盾的东西联结在一起,不能不以两者或两者之一的某些变化为条件。在荀子的思想中,这个变化还是发生在法上。

▶ 三、荀况的法的儒家特色

荀况接受了现实的法之后,并没有放弃自己学派的思想,不像法家那样在推行法时便否定了礼,他也不是生吞活剥地把法拿来,而是以自己学派的本来思想为本体,将其作为一种营养摄入。他是在继承了礼,并根据时代要求发展了礼的基础上吸收了法及有关法的思想。这样,荀况的法便染上了儒家特色,具体表现在以下几个方面:

（一）法从属于礼

荀况学说中最主要的治国工具是礼,礼是比法更重要、更根本的东西。法、法度是根据礼义的精神制定的,即所谓"礼者,法之大分,类之纲纪也"②。礼是制定法律的准则,君上"之所以为布陈于国家刑法者,则举义法也"③。刑法要体现礼义的精神,符合礼义的要求。这样的法是经过荀况加工的儒家的法。汉以后尤其是唐以后的法都是这种法。法家的法不需要任何礼的准则,"事异则备变","事因于世,而备适于事"。④

（二）"无法者以类举"

正是由于荀况给法注入了礼的精神,所以,他的法在适用上也就可以以礼的精神为补充。他曾这样说过:"有法者以法行,无法者以类举。"⑤对法律有明确规定的事,依法处理,这没什么问题,儒法两家也没有什么不同意见。当发生了法律没有明确规定的情况时怎么办呢? 法家没有明确回答这个问题。依照他们的法治精神,他们所能得出的结论只能是法未规定者不论。但

① 《荀子·大略》。
② 《荀子·劝学》。
③ 《荀子·王霸》。
④ 《韩非子·王蠹》。
⑤ 《荀子·大略》。

在当时的历史条件下,这个结论是很难为统治者所接受的。荀子对此作了正面回答。当法律没有明确规定时,他主张按法的精神或法的一般原则,即"类"来处理。礼义是法的精神,依法办事就是按礼义办事。当法无明确规定时,按法的精神其实就是按礼义办事。所以,在荀子看来,"无法者以类举"是顺理成章的。这一点,应当说也是荀子赋予法的另一儒家特色。

荀子的这一观点既是在法律事务中对儒家学说的应用,是对儒家学说的发扬,同时,又是对法律适用提出的建设性意见。所谓"以类举"是一条法律类推适用的原则,用现代法学的术语来说,就是实行"法的类推",即"根据立法的一般原则和国家总的政策来判决案件"。[①] 从这个角度来看,儒家对法律实践不只是接受法家创造的知识,而是作出了自己的贡献。

第三节 "有治人,无治法"

荀况结束了儒法两家在礼和法上的争论,同时,也为两家在人治与法治上的论战画上了句号。他作为战国末期最后一位思想家,提倡人治而不唯人治,批评法治又不彻底抛弃法治,而是取并用法治与人治之长,舍单用人治或法治之短,形成用法治补充的新的人治之道。荀况有一个很著名的命题,叫做"有治人,无治法"。[②] 从这个命题中人们会得出荀况拥护人治、反对法治的结论。但这个结论并不正确。说无必治之法并不等于说法无益于治,更不是反对在治理国家时运用法律工具;有必治之人也不等于说有人就可以不用法。荀况的这个命题只是比较人与法孰轻孰重的结论。不论是对儒家的人治还是对法家的法治,荀况都不是全盘接受或彻底抛弃,而是都有所取又有所弃,只不过他对儒家的人治是在拥护的立场上加以改造,使之能容纳法;而对法家的法治则是在批判的论战中加以接受,把法家精心打造的法引进儒家的人治之术。

荀况在联结人治与法治的同时,还吸收了道家、墨家的君臣关系、用人制度方面的一些思想。此外,荀况对立法权的论述既富有儒家特色,又符合时代的要求。

▶ 一、"君子者,治之原"

荀子给了法以"治之端"的地位,接受了法家用法治世的主张,但当他把

---

① 〔苏联〕玛巴·卡列娃等:《国家与法的理论》(下册),李嘉思等译,中国人民大学出版社1956年版,第435—436页。

② 《荀子·君道》。

法同人相比较时,评价法治可否作为基本的为国之道并以之取代人治时,他的结论是:"械数者,治之流也,非治之原也;君子者,治之原也。"①人同法相比,人更重要,这就像礼同法相比礼更重要一样。法可以用作治理国家的工具,但基本的治国方略还是人治,而且也只能是人治。

荀子为什么把法仅视为"流"呢?他的"有治人,无治法"的判断有何依据呢?

（一）"法不能独立"

人是有主观意志的能动的治国主体,而法是被动的治国工具,工具必须由人来使用。为了充分发挥工具的作用,还必须由善于使用这种工具的人来操作。如果没有这样的人,工具虽好,也难以发挥作用。所以荀况说:"无君子则法虽具,失先后之施,不能应事之变,足以乱矣。"②

（二）无君子则"法所不至者必废"

社会生活是复杂多变的,法律不能穷尽一切需要由其来调整的各种社会情况,也不能应付政治、经济、文化等方面的千变万化。要及时处理法所未规定的事件,应付社会情况的变化,有效维护国家和社会的利益,执法者在"无法"时就要"以类举"。而要"以类举"就需要执法者知"法之义",明了国家的立法精神、法律原则。仅仅能记诵法条是难以完成"以类举"的任务。不是所有的人都能知"法之义"。"法而议,职而通","非君子莫能"。③

（三）"君子者,法之源"④

法不管有多大作用,它总是由人制定的。人才是法产生的直接源泉。在荀子看来,这个源还有个清浊的问题。他认为,有君子则源清,无君子则源浊。这源的清浊直接影响到作为"治之流"的法的清浊。即所谓"源清则流清,源浊则流浊"。⑤ 由此进一步探究,荀况思想的下一步的结论应当是:法也有好坏的问题。在他心目中,实际上也有坏法,如"以族论罪"⑥之法便是坏法。由此可见,欲有良法,必先有君子。君子比法更重要。

▶ 二、荀况的"盘水论"

荀子重视"礼义之化",同时也重视在上者对在下者的影响。君为一国之

---

① 《荀子·君道》。

② 同上。

③ 《荀子·王制》。

④ 《荀子·君道》。

⑤ 同上。

⑥ 《荀子·君子》。

主,不仅他的政令全国都要遵从,而且他的爱恶、行为也会给全国的臣民以或多或少的影响。在荀况看来,君上的行为举止是否端正,会直接影响到臣民的行为。他把君比作盘子,把臣民比作盘子里的水,以盘子的方圆决定水的方圆,比喻君的善恶会使臣民善或恶。他说:"君者,仪也;民者,景也,仪正则景正。君者,盘也;民者,水也,盘圆而水圆。"又说:"君者,民之原也。源清则流清,源浊则流浊。"君行善则民习善,君诈伪则民不忠实。这就是所谓"上明而下化","上幽而下险"①,"上宣明则下治辩矣,上端诚则下愿悫矣,上公正则下易直矣"。② 总之,要想造就统治阶级所需要的安分守己,忠诚老实的百姓,君必须率先垂范,严格按照礼法行事。如果说刑罚可以禁止百姓做恶事,使之不恶,那么,良好的榜样则能使百姓做善事,使之成为善人。在荀子看来,这造就善人的榜样比禁人为非的法律更重要。也就是说,良好的法律不如良好的君王、大臣。

良好的君王可以为天下立正"仪"。荀况认为圣贤并非先天生就,而是后天积伪而成。人皆可以为尧舜,当时的各诸侯国君也都可以为尧舜,但要真正成为尧舜,必须谨积伪。荀况希望君王都能给臣民做出榜样,所以他非常注意君王的自我约束、自我修养。他在《君道》篇中自问自答道:"请问为国?曰:闻修身,未闻为国也。"修身是君王的主要任务,君王修正了自己才能有端正的官僚和规矩的百姓。

荀况的盘水论主要是讲统治者的行为对臣民的影响。除此之外,他也很注意不在官位的君子对其周围群众的影响。他认为,百姓作为有自我意识能力的人,要摆脱自己恶性的支配,就必须学礼义,而"学莫便乎近其人"③。如果能"得贤师而事之,则所闻者尧舜禹汤之道也;得良友而友之,则所见者忠信敬让之行也,身日进于仁义而不自知也"。④ 贤人君子作为学礼义者的师友,他们可以为人仪则,"不诱于誉,不恐于非,率道而行,端然正己,不为物倾侧"。⑤ 此外,他们还可以"可导不己若者"。⑥ 这些贤人君子也能在造就善良的百姓方面发挥巨大的作用。

---

① 《荀子·解蔽》。
② 《荀子·正论》。
③ 《荀子·劝学》。
④ 《荀子·性恶》。
⑤ 《荀子·非十二子》。
⑥ 《荀子·儒效》。

▶ **三、尚贤使能，君主无为**

荀子的人治是经过改造的人治。除了把法家的法治作为"治之流"纳入人治系统之外，他的另一项改造就是把"尚贤使能"①视为人治成败的关键，而不是把有无圣王看成关键。他的尚贤已不像孔子仅仅打出一面"举贤才"的旗帜，也不像墨家只是一般地讲选择、使用贤才，而是脚踏实地地从君主的政治需要出发，研究贤才的作用，研究如何使用贤才，以及如何克服君主的不贤甚至昏暴等问题。

首先，荀子提出了远比墨家周密、系统的"尚贤"主张。他认为，"人主用俗人则万乘之国亡"，相反，"用大儒，则百里之地久而后三年，天下为一，诸侯为臣"。②齐桓公之所以能"九合诸侯，一匡天下，为五伯长"，就是由于"知一政于管仲"；殷纣王之所以"丧九牧之地而虚宗庙之国"③，就是因为用飞廉、恶来为政。所以，他提出人主"欲立功名，则莫若尚贤而使能"。④

尚贤固然有使贤才助贤君之义，但荀子更关心的不是贤君的有无，而是贤臣的不可缺少。他做过如下分析："人主不能不有游观安燕之时，则不能不有疾病物故之变焉"。国君不可能每时每刻都操持国政，而"国者事物之至也如泉原"，无休无止。以有休止对无休止，显然无法应酬，所以他得出结论说："人主不可以独也，卿相辅佐，人主之基杖也，不可不早具也。"⑤一方面是卿相辅佐不可缺少，另一方面又是"俗人"为卿相误国，所以，国君为防止误国，及时处理国政，就不得不选贤才充任卿相辅佐。

荀况所讲的用贤理由是君王的游观安燕、疾病物故，但实际上他有让那些不贤的君王少过问政事的意图。他曾给君王戴了一顶"以官人为能"的高帽，并以之与"以自能为能"的臣民相对称，说君王凡事"自为之"是行"役夫之道""墨子之说"。他希望君王们都"共己而已"⑥，也就是君主无为。荀况一方面反对君王亲为，"与臣下争小察而綦偏能"，另一方面又强调"欲强国安乐，则莫若反之民；欲附下一民，则莫若反之政；欲修政美俗，则莫若求其人"⑦，其言外之意就是君王不要过问日常政事。可以说，他的人治的中心是

---

① 《荀子·儒效》。
② 《荀子·王制》。
③ 《荀子·王霸》。
④ 《荀子·王制》。
⑤ 《荀子·君道》。
⑥ 《荀子·王霸》。
⑦ 《荀子·君道》。

贤臣政治。

其次,荀况特别重视相的作用,赋予相极大的权力,为实行"贤臣政治"在理论上做了具体的权力划分。他为君设定的职事主要是"慎选相"。① 他说:"彼持国者,必不可以独也,然则强固荣辱在于取相矣!"② 又说:"故治国有道,人主有职。若夫贯日而治详,一旦而曲列之,是所使夫百吏官人为也,不足以是伤游玩安燕之乐。若夫论一相以兼率之,使臣下百吏莫不宿道向方而务,是夫人主之职也。"总之,在他看来,君的任务就是"论一相,陈一法,明一指"。相为"百官之长",他的任务是"要百事之所,以饰朝廷臣下百吏之分,度其功劳,论其庆赏,岁终奉其成功,以效于君。当则可,不当则废"。③ 在他的这个君、相分工中,致治之人实际上已经不是君王,至少直接指挥国家活动的不是君王,而是相。他的这种思想已经不是一般地强调贤臣的作用,而是为了发挥贤臣的作用作了具体的权力划分。他已经不是一般地宣传君主无为,而是把君主无为落到了实处,以臣的有为造就君无须为。

再次,他赋予臣纠君王之失以及"权险之平"的权力。在君和相的分工中,尽管荀况已经把治理国家的主要任务都加给了相及由相统领的百官,但君手里仍握有论相、置法的权力。尽管他一再劝说不让君王过问日常工作,但君王毕竟是一国之主,按照"两贵不能相使"的规律,他在政权机关中最为高贵,无与之匹敌者。这种君王完全可以不听荀况以及其他任何人的劝告,甚至可以肆无忌惮,为所欲为。也就是说,荀况的君相分工仍不能彻底解决君不贤的问题。为了确保贤臣治国方案的实行,荀况设定了"谏净辅拂之臣"。他说:"君有过谋过事,将危国家殄社稷之惧也,大臣父兄,有能进言于君,用则可不用则去,谓之谏;有能进言于君,用则可不用则死,谓之争;有能比知同力,率群臣百吏而相与强君矫君,君虽不安,不能不听,遂以解国之大患,除国之大害,成于尊君安国,谓之辅;有能抗君之命,窃君之重,反君之事,以安国之危,除君之辱,功伐足以成国之大利,谓之拂。"④ 荀况笔下的这些大臣,为了国家的利益,为了纠正君的过谋过事,既可以进言,也可以违反君命,窃取君威。除此之外,荀况还给了大臣以"权险之平"的权力。他说:"夺然后义,杀然后仁,上下易位然后贞,功参天地,泽被生民,夫是之谓权险之平。"⑤

① 《荀子·君道》。
② 《荀子·王霸》。
③ 同上。
④ 《荀子·臣道》。
⑤ 同上。

他所极力赞美的"屏成王及武王以属天下"①的周公大概就是实行了"权险之平",达到了"功参天地,泽被生民"。

四、圣君一元立法权

虽然荀况给了贤臣,尤其是相极大的权力,但在立法这个问题上,他却毫不含糊地把权力交给了君王,并对君主一元立法权做了较好的理论说明。

荀况从其人性理论出发,论证了社会需要有杜乱止争的礼、法规范,而这个规范一定要由圣人来制定。这是因为人们的理智虽然能够认识自己的恶性,并通过长期"积伪"产生出约束人性的社会生活规则,但由于一般人受自己恶性的干扰而不可能坚持长期积伪,只有圣人能有远见卓识,积伪而生礼义法度。然而圣人虽能认识人们的恶性而总结出有利于社会生活的必要规则,但要使这些规则确定成为对整个社会有效的行为规范,圣人还必须掌握"君上之势"。他说:"造父者,天下之善御者也,无舆马则无所见其能。羿者,天下之善射者也,无弓矢则无所见其巧。大儒者,善调一天下者也,无百里之地则无所见其功。"②因此,圣人欲"调一天下"必须至少先有"百里之地",控制一国之"势"。只有"临之以势""禁之以刑",才能使天下"化道如神"。相反,如果"无势以临之,无刑以禁之",则知者"辩说"③,愚者争夺。这样,制定礼、法的圣人必须同时是有"势"的人。这大概是吸收了慎到"尧为匹夫,不能使其邻家,至南面而王则令行禁止"④的势论。

法不仅须由君来制定,而且只能由君来制定。在荀况看来,"隆一而治,二而乱。自古及今,未有二隆争重而能长久者"。⑤一国之内,一家之中,只能有一"隆",一个无匹敌者的至高至贵者。"家之隆"为"父","国之隆"为"君"。⑥在家内,母、子不得与父"争重"。在国中,卿相士大夫不得与君"争重"。这是保障家庭团结、国祚长久的必要条件。因此,立法定制,决定大政方针之权只能由君行使。不仅如此,荀况还把擅自制法布令看做是犯罪行为。他在《正名》篇把"析辞擅作名以乱正名"称为"大奸",并说"其罪犹为符节度量之罪也"。为符节度量是犯罪,私自制法就更是罪不容诛了。

立法权由君所独占,修改和废除法律之权自然也非君莫属。《成相》篇

---

① 《荀子·儒效》。
② 《荀子·正名》。
③ 同上。
④ 《慎子·威德》。
⑤ 《荀子·致士》。
⑥ 同上。

说:"臣谨修,君制变,公察善思论不乱。以治天下,后世法之成律贯。"法律变更、废除由君掌握,臣只能"谨守其数"。① 荀况还把能忠实地执行君主所立之法而不擅自"损益"看做是当官为士大夫的必备条件。他说:"尊法敬分","守职修业,不敢损益,可传世也,而不可使侵夺,是士大夫官师之材也"。②

荀况就是这样从他的人性理论出发,不仅得出唯君享有制法权的结论,而且享有立法权的君还应是圣君。一方面,只有圣君才能积伪而生礼义并制定合乎礼义要求的法度;另一方面,也只有圣君才能王天下,才能持国长久,只有圣君才能"服人",乱君虽可得"势"于一时,但却可能"索为匹夫不可得"。③ 因此,真正可能长久统治国家的只能是圣君。这样,荀况的君主一元制法权实际是圣君一元制法权。

第四节　荀况的刑罚思想

荀况对作为法治重要手段的刑罚做了深入的研究,他的刑罚理论不仅大大超过了他的儒家先师的水平,而且比法家的学说具有更大的合理性。通过总结古代的经验,考察当世的实践,研究各家的学说,荀况提出的一些新观点不仅符合当时社会的需要,而且同近代西方的某些理论也有暗合之处。

▶ 一、刑罚的目的在于预防犯罪

使用刑罚的基本目的是预防犯罪。刑罚对犯罪既具有一般预防作用,也具有特殊预防作用。

荀况刑罚思想中的精华之一就是他的刑罚目的论。他认为,使用刑罚的基本目的是预防犯罪。他在讨论"象刑"说时讲的一段话反映了他的这一思想。他说:"凡刑人之本,禁暴恶恶,且惩其未也。杀人者不死,伤人者不刑,是谓惠暴而宽贼也,非恶恶也。"刑罚致人于死、伤人之体,不只是要使罪人蒙受痛苦,而是要"禁"止人们的犯罪活动。所谓"惩其未"就是预防新的犯罪发生。如果"罪至重而刑至轻,庸人不知恶",就不能禁人再犯,预防新的犯罪的发生,那就会"乱莫大焉"。④ 这些论述十分明确地表明,荀况的刑罚目的论就是犯罪预防论。

用刑罚预防犯罪的前提是刑罚具有预防犯罪的作用。在荀况的论述中,

① 《荀子·荣辱》。
② 《荀子·君道》。
③ 《荀子·王霸》。
④ 《荀子·正论》。

刑罚对犯罪既具有一般预防作用,也具有特殊预防作用。荀况反对"象刑"说的论述,主要说的是特殊预防的问题。人已犯当刑、当死之罪,如果不加刑、不伐死,则犯者不知刑、死之"恶",不能达到"惩其未",即防止"其"(已犯当刑当死之罪者)再犯罪的目的。《议兵》篇的"刑一人而天下服""杀一人刑二人而天下治",以至于"刑错而不用",显然是一般预防的思想。《王制》关于"司寇之事"的意见,则是主张司法活动既要达到特殊预防的目的,又要达到一般预防的目的。他说:"折悍禁暴,防淫除邪,戮之以五刑,使暴悍以变,奸邪不作,司寇之事也。""防"是预防,防的对象是不特定的人。这种预防是一般预防。"除"的对象是特定的,是已经侵害了国家或社会、他人利益的人,既"除"则达到特殊预防的目的。"使暴悍以变",这变的对象是已然的"暴悍"者,把"暴悍"的人变成不犯罪的公民,这是特殊预防的结果。"奸邪不作"是对未然的"奸邪"的预防。既言"不作",这一行为就尚未发生,使尚未发生的行为"不作",是一般预防的作用。

▶ 二、刑罚预防犯罪的心理基础

刑罚为什么能够起到预防犯罪的作用呢? 不解决这个问题,预防论就是没有根基的空中楼阁,毫无意义的冥想。荀况的刑罚观是和他的"人性"理论联系在一起的。他认为,一方面,人是好利恶害、好赏恶罚的;另一方面,人又是有理性的。人们好利恶害的追求,一方面是导致"争夺"、产生犯罪的原因;另一方面,人们受理性制约的趋利避害的心理可以抑制人们的犯罪欲望。因为人在为或不为一定行为时,总要衡量其利害及利害的大小。在做了这种权衡之后,才会实施某种行为。刑罚之所以能预防犯罪,就是人们在对违法犯罪可以获得的"利"与可能受到的刑罚的"害"进行了权衡之后,趋不犯罪之利、避犯罪而必加的刑罚之害的结果。统治者施赏罚就是要利用人们的这种心理,赏以劝善,罚以防恶。正是因为人们有这种心理,刑罚才能起到"惩其未"的作用,"刑一人"才会有"天下服"的效果。如果人们没有这种心理,或者理智不健全,赏罚就会失去劝、防的作用。荀况在批评"斗者"时说,斗者身被刑戮,"室家立残","然且为之","我欲属之狂惑疾病邪,则不可,圣王又诛之"。[①] 这就是说,圣王对狂惑之人是不加刑戮的。为什么对狂惑之人不加刑呢? 这是因为他们认识不到自己行为的性质,不能自由地选择自己的行为。归根到底,他们不知道何为犯罪,不知道避受刑罚之苦。"身苟不狂惑戆陋,

---

① 《荀子·荣辱》。

谁睹是而不改也哉"①,正说明"狂惑戆陋"者不知惧罚而改。只有对有理智、能衡量利害的人,刑罚才有预防犯罪的作用。同样,如果人们不是趋利避害的,刑罚之恶也将失去阻止人们犯罪的作用。他说,古圣人"以人之情为欲多而不欲寡,故赏以富厚,而罚以杀损也"②。以人之所欲赏,故赏能劝善;以人之所恶,故罚可以禁人犯罪。

荀况的预防论具有明显的"威慑"特点。他要宣明法律,使"天下晓然皆知夫盗贼之不可以为富也,皆知夫贼害之不可以为寿也,皆知夫犯上之禁不可以为安也。由其道,则人得其所好焉,不由其道,则必遇其所恶焉",目的在于使人"莫敢犯上之禁"③。使人"莫敢",显然是利用刑罚的威慑力量。他所说的"不威不强不足以禁暴胜悍"也是说刑罚不使人惧怕就无力阻止犯罪。他的"威乎刑罚"④"悬明刑大辱",就是要使人因惧怕"明刑大辱"而"修上之法"。⑤

▶ **三、罪刑相当**

按照荀况的人性分析,要使刑罚充分发挥其预防犯罪的作用,就应当实行重刑。荀况曾提出"严刑罚"⑥的主张,并反对象刑那样的轻刑。但是,荀况"没有否定犯罪与刑罚之间报应均衡的必要性"⑦,提出了"刑称罪""刑当罪"的主张。

"刑称罪"中的"称"是与什么相称,"刑当罪"中的"当"是与什么相当呢?荀况的"刑当罪"不是依法定罪量刑,它是立法思想,是关于建立怎样的刑罚标准的主张。

荀况有依法施赏罚的思想。他提出赏功罚过应当出于公心,"外不避仇,内不阿亲"⑧,不受感情好恶的左右,做到"怒不过夺,喜不过予"⑨,悉遵定法。任贤使能应"进退有律",使"修之者荣,离之者辱"。⑩ 用刑施罚、适用法律要做到"刑称陈守其垠"⑪,所施之刑要与所"陈"之法相"称",与法定刑罚相一

---

① 《荀子·议兵》。
② 《荀子·正论》。
③ 《荀子·君子》。
④ 《荀子·富国》。
⑤ 《荀子·议兵》。
⑥ 《荀子·王制》。
⑦ 〔日〕庄子邦雄:《刑罚制度的基础理论》,甘雨沛译,载《国外法学》1979 年第 5 期,第 4 页。
⑧ 《荀子·成相》。
⑨ 《荀子·修身》。
⑩ 《荀子·成相》。
⑪ 同上。

致。但是,荀况所说的"刑称罪""刑当罪"不是对执法的要求,与"刑称陈"不同,它是就法律本身而发的议论。荀况要求刑罚应当与人们对罪的评价相当、相称,不管这种刑罚是法定的还是未写入法典而由君主临时施行的。他反对族刑就是指责现行法律规定的刑罚与罪的实际危害,与社会对罪的评价不相当、不相称。他反对象刑就是力图阐明没有"画衣冠而异章服"这种刑不当罪的古制。

在荀况看来,为国必须有礼义,而"用国者""之所以为布陈于国家刑法者",要"举义法"。所谓"义法"就是合乎礼义要求,符合地主阶级根本利益的立法。所谓"刑当罪""刑称罪",也是要以义为标准,使法律规定的刑罚与罪的实际危害相当、相称,合乎义就是当,反之就是不当。从预防犯罪的角度来看,刑罚的轻重应以能否有效地预防犯罪为标准。比这个标准重的刑罚是"刑怒罪",比这个标准轻的刑罚是"轻其刑"。不管是"怒罪"还是"轻其刑",都是刑不当罪、刑不称罪。族刑是"刑怒罪",象刑是"轻其刑",二者都是刑不当罪的刑罚。以族论罪,对犯罪者(不管是犯什么罪)施加族刑是刑不当罪。《君子》说:"故刑当罪则威,不当罪则侮","古者刑不过罪,爵不逾德,故杀其兄而臣其弟,刑罚不怒罪,爵赏不逾德,分然各以其诚通"。王念孙注云:"怒、逾,皆过也。"显然,这里的"不过""不逾""不怒"是就刑与罪比较而言,而不是指刑合乎法定的刑罚。古圣王时一人有罪仅诛及犯罪者本人,这样的法是"刑当罪"的法,是规定了"不怒罪"的刑罚的法。这样的法合乎地主阶级的"义"的标准,符合统治阶级的整体利益,符合社会的道德要求,所以才能使受罚者"心悦诚服",才能收到"为善者劝,为不善者沮,刑罚綦省而威行如流,政令致明而化易如神"①的效果。荀况认为族刑是乱世之法。他说:"乱世则不然,刑罚怒罪,爵赏逾德,以族论罪","故一人有罪而三族皆夷,德虽如舜,不免刑钧,是以族论罪也"。② 族刑之法因一人之罪诛及无罪之人,使好人无辜受罚,对无罪被诛的人来说显然是极不公道的。受族诛的人中还会有"德如舜"的人,这种人或为天下主,或为帝王师,至少也是引导社会向善的力量,是老百姓模仿的榜样,这种人是万万不可无罪而杀的。族刑之法可以因他人之罪而把"德如舜"的人杀掉,其"不义""不当"是再明显不过了。从统治关系的角度看,族刑之法也是不当的。民对于君主的统治,就像水对于舟一样,水既能"载舟",亦能"覆舟"。③ 以族刑对待百姓,就会引起百姓更大规模的反

---

① 《荀子·君子》。
② 同上。
③ 《荀子·王制》。

抗,"虽欲无乱",反受"覆舟"之祸。

不仅族刑是不义的,惨刑酷罚也是不义的。"纣剖比干、箕子、为炮烙刑",就是使用了不当不义的酷刑,就是统治天下"非其道"。① 荀况认为,使用野蛮不近人情的酷罚,一味地"刑罚重而信""诛杀猛而必",那是一种"暴察之威",只会引起人民的不满和反抗,不会从根本上稳定统治秩序。因为这样,"百姓劫则致畏,嬴则敖上,执拘则冣(音聚),得间则散,敌中则夺,非劫之以形势,非振之以诛杀",则不为君上所"有"。"天下偄然举去桀纣而奔汤武者,反然举恶桀纣而恶汤武",原因就是桀纣的所作所为"为人所恶。"②

"刑怒罪"的族刑、酷刑是刑不当罪,"轻其刑"的象刑也是刑不当罪。在荀况生活的时代,"治古无肉刑而有象刑"的说法流传很广。今存《慎子》有关于象刑的论述,后来的《尚书大传》《汉书》等追记前事,也都谈到象刑。荀况对象刑说大不以为然。他反驳说:"以为治邪,则人固莫触罪,非独不用肉刑,亦不用象刑矣;以为人或触罪矣,而直轻其刑,然则是杀人者不死,伤人者不刑也,罪至重而刑至轻,庸人不知恶矣,乱莫大焉。"③这一反驳的第一层是很有力的。如果天下大治,犯罪不生,则无须乎刑罚,也就不会有象刑。反驳的重点在第二层。他认为使用象刑是"直轻其刑",是"罪至重而刑至轻",是"刑不当罪"。为什么说用象刑就是"刑不当罪",是"轻其刑"呢?荀况认为,刑罚的目的是预防犯罪,如果不使用肉刑,犯了当刑、当死之罪的人"不知恶",就不能防止他们再犯罪,也不能防止其他人犯同样的罪,那就会"乱莫大焉"。刑罚的轻重,使用或不使用肉刑,应以是否使人以其为"恶",并因知刑之恶而不犯罪,进而实现社会无"乱"为标准。按照这个标准,象刑显然是不合理的,而肉刑是有其合理性的。

在对"当""称"的判断上,荀况以"报"为基本原则。他认为:"凡爵列官职,赏庆刑罚,皆报也,以类相从者也。一物失称,乱之端也。夫德不称位,能不称官,赏不当功,罚不当罪,不祥莫大焉。"④原来当与不当、称与不称的标准是"报",是"报应"。根据"报"的原则,犯罪和刑罚之间都有一个"称"数——杀人和死刑相称,伤人和肉刑相称。功劳与爵赏之间也有一个"称"数,"功赏相长"⑤就是要求功大与重赏相称,功小与轻赏相称。总之,"赏有功,罚有罪,

---

① 《荀子·议兵》。
② 《荀子·强国》。
③ 《荀子·正论》。
④ 同上。
⑤ 《荀子·议兵》。

皆善善恶恶之应也"。① 按照报应的要求,象刑说是不合理的,对犯罪用象刑是不当的。"杀人者死,伤人者刑"才是应当的"报",以族论罪之法因一人之罪而使"三族皆夷",是刑大于罪,也是不当的。有功者受赏,因功劳有大小,故赏赐有厚薄,这合于"报"的原则。以一人之贤使世代必显,是赏大于功,是不当的。无功而赏是不当的,有功不受赏也是不当的。象楚子发"克蔡",立功而不受赏,违反了报应原则。"古者明王之举大事立大功也,大事已博,大功已立,则君享其成,群臣享其功,士大夫益爵,官人益秩,庶人益禄。"②这才是功赏相应。

由此可见,荀况的"当""称"都以"报应"为依据,合于报应的便是当,便是称,反之便是不当,便是不称。刑称罪、刑当罪的主张都可以归结为报应理论。它要求刑罚的强度与危害社会的行为后果所做的估计在量上、在外部形态上相当。不过,非常明显,荀况的报应不是目的,而是手段,是实现"刑人之本",即预防犯罪、禁止犯罪的手段。在荀况看来,正是这种按"报"的原则确定的刑罚,才既能使犯罪者因受其罚而悔悟,使其他人因见其实施而受到儆戒,又不致因其太残酷而引起全社会的反感。

【参考书目】

1. 张国华:《中国法律思想史新编》,北京大学出版社 1998 年版,第一讲。

2. 俞荣根:《儒家法思想通论》,广西人民出版社 1998 年版。

3. 徐进:《中国古代正统法律思想研究》,山东大学出版社 1994 年版,第十一章。

4. 徐进:《试论荀况的法律思想》,载《山东大学学报》1987 年第 2 期。

5. 徐进:《荀况奠定了封建正统法律思想的基础》,载《山东法学》1988 年第 4 期。

6. 徐进:《荀子尚贤思想初探》,载《东岳论丛》1988 年第 4 期。

7. 徐进:《对荀子"以类举"之我见》,载《西北政法学院学报》1986 年第 1 期。

【思考题】

一、名词解释

1. 刑称罪

2. 君子者,法之源

3. 无法者以类举

4. 伪

---

① 《荀子·强国》。
② 同上。

二、简答题

1．荀况的法的儒家特色是什么？

2．简述荀况的君臣分工论与法制建设。

3．简述荀况学说中的礼法关系。

三、论述题

1．从人性论谈荀况的犯罪预防论。

2．为什么说荀况构建了封建正统法律思想的基本框架？

3．试述荀况对儒家法律思想的发展。

4．为什么说人性论是荀况法律思想的理论基础？

第三编　中国古代正统法律思想的确立时期

从秦统一中国到汉武帝"独尊儒术",是中国古代正统法律思想的确立时期,从汉代中后期到鸦片战争中国人"开眼看世界"之前为其发展和完善时期。吸取了秦之"专任刑罚"而致二世亡的残酷教训,汉之统治者在历经短暂的崇尚无为的黄老哲学之后,于汉武帝时确立了以德主刑辅为核心的古代正统法律思想,德与刑、礼与法的关系遂成为后世法律思想不变的主题,儒学的正统地位也始终不曾动摇。不过,虽有魏晋律学使其科学化、隋唐法律使其制度化、宋明理学使其哲理化、清官司法实践使其具体化的发展和完善,然而,百家罢而未黜、儒家尊而未独的现实,仍然使非正统法律思想的存活保留了一线生机,王充、柳宗元等对正统法律思想的批判,少数民族政治家对正统法律思想的补充,明清时期启蒙思想家对天下之法的倡导,都使"单调"的正统法律思想在辩难中日渐丰富和完善。

第九章　秦朝、汉初的法家思想与
　　　　黄老学派的法律思想

　　战国末期的思想融合预示了法律思想的统一。秦统一中国之后,曾以政府的力量做过统一思想的工作,但是,法律思想的统一并未在秦王朝实现。秦王朝的短命而亡对中国思想的发展产生了极大的影响。一方面,政府推动的思想统一因政府控制能力的丧失而宣告失败,在秦政下受到压抑的各种学说不仅得到解放,而且在挣脱束缚后所特有的近乎复仇的情绪驱使下,喷发出新的思想火焰;另一方面,思想的融合过程终止,思想的历史发展进入新的百家争鸣时期。法家思想、黄老思想和儒家思想是这个时期的思想百花园中最绚丽的三朵。

　　本章主要学习:(1)秦朝统治者实际奉行的法家思想;(2)法家学说在汉朝初年的影响;(3)黄老学派的法律思想。

第一节　秦朝统治者"以法为教"的政策及其主要法律思想

　　秦始皇二十六年,秦先后灭掉东方六国,在中国历史上第一次真正实现了"六合之内,皇帝之土"的大一统,使偏处西北一隅的秦国变成了"人迹所至"无不称臣的秦帝国。面对如此巨大的胜利,秦王朝的统治者回味走向成功的酸甜苦辣之时,也在思考如何管理远比秦国广大的天下。他们把统一天下的业绩记在法家学说的功劳簿上,并选择法家的思想作为新王朝的统治思想。

　　秦王朝选择法家的法律思想为其官方学说具有历史必然性,但秦王朝的这次选择并没有给法家的法律思想带来好运。他们虽宣布奉行法家学说,但实际上并没有原原本本地贯彻法家的法律思想,尤其是没有坚决地贯彻前期法家法律思想的精华。

▶ 一、信水德,急刑法

　　秦始皇是靠强大的军队、士卒的勇敢和能够充分调动百姓耕战能力的政策、制度才战胜东方诸侯、实现天下统一的,也是靠了秦所拥有的物质力量才平定了周边地区,实现了政权稳固的,但胜利者似乎不太相信这胜利仅仅来自自己及其臣民的努力。巨大的成功超出了秦统治者的心理承受能力,他们宁愿在自己的能力之外,甚至在人力之外寻求一种解释。"五德终始"学说满足了秦统治者的这种心理需求。

邹衍的"五德终始"说是解释政治兴衰的一种唯心主义学说,其主要内容是认为政治主体因有木、火、土、金、水五德中的一种而走上统治舞台,而五德之间的相克相生的关系决定不同王朝之间的更替。这种学说的主要应用价值有二:一是帮助人们选择新的当政者,即在旧王朝衰亡时判断谁应为新王朝的主人;二是帮助当政者确定政治方针,即制定与自己的"德"相适应的政策,建立与自己的"德"合拍的制度。

秦始皇相信"五德终始"说。此说把周秦关系解释为"周得火德,秦代周德,从所不胜"。① 这种解释把周德认定为火,把秦德认定为水。论证者这样说明他们的判断根据:"周得火德,有赤鸟之符。""昔秦文公出猎,获黑龙,此其水德之瑞。"②按此解释,秦代周是不同德之间的相胜。水胜火,故有水德的秦代替有火德的周。

水德的论证使秦始皇找到了取得天下的依据——行水德,用法律,也使他进一步坚定了对用法治国之术的信仰。按照"五德终始"说的解释,水主阴,阴主杀,而杀属于刑,是法的构成元素。按照这种解释,为应水德就必须行法,甚至必须用重法。秦始皇正是这样做的。在获得"五德终始"说的水德的论证之后,他在政治上做出的响应是:"刚毅戾深,事皆决于法,刻削毋仁恩和义"。他信奉水主刑杀之说的直接后果有二:其一,"急法,久而不赦";其二,按水和法的要求变更制度。具体表现为"衣服旄旌节旗皆尚黑,数以六为纪,符、法冠皆六寸,而舆六尺,六尺为步,乘六马。更名河曰德水,以为水德之始"。③

▶ **二、以法为教,以吏为师**

秦王朝建立之后,有两个重要的事件促使秦始皇进一步迷信刑罚的作用,并由此作出了"以法为教,以吏为师"的决策。一个事件是封建与郡县之辩。秦始皇三十四年,博士淳于越建议秦始皇"师古","封建子弟功臣",以为

---

① 《史记·秦始皇本纪》。
② 《史记·封禅书》。
③ 《史记·秦始皇本纪》。

王朝的"枝辅"。周青臣、李斯等不同意这一建议。在秦王朝建立的初期,博士及大臣们对国家政治体制有不同的看法,这本来是正常的,但李斯等人借题发挥,对法家之外的其他学说大张挞伐。李斯说:"今天下已定,法令出一,百姓当家则力农工,士则学习法令辟禁。今诸生不师今而学古,以非当世,惑乱黔首。""古者天下散乱,莫之能一,是以诸侯并作,语皆道古以害今,饰虚言以乱实,人善其所私学,以非上之所建立。今皇帝并有天下,别黑白而定一尊。私学而相与非法教,人闻令下,则各以其学议之,入则心非,出则巷议,夸主以为名,异取以为高,率群下以造谤,如此弗禁,则主势降乎上,党与成乎下。"他主张"禁之",并提出"烧"书的具体建议。他的烧书方案大致包括:"史官非秦籍皆烧之。非博士官所职,天下敢有藏诗、书、百家语者,悉诣守、尉杂烧之。有敢偶语诗书者弃市,以古非今者族。吏见知不举者与同罪。令下三十日不烧,黥为城旦。所不去者,医药卜筮之书。"①

　　另一个事件是侯生、卢生诽谤秦始皇。侯生、卢生等人为秦始皇寻长生不老之药不获,二人的谋议有对秦始皇不恭之语,且不辞而别。秦始皇因对侯生、卢生的不满而联想到其他诸生的不忠。他说:"吾前收天下书不中用者尽去之。悉召文学方术士甚众,欲以兴太平,方士欲炼以求奇药。今闻韩众去不报,徐市等费以巨万计,终不得药,徒奸利相告以闻。卢生等吾尊赐之甚厚,今乃诽谤我,以重吾不德也。诸生在咸阳者,吾使人廉问,或为妖言以乱黔首。"秦始皇对诸生早就不满意,而侯生、卢生诽谤事件成了点燃坑儒事件的导火索。秦始皇下令"御史悉案问诸生,诸生传相告引,乃自除犯禁者四百六十余人,皆坑之咸阳,使天下知之,以惩后"。②

　　这两个历史事件的结果是秦王朝进一步明确"以法为教,以吏为师"政策。如果说秦始皇原本就信奉法家,其他人尤其是学者并不因此而必须放弃自己研习或喜欢的儒家、道家、墨家等学派的学问,其他学派的学说还可以通过师徒相传等方式传播,甚至发扬光大,那么,坑杀诸生事件决定了儒家、道家、方术等学问已经为官方所不允。政府对其他学问的限制无疑抬高了法家的学术地位,壮大了研习法家学说的学术队伍。如果说秦始皇信法家可能对学界产生一定的引导作用,那些不接受秦始皇引导的学者还可以继续传授其所喜欢的学说,那么,焚书使其他学说不传,而"以吏为师"则向社会提供了法定的传授法家思想的机关,同时也禁绝了其他学说传授的途径。

---

① 《史记·秦始皇本纪》。
② 同上。

▶ 三、独行恣睢之心

尽管韩非的专制论大大超出了前朝法家的讨论范围,把封建君主引向绝对专制,但他的专制主张却没有超出国家权力和君主权力的行使与保护以及国家的稳定这个合理的范围。秦王朝的绕治者把韩非的专制论,又向前推进了一步,使君主的专制权力超出了必要的限度,达到了毫无理性的程度。其一,"天下之事无小大皆决于上"。韩非言君上不失赏罚"二柄",《吕氏春秋》主张君王"执要",荀况则认为君应主要负责"论一相,陈一法,明一指",即使是最为强调专制的韩非,也不排斥君臣有分。但秦始皇竟使"丞相诸大臣皆受成事"。侯生、卢生说他"以衡石量书,日夜有呈,不中呈不得休息",这说明秦始皇已忘记了韩非"君主无为"的告诫,忘记了韩非提出的天子处虚守静的忠告。其二,不听规谏。侯生、卢生说秦始皇"博士虽七十人,特备员弗用"。从始皇三十四年周青臣、淳于越、李斯等对分封制的讨论来看,秦始皇的确很难听进博士的进言。长子扶苏对坑儒事提出异议,便被秦始皇发配北疆,更说明秦始皇听不进逆耳之言。如此下去,势必造成"不闻过而日骄",在极端专制的道路上越走越远。在这方面,二世胡亥更甚于其父。"群臣谏者以为诽谤"①,以至于"忠言未卒于口而身为戮没"。这样的专制辅之以无厌的刑杀,即使在天下将倾的严重情况之下,"天下之士"也只能是"倾耳而听,重足而立,拑口而不言"②。显然,秦两代君王的权力是极端专制的独擅之权。这种权力任君王个人情绪左右,使国家政治随君王神经的紧张或松弛而波动。在君王因得意或失意而疯狂时,国家的政治便会失去节律,表现为君王个人的随心所欲。事实上,二世胡亥正是追求这样的近乎癫狂的满足,即所谓"肆意极欲"③,"悉耳目之所好,穷心志之所乐",或者如李斯所说的"荦然独行恣睢之心"。④ 在这种专制权力的统治下,法律只能是玩物,秩序将被无序所代替。

▶ 四、"专任刑罚"与行"督责之术"

秦朝统治者继承了重刑的传统,但他们把重刑推向极端,把重刑当成随处挥舞的大棒,重刑所向已不必是奸,或者说他们已经把"奸"的范围做了无

---

① 《史记·秦始皇本纪》。
② 《新书·过秦下》。
③ 《史记·秦始皇本纪》。
④ 《史记·李斯列传》。

限的扩大。"失期,法皆斩"①的法,说明秦刑罚已经重到无以复加的程度,而汉代人对秦法所做的"网密于凝脂"的评价,则反映了秦刑罚使用范围之广和使用频率之高。

对秦王朝的重刑走上极端,李斯起了很坏的作用。二世本来就已刻深之至,而他又加上了"督责之术",进一步助长了二世的野蛮残暴。他说:"明主圣王之所以能久处尊位,长执重势,而独擅天下之利者,非有异道也,能独断而审督责,必深罚,故天下不敢犯也。"②按照他的这个逻辑,专制君主只要能用重刑督责天下,天下便不敢犯,君王便可永远稳坐天下。既然深罚可以使民不敢犯,君王便可充分利用这种深罚,获得他所追求的一切。用他的话说就是:"督责必则所求得。"这种督责之术隐藏着一种危机,那就是君王的随心所欲。而理论中隐藏的这种危机,实际上在秦始皇父子的行为中已经表现出来了。二世胡亥正是为了"赐志广欲",才乐于接受李斯的"督责之术",且"行督责益严",以"税民深者为明吏","杀人众者为忠臣",致使"刑者相半于道,而死人日成积于市"。③ 这已经不是为了止奸或为了其他经济或政治的目的而用重刑,而是为了重刑而重刑。如果说二世胡亥用重刑还有目的的话,那他的唯一目的就是让臣民害怕他。用刑是为了让人怕,当然这刑就越重越好。正是因为这种重刑超出了合理的限度,没有合理的政治、经济目的,所以必然遭到臣民的反对。"天下苦秦苛法",民怨沸腾正是对这种重刑的最好回答。

李斯曾预言,明君行督责之术,"群臣百姓救过不给,何变之敢图"。④ 这实在不符合事实,恐怕也不是李斯的真心话,因为在说这话时,民变已经发生,且其子李由已无法禁止吴广等人"西略地"的军事行动。但是,二世胡亥把这已被实践证明为错误的东西当成真理,这成为其极端重刑的思想根源。

第二节　法家法律思想在汉初统治集团中的影响

在汉初,法家学派逐步走向消亡,但法家思想的影响犹在。法家在整体上受到了人们的批判,包括汉高祖刘邦等人在内的统治集团的成员,也对秦朝的似乎与法家思想天然地联系在一起的严刑酷法给予批判,但这种批判绝不意味着全部法家思想从此退出历史舞台。相反,作为意识形态的一个重要

---

① 《史记·陈涉世家》。
② 《史记·李斯列传》。
③ 同上。
④ 同上。

组成部分,法家思想仍旧牢牢地扎根于人们的头脑中,指导着人们的实践,批判法家的人们不自觉地顺从这种思想的规制,一时难以改变多年来形成的思维方式。笼统地说来,随着秦朝的灭亡,法家思想失去了在全国、在整个社会意识形态中独占的统治地位,不再是国家的统治思想,但实际上,法家思想在相当长的时期内,尤其是在汉高祖刘邦统治时期仍旧占据主导地位,是真正的统治思想。

▶ 一、坚持水德与汉承秦制

秦始皇相信五德终始说,汉初的人们也相信符瑞。对刘邦军事上、政治上的成功,学者们纷纷提供祯祥瑞气之类的论证。按"赤帝子斩白帝子"之说,刘邦为王时色"上赤"①,旗帜为"赤帜"。② 据此,汉得火德是顺理成章。但刘邦并无实行火德之法的意向,相反,他习惯了的并以行动推行的仍是秦的一套。他不仅在行动上继承了秦制,而且也利用五德终始之说为自己的继起寻找理论根据。《史记·封禅书》载:刘邦兵至灞上,与诸侯平咸阳,及被立为汉王之后,仍"以十月为年首而色尚赤",而到二年"东击项籍而入关"之后,却改变了态度。他问:"故秦时上帝祠何帝也?"对曰:"四帝。有白、青、黄、赤帝之祠。"高祖说:"吾闻天有五帝,而有四,何也?""待我而具五也。"于是"立黑帝祠,命曰北畤"。刘邦为什么一方面尚赤而又立黑帝祠呢?因为黑是水德的象征。刘邦及其重臣张苍等并不相信什么火德,而对水德却很有感情。司马迁父子总结说,高祖"自以为获水德之瑞"。③ 这是一个严肃的选择,因为这样做既要面临认为汉与秦同恶的攻讦④,又要冒按五德终始之论不能自圆其说的危险,因为不管是相生还是相胜,同德的两代都不会挨在一起。但也正是因为有这种危险和挑战,更说明刘邦对实行这种尚黑的,在政治上表现为尚法的水德的坚定信念。据《史记》载,张苍曾为刘邦作了更系统的论证。他"推德之运,以为汉当水德之瑞"⑤。究竟张苍是如何"推"的我们已无从知晓,但这说明,在汉初并非唯独刘邦一人坚持水德。而且,"汉家言律历者本之张苍"⑥的情况,也必使水德之说影响到其他人。

《史记》的作者在谈水德时,主要考虑了水德说对正朔服色的影响,如说

---

① 《史记·高祖本纪》。
② 《史记·淮阴侯列传》。
③ 《史记·历书》。
④ 后来董仲舒所说的汉兴五十年,"其道不易,其政不改",正是对这种选择的批评。
⑤ 《史记·张丞相列传》。
⑥ 同上。

"是时天下初定,方纲纪大基,高后女主皆末遑,故袭秦正朔服色"。① 但与这德相应的绝非仅仅是正朔服色制度。在秦,与水德相符的主要是法律制度。在汉高祖刘邦的心目中,真正有地位的也是法律制度。所谓"汉承秦制"②,既是对汉法制实践的概括,也是汉高祖及一些大臣所贯彻的法制建设方针。

刘邦在起兵反秦时曾以"天下同苦秦久矣"③为口号,招兵买马,壮大力量。当他率先领兵入关之时,也以"父老苦秦苛法久矣"告慰"诸县父老豪杰",对"诽谤者族,偶语者弃市"等酷法表现了极大的愤恨,并约法三章,"杀人者死,伤人及盗抵罪,余悉除去秦法"。④ 但这些并不等于刘邦坚决反对法家的法治之道,甚至不等于反对法家的严法重刑,更不等于他坚决贯彻实施了三章之法。刘邦除秦法的"约法",实际上是为了迎合人们"苦秦苛法"的心理而为的收买人心之举,同时也是为了保持关中稳定而公布的使吏民"无恐"的安民告示。刘邦在这一点上是高明的。他达到了目的。"秦人大喜"便免除了动荡。秦人"唯恐沛公不为秦王"⑤,说明民心已为刘邦收买。但无论如何,"三章之法"既不是刘邦所愿恪守的法律,而真正贯彻此项约法也为其能力所不及。首先,刘邦赴鸿门宴归来,"立诛曹无伤",说明他自己就不想只对杀人、伤人、盗三种罪名实施处罚,他自己就没有永远全部废除秦法的打算。同样,萧何在"诸将皆争走金帛财物之府分之"之时,"收秦丞相御史律令图书藏之"⑥,也不是为了永远废除秦法;曾为秦时御史、汉之御史大夫,在汉初"定律令","作程品"⑦,"定章程"⑧的张苍,也不想彻底抛弃秦法。其次,项羽背约,不准刘邦王关中,而令其为汉王,只给他巴蜀之地,这样,即使他欲行三章之法,也只能行于巴蜀之地。三章之法实际上没有在秦、更未在全天下生效。当刘邦屈就汉王之位后,所谓"三章之法"的许诺实际上已成为无人过问的陈案。作为汉王的刘邦及其属下也未受三章之法的约束,正像诛杀曹无伤不受三章之法的限制一样。事实上,三章之法也无法适应治理国家的需要。汉在做出除去秦法的许诺之后,还是按法家的法治之道"定约束"。⑨ 萧何留守关

① 《史记·历书》。
② 《晋书·刑法志》。
③ 《汉书·高帝纪》。
④ 同上。
⑤ 同上。
⑥ 《汉书·萧何曹参传》。
⑦ 《史记·张丞相列传》。
⑧ 《汉书·高帝纪》。
⑨ 《史记·高祖本纪》。

中时期就开始"为令约束"①,颁行新法。总之,约法三章并不表明刘邦君臣反对法治。相反,他们是秦法治的继承者,是法家法治主张的执行者。在"天下既定"之后,在"顺民心"的表演达到预期目的之后,刘邦便"命萧何次律令,韩信申军法,张苍定章程,叔孙通制礼义"②,而所谓律令为萧何"攈摭秦法,取其宜于时者"而作。不管"作律九章"的原因是"三章之法不足以御奸"③,还是别的什么,汉初的这场立法定制活动不仅继承了秦制,而且可以说其系统、严密、周备比秦法有过之而无不及。此外,汉律的严酷并不比秦律逊色。汉高祖虽对百姓有"苦秦苛法"的同情的表示,并列举过"诽谤者族"等酷法,但在汉初的立法活动中,并未彻底废除这些酷法。惠帝四年"除挟书律"④,高后元年"除三族罪、妖言令"⑤,说明秦代的挟书、妖言等在汉高祖时期还是有效的。

刘邦、萧何等人贯彻了汉承秦制的法制建设方针,汉初法律思想的基础是法家思想。在这一基础上完成了汉代法制的恢复重建,形成了汉代法制基本结构。这种思想基础和制度建设,为黄老之学的推行创造了必要的条件,也为后来的人们留下了非常艰难的改造汉律,同时也就是改造秦律的任务。

▶ **二、重重轻轻的刑罚思想**

刘邦在为秦小吏时曾感受过秦法的严苛,在其起兵反秦时对百姓"苦秦苛法"也是同情的。从这一情况来分析,刘邦应当是一个主张轻刑的人。但当他统兵打天下以及秉权治天下时,他却使用了尽可能残酷的刑罚。从保证其事业的成功和江山的稳固这一目的出发,刘邦没有放弃重刑手段,他基本上还是重刑主义者。纵观刘邦从起兵反秦到在帝位上寿终正寝十几年间使用法律手段的情况,可以看出,他用刑有轻也有重,有宽也有严。剖析他的这些具有两面性的做法,我们可以发现一个规律性的东西,这也就是他的基本刑罚思想:对重大的犯罪,尤其是危害皇帝、侵犯刘氏政权的犯罪,坚决用重刑;对一般性的犯罪,从轻发落,多予宽赦。

刘邦的约法三章包含着轻刑的用意。如果说这项约法只是从一般意义上废止作为秦苛法组成部分的重刑,那么,统一之后,刘邦则在许多具体案件或事件上,实行宽赦,贯彻轻刑思想。如打败项羽之后,他发布诏令:"兵不得休八年,万民与苦甚。今天下事毕,其赦天下殊死以下。"再如,六年,诏曰:

① 《汉书·萧何曹参传》。
② 《汉书·高帝纪》。
③ 《汉书·刑法志》。
④ 《汉书·惠帝纪》。
⑤ 《汉书·高后纪》。

"身居军九年,或未习法令,或以其故犯法,大者死刑,吾甚怜之。其赦天下。"八年,令"吏有罪未发觉者,赦之"。十年,"赦栎阳囚死罪以下。"①除此之外,大赦天下的赦令也屡屡发布。上述这些赦令,或救犯人于狱中,或施惠于罪案末了,都使罪人免受刑罚之苦。从这一点看,汉初统治者的确表现出了与秦统治者的不同姿态,与秦的"久而不赦"②大相径庭。但这些不能说明汉高祖等是轻刑主义者或持省刑主义态度。刘邦君臣的轻刑主要针对普通人犯和一般犯罪。在对待重要人犯和危害国家、侵犯皇权等犯罪上,他们是十足的重刑主义者。

楚汉相争的过程中,刘邦对反叛汉政权的人常常施以极刑。如塞王欣于汉王元年降汉。汉王二年,睢水一战,汉军大败,塞王欣又背汉降楚。这显然是对汉的不忠。《汉书》记载:四年十一月,"枭故塞王欣头于栎阳市"。③ 虽欣当时已不为"塞王",但由于他有叛汉之举,所以仍难逃被枭首示众的结局。刘邦诛曹无伤,没有丝毫轻刑、省刑的考虑。统一天下后,对反叛者,刘邦除了频繁地兴兵征讨之外,对那些在其控制区内者,更是不断地使用极刑。如十一年,"淮阴侯韩信谋反长安,夷三族"。"梁王彭越谋反,夷三族。"④这夷三族的刑罚,除将犯人的三族"尽诛除之"⑤之外,在执行上更是极端残酷。汉三族令曰:"当三族者,皆先黥,劓,斩左右止,笞杀之,枭其首,菹其骨肉于市。其诽谤詈诅者,又先断舌。"《汉书》的作者又称之为"具五刑"。⑥ 韩信、彭越等人作为汉的开国元勋,一朝反叛,便落得个夷三族的下场。汉高祖所采用的这种重刑,其残酷程度绝对不亚于秦刑。他的这道三族之令,可以说是秦汉重法中登峰造极之作。

刘邦的重刑与法家的重刑不同,或者说与商鞅的重刑不同。法家主张"行刑重其轻者"⑦,要求国家对轻罪用重罚,而刘邦对轻罪则多予宽赦,只对重罪用重刑。这一差别反映了汉统治政策上的变化,也是封建统治者统治经验不断积累的结果。法家,尤其是前期法家,其法治之道以治民为中心,以稳定社会秩序,动员全社会的力量干事业为目的,在普通百姓这个范围内,更多的犯罪不是反叛,在耕战运动中最常见的违法也不是侵犯王权,所以,治轻罪

---

① 《汉书·高后纪》。
② 《史记·秦始皇本纪》。
③ 《汉书·高帝纪》。
④ 同上。
⑤ 同上书。师古注目。
⑥ 《汉书·刑法志》。
⑦ 《商君书·说民》。

是重点,重刑轻罪是充分发挥重刑的预防犯罪作用的合理选择。对于事业已经成功,王权已受到或正在受犯罪的威胁的封建统治者来说,轻微的犯罪,甚至发生在民间的杀人越货,已经不是他们防范的重点。他们努力的方向已不再是借助民力谋取新的东西,而是守卫已经获得的政权。对他们来说,更重要的是防范侵夺政权的企图。有此野心和能力的人往往不是普通百姓,而是诸侯、贵族、封疆大吏。从韩非喊出"明主治吏不治民"①,到刘邦不断清除异姓王,正是封建统治者转移施治重心的逐渐摸索过程,这个过程恰与重刑的指向由一般贼盗罪到大逆无道之类重罪的转移相适应。当这个过程完成时,儒家的轻刑和法家的重刑才在封建法律制度的系统中找到了自己合适的位置。从此,轻刑、重刑之争便基本上失去了理论价值和现实意义。

第三节　黄老学派及其法律思想

刘邦在争夺天下的过程中,"不好儒",以至于对"冠儒冠"而来的诸客,"辄解其冠,溲溺其中"。在取得天下之后,他也是以"马上"之态对待群臣和天下百姓。《史记》载:"陆生时时前说称《诗》、《书》,高祖骂之曰:'乃公居马上得之,安事《诗》、《书》?'"这说明刘邦对他实行的武力统治办法未曾怀疑过,而且颇有些自鸣得意。陆贾"居马上得之,宁可以马上治之乎"的责问,使他认识到有重新审视其所选定的治国之道的必要。他要求陆贾为其"著秦所以失天下",他"所以得天下者何,及古成败之国"。② 这是汉统治者对新的治国之道的探索的开始。虽然陆贾贯以称《诗》《书》引起了这场带有全局性的讨论,但在刘邦死后,汉统治集团重新做出的选择却不是儒家的法律思想,而是"黄老"这种与法家思想有因缘关系、以无为清静为特点的法律思想。如"孝惠、高后时","君臣俱欲无为"。③ 文帝"好道家之学"。④ "窦太后好黄帝老子言,景帝及诸窦不得不读老子,尊其术"。⑤ 曹参相齐,"其治要用黄老术",及其为汉相国,"举事无所变更"。⑥ 丞相陈平也是"好读书,治黄帝老子术"。⑦

①　《韩非子·外储说右下》。
②　《史记·郦生陆贾列传》。
③　《汉书·高后纪》。
④　《史记·礼书》。
⑤　《汉书·外戚传》。
⑥　《史记·曹相国世家》。
⑦　《汉书·陈平传》。

黄老思想之所以能取得统治地位,既是当时政治、经济的需要,也是在汉高祖十几年法制建设基础上的顺理成章的选择。秦鉴不远,"举措暴众"的覆辙不可重蹈,无为而治少加干涉的黄老之术正可纠秦政之偏。长期的战争使经济凋敝,百姓流离失所,天下饥馑,府库空虚,急需发展生产,与民休息,医治战争创伤。因自然,顺民心的黄老之术正可以向社会提供一个自由发展的机会。同时,汉初几年的制度建设也为因而不变、少事造作的黄老之术的实施提供了必备的法制条件。

▶ 一、黄老学派法律思想的基本特点

司马谈对黄老之学有一个总的评价。他认为,黄老之学"因阴阳之大顺,采儒墨之善,撮名法之要,与时迁移,应物变化。立俗施事,无所不宜。指约而易操,事少而功多"。[①] 从法律思想的角度来看,黄老之学是儒、法、道结合的一种思想体系,其基本特点是以道家的无为"清静"[②]为框架,兼收儒法又改造儒法。按照道家的观点,"道莫大于无为"[③],但黄老之学的无为不是无所作为。"圣人漠然无为而无不为也;澹然无治也,而无不治也。所谓无为者,不先物为也;所谓无不为者,因物之所为。所谓无治者,不易自然也;所谓无不治者,因物之自然也。"[④]无为之道因物之自然,顺事之常轨。这不仅是黄老学派对待社会,对待政治的基本态度,也是其对待现存的儒、法等家学问的基本做法。因其所有,对各家的学问都不采取有为态度予以否定,而是首先承认其存在的合理性。顺其自然,把各家学问中可以并存的观点、道理熔为一炉,既扬各家之长,又避各家之短。这样,便在道家的框架内,运用道家的方法,实现了儒法的合流。以无为为前提的文武并用、生杀并举的基本法律主张便顺理成章地形成了。陆贾在批评刘邦的"马上"之道时提出了所谓"进取顺守,文武并用"的"长久之术"。这表达了黄老之学的一项基本思想。"逆"为法家的夺取之道,"顺"为儒家的守成之法,亦即他所说的"行仁义,法先圣"。[⑤] 所谓文武,《黄帝四经》解释道:"因天之生也以养住,谓之文;因天之杀也以伐死,谓之武。"并说:"(文)武并行,则天下从矣。"[⑥]儒家的仁义和法家的刑杀通过一个"因"字,都被统一到自然即"天"之下,在理论上既克服了

---

① 《史记·太史公自序》。
② 《史记·曹相国世家》。
③ 《新语·无为》。
④ 《淮南子·原道训》。
⑤ 《史记·郦生陆贾列传》。
⑥ 《经法·君上》。

"人为"的粗糙,又实现了最有影响的两派法律思想的结合及其与道家思想的统一。

儒云宽法轻刑,法倡严法重刑。黄老之学在用"因"道暂时接受了法家的法和刑之后,又根据汉初政治、经济等客观形势的需要,用顺自然的理论,引出顺人情的道理,从而做出省刑宽法的抉择。黄老学派认为:"夫民之生也,规规生食与继。"①既然人性的追求是生命、饮食和繁衍,为政者就应顺从民的这种要求,在经济上"毋苛事,节赋敛,使民以时"。这样做不仅顺应人性,而且能利国利君。因为"赋敛有度则民富,民富则有耻,有耻则号令成俗而刑伐(罚)不犯,号令成俗刑罚不犯则守固战胜之道也"。② 为了从民之欲,除了省事清静之外,还应宽简法网,因为"法愈滋而奸愈炽"③,只有宽简法网,使臣民得到必要的自由,才能使"民自定"。④

黄老之学在解决儒、法轻刑宽法与重刑严法的矛盾时,显然是近儒而远法的。这一方面是黄老之学顺其自然的思想的要求,另一方面也是当时社会舆论的大趋势所决定的。百姓因"苦秦苛法"而起义反秦。汉兴之后,人们没有忘记秦朝制造的"赭衣塞路,囹圄成市"⑤的惨状。思想家总结秦亡教训,所得出的最通常的结论也是秦"用刑太极"⑥,"繁刑严诛"。⑦ 统治者"因民之疾秦法"只有"顺流与之更始"⑧,行轻刑除重法。时代的这种要求和黄老学派的这种选择,为进一步排除法家思想的统治,使儒家思想早日登上统治舞台扫清了道路。

▶ **二、黄老学派法律思想中的法家传统**

惠帝之后的汉统治者在继承了刘邦、萧何所建立的法律遗产之后,便可实行守法不变的无为之道了。按照法家先师韩非"守成法,因自然"的教导,黄老的"因"之道便是严格依法办事,"进退循法,动作合度"。⑨ 所谓无为便是施政循法,"执一政以纪百姓,执一概以等万民",使"事犹自然,莫出于

---

① 《十大经·观》。
② 《经法·君正》。
③ 《新语·无为》。
④ 《史记·曹相国世家》。
⑤ 《汉书·刑法志》。
⑥ 《新语·无为》。
⑦ 《史记·秦始皇本纪》引贾生语。
⑧ 《史记·萧相国世家》。
⑨ 《新语·思务》。

己"。① 按照这种观点，即使是皇帝也应遵守法律，而不应把法律当成自己手中的如意棒。这就是《淮南子》所说的，法者"天下之度量，人主之准绳"。②张释之对这一观点有一精辟的概括："法者，天子所与天下公共也。"③对这一观点，汉文帝是接受的。太子与梁王同车入朝，不下司马门，违反了《宫卫令》。张释之除追止二人"无得入殿门"外，还以"不下公门不敬"之罪奏告皇帝。文帝不以皇帝之尊、太子之贵为由斥责张释之，相反，"免冠谢曰：教儿子不谨"。④ 在这里，文帝接受了《宫卫令》为太子与天下的共同遵循的原则。张释之对犯跸案、盗高庙玉环案的判决，文帝均嫌处罚太轻，但经张释之据法力争，文帝都接受了张释之的于法有据的处理意见，没有为泄自己的一时之愤，利用皇权于法外加重对犯罪者的处罚。

黄老之学对法家严格依法办事传统的继承说明，法家所提出的一些主张符合法律事物运行的规律，是古人政治统治经验的总结和对社会生活规律的正确揭示。不管思想家属于哪个流派，不管为政者信奉哪家的说教，都不得拒绝接受，也无法将其抛弃不用。这些主张已经不是属于哪个学派的私产，而是全民族智慧的一个有机组成部分，是所有学派和所有为政者的共同财富。

▶ 三、黄老学派对法家法律思想的突破

法家强调君主独断，授予君主无上的立法权。他们很少讨论法的内容当否的问题。秦末农民大起义对秦制的批判，已经宣布了秦法的不合理。但汉初作律还来不及全面检点法的内容是否合理，人们也没来得及对这个问题进行深入的探讨。随着对秦亡汉兴经验教训的不断总结，要求法律内容公正的概念越来越明确。《黄帝四经》提出："法度者，正之至也。"⑤这里所说的"正"同"赋敛有度"的度一样，都是追求一个合理的标准和公正的尺度。汉文帝在讨论废除收孥相坐法时说："法者，治之正，所以禁暴而卫善人也。""正"的具体标准，或者说法的尺度是能够禁暴而卫善人，而收孥相坐法不符合这个标准。因为罪人"犯法已论"已做到了禁暴卫善人，而"使无罪之父母妻子同产坐之及收"就过分残忍了。这种法不仅不能"卫善人"，还"反害于民"，实施这样的法是"为暴"，而非"禁暴"。所以，文帝对此种法律"弗取"⑥，主张将其废

---

① 《新语·怀虑》。
② 《淮南子·主术训》。
③ 《史记·张释之冯唐列传》。
④ 同上。
⑤ 《经法·君正》。
⑥ 《汉书·刑法志》。

除,以实现法之正。

汉文帝不仅按照"正"的要求废除了收孥相坐法,而且按照这种要求进行了中国法制史上最伟大的改革之一——除肉刑。齐太仓令淳于公有罪当刑,当汉文帝看了少女缇萦的上书,受到"死者不可复生,刑者不可复属,虽后欲改过自新,其道亡由"的提示之后,认真地考虑了肉刑的合理性:"有虞氏之时,画衣冠异章服以为戮,而民弗犯",而"今法有肉刑三而奸不止"。文帝的这种对比首先说明,他已意识到肉刑不是当然合理的制度。他对自己"德之薄""教不明"的检讨,说明他认识到止奸还有他法。"训道不明而愚民陷",要止奸必须用教化,而不应一味用肉刑。既然止奸尚有他法,舍他法而独期于肉刑当然是不合理的。"教未施而刑已加"的法显然是不正之法。其次,他运用了缇萦揭示的"自新"的道理。既然人可自新,肉刑之制使人"或欲改行为善,而道亡繇至",当然也是不合理的。另外,他还运用儒家的仁德来评价肉刑:"夫刑至断支体,刻肌肤,终身不息,何其刑之痛而不德也!岂称为民父母之意哉?"父母不会如此对待自己的子女,君王也不应如此对待自己的子民。所以肉刑也是不合理的,同收孥相坐法一样也是不正之法。正因为肉刑为不正之法,所以他才坚决地下令:"其除肉刑,有以易之。"景帝后来减笞数,定箠令,实际上也贯彻了"正"的原则。"斩左止者笞五百,当劓者笞三百,率多死",笞反重于肉刑,当然不正。为了改变"加笞与重罪无异"的局面,景帝连续两次减笞数,并定下箠令。"笞者得全"[1]的结果说明这场改革使刑罚制度由不正走向了正。

黄老思想具有很大的保守性。在立法上,黄老学派主张"权衡规矩,一定而不易","一旦型之,万世传之"[2]。但汉文帝等接受黄老之学的人却冲破了这种保守。这一方面说明黄老思想中另外的原则,即法正的原则,可以超越其自身的保守;另一方面,汉初废肉刑实际上标志着儒家法律思想的胜利。汉文帝运用的思想武器主要是德和教。废肉刑的完成实际上是儒家德、教对法家重法严刑的胜利,同时,也是对高祖、萧何等法家思想为指导的法制建设的一种否定。此外,这场改革也说明,仅靠黄老思想的因循、无为,已无法满足汉初政治统治的需要,黄老思想迟早要让位于更有创造力的思想。

【参考书目】

1. 栗劲、孔庆明:《中国法律思想史》,黑龙江人民出版社 1983 年版,第四章。

---

[1] 《汉书·刑法志》。
[2] 《淮南子·氾论训》。

2. 张国华:《中国法律思想史新编》,北京大学出版社 1998 年版,第三讲。

3. 徐进:《中国古代正统法律思想研究》,山东大学出版社 1994 年版,第十二章、第十三章。

4. 徐进:《法家思想对汉初统治集团的影响》,载《法律史论集》(第一卷),法律出版社 1998 年版。

5. 徐进:《韩子亡秦论——商鞅韩非法律思想之比较》,载《法学研究》1994 年第 4 期。

6. 徐进:《商鞅法治思想的缺失——再论法家思想与秦亡的关系》,载《法学研究》1997 年第 6 期。

【思考题】

一、名词解释

1. 五德终始
2. 督责
3. 黄老学派

二、简答题

1. 黄老学派对先秦法家法律观点有哪些突破?
2. 简析黄老学派在汉初的发达及其原因。
3. 法家法律思想对汉初统治集团有何影响?

三、论述题

1. 试述法家法律思想与秦朝短命而亡的关系。
2. 试述秦汉之际统治思想的转变及其原因。

第十章　封建正统法律思想的确立与董仲舒的法律思想

在汉朝初年新的百家争鸣中,经过秦朝统治和楚汉战争洗礼的儒家展示了自己的风采。贾谊是汉初儒家的代表人物。他提出的许多法律主张符合封建时代的要求,但在汉兴之初,在社会急需休养生息的历史条件下,却缺乏贯彻实施的条件。在黄老学说盛行的环境中,贾谊等人没有实现用儒术治国的愿望。

黄老之学的统治给汉初社会带来了暂时的稳定,给广大百姓提供了休养生息的机会,使汉初经济得到恢复,使社会矛盾得以缓解,在一定程度上纠正了秦政的错误。但是,黄老之学的无为、因循的弊端也渐渐暴露出来——在法家思想指导下建立起来的法律制度无法从根本上加以改变;汉政权的政治体制难以迅速完善;现存的法律秩序、法律原则要进一步适应中国社会的特点,必须进行调整,而在无为之道的氛围中难以实现这种调整。所有这些,造成了社会矛盾在暂时缓和之后又以另外的形式趋于激化。在经过几十年的探索之后,汉统治者逐渐认识到,儒家的法律思想更适合封建统治的需要。它既可克服法家思想的缺陷,又能解决地主阶级面临的迫切且有深远影响的问题。经过董仲舒等一批儒生的提倡、鼓吹和汉武帝的允准,儒家思想获得了独霸的地位。

董仲舒是一位儒学大师,有“汉代孔子”之称。他运用“天人合一”的观点,把儒学神学化,同时也把儒家的法律思想进一步理论化。他不仅积极促成了儒学独尊地位的确立,而且在发展儒学的基础上勾画出了封建正统法律思想的基本框架。

本章主要学习:(1)贾谊的法律思想;(2)董仲舒阐述的封建正统法律思想的主要内容。

第一节　贾谊的民本主义法律思想

在汉初的思想争鸣中,贾谊作为儒家的代表人物在汉王朝的政治舞台上有不凡的表现。尽管一时没有在朝廷中树立起儒家思想的统治权威,但贾谊等人的努力,对汉初的政治和法制建设产生了积极的影响,也为后来汉武帝时期独尊儒术政策的实行奠定了良好的基础。

▶ 一、对秦政的批评与民本主义思想

民本思想是儒家的传统思想。贾谊通过对秦末农民大起义的总结,进一步坚定了民本主义的信念。他著有著名的《过秦论》,对秦政提出了尖锐的批评。为吸取前车之鉴,他系统阐述了自己的民本思想。

贾谊反复强调民为国本,为君和吏之本。他说:"闻之于政也,民无不为本也。国以为本,君以为本,吏以为本。故国以民为安危,君以民为威侮,吏以民为贵贱,此之谓民无不为本也。"又说:"闻之于政也,民无不为命也。国以为命,君以为命,吏以为命。故国以民为存亡,君以民为盲明,吏以民为贤不肖,此之谓民无不为命也。闻之于政也,民无不为功也。故国以为功,君以为功,吏以为功。国以民为兴坏,君以民为弱强,吏以民为能不能。此之谓民无不为功也。闻之于政也,民无不为力也。故国以为力,君以为力,吏以为力。故夫战之胜也,民欲胜也;攻之得也,民欲得也;守之存也,民欲存也。故吏率民而守,而民不欲存,则莫能以存矣。故率民而攻,民不欲得,则莫能以得矣。故率民而战,民不欲胜,则莫能以胜矣。故其民之于其上也,接敌而喜,进而不能止,敌人必骇,战由此胜也。夫民之于其上也,接敌而惧,退必走去,战由此败也。"①这可以说是对刚刚结束的反秦战争和楚汉战争的总结。刚刚掀过去的历史告诉人们,国家的兴亡,君王的弱强,甚至君位的得失,最具有决定力的都是民。贾谊显然不相信天降灾赐福的说法,他说:"故夫灾与福也,非降在天,必在士民也。"根据民与政治兴衰的这种决定与被决定的关系,贾谊做出这样一个明确的判断,即"与民为仇者,有迟有速,民必胜之"。从这个判断自然引出的结论是,不可不善待百姓。他说:"夫民者,万世之本也,不可欺","不可不畏"。"凡居于上位者,简士苦民者是谓愚,敬士安民者,是谓智。"②

孟子曾发表过"易"君之位的议论,而贾谊则从政、吏、民三者可"易"与否的关系上,进一步论述了民为国本的地位。他说:"王者有易政而无易国,有易吏而无易民。"不管是谁登上君位,都只能"因是国也而为安,因是民也而为

---

① 《新书·大政上》。
② 同上。

治"。① 在民和吏之间,吏可更换,民不可更换,民更根本,所以吏才"以民为贵贱""以民为贤不肖""以民为能不能"。在政和民之间,政可改,民不可改,民比政更根本,所以,当政与民的意愿严重背离时,应易政以顺民愿。

这后一个判断包含着这样的道理,即秦政,包括秦的严刑峻法不合民意,新兴的汉政权应迅速地更改从秦沿袭下来的政。贾谊的政治法律思想具有明显的改革倾向,而所谓改革或者革命就是否定秦朝的制度和指导秦政的思想。在他看来,秦政是以民为敌之政。他要改变这种政治态度,主张对民施行以爱民为基调的政治。他认为,"德莫高于博爱人,政莫高于博利人"。② 按照这样的理解,儒家所提倡的"轻赋少事"③仍然是政治的最好选择。按照这样的理解,秦朝的"繁刑严诛"绝非守成长治之道,而儒家以"教"为"政之本"的办法是可取的。

▶ 二、"绝恶"与"惩恶"相结合的礼法关系论

贾谊反对秦朝的"繁刑严诛",崇尚儒家的德教,但他既不赞成单纯强调教化,也不完全反对使用法令刑罚。在他看来,礼义教化和法令刑罚两者都是治理国家的基本手段,只是在这两种手段中,应立足于使用礼义教化的手段,把礼义教化放在更重要的位置。之所以应先礼义教化而非法令刑罚,是因为两者的功能不同。

贾谊认为,"礼者,所以固国家,定社稷,使君亡失其民者也。"④按国以民为本的判断,君失民即失国,所以那使君"亡失其民"的礼才配得上"固国家,定社稷"的评价,君王才应重视礼,才应在国家的治理活动中把礼义教化放在重要的位置。在这一点上,贾谊接受了管仲关于礼义廉耻为"国之四维"的观点,做出了"四维不张,国乃灭亡"⑤的断言。

在贾谊看来,秦败亡的重要原因就是"遗礼义,弃仁恩"。面对发生在秦王朝的历史性悲剧,贾谊希望继秦而起的汉王朝能移风易俗,改弦更张。让贾谊焦急的是,根据他的观察,汉王朝"四维犹未备",弃礼义,不顾廉耻的风气仍然很盛。"富民而不为奸而贫为里骂,廉吏释官而归为邑笑,居官敢行奸而富为贤吏,家处者犯法为利为材士。"对这种情况,如果不给予高度的重视,不采取有力的矫正措施,将产生十分严重的后果,这个后果很可能是汉王朝

① 《新书·大政下》。
② 《新书·修政语上》。
③ 《新书·过秦下》。
④ 《新书·礼》。
⑤ 《新书·俗激》。

"后车又将覆"①的灾难。

在贾谊生活的时期，虽然秦的败亡刚刚过去，但在礼法关系上，一些人仍坚持"礼义之不如法令，教化之不如刑罚"的观点。为什么会出现这种情况呢？贾谊注意到，这有人们认识上的原因。他说："凡人之智，能见已然，不能见将然。"礼和法相比较，法的作用比礼的作用更容易被人们发现，这也就是他所说的"法之所为用易见，而礼之所为生难知"。② 法是通过具体的斩杀来禁奸止过，所以一望可知；礼义教化是通过教育熏陶，改变人的内心世界，经过潜移默化的过程，使人主观上近善而远恶。从人的主观上的无恶到客观行为上的不犯罪，这中间有相当大的距离，所以，礼义的作用不像法律刑罚那样立竿见影。

贾谊在对礼法作用的隐和显的考察还揭示了另外一条重要的道理，那就是礼和法的不同功能，以及因二者功能的互补而可能出现的两者的结合。贾谊注意到，"礼者禁于将然之前，而法者禁于已然之后"。礼的作用不是直接阻止坏人实施犯罪行为，也不是惩罚已经犯了罪的犯人，而是教之于前，通过教育引导，造就主观上无恶的好人。他说："礼云礼云者，贵绝恶于未萌而起教于微眇，使人日迁善远罪而不自知也。"这也就是说，礼在国家的治理上，其作用在于绝恶，而不是惩罚恶人。这种主要用来绝恶的礼是十分重要的，对于国家的安危来说具有根本性的作用。因为礼义教化产生作用尽管缓慢，但它的作用更长效。在贾谊看来，国家"安者非一日而安也，危者非一日而危也，皆以积渐然"。"人主之所积在其取舍。礼义治之者积礼义，以刑罚治之者积刑罚。刑罚积而民怨背，礼义积而民和亲。"秦王朝之所以短命而亡，是因为它积的是刑罚，是民的"怨背"，是因为它没有治之以礼义，仅仅依靠严刑峻法。他曾做这样一个对比："汤武置天下于仁义礼乐"，故"德泽洽"，国家"累子孙数十世"而不衰；"秦王置天下于法令刑罚，德泽亡一有，而怨毒盈于世，下憎恶之如仇雠"，所以才招致"子孙诛绝"③的败局。正是根据这些历史的经验教训，贾谊十分重视礼义教化。从他的著作中可以看出，礼义教化不仅是他论述最集中的一个主题，而且也是其他政治法律主张的前提和基础。

礼义教化的作用是绝恶，而法令刑罚的作用是惩恶。贾谊的许多论述都是宣扬礼义教化，强调礼义教化的重要，但他并没有因重视礼义教化而否定法令刑罚。他曾明确宣布，"若夫庆赏以劝善，刑罚以惩恶，先王执此之政，坚

---

① 《汉书·贾谊传》。
② 同上。
③ 同上。

如金石;行此之令,信如四时;据此之公,无私如天地耳,岂顾不用哉?"①贾谊对法律刑罚的作用以及法律实践中的一些道理都非常清楚。他没有否定法令刑罚的长处,只是他讨论的重点不是法令刑罚。事实上,贾谊不仅承认法令刑罚在禁止和惩罚犯罪方面不可替代的作用,而且在法令刑罚的使用上也使用了不少笔墨。比如,他曾循着儒家的传统思想,提出"狱疑从去,赏疑从予"②的观点。再如,他的"报囚之日,人主不举乐"③的观点对后世的法律实践产生了深远的影响。

▶ 三、等级分明的礼制建设方案

礼义教化主要内容并不是说教,而是表现在日常生活中的训练和影响,是适合对受教者产生潜移默化作用的那些生活细节。贾谊所说的"秦俗日败"中的"俗"就是礼义教化所要解决的问题。要有效地实施礼义教化,国家必须先建立礼义的制度,也就是说为人们的日常生活提供可以遵循制度。秦王朝有繁密的法,但却没有打造出合乎当时社会生活需要的礼乐制度,而这正是"秦俗日败"的重要原因。在贾谊看来,这种状况也是汉政权的潜在危机。为消除这种危机,他提出"定经制"的建议。

贾谊的"经制"中最重要的原则是等级。他曾这样表达"定经制"的直接目的:"令君君臣臣,上下有差,父子六亲各得其宜。"④他强调等级原则主要是出于等级政治的思考。在他看来,人们的普遍心理是"近则冀幸,疑则比争"。这种心理不利于维护位尊者的尊严和权力。在汉朝初年,天子和诸侯在相职的称呼、印绶的使用、俸禄的数量等方面,都没有差别,天子"亲""妃"和诸侯的"亲""妃"的称号也无不同,天子和诸侯的殿门"俱为殿门",甚至连"阑入之罪"也相同。在所有这些方面,都是天子无"加",诸侯无"损"。⑤ 这种状况只是当时无制度的一个方面。仅就这个方面而言,这种状况容易让在下者生"冀幸"之心。要维护天子和其他在上位的人们的权威,必须为不同的人设置区别。他断定,"等级分明,则下不得疑;权力绝尤,则臣无冀志。"⑥

那么,等级的原则如何贯彻,等级分明,权力绝尤等抽象的概念如何才能表现呢?贾谊的解决办法是用衣服号令等符号来解决。他这样分析道:"人

① 《汉书·贾谊传》。
② 《新书·大政上》。
③ 《新书·礼》。
④ 《汉书·贾谊传》。
⑤ 《新书·等齐》。
⑥ 《新书·服疑》。

之情不异,面目状貌同类,贵贱之别,非人人天根著于形容也。所持以别贵贱明尊卑者,等级势力衣服号令也。"对在上者,如果只有"近貌然后能识",就会使"疏远无所放,众庶无所期"。要解决不同的人之间状貌无别,无法自然明确显示身份的问题,只有在衣服号令上做文章,在不同地位的人之间造成明显的区别,即贾谊所说的"为上可望而知","为下可述而志"。[①] 他提出的体现等级精神的"制服之道"是"取至适至和以予民,至美至神进之帝。奇服文章,以等上下而差贵贱"。贵贱之间在各个细小的方面都有所不同。贾谊曾罗列了许多的区别:"高下异则,名号异则,权力异则,事势异则,旗章异则,符瑞异则,礼宠异则,秩禄异则,冠履异则,衣带异则,环佩异则,车马异则,妻妾异则,泽厚异则,宫室异则,床席异则,器皿异则,饮食异则,祭祀异则,死丧异则。"一个人如果等级高,则上述各项目应"周高",反之则"周下"。"加人者品此临之,埤人者品此承之。迁则品此者进,绌则品此者损。贵周丰,贱周谦。"按贾谊的这种建设方案实施,就能使"天下见其服而知贵贱,望其章而知势位"。[②]

▶ 四、法律适用上的等级考量

贾谊要建设的礼制贯彻等级原则,而这种等级性的礼制设计追求的是成俗的效果。按照这种构想,这礼制必须具有普遍适用的权威,因为常常受到挑战的制度难以"化"为人们的内心信念。"周高""周下"和"周丰""周谦"中的"周"是充分考虑了"化"的要求的。反复的出现和无所不在的等级差别是要造成一个等级的世界,要把等级的观念渗透到每个人的灵魂中去,把等级变成人们不变的信念。

在衣服号令的设计上可以实现按等级地位"周高""周下",但案件的审理和刑罚的适用,尤其是按照法家的理解,是"刑无等级"的,因为法律的原则恰恰是平等,而不是等级。按照法律的平等原则,每处理一个案件,都会否定礼制的等级,从而都可能动摇人们的等级信念。如果不能解决法律对等级的这种背离,所谓等级之"化"是难以实现的。如何解决法律和礼制之间的这种冲突呢?贾谊对此做过认真的思考。

贾谊先从封建政治的需要出发,把等级制确认为不容侵犯的制度。他把封建国家描述为一座巨大的金字塔——"天子如堂,群臣如陛,众庶如地"。陛有九级,堂座于九级陛上,这堂陛就是立于众庶之地上的金字塔。这个比

① 《新书·等齐》。
② 《新书·服疑》。

155

第十章 封建正统法律思想的确立与董仲舒的法律思想

喻充分说明了陛对于堂,尤其是对于堂的崇高地位的重要性。"陛九级上,廉远地则堂高",相反,"陛亡级,廉近地则堂卑"。古代圣人"制为列等",内设"公卿大夫士",外置"公侯伯子男",都是为了造成天子"尊不可及"的地位。天子如果没有多个等级的群臣之"陛"的支撑,就不再神圣,就会丧失高不可攀的威严。金字塔的比喻把君王摆到了最高的位置,同时也使群臣的地位向上攀升。官员因君王的神圣而获得了不可冒犯的地位。

从维护君王尊严的角度看,公卿大臣不可刑杀,但当这些人犯罪时,依据法律又不能让他们逍遥法外,因为法律也代表着君王的和国家的利益。在两种利益发生冲突时该如何处理呢?贾谊的办法是"刑不至君子"。所谓"刑不至君子"的基本内涵,是不用对待普通犯罪人的办法对待犯了罪的公卿大夫等高贵者。其基本要求有:第一,黥劓之罪不及大夫。其用意是不让大夫因受皮肉损伤而蒙受羞辱。第二,大夫不受普通拘押、审判程序的约束,目的是使他们免受"司徒牢正,徒长小吏"的骂詈榜笞,不在众庶面前见他们被羁押、辱骂的场面。第三,对大夫的死刑由大夫自裁,"不使人捽抑而刑之"①。按照这种办法,犯了罪的人会因等级地位的不同而接受不同的待遇。

采用"刑不至君子"的办法除了"尊君势"的意义外,贾谊还有以下两个方面的考虑:其一,"冠虽敝弗以苴履"。公卿大夫都身在"贵宠之位",对他们,即使是天子也要"改容"而"体貌之"。因为他们高贵,因为他们得到君王的尊宠,所以普通吏民对他们才"俯伏以敬畏之"。如果让这些人当众受拘押系缚之辱,不仅会使这些所谓贵族的地位一落千丈,而且也会严重损伤贵族群体在普通百姓心目中的形象。从"尊尊贵贵之化"的目标来看,应保持贵族的高贵。贾谊曾做过这样的比喻:"履虽鲜弗以加枕,冠虽敝弗以苴履。"②其二,"厉宠臣之节"。贾谊认为,臣下有不同的品格,有的"可以托不御之权,可以寄六尺之孤"③;有的则"见利则逝,见便则夺,主上有败,则因而推之矣";"主上有患",则"苟免而已,立而观之耳",有便于自己时"则欺卖而利之耳"。这不同品格的臣下的出现与君王如何对待自己的臣下有直接的关系。也就是说,君王给予臣下的待遇不同,臣下的品格便不同。"人主遇其大臣如遇犬马,彼将犬马自为也;如遇官徒,彼将官徒自为也。""刑不至君子"就是让君王待臣下如"君子",以便臣下以"君子"自为。贾谊还用古人的榜样说明这条道理。他说:"古者,礼不及庶人,刑不至君子,所以厉臣节也。"他所说的古人

---

① 《新书·阶级》。
② 同上。
③ 《汉书·贾谊传》。

有这样一些作为:"大臣有坐不廉而废者,不谓不廉,曰簠簋不饰;坐秽污姑妇姊姨母,男女无别者,不谓秽污,曰帷薄不修;坐罢软不胜任者,不谓罢软,曰下官不职。"君王为犯了罪的大臣避"讳","遇之有礼",会促使臣下"务节行"。[1] 贾谊希望通过这样的办法,造就出"主耳忘身,国耳忘家,公耳忘私,利不苟就,害不苟去,唯义所在"[2]的忠臣。

第二节　儒学正统法律思想地位的确立

文景时期,国泰民安,是西汉王朝社会政治、经济和文化发展的极盛时期。汉武帝即位后,繁荣背后的种种矛盾一一暴露,采取什么良策应对复杂的局面,运用何种手段治理国家,成为朝廷和当时的思想家们需要认真对待的严肃问题。在经过认真的拣选之后,汉武帝把以董仲舒为代表的儒家学者所阐述的学说宣布为官方学说。从此以后,儒家法律思想作为封建正统法律思想的地位得以确立。

▶ 一、封建正统法律思想确立的历史背景

经过汉初七十多年社会经济的恢复和发展,到武帝当朝时期,国家在经济上已经强大起来。在政治上,这个时期的西汉王朝也由初建逐步走向巩固。在阶级关系上,社会内部贫富分化,阶级矛盾日益尖锐。文景盛世的繁荣景象的背后隐藏着的深重的社会危机已经暴露出来。第一,中央政权与地方诸侯王的对峙。汉初虽曾用削藩政策,但武帝时各诸侯王经济实力仍很强大。他们各霸一方,据土称雄,骄纵不法,与中央政权相对抗,严重地威胁着中央政权的统治。第二,政权与富商大贾之间的矛盾。伴随着经济的发展,一些富商大贾和地方豪强聚敛财富,垄断盐铁,严重地影响了国家的财政收入。第三,贫富分化严重。由于土地兼并过程的加速,地主阶级和富商大贾的横暴,使得农民日益贫困。武帝初年社会贫富两极分化日益严重。加上中央政府的"发征无限,更徭以均剧"[3],进一步加重了农民的负担。丧失土地,处境艰难的广大农民被迫"攻城邑,取库兵,释死罪,缚辱郡守、都尉"[4],走上了触犯国法的反抗道路。第四,北方匈奴与汉王朝的矛盾。汉初创以来一直对匈奴实行和亲政策,双方的关系时好时坏。武帝时,面对骚扰不已的匈奴

---

[1] 《新书·阶级》。
[2] 《汉书·贾谊传》。
[3] 《汉书·酷吏传》。
[4] 同上。

南犯,他一改先前的政策,发动了一系列讨伐匈奴的战争。对匈奴的战争虽然遏制了匈奴的势力,但是,矛盾并未彻底消除,隐患仍旧存在。征战加重了农民的负担,加剧了社会矛盾。面对上述种种亟待解决的矛盾,具有"雄才大略"的汉武帝不甘消极无为,听之任之。

惠帝以来,西汉政权运用"治道贵清静而民自定"的黄老学说作为治国的指导思想,获得了暂时的成功。如果说黄老之学在建立政权、恢复经济的过程中起了重大作用的话,那么,对于巩固和维护封建大一统江山,建立长治久安的政治、经济、法律制度,却是不合时宜的。与黄老之学相比,儒学在制度建设和守成方面有更多的长处。在这个时期,儒学经过了汉初贾谊等人的改造,经过董仲舒等人的理论加工,更加适合封建时代的要求。这时的儒学不仅继承了孔子、孟子、荀子等儒家代表人物的思想精华,而且根据时代发展的要求,吸收了法家、道家、阴阳五行家以及殷周天命神权等各种有利于维护封建统治的思想因素,为登上统治舞台,指导封建政治实践做好了准备工作。

▶ 二、"贤良对策"与儒家思想正统地位的确立

汉武帝对儒术有特殊的好感,他当皇帝的第一年就"诏丞相、御史、列侯、中二千石、二千石、诸侯相,举贤良方正直言极谏之士"。对这次举荐的人才中的"治申、商、韩非、苏秦、张仪之言"[①]者皆罢去,仅留用儒生。此后,举贤良虽因受窦太后等的干扰而失败,汉武帝对儒术仍痴心不改。之所以这样,一方面是由于在他成长过程中儒学的传播对他产生的影响超过了其他家派,另一方面,则是他积极选择的结果。他深感"获承至尊休德","任大而守重",所以才"欲闻大道之要,至论之极"。[②] 在他所闻见的诸家学术中,儒术更合乎他的要求。汉武帝的这种主观要求是儒术得以取得官方学说地位的前提条件。

汉武帝建元元年(公元前 139 年),"举贤良文学之士,前后百数,而仲舒以贤良对策也"。[③] 董仲舒以"天人三策"对,名列榜首,获得武帝的赏识。

汉武帝提出的问题是:"大道之要""至论之极""天人之应"。涉及怎样效法夏商周三代"改制作乐",如何解决天人关系,修德轻刑等问题。董仲舒对武帝的策问旨意心领神会。首先,他针对汉武帝提出的三王之教所祖不同,提出"改制"与"变道"的不同。他认为,舜"亡为而治"是因为舜只需要"改正朔,易服色,以顺天命"就可以了,"其余尽循尧道"。他做的是改制。但

---

① 《汉书·武帝纪》。
② 《汉书·董仲舒传》。
③ 同上。

王朝继乱世而兴,则需要变道,仅改制就不够了。这就是他所说的"继治世者其道同,继乱世者其道变"。其次,他认为汉应变道,或言更化。他说:"圣王之继乱世也",必"扫除其迹而悉去之"。他认为,秦之所以"立为天子十四岁而国坡破亡",就是因为秦在继承了周之末世的"大为亡道"之后,不仅没有变道,反而"又益甚之"。"汉继秦之后",要谋长治久安,必须变道。他把汉初不能善治的原因归结为"当更化而不更化"。他说:"琴瑟不调,甚者必解而更张之,乃可鼓也;为政而不行,甚者必变而更化之,乃可理也。当更张而不更张,虽有良工不可调也;当更化而不更化,虽有大贤不能善治也。"①

在论证了更化的必要性之后,剩下的就是往那里更的问题了。董仲舒"扫除其迹而悉去之"的话已经给出了更的方向:在学说的选择上,唯一合格的是儒术。法家学说是秦之乱世的学说,不可不"扫除"。在黄老之学统治汉政权几十年后谈更化,这黄老之学当然也在被更之列。这样,在汉武帝时期,可选择且有影响的学说就只有儒术了。董仲舒正是得出了这样的结论。他在论述了可以用儒家以礼"分"施的办法解决"不足"问题的道理后,以《春秋》精神为依据,明确提出"罢黜百家,独尊儒术"的建议。他说:"春秋大一统者,天地之常经,古今之通谊也。今师异道,人异论,百家殊方,指意不同,是以上亡以持一统。法制数变,下不知所守。臣愚以为诸不在六艺之科孔子之术者,皆绝其道,勿使并进。邪僻之说灭息,然后统纪可一而法度可明,民知所从矣。"②汉武帝接受了董仲舒的建议,从此儒家思想成为汉代的官方思想,儒家思想的正统地位得以确立。

第三节　董仲舒的法律思想

在汉代中期,儒家思想不仅取得了正统地位,而且其法律思想体系也达到了空前完善的程度。董仲舒不仅为这个思想体系贡献了比以往任何时候都更加牢固、此后又经受住了历史考验的理论基础,包括他的天人关系理论、人性理论等,而且勾画出了这个被奉为正统的法律思想体系的基本纲目:(1)德主刑辅是儒家对德、刑关系的基本看法,也表达了法律在正统思想中的地位。(2)用礼义教化正民心是达到"不令而行,不禁而止",乃至于刑设不用这个理想目标的基本手段。(3)饮食有量,衣服有度的"度制"(实际上也就是礼)是解决社会矛盾的基本方法。如果说刑罚制于后,那么,这个度制

① 《汉书·董仲舒传》。
② 同上。

则范于前。(4)用春秋精神确立法治原则,指导司法实践。在汉代,这已不只是一种思想,而是一种实践。诸如"君亲无将""原心论罪""亲亲相隐"等,已不再是空洞的说教,而是已渗入到司法实践之中,变成了汉代法制的指导原则。(5)赏罚副寒暑,法制实践与自然的寒暑变化相协调。

▶ **一、德主刑辅**

在孔、孟的法律思想中都有德和刑这两个概念,但他们二位大师只是一方面强调德的重要,另一方面轻视法的作用,并没有具体谈论过德与刑的关系,没有把德与刑拿到一起进行价值比较。荀况的"隆礼重法",第一次把和德连在一起的礼,放在了与法并列的位置上。荀况是重德的,但他没有明确做出德与刑谁主谁次的结论。董仲舒对儒家思想中的这两个极为重要的元素进行了认真的研究,将二者加以比较,以天为根据,得出了"德主刑辅"这个构成两千年封建正统法律思想基本特点的结论。

董仲舒把德和刑提高到非常高的地位,把它们说成是政治的两项基本构成要素,也是足以概括全部政治的两项基本内容。按照他的论述,似乎为政只有两件事,一件事是行德,另一件事是施刑。他说:"天道之常,一阴一阳。阳者天之德,阴者天之刑也。"①又说:"天遭之大者在阴阳。阳为德,阴为刑。"②按照他的天人关系论,天有阴阳,王也有阴阳;天有德刑,王也有德刑。既然德和刑在天道中具有如此重要的地位,当然二者在王政中也是举足轻重的。同时,按照万物皆有所"合"的观点,"阴者阳之合",既然德、刑关系可以转换为阴阳关系,"刑者德之合"就是自然的结论。有德既有刑,反之亦然。但是,德刑并不是同等重要的。他认为,天是重阳而贱阴的,德和刑相比,德更重要,而刑是辅德的。

董仲舒为了说明德的重要,拿来阴阳五行的理论大肆附会,千方百计地论证阳尊阴卑,天佑阳不佑阴,重德不重刑。如他说:"阳常居大夏,而以生育养长为事;阴常居大冬,而积于空虚不用之处,以此见天之任德不任刑也。"③又说:"阳,天之德;阴,天之刑也。阳气暖而阴气寒,阳气予而阴气夺,阳气仁而阴气戾,阳气宽而阴气急,阳气爱而阴气恶,阳气生而阴气杀。是故阳常居实位而行于盛,阴常居虚位而行于末,天之好仁而近,恶戾之变而远,大德而

---

① 《春秋繁露·阴阳义》。
② 《汉书·董仲舒传》。
③ 同上。

小刑之意也。先经而后权，贵阳而贱阴也。"①"天常以爱利为意，以养长为事"②，所以，天一定会喜欢具有"仁""爱""生"之特性的阳，而不会抬举只会"恶""杀""戾"的阴。天只能是"任德而远刑"。③ 总而言之，他研究的结果表明，天是"前德而后刑"，"大德而小刑"④，"任阳而不任阴"，"好德而不好刑"⑤，"尊德而卑刑"⑥，"任德而不任刑"⑦的。既然天是这样的态度，"王者承天意而从事"，也必须把德放在重要的位置上，把行德作为政治的主要内容，"厚其德而简其刑"。

董仲舒论证天重阳不重阴的目的之一是否定任刑的秦政。他在对策中说："刑者，不可任以治世，犹阴者不可任以成岁也。为政而任刑，不顺于天，故先王莫之肯为也。"⑧相反，如果像秦王朝那样，"为政而任刑"，那就是"逆天，非王道"⑨。当然，他批评秦政的目的是希望汉王朝"更化"。

为政不能任刑，而应任德，但任德也不是只行德不用刑。刑既为德之"合"，必有其不可缺少的作用，尽管这个作用可能不大。董仲舒说："天之志，常置阴空处，稍取之以为助。故刑者德之辅，阴者阳之助也。"⑩天对阴的态度就是在阳完成了自己的生育养长的任务之后，稍取之以助阳。这也就是他在对策中所说的"阳不得阴之助，亦不得独成岁"。⑪

董仲舒的德主刑辅思想的真正来源是儒家的民本思想。董仲舒赋予天的基本政治倾向是"爱""利"，即所谓"以爱利为意"。这恰恰是把儒家仁政爱民思想拿来编织"上帝"的形象。他还说："天虽不言，其欲赡足之意可见也。古之圣人见天意之厚于人也，故南面而君天下，必以兼利之。为其远者目不能见，其隐者耳不能闻，于是千里之外，割地分民而建国立君，使为天子视所不见，听所不闻。"⑫"天欲赡足"是假托，"兼利人"才是理论的出发点。他虽然也像春秋以前的人那样坚信"天子受命于天"，但他更清楚地认识到了

① 《春秋繁露·王道通》。
② 同上。
③ 《春秋繁露·天辩在人》。
④ 《春秋繁露·王道通》。
⑤ 《春秋繁露·阴阳位》。
⑥ 《春秋繁露·天道无二》。
⑦ 《春秋繁露·基义》。
⑧ 《汉书·董仲舒传》。
⑨ 《春秋繁露·阳尊阴卑》。
⑩ 《春秋繁露·天辩在人》。
⑪ 《汉书·董仲舒传》。
⑫ 《春秋繁露·诸侯》。

民对天子地位的影响。首先，"天之生民非为王也，而天立王以为民也"。① 王与民相比，民更根本。其次，"宜民宜人，受禄于天。为政而宜于民者，固当受禄于天"。② 受禄于天而为天子的决定性条件是"宜民宜人"。从根本上说，"受禄于天"是虚，天下得失决定于是否"宜民宜人"是实。"爱施兆民，天下归之"③才是政治的真实。相反，秦"非有文德以教训于天下"，"赋敛亡度，竭民财力"，造成"百姓散亡"，"群盗并起"，政不"宜"民，所以"立为天子十四岁而国破亡"。④ 正是基于这种认识，董仲舒才一再强调德，才千方百计地把德提到为主的地位。

▶ 二、立教化，正万民

同孔、孟、荀、贾一样，面对社会的混乱和犯罪，董仲舒不只是就犯罪谈犯罪，就混乱说混乱，也不是像法家那样仅热衷于对法律手段的使用，而是把研究的触角伸展到犯罪发生之前，力图用教化的方法阻止人们的犯罪，即所谓"绝乱塞害于将然而未行之时"⑤，追求"不令而行，不禁而止，从上之意，不待使之，若自然"⑥的理想境界。对此，他做了远比他的儒家先师更为有力的论证。

首先，德主刑辅的"天则"已经决定了"德教"重于刑罚。教属于德的范畴。既然天任德而不任刑，王政"先德而后刑"，自然应把教化放在政治的重要位置上，甚至可以"任德教而不任刑"。⑦

其次，人性"未能善"给帝王留下的重要任务是以教化"成其性"。对世间的人民"天生之，地载之，圣人教之"⑧，这是天所前定的一个基本分工。"天生民"而后又"树之君"的主要目的就是让君完成教民的任务，这也就是所谓"王任"。

再次，人生有义又有利，而义重于利。这便决定了培养人之义的教化比利以及兴利的手段更重要。他说："义者，心之养也；利者，体之养也。体莫贵于心，故养莫重于义。义之养生人大于利。""夫人有义者虽贫能自乐也，而大无义者虽富莫能自存，吾以此实义之养生人大于利而厚于财也。"⑨按照董仲舒的这一判断，国家对人民应采取教化的手段，以帮助他们获得足够的义，使

---

① 《尧舜不擅移，汤武不专杀》。
② 《汉书·董仲舒传》。
③ 同上。
④ 同上。
⑤ 《春秋繁露·仁义法》。
⑥ 《春秋繁露·身之养重于义》。
⑦ 《汉书·董仲舒传》。
⑧ 《春秋繁露·为人者天》。
⑨ 《春秋繁露·身之养重于义》。

他们得以"自好而乐生"。①

最后，教化是使百姓不犯罪的"堤防"。天生人有义有利，有善质而未能善，人性的自然发展是谋利而非为义。按董仲舒的说法："夫万民之从利也，如水之走下。"人们求利的结果就是走向义的反面，其发展趋势是"奸邪并出"。阻止人们因求利而背义为奸邪的最有效的办法就是"以教化堤防之"。他说："是故教化立而奸邪皆止者，其堤防完也；教化废而奸邪并出，刑罚不能胜者，其堤防坏也。古之王者明于此，是故南面而治天下，莫不以教化为大务。"②既然教化可以成为阻止人们犯罪的"堤防"，统治者当然应当利用并设法加固这道"堤防"，以巩固自己的统治。同时，董仲舒提到"刑罚不能胜"奸邪，这恐怕是他，也是其他地主阶级思想家一再强调教化作用的重要原因。因为没有了教化这道"堤防"，刑罚便不能制止犯罪，不足以抵御犯罪对封建国家的侵袭。所以，在他们看来，国家只依靠刑罚是不明智的，必须垒起教化这道堤防。

董仲舒的教的内容，大致仍是孔、荀的一套东西，只是他或者说包括他在内的后儒把它们整理得更加有条理了，如所谓"仁义礼知信五常之道"等等。教化的方法也不外"立大学以教于国，设庠序以化于邑"，以及"天子大夫"以身作则，为民之"视效"。③ 他也像孔子那样提出了"非礼而不言，非礼而不动"④的要求。这些都没有多少新意。他对仁与义的区分似乎更准确地表达了这两项封建政治和道德原则的含义。他说："仁之为言，人也；义之为言，我也。""以仁安人，以义正我。""仁之法在爱人，不在爱我；义之法在正我不在正人。我不自正，虽能正人弗予为义；人不被其爱，虽厚自爱不予为仁。"⑤以义对我，严格要求自己，使自己行为端正；以仁对人，用自己的行为去爱人。按照这种要求，在处理人与人的关系时，人们不应要求他人对己怎样，而只能考虑自己对人怎样。一切从我做起，用利人的原则要求自己，把美好送给别人。所谓"囹圄空虚"，"安宁数百岁"，大概只能指望全社会普遍培养起这样的政治素养和道德情操。

▶ 三、以"度制"节民之情

在董仲舒看来，用于教化的礼同时也是规范人们行为的准则。这个准则

---

① 《春秋繁露·身之养重于义》。
② 《汉书·董仲舒传》。
③ 同上。
④ 《春秋繁露·天道施》。
⑤ 《春秋繁露·仁义法》。

落实到物的方面,就是所谓"度制"。这个"度制"同荀况的"度量分界"一样,主要是规定不同的人享受不同的物质利益,享受不同的社会地位和政治荣耀,即所谓"贵贱有等,衣服有别,朝廷有位,乡党有序"。而划分不同的"等",使不同的人相区别,确立不同的"位",建立这种"序"的目的,在于用这种统一的"等""异"要求人们服从,并"有所让"而"不敢争"。① 所以,这种"度制"也有强制性。董仲舒在《服制》篇中谈了"度爵而制服,量禄而用财,饮食有量,衣服有制,宫室有度,畜产人徒有数"之后,接着列举了"舟车甲器有禁,生则有轩冕之服位贵禄田宅之分,死则有棺椁绞衾圹袭之度",并提出,在度制确定之后,"虽有贤才美体,无其爵不敢服其服;虽有家富多赀,无其禄不敢用其材"。既有"禁",又有使人"不敢"的规定,还有某些人"不得"②做某些事的许多规定,可见所谓"度制"具有法的强制性,它实际上是划分不同阶级、等级的人们的经济、政治和社会地位的法。

度制的实现,一方面靠位卑者"有所让"而"不争",另一方面靠对人们物质利益的一定程度的满足,即让所有的人,当然主要是家贫位卑的人"足以养生"。他认为,对按照等级关系建立起来的社会秩序的潜在威胁可能来自于两个方面:一是大贫,一是大富。他说:"大富则骄,大贫则忧;忧者为盗,骄者为暴,此众人之情也。"根据这种判断,制定度制以及维护和适时调整度制的标准应当是:"使富者足以示贵而不至于骄,贫者足以养生而不至于忧。"他认为只要能建立起这样的等级秩序,或者说"以此为度而调均之",就会使社会"财不匮而上下相安"。③ 但他指出,当时社会的情形却是:"今弃其度制,而各从其欲,欲无所穷,而俗得自恣,其势无极,大人病不足于上,而小人赢瘠于下","富者愈贪利而不肯为义,贫者日犯禁而不可得止"。这就是当时社会"之所以难治"④的原因。

在这里,董仲舒敏锐地发现,造成"度制"毁坏的原因主要不在于贫者,而在于富者。等级秩序维护社会稳定的前提是位卑者的"让而不争",但维护这种等级秩序的力量在于位高者。仁、义在这里表现为:位卑者义,不逾越;位尊者仁,给位卑者以爱,不过分侵夺。位卑者仅能养生,无力主动施爱,只能被动地不为不义。只有位尊的富者,才既可以为义,不为不义,又可以为仁,做利他之事。这便决定了位卑者无法为社会秩序的稳定施以主动的影响,社会的等级秩序能否得以维持的主要力量在于位尊且富有的人们。他们不仅

---

① 《春秋繁露·度制》。
② 《春秋繁露·服制》。
③ 《春秋繁露·度制》。
④ 同上。

负有教化位卑且贫困的人们的义务,而且有使位卑且贫困的人不至于脱离仅能"养生"的低贱地位的能力。这样,当社会的这种等级秩序被破坏时,统治者就应当首先从位尊而富的人们身上找原因。董仲舒找到了这一原因。这个原因就是:"身宠而载高位"的人们剥夺了卑且贫的人们的"养生"的条件。他说:"身宠而载高位,家温而食厚禄,因乘富贵之资力,以与民争利于下,民安能如之哉!是故众其奴婢,多其牛羊,广其田宅,博其产业,富其积委,务此而亡已,以迫蹙民,民日削朘,浸以大穷。富者奢侈羡溢,贫者穷急愁苦。穷急愁苦而上不救,则民不乐生。民不乐生,尚不避死,安能避罪。此刑罚之所以蕃而奸邪不可胜者也。"①一般人只看到了"富者田连阡陌,贫者亡立锥之地"②的现象,而董仲舒则进一步找到了造成贫富两极分化的原因。

为了阻止"富且贵"者的扩张,他用所谓"天理"论证了这种扩张的不合理性。他说:"天不重与,有角不得有上齿。故已有大者,不得有小者,天数也。夫已有大者又兼有小者,天不能足之,况人乎?故明圣者像天所为为制度,使诸有大俸禄亦皆不得兼有小利,与民争利业,乃天理也。"③按照这种"天理",董仲舒提出了让"受禄之家,受禄而已,不与民争业"④的主张,并要求国家"限民名田"⑤。

四、春秋决狱与封建立法司法原则

董仲舒以治公羊春秋而成名,他对春秋精神有特别的好感,不仅在对策中,在教授弟子时运用春秋精神,而且把春秋精神运用于司法实践,用以确立封建立法、司法的原则。他曾明确提出"据义行法"⑥的主张。据《后汉书·应劭传》说:"董仲舒老病致仕,朝廷每有政议,数遭延尉张汤亲至陋巷,问其得失。于是作《春秋决狱》二百三十二事。动以经对,言之详矣。"《汉书·艺文志》有"《公羊董仲舒治狱》十六篇"。

所谓春秋决狱,或称"引经断狱""经义决狱",就是以《春秋》的微言大义或其他儒家经典的精神为根据,对案件做出有罪、无罪或罪重、罪轻的裁判。这种裁判可以没有法律根据,可以以法定的某种罪名为前提,也可以对法律的规定作出新的解释。

---

① 《汉书·董仲舒传》。
② 《汉书·食货志》。
③ 《春秋繁露·度制》。
④ 《汉书·董仲舒传》。
⑤ 《汉书·食货志》。
⑥ 《春秋繁露·五行相胜》。

董仲舒的《春秋决狱》已经失传。根据现存的董仲舒治狱的几个案例，仍可看出他的春秋决狱所运用的，也是对后世的立法、司法产生了重大影响的几项原则。

（一）"君亲无将，将而必诛"

这是君主主义和"发于事父以事君"的封建政治哲学的要求。"将"就是预谋，指预谋犯罪。这句话的意思是说，只要对君亲有犯罪的预谋，就应诛杀。董仲舒对这一原则所做的扩大解释是："人臣之行，贬主之位，……虽不篡杀，其罪亦死。"①后世的谋反、谋大逆等罪名都与这一原则有关。

（二）"亲亲相隐"

董仲舒继承了孔子父子相隐为直的思想。据《通典》记载："时有疑狱，曰：甲无子，拾道旁弃儿乙，养之以为子。及乙长，有罪杀人，以状语甲，甲当何论？"董仲舒"断曰：甲无子！振活养乙，虽非亲生，谁与易之？诗云：螟蛉有子，蜾蠃负之。春秋之义，父为子隐。甲宜匿乙而不当坐。"这是用所谓春秋精神确立父子相隐不为罪的原则。这一原则起初只在司法实践中发挥作用，后来通过立法程序，变成了法定的原则。

（三）"原心论罪"

董仲舒在办案中非常注意行为人的目的和动机，主张把行为人的主观方面作为罪重罪轻或有罪无罪的条件。比如，春秋时期，许悼公患病，其子进药，因而致死。董仲舒认为，父病，子不尝药，对父的死应承担弑父的罪名。但是，"君子原心"，考虑到许子并无药死其父的故意，故对他可以"赦而不诛"。② 原心，也称原志。董仲舒在他的著作里曾系统地表达了他的原心论罪主张。他说："春秋之听狱也，必本其事而原其志。志邪者不待成，首恶者罪特重，本直者其论轻。"③根据他的这一表述，我们可以看出：第一，原志的前提是"本其事"。判断一个人有罪无罪或罪重罪轻的前提是"事"，即犯罪的事实。第二，有犯罪动机或犯罪目的明确的，即使未遂或未实施全部犯罪行为，甚至未及实施犯罪行为，也应给予处罚。罚及未遂是董仲舒的一贯思想。他曾说："诛犯始者省刑，绝恶疾始也。"④第三，在多数人共同犯罪的情况下，对首犯应从重处罚。汉代有"首匿"⑤罪，其立法精神与董仲舒的这一观点相合。

① 《春秋繁露·楚庄王》。
② 《太平御览》卷640。
③ 《春秋繁露·精华》。
④ 《春秋繁露·王道》。
⑤ 《汉书·王子侯表》："元康元年，修故侯福坐首匿群盗，弃市。"《后汉书·梁统传》说："武帝值中国隆盛，财力有余，征伐远方，军役数兴，豪杰犯禁，奸吏弄法，故重首匿之科。"

第四,对无犯罪动机,无危害他人或社会的用意的人,从轻处罚。第五,原心论罪不是不要法律,而是以法律为准绳的。所谓"不待成"是说不必完成法律禁止的犯罪行为,也要承担刑事责任。所谓"其论轻"的"轻"也是比法定的一般处罚轻,"特重"的重也只能是与法定的一般处罚相比较而言。按照这种"原心论罪"的原则判案,虽也可能造成对法律准绳的一定程度的背离,但其基本的依据却仍然是既定的法律。董仲舒主张"据法听讼"①"依法刑人"②,而不主张完全背离法律。

▶ 五、赏罚副寒暑

董仲舒在构筑他的人事与天道相副的理论体系时,给春、夏、秋、冬四季抹上了爱、哀等的感情色彩,赋予它们刑、德的特性。如他说:"春气爱,秋气严,夏气乐,冬气哀。爱气以生物,严气以成功,乐气以养生,哀气以丧终。"③这春夏秋冬四季又分属于阴阳:"阴,始于秋,阳始于春。春之为言,犹偆偆也;秋之为言,犹湫湫也。偆偆者,喜乐之貌也;湫湫者,忧悲之状也。"概括起来,春夏属阳,秋冬属阴。"阴,刑气也;阳,德气也。"④人事副天道,在提取了"大德而小刑"的精神之后,四季的前后相承,阴阳的交替自然呈现出来的又是"前德而后刑"。进一步相"副"的结果就是当春而为庆,逢夏而为赏,秋来而行罚,冬至而施刑。董仲舒也做了如此相副的描述。他说:"木用事则行柔惠,诞群禁。至于立春,出轻系,去稽留,除桎梏,开门阖,通障塞,存幼孤,矜寡独,无伐木。火用事则正封疆,循田畴。至于立夏,举贤良,封有德,赏有功,出使四方,无纵火。土用事则养长老,存幼孤,矜寡独,赐孝悌,施恩泽,无兴土功。金用事则修城郭,缮墙垣,审群禁,饬甲兵,警百官,诛不法,存长老,无禁金石。水用事则闭门阖,大搜索,断刑罚,执当罪,饬关梁,禁外徒,无决地堤。"⑤按照这个说法,不仅生产活动要因时而动,而且管理国家、审查罪案、执行刑罚等也要"当时乃发生"。

赏罚与寒暑相副是一般要求,而不是不可逾越的绝对界限。董仲舒针对实践中存在的"留德而待春夏,留刑而待秋冬"的做法,指出"此其有顺四时之名,实逆于天地之经"。他认为,春庆、夏赏、秋罚、冬刑,只是为政的一个基本思路,它并不妨碍为政者随时行赏,随时施罚。他说:"天之生有大经也,而所

① 《春秋繁露·五行相生》。
② 《春秋繁露·五行相胜》。
③ 《春秋繁露·阳尊阴卑》。
④ 同上。
⑤ 《春秋繁露·治水五行》。

周行者又有害功也,降而杀殛者,行急也,皆不待时也,天之志也。而圣人承之以治。是故春修仁而求善,秋修义而求恶,冬修刑而致清,夏修德而致宽,此所以顺天地体阴阳。然而方求善之时,见恶而不释;方求恶之时,见善亦立行;方致清之时,见大善亦立举之;方致宽之时,见大恶亦立去之,以效天地之方生之时有杀也,方杀之时有生也。"①

【参考书目】

1. 张国华:《中国法律思想史新编》,北京大学出版社 1998 年版,第三讲。
2. 俞荣根:《儒家法思想通论》,广西人民出版社 1998 年版,第七章。
3. 徐进:《中国古代正统法律思想研究》,山东大学出版社 1994 年版,第十三章、十四章。
4. 武树臣:《儒家法律传统》(上篇),法律出版社 2003 年版。
5. 徐祥民:《秦后法家及其变迁》,载《社会科学战线》2002 年第 6 期。

【思考题】

一、名词解释

1. 度制
2. 德主刑辅
3. 君亲无将
4. 原心论罪
5. 春秋决狱
6. 贤良对策
7. 礼禁将然之前,法禁已然之后

二、简答题

1. 简述刑不至君子及其理由。
2. 简述贾谊民本主义思想的主要内容。

三、论述题

1. 试析封建正统法律思想的主要内容。
2. 从汉代政治的状况分析贾谊对儒家学说的贡献。
3. 从汉代经济社会状况分析董仲舒对儒家法律思想的发展。
4. 结合贾谊和董仲舒的法律思想谈谈礼与法的关系。

---

① 《春秋繁露·如天之为》。

第十一章 汉代后期的法律思想

西汉中期儒家法律思想正统地位的确立,标志着统治阶级在法律和道德关系上肯定了董仲舒德主刑辅的思想。但从思想的认可到制度的落实仍然需要时间。在盐铁会议上的争论就反映了这样一种情况:德主刑辅的思想一方面得到最高统治者的首肯,另一方面尚没被朝野上下普遍认同。到了东汉时期,仍有很多思想家站在独立的立场上著书立说,阐述自己的观点,与正统法律思想保持距离。他们对于天人感应论,以及对于谶纬神学等进行的批判,具有难能可贵的品质。值得注意的是,东汉后期的思想界还出现了"审时明法"的思潮,从现实的立场出发,强调形势的客观需要,对"德主刑辅"是否具有普遍适用性表示怀疑,甚至对法家的重刑主义思想也加以赞许。

本章主要学习:(1) 盐铁会议上的主要争论;(2) 关于德刑关系的有关论述;(3) 关于人事与天道关系的思想。

第一节 盐铁会议围绕德主刑辅的争论

汉武帝"罢黜百家,独尊儒术",标志着以董仲舒为代表的儒家法律思想正统地位的确立。不过,汉武帝同时又重用张汤、赵禹等有名的酷吏,"条定律令",使得汉律令"禁网寖密",直至达到"文书盈于几阁,典者不能遍睹"[1]的程度。这说明在汉武帝时期,"德主刑辅"的主张并没有因儒家法律思想正统地位的确立而立即成为汉朝法制建设的指导方针。

汉武帝死后,公元前 81 年,汉朝的中央政府召开了一次"盐铁会议"。盐铁会议的主要内容是朝野双方围绕盐铁官营政策的存废问题进行的一次辩论。后来桓宽将这次辩论的情况记录成书,题为《盐铁论》。双方争论的范围除了盐铁政策外,还涉及朝政的其他各个方面政策,德刑关系等法制建设中的重大问题也是辩论的主题之一。

通过《盐铁论》,我们可以看到,在"儒术"独尊之后,儒家思想在社会中的广泛传播,已经成为民间知识精英用以批评朝廷政策的主流话语。其后,儒

---

[1] 《汉书·刑法志》。

家思想逐渐深入影响到最高统治者的施政方针和国家的制度建设。

▶ **一、盐铁会议上关于德治还是法治的争论**

在盐铁会议上,"御史""大夫"代表了朝廷中掌权的一派意见,而"贤良文学"则代表了民间社会知识精英的意见。

御史大夫主张以法治国,说:"礼让不足禁邪,而刑法可以止暴。明君据法,故能长制群下,而久守其国也。"①贤良文学则反对这一观点,主张以德治国,说:"古者,明其仁义之誓,使民不踰;不教而杀,是虐民也。与其刑不可踰,不若义之不可踰也。闻礼义行而刑罚中,未闻刑罚行而孝悌兴也。高墙狭基,不可立也。严刑峻法,不可久也。"②这是盐铁会议上争论的焦点之一。

对于这一争论,我们可以从三个层面上加以分析:

第一个层面是双方的立场不同。御史大夫是站在统治者的立场上,从如何治民的角度立论。他们说:"夫治民者,若大匠之斫,斧斤而行之,中绳则止。绳之以法,断之以刑,然后寇止奸禁。故射者因檠,治者因法。"③他们把治理人民比喻为工匠的作业。法律和刑罚就像工匠手中的"绳墨"和"斧斤"一样,对统治者来说是不可或缺的工具。相对来说,被统治的人民群众则在其心目中成为待加工的对象。

尽管"绳墨"是人们经常用来比喻法律的一个意象,贤良文学们却从中看出了其不把人当做人的非人性一面,他们站在被治者的立场上,反对残民以逞,指出:"残材木以成室屋者,非良匠也。残贼民人而欲治者,非良吏也。圣人不费民之性,是以斧斤简用,刑罚不任,政立而化成。"④要求统治者尊重人民的生存权利,不要压抑伤害人民的本性。从这个角度看这场争论,贤良文学的立场值得肯定。

第二个层面是不同的社会治理目标。御史大夫们是以消灭犯罪、维持治安为目标。他们认为:"令者所以教民也,法者所以督奸也。令严而民慎,法设而奸禁。网疏则兽失,法疏则罪漏。罪漏则民放佚而禁不必。"⑤在他们看来,理想的治理目标是百姓在法律的约束下安分守己的生活,犯罪分子在严厉的刑罚面前收心而止步,制止犯罪是他们注目的焦点,因此主张繁法严刑。

贤良文学们则以建立礼义和谐的良好社会为目标。他们认为这是法律

① 《盐铁论·诏圣》。
② 同上。
③ 《盐铁论·大论》。
④ 同上。
⑤ 《盐铁论·刑德》。

与刑罚所不能达到的目标："闻礼义行而刑罚中,未闻刑罚行而孝悌兴也。""法能刑人而不能使人廉,能杀人而不能使人仁。"①法律刑罚对于制止犯罪虽然有效,但却不能使人变得高尚。为了建设一个充满仁爱礼义孝悌廉耻良好道德风尚的社会,需要培养人民具备优秀的品质,而这个任务不能仅仅靠法律来完成,更不能靠刑罚逼迫人民就范,这样一个社会目标只能靠礼义教化的作用来达到。法律和道德相比较,有优势,也有其局限。贤良文学们这一观点给人启发。

　　第三个层面是治理国家的不同方法。御史大夫们只相信法律与刑罚的作用,对于法律统治下为什么还会存在犯罪,他们的回答是法网不严,刑罚不力,因此主张严密法网,加重刑罚。御史大夫们为繁法严刑辩护说:"夫少目之网不可以得鱼,三章之法不可以为治。故令不得不加,法不得不多。"②又说:"千仞之高,人不轻凌,千钧之重,人不轻举。商君刑弃灰于道,而秦民治。……故轻之为重,浅之为深,有缘而然。法之微者,固非众人之所知也。"③

　　贤良文学们面对同一现象则认为,这证明了法律作用的局限,不应当单靠法律,更不能依赖刑罚,而应当改弦更张,实行德教。他们说:"民之仰法,犹鱼之仰水,水清则静,浊则扰;扰则不安其居,静则乐其业;乐其业则富,富则仁生,赡则争止。是以成、康之世,赏无所施,法无所加。非可刑而不刑,民莫犯禁也;非可赏而不赏,民莫不仁也。若斯,则吏何事而理? 今之治民者,若拙御之御马也,行则顿之,止则击之。身创于棰,吻伤于衔,求其无失,何可得乎? 干溪之役土崩,梁氏内溃,严刑不能禁,峻法不能止。故罢马不畏鞭棰,罢民不畏刑法。虽曾而累之,其亡益乎?"④

　　贤良文学们特别重视历史经验,他们以亡秦为鉴,反对繁法严刑,指出:"昔秦法繁于秋荼,而网密于凝脂。然而上下相遁,奸伪萌生,有司治之,若救烂扑焦,而不能禁;非网疏而罪漏,礼义废而刑罚任也。"⑤又说:"上无德教,下无法则,任刑必诛,劓鼻盈蘽,断足盈车,举河以西,不足以受天下之徒,终而以亡者,秦王也。非二尺四寸之律异,所行反古而悖民心也。"⑥在理论上贤良文学们似乎不无道理,又有历史事实为根据,我们不能不承认他们论辩得有力。但是,在现实生活中,如果繁法严刑都无法解决的统治危机,仅仅靠道德

――――――――――――

　　① 《盐铁论·申韩》。
　　② 《盐铁论·诏圣》。
　　③ 《盐铁论·刑德》。
　　④ 《盐铁论·诏圣》。
　　⑤ 《盐铁论·刑德》。
　　⑥ 《盐铁论·诏圣》。

教化就能化解吗？这恐怕也是不能不让人怀疑的一个问题。

▶ 二、族诛连坐与亲亲得相首匿

族诛连坐就是一个人犯罪，其他人要负连带责任的刑事制度。族诛主要用于谋反等重罪，即俗谓一人犯罪满门抄斩。连坐的范围则更加广泛，罚及邻里。在汉代盐铁会议上，与会双方曾围绕族诛连坐制度的正当性问题进行辩论。

御史大夫以重刑作为实行族诛连坐制度的一个理由，说："夫负千钧之重，以登无极之高，垂峻崖之峭谷，下临不测之渊，虽有庆忌之捷，贲育之勇，莫不震慑悼栗者，知坠则身首肝脑涂山石也。故未尝灼而不敢握火者，见其有灼也。未尝伤而不敢握刃者，见其有伤也。彼以知为非罪之必加，而戮及父兄，必惧而为善。故立法制辟，若临百仞之壑，握火蹈刃，则民畏忌，而无敢犯禁矣。"①这是从刑罚对犯罪具有一般预防作用的角度立论。在他们看来，族诛连坐的合理性在于它符合重刑主义的原理，使犯罪者产生畏惧心理，不敢犯法："罪之必加，而戮及父兄，必惧而为善。"

贤良文学则引用《春秋传》关于"子有罪，执其父。臣有罪，执其君，听失之大者也"的话，认为："今以子诛父，以弟诛兄，亲戚相坐，什伍相连，若引根本之及华叶，伤小指之累四体也。如此，则以有罪反诛无罪，无罪者寡矣。"②这也就是说，族诛连坐不符合罪责自负的原则。从罪与罚的关系看，重罪重罚有利于发挥刑罚的预防作用，但如果因此累及无辜者那就缺乏正当性了。

御史们则争辩说，族诛连坐制度并不违背罪刑责任原则，不管是对犯罪者本人，还是对其父兄都是公正的："今不轨之民，犯公法以相宠，举弃其亲，不能伏节死理，遁逃相连，自陷于罪，其被刑戮，不亦宜乎？一室之中，父兄之际，若身体相属，一节动而知于心。故今自关内侯以下，比地于伍，居家相察，出入相司，父不教子，兄不正弟，舍是谁责乎？"③国家既然规定了邻里间相互刺察检举的责任，以及家长对子弟的教育督导的责任，他们有失察和不教之过，就应该负连带之责。

贤良文学们则指出："自首匿相坐之法立，骨肉之恩废，而刑罪多矣。父母之于子，虽有罪犹匿之，其不欲服罪尔。闻子为父隐，父为子隐，未闻父子之相坐也。闻兄弟缓追以免贼，未闻兄弟之相坐也。闻恶恶止其人，疾始而

---

① 《盐铁论·周秦》。
② 同上。
③ 同上。

诛首恶,未闻什伍而相坐也。"①这里,除了指责族诛连坐制度违背罪责自负的法律原则外,还提出了道德上的论据,那就是族诛连坐制度违背了父子相隐的道德规范,破坏了人们之间特别是家族成员之间的自然亲情关系,败坏了良好的社会风气。

道德理念就这样被引入了法律之中,成为影响确定罪与罚关系的一个重要因素。随着时间的推移,儒家思想势力的扩大,影响的增加,儒家所提倡的道德观念在社会的普及,它也逐步成为统治者的法制指导方针。一个典型的例子是汉宣帝时宣布"亲亲得相首匿"的法律规定,根据孔子的"父为子隐,子为父隐,直在其中"的理念,肯定了"父子之亲、夫妇之道"是人之"天性",对于"贤良文学"们所批评的"首匿相坐之法"加以修正,确认了"子匿父母、妻匿夫、孙匿大父母"的行为具有合理性,从而免于追究其刑事责任,对于"父母匿子、夫匿妻、大父母匿孙"的行为也给以宽大处理。这可以看做是儒家思想的初步胜利。不过,族诛连坐制度并没废除,而且在处理谋反谋大逆案件时还有越演越烈之势。

第二节 桓谭、王充和仲长统的法律思想

西汉末年谶纬迷信非常兴盛。谶纬是汉代流行的宗教迷信。"谶"是巫师或方士制作的一种隐语或预言,作为吉凶的符验或征兆。"纬"相对于"经"而得名,是方士化的儒生编集起来附会儒家经典的各种著作。董仲舒的"天人感应"说,经过西汉到东汉两百多年的发展,已完全与谶纬神学相结合,被神学化了。其中的"灾异谴告说",本来有限制绝对君权的作用,为朝臣谏诤天子无道提供了理论依据,但经过神学化的谶纬,却变成了天子"受命于天"的凭证。谶纬是董仲舒所提倡的"天人合一"神学观在一定历史条件下恶性发展的结果,使"天"由原来为批评君主政策提供超越君主的权威,变成了为君主统治提供合法性论证的手段。王莽和东汉光武帝刘秀重视谶纬之学,看重的都是这一点。

在谶纬迷信之风越刮越盛的时候,涌现了一批反对谶纬神学的进步思想家。他们对谶纬神学的批判,实际上也是对正统法律思想的理论基础——天人感应论的批判。

---

① 《盐铁论·周秦》。

▶ **一、桓谭"非圣无法"的法律思想**

桓谭生活于东汉光武年间,曾任议郎给事中,屡陈政见,力反谶纬,但一直未受采纳,且险些被处斩。桓谭被视为"非圣无法",是一个批判神学谶纬和官僚化儒学的异端思想家。他的思想主要表现在《后汉书》本传及其著作《新论》之中。其著作《新论》在东汉影响很大,但在唐、宋之后失传。今本《新论》是原书片断的汇辑。

针对当时社会上不仅国家大事要援引谶纬以作印证,而且人们的思想行动也都以谶纬经学为准则的现象,桓谭对谶纬迷信的风气进行了猛烈的抨击,认为这种"群小之曲说",是治理国家最大的思想障碍。他指出:"灾异变怪者,天下所常有,无世而不然"。所谓怪异并不是天所"故与作"①,只是一种自然界的现象,虽然"怪异"现象有时也与人间的灾难、社会的混乱相偶合,但与"人事"并无必然的联系,更不是天对人们的惩罚。他辛辣地嘲笑王莽不懂得"见怪则修德","善政、省职、慎行以应之"的道理,却"好卜筮、位时日,而笃事鬼神",一旦遇到危急,便束手无策,"及难作兵起,无权策以自救解,乃驰之南郊告祷,搏心言冤,号兴流涕,叩头请命,幸天哀助之也"。结果呢?天并没相助。"当兵入宫日,矢射交集,燔火大起,逃渐台下,尚抱其符命书",然而他抱持的"符命"也挽救不了他灭亡的命运。桓谭认为王莽灭亡的原因在于"为政不善,见叛天下"②,是政治上的错误造成的,与天毫无关系。

桓谭认为最有效的治国方策不是谶纬符命,而是"政合于时"。也就是说,国家的政策制度,必须既得事理,又"合人心",适应国情和民心;国家的律令刑罚,所依据的也是体现"人心""事理"的"仁义正道",并非谶纬天命。他对治国之道的看法是,最好是"弗治治之",即无为而治;其次是仁义之治;再次是王、霸之道。统治者应该根据现实的需要,选择治国的方法,使自己的政策顺乎民心,而不是把自己的统治寄托于天意和符命。

▶ **二、王充"疾虚妄"的法律思想**

在反谶纬神学的运动中,王充是著名代表人物之一。

王充是东汉明帝、章帝时期的著名思想家。字仲任,会稽上虞(今浙江上虞县)人。王充平生著述甚丰,但流传下来的,只有《论衡》一书。在学术思想

---

① 《新论·正经》。
② 同上。

上，他高扬疾虚妄的旗帜，自称"《论衡》篇以十数，亦一言也，曰'疾虚妄'"。①
他以朴素的唯物主义为思想武器，对天人感应说和神学目的论进行了激烈的
批判。因此受到后人的肯定和赞扬。

王充重点批判谶纬神学的两个主要内容：一是包括灾异谴告说在内的天
人感应论；二是天生圣人的君权神授说。

针对董仲舒首倡后来越演越烈的灾异谴告说，王充断言"灾变时至，气自
为之"。他指出："天地，含气之自然也。"乃是物质性的存在，它没有感官，没
有感觉，因此也就没有意志。当然也不可能具有根据人的善恶而给予赏罚的
能力。所谓人间祸福来自于上天的赏罚完全是虚妄之言，既然社会上"恶人
之命不短，善人之命不长"，上天之能赏善罚恶又如何证明？所谓的"天刑"
"天罚""天讨""天谴"都是无稽之谈。

自然界有它的特殊现象和特殊规律，和人类社会现象及规律是各不相同
的，天道和人事之间没有必然的联系，"天道无为"而"人道有为"，"人不晓天
所为，天安能知人所行？"天与人互不相知，也就不可能互相感应，"人不能以
行感天，天亦不随行而应人"。针对"人君用刑非时则寒，施赏违节则温"的说
法，他指出："今寒温之变，并时皆然，百里用刑，千里皆寒，殆非其验。"说明天
人感应说应经不起事实的检验和理性的驳正。王充指出，自然界的灾异，如
日月之蚀，以及地震、雷雨等等都是自然现象，同国家的治乱，刑罚的当否，以
及统治者的喜怒没有关系，"灾异时至，气自为之"，"食（日月之蚀）有常数，不
在政治"。②

王充既然以元气论为根据，彻底否认了有意志的天，那么也就否定了天
有目的地创造万物的可能性。天既然不可能有意识地去安排人世间的一切，
所谓"天生圣人"也就是彻头彻尾的虚妄说法。他认为，君主也是人，和一般
的人并没有两样，"夫人，物也，虽贵为王侯，性不异于物"。通过这些论述，王
充揭穿了所谓"天生圣人"乃"虚妄之言"的本质，从而根本上否定了"君权神
授"说，抹掉了罩在统治者头上的神圣光环。

王充十分清楚灾异谴告说和天人感应论在政治上可能起的积极作用。
他指出："论灾异者，谓古之人君为政失道，天用灾异谴告之也"；天可以赏罚
则是出于"贤圣欲劝人为善"。但是，他认为这不能成为人们不去揭露谬误的
理由。王充之所以揭露这种荒谬的理论，是由于在他看来，统治者要维持统
治，必须从现实出发，懂得真正的治国之道，他指出："治国之道，所养有二，一

---

① 《后汉书·王充传》。
② 《论衡·物势》。

曰养德,二曰养力。养德者,养名高之人,以示能敬贤;养力者,养气力之士,以明能用兵。此所谓文武张设,德力具足也。"①使统治者把注意力转移到现实中来,这是王充批判神学目的论的用意;但在客观上揭穿了谶纬神学的欺骗宣传,具有历史的进步价值。

▶ **三、仲长统"人事为本,天道为末"的法律思想**

仲长统(公元180—220年),东汉末年思想家,汉献帝时曾为丞相曹操参谋军事,其著作有《昌言》,大部分已佚失,《群书治要》等书中保存了一些材料。

仲长统反对决定人类历史命运的是天道这一说法,他说:汉代的创业之君,有为之臣,"威震四海,布德生民,建功立业,流名百世者,唯人事之尽耳,无天道之学焉"。天道成为人们的研究对象,作为一门学问,只是在指导农业生产等有限领域里有用;如果把它扩大到政治,以至用以代替人的主观努力,那就是无知和昏庸的表现:"所贵乎用天之道者,则指星辰以授民事,顺四时而兴功业,其大略吉凶之祥,又何取焉。故知天道而无人略者,是巫医卜祝之伍、下愚不齿之民也;信天道而背人事者,是昏乱迷惑之主、覆国亡家之臣也。"②

他提倡"人事为本天道为末"的思想:"从此言之,人事为本,天道为末,不其然欤?"根据这一思想,他把统治者分为三种类型:"故自审己善而不复恃乎天道,上也;疑我未善引天道而自济者,其次也;不求诸己而求诸天者,下愚之主也。"聪明的统治者完全靠自己的努力而不依赖天道;其次一等的统治者,以天道作为辅助力量;只有最差劲的统治者才把希望完全寄托于上天。对于那些依靠谶纬神学维持自己的统治而不靠本身努力改善自己政治的昏庸之君,这无疑是一付清凉剂。

第三节　崔寔、王符和荀悦的法律思想

德主刑辅并不是不要法律,也不意味着轻视法律。但在实践中对德主刑辅的过分强调,却可能引起类似的倾向发生。所以西汉宣帝谆谆告诫其后代:"汉家制度"本以"霸王道杂之",不能纯用德政,以防止从一个极端走到另一个极端。东汉建立后,其创始人刘秀以柔治天下,很有成绩。但是,后来东

---

① 《论衡·非韩》。
② 《群书治要》卷54。

汉统治却危机重重。于是,对于以德治国方针进行反思的思想主张也不绝如缕。特别是到了东汉后期,由于统治阶级面临着严重的政治危机,促成了"审势明法"思潮的兴起。这一派人总的思想倾向是强调审时度势,根据形势需要确定统治方针,认为当统治面临严重危机时,不应当固守德主刑辅这一公式,而应当更重视法律的作用,其中有的人甚至采纳法家的观点和论据,提出重刑治国的主张。

▶ 一、崔寔:"梁肉药石论"

崔寔是东汉末年人,其著作有《政论》。他认为,德教是"兴平之梁肉",而刑罚则是"治乱之药石"。他用这个比喻说明:一个安定的国家需要德教,就像一个健康的人需要正常的饮食;在国家混乱的时候,犹如一个病人需要吃药一样,需要刑罚的作用。梁肉和药石各在不同时期发挥不同的作用,其各自的作用是不可相互代替的。用德教治理乱世,犹如用精美的饮食治疗疾病;反之用刑罚治理一个正常的社会,则犹如用药石"滋补"。

这个比喻初看起来不无道理,但是它很难经得起认真推敲。因为一般来说,在治理国家过程中,德教离不开刑罚,刑罚离不开德教,两者相辅相成,都不可缺少。法律在国家治理当中须臾不可或缺。这和有病才吃药,无病不吃药的关系有所不同。

不过,崔寔的意见实际上不是反对无病吃药,而是相反,他批评的对象是有病不吃药。就是说,是在确认存在着统治危机的情况下主张充分发挥法律刑罚的作用,他说:"今既不能纯法八世(指谓三皇五帝),故宜参以霸政,则宜重赏深罚以御之,明著法术以检之。"①意思是说,古代以德治世的手段不能盲目仿效,既然时代要求只有依靠实力才能统治国家,就应该把法律和刑罚作为特别需要重视的统治手段。他没有公开否定"德主刑辅",但对以德治国的普适性却持保留态度。

▶ 二、王符:明罚敕法,使足惊心破胆

王符,也是东汉末年的著名思想家,其著作有《潜夫论》。

王符在其著作中十分推崇德教的作用,虽然如此,却又尖锐批评"独任德化"的观点,他说:"论者必将以为刑杀当不用,而德化可独任,此非变通之论也,非叔(叔,当为"救")世者之言也。夫上圣不过尧舜,而放四子;盛德不过

① 《政论》。

文武,而赫斯怒。……故有以诛止杀,以刑御残。"①他认为刑罚是为政所不可少的,德化不能使所有的人都为善,对于"出于礼"者,就要"入于刑"。

王符不仅主张用法律手段打击犯罪,而且主张用法律手段规范民间信用关系,惩治那些负债背信不还的诸侯贵戚。他认为,断狱之繁,词讼之多,"本皆起民不诚信而数相欺诒也",特别是那些王公贵戚,他们"高负千万,不肯偿责",以至"小民守门,号哭啼呼",只有严加处治,才能正本清源,杜绝祸根。他指出:"先王因人情喜怒之所能已者,则为之立礼制而崇德让,人所可已者则为之设法禁而明赏罚,今市卖勿相欺,婚姻勿相诈,非人情之不可能者也。是故不若立义顺法,遏绝其源,初虽惭郄于一人,然其终也长利于万世。"②主张把民间的民事关系纳入法律调整的范围,以国家强制手段维护民间信用往来,是王符的独到见解。

王符站在平民的立场上,揭露当时的司法黑暗:平民百姓由于财势不如豪强,打输了官司,根本无法通过层层上诉的方法得到救济,只是徒然耗费时间和金钱而已。不仅到县,到郡,就是到更高一级官府,"公府不能察,而苟欲以钱刀课之,则贫弱少货者终无已;豪富饶钱者取客使往,可盈千日,非独百也。治讼若此为务,助豪猾而镇贫弱也,何冤之能治"?③ 他认为,司法黑暗加重了社会的不平等,人民的冤苦无法昭雪,正义得不到伸张。

王符认为,上述现象表明东汉末期处于"乱世","百官乱而奸宄兴,法令苛而徭赋繁,下民困于吏政,仕者穷于典礼,冤民就狱乃得直,烈士交私乃见保,奸臣肆心于上,乱化流行于下"④,"刺史、守相,率多怠慢,违背法律,废忽诏令,专情务利,不恤公事。细民冤结,无所控告"。⑤ 治此乱国,更需要"明罚敕法"。所以,他强烈主张以法治国,说:"法令赏罚者,诚治乱之枢机也,不可不严行也"。并且主张:"其行赏罚者也,必使足惊心破胆,民乃易视。"⑥这就是说,乱世不仅需要法制,而且需要重刑。只有重刑才能使人们意识到法律的存在,刑罚的可怕,心灵受到震撼,不敢胡作非为。

▶ 三、荀悦:德刑并用"时宜"说

荀悦是史书《汉纪》的作者,同时还有政论集《申鉴》五篇。

---

① 《潜夫论·衰制》。
② 《潜夫论·断狱》。
③ 《潜夫论·爱日》。
④ 同上。
⑤ 《潜夫论·三式》。
⑥ 同上。

荀悦认为,统治者的统治表现在五个方面,统称为"五政",即"兴农桑以养其生,审好恶以正其俗,宣文教以章其化,立武备以秉其威,明赏罚以统其法"。①

他重视教化(即"宣文教以章其化")的作用,说:"君子以情用,小人以刑用。荣辱者,赏罚之精华也。故礼教荣辱以加君子,化其情也;桎梏鞭朴以加小人,治其刑也。君子不犯辱,况于刑乎? 小人不忌刑,况于辱乎。若夫中人之伦,则刑礼兼焉。教化之废,推中人而坠于小人之域;教化之行,引中人而纳于君子之途,是谓章化。"②

荀悦同时又强调法律(即"明赏罚以统其法")的重要作用,说:"赏罚,政之柄也。明赏必罚,审信慎令。赏以劝善;罚以惩恶。人主不妄赏,非徒爱其财也,赏妄行则善不劝矣;不妄罚,非徒慎其刑也,罚妄行则恶不惩矣。赏不劝,谓之止善。赏及淫人,则善无所劝而为善者止矣。罚不惩,谓之纵恶。罚及善人则恶无所惩,而为恶者纵矣。在上者能不止下为善,不纵下为恶,则治国矣,是谓统法。"③

在谈到德刑关系时,他指出:"德刑并用,常典也,或先或后时宜。"这表明他不赞成用固定不变的观点看待德刑关系问题。在他看来,德刑并用是普遍适用的治国方略,而究竟先德后刑还是先刑后德,则要因时制宜。同时他还指出:"虚教伤化,竣刑害民,君子不为也。""设必违之教,不量民力之未能,是招民于恶也,故谓之伤化;设必犯之法,不度民情之不堪,是陷民于罪也,故谓之害民。"④反对在道德上唱高调、在法律上搞严刑峻法。

上述这些人的思想,为曹操提出具有辩证法思想的德刑观奠定了基础。东汉末年,天下三分,曹魏政权的创建者曹操提出:"治定之化,以礼为首;拔乱之政,以刑为先。"⑤意思是说,在安定的正常社会条件下,礼义教化固然应当放在首位,而在乱世,首先是要完成拨乱反正的任务,为人们创造安定的生活条件,这时只有靠法律、靠刑罚才能恢复社会秩序。这一方面是承认在一般情况下"德主刑辅"的有效性,另一方面又指出了在特殊情势下不能固守"德主刑辅"这一公式,而应当变通处理两者的关系。这是一个比较折中全面的观点。

---

① 《申鉴·政体》。
② 同上。
③ 同上。
④ 《申鉴·时事》。
⑤ 《三国志·高柔传》。

【参考书目】

1. 张国华:《中国法律思想史新编》,北京大学出版社 1998 年版,第三讲。
2. 俞荣根:《儒家法思想通论》,广西人民出版社 1998 年版,第七章。
3. 武树臣:《儒家法律传统》(上篇),法律出版社 2003 年版。
5. 徐祥民:《秦后法家及其变迁》,载《社会科学战线》2002 年第 6 期。

【思考题】

一、名词解释

1. 盐铁会议
2. 谶纬

二、简答题

1. 简述崔寔的"粱肉药石论"。
2. 简述曹操的德刑观。

三、论述题

1. 试述盐铁会议上关于德刑关系问题的争论。
2. 试述东汉后期的"审势明法"思潮。

第十二章　魏晋时期的法律思想

魏晋时期,在思想界占主导地位的是玄学,在法学领域占主导地位的是律学。表面上看,玄学高蹈玄虚,超脱社会,不理俗务;实际上,他们讨论的问题具有很强的现实指向性。更有意思的是玄学对律学的影响:玄学不讨论具体的法律问题,但在思想方法上为律学提供了辨名析理的方法,在律学摆脱汉代经学附庸地位的过程中起了积极的推动作用。中国古代律学总体上说属于注释法学,但是,魏晋律学的代表人物在理论方面却做出了重要贡献,他们深入研究法律的内在问题,无论是在立法方面还是在司法方面都提出了重要见解。

本章主要学习:(1) 魏晋玄学的法律思想;(2) 魏晋律学的法律思想。

第一节　魏晋玄学的法律思想

"玄学"是指流行于魏晋时期的一种哲学思潮,当时《老子》《庄子》《周易》这三本书,号称"三玄",被士人奉为最高经典,引以为谈资,所谈论的问题涉及诸如"有""无"的关系等等,玄妙而高深,故称为玄学。玄学探讨的一个重要问题是"名教"和"自然"之间的关系。名教是指正名定分的儒家礼教。自然和礼教的关系实际指的是人性和礼教的关系。根据道家思想,人应该顺应自然,按照自己的本性生活;但在实际社会生活中,调节人际关系及规定社会秩序的不是自然无为的"道",而是人为的"名教",即一套既定的法律、制度、习俗,它们并不是自然的无为的状态,而是人为的强制的形式,因此就有了所谓"名教"和"自然"的冲突。玄学所崇奉的三玄,《老子》和《庄子》是道家经典,《周易》则是儒家经典,所以被看做是儒家和道家思想的结合,即所谓"外道内儒",以道家学说来论证儒家纲常的思想理论。但是,自然和名教的冲突却蕴涵着玄学内部存在的紧张。魏晋玄学家全都推崇"自然",但对"名教"的态度却不一致,由此而形成三个发展阶段或派别:一是曹魏时期,以王弼、何晏为代表,主张"名教本于自然";二是魏晋之际,以嵇康、阮籍为代表,主张"越名教而任自然";三是西晋时期,以向秀、郭象为代表,主张"名教即自然"。

我们知道,正统法律思想主张德主刑辅,主张礼义教化,核心是维护所谓纲常伦理,也就是儒家所提倡的名教。魏晋玄学中的一些代表人物,例如王弼、嵇康、阮籍,在讨论自然和名教的关系时不同程度地对名教的批判,在一定意义上可以看作是对正统法律思想的挑战。

▶ 一、王弼"名教本于自然"的法哲学观

王弼字辅嗣,魏国山阳(今河南焦作)人。曾任尚书郎,是当时典型的清谈家,魏晋玄学的创始人,青年时期染疾病而亡,年仅 24 岁。何劭评价他"幼而察慧,年十余,好老氏,通辩能言"。他活动于曹魏正始时期(公元 240—248年)。王弼提出天地万物或自然"以无为本"①,"名教"是"自然"的反映。

"名教本于自然"是王弼法哲学的核心观点。这包含了两个意思,一是说名教是自然的反映,这意味着提倡"名教"和崇尚"自然"具有一致性。同时又是说"自然"和"名教"地位有高下之别:"自然"为本,"名教"为末;"自然"为母,"名教"为子;"名教"出于"自然",本于"自然"。② 在这个问题上,王弼既继承了老子思想,又对其进行了改造。王弼认为,名教是从最高的"道"派生出来的,"立名分以定尊卑",是"朴散"之后的必然结果。这是老子的观点。但老子认为朴散而为器,是对自然状态的破坏;而王弼认为朴散为器,是符合自然的,也是应当的,则是对老子观点的改造。

在王弼看来,名教必须顺乎"自然",受"自然"的支配,即"载之以大道,镇之以无名"。不顺乎"自然"、不合乎"无为"的"名教"也就不成其为"名教",统治者必须抓住顺乎自然、合乎无为这个根本,以推行名教之治,仁义的作用才能真正地显示出来,礼法的作用才能充分地发挥出来。因此,要懂得什么是母(根本的东西),什么是子(派生的东西),什么是本,什么是末,做到"崇本以息末,守母以存子",政治才能搞好,国家才能安定。由此可见,王弼表面上重视仁义礼法,是用"名教本于自然"来论证现存秩序的合理性,但是实际上又对于违反人自然本性的名教提出了批评。

王弼认为,"无为"的真实意义,便是统治者崇尚自然,顺应自然,以自然为法;不要故作聪明,运用智巧,那么万物便可各得其所,致天下于大治。"善治政者,无形、无名、无事,无政可举。闷闷然,卒至于大治。""道不违自然,乃得其性。法自然者,在方而法方,在圆而法圆,于自然无所违也。自然者,无称之言,穷极之辞也。用智不及无知,而形魄不及精象,精象不及无形,有仪

---

① 《晋书·王衍传》。
② 王弼:《老子注》。

不及无仪,故转相法也。"

"无为而治"主要强调君主"无为",王弼对此进行阐述,"故从事于道者,以无为为君,不言为教"①,认为君主"无为"是关键。因为君主"无为"了,下面的百姓就会效法,"上之所欲,民从之速也。我之所欲为无欲,而民亦无欲而自朴也"②,这样国家就容易得到治理了。

曹魏时期,统治者好法术,贵刑名,崇尚严刑峻法。对此,王弼等人从"无为而治"观点出发,进行了深刻的批判:"若乃多其法网,烦其刑罚,塞其径路,攻其幽宅,则万物失其自然,百姓丧其手足,鸟乱于上,鱼乱于下。是以圣人之于天下,歙歙焉,心无所主也。"③

王弼认为,现实社会的刑政应该遵循自然"无为"的原则,去其繁苛。如果法烦刑酷,过分依赖刑罚,那么万物就会失去自然本性,百姓就会无所措手足,甚至铤而走险,从而招致天下大乱。他在注老子"国之利器不可以示人"一语时说:"利器,利国之器也。唯因物之性,不假刑以理物。器不可睹,而物各得其所,则国之利器也。示人者,任刑也。刑以利国,则失矣。鱼脱于渊,则必见失矣。利国之器而立刑示人,亦必失也。"④这段话有两层意思:一是治国不能背离自然规律,二是治国不能单纯依赖刑罚。他还指出:"夫刑以检物,巧伪必生,息淫在乎云华,不在滋章;绝盗在乎去欲,不在严刑;息论存乎不尚,不在善听。"⑤实际是反对严刑峻法。

▶ 二、嵇康和阮籍对于名教的批判

嵇康(公元223—262年),字叔夜,曾在曹魏政权担任中散大夫,故后世又称"嵇中散",魏晋时的玄学家。由于得罪了司马昭,终于以"言论放荡,非毁典谟"的罪名被杀害。其著作收于《嵇康集》。

在名教与自然关系上,嵇康与王弼不同,强调名教与自然是对立的,他在《难自然好学论》中说:"推其原也,六经以抑引为主,人性以从欲为欢。抑引则违其愿,从欲则得自然。然则自然之得,不由抑引之六经;全性之本,不须犯情之礼律。"认为,儒家所提倡的名教是对于人的自然本性的压抑。人只有从名教礼律的压抑中解放出来,以自己的追求作为生活的目标,才是符合自

---

① 王弼:《老子注》。
② 同上。
③ 同上。
④ 同上。
⑤ 王弼:《老子略例》。

然的,也是人性本身的要求。① 故他公开主张"越名教而任自然":"夫称君子者,心无所措乎是非,而行不违乎道者也。何以言之?——矜尚不存乎心,故能越名教而任自然;情不系于所欲,故能审贵贱而通物情。物情顺通,故大道无违;越名顺心,故是非无措也。"② 在他看来,真正的君子不是在礼法的约束之下中规中矩,而是超越名教的束缚,按照本性过自由自在的生活。嵇康由反对名教,进一步菲薄名教圣人,明确宣布自己"轻贱唐虞,而笑大禹"③,反对"立六经以为准","以周孔为关键"。④ 在当时的礼法社会中,这确是大无畏的呐喊。

有人认为,嵇康反名教的激烈言论,主要是针对司马氏集团虚伪"名教"而发的。例如鲁迅先生就说,嵇康的本意是以为礼教出于人的自然本性,圣洁得不容一点虚伪欺诈的玷污,看到司马氏"亵渎了礼教,不平之极,无计可施,激而变成不谈礼教,不信礼教,甚至于反对礼教。但其实不过是态度,至于他们的本心,恐怕倒是相信礼教,当作宝贝,比曹操司马懿们要迂执的多"。⑤ 这一分析也许不无道理,不管怎么说,嵇康批判名教的态度是十分激烈的。

以"任自然"为根本出发点,嵇康一方面肯定人的自然本性,人的欲望的正当性,另一方面又把它作为抨击现实社会一切恶浊现象和门阀士族专政的理论根据。他愤怒地指斥统治者"凭岵恃势,不友不师,宰割天下,以奉其私","骄盈肆志,阻兵擅权,矜威纵虐,祸蒙兵山",利用名教礼法达到实现一己之私的手段:"刑本惩暴,今以胁贤,昔为天下,今为一身",其结果必然是"赏罚虽存,莫劝莫禁",天下名分既然颠倒,混乱颠覆则无从避免,即所谓"君位益移,臣路生心","下疾其上,君猜其臣,丧乱弘多,国乃陨颠"。⑥

嵇康否定了现实社会虚伪的礼法,希望建立"任自然"的理想法制。"任自然",也就是任"无为",他主张"无为而治",将古代圣王作为"无为而治"的典范:"古之王者,承天理物,必崇简易之教,御无为治。"⑦那个时候"君无文于上,民无意于下","安知仁义之端,礼律之文"?⑧ 从这里可以看到,嵇康的法律虚无主义色彩是很浓的,不过他主张"简易",颂扬"简易之教",还是有一定

---

① 《嵇康集·难自然好学论》。
② 《嵇康集·释私论》。
③ 《嵇康集·卜疑集》。
④ 《嵇康集·难自然好学论》。
⑤ 《魏晋风度及文章与药及酒之关系》,载《鲁迅全集》(第3卷),人民出版社1987年版,第513页。
⑥ 《嵇康集·太师箴》。
⑦ 《嵇康集·声无哀乐论》。
⑧ 《嵇康集·难自然好学论》。

合理性的。

与嵇康齐名的还有阮籍。

阮籍（公元210—263年），字嗣宗，陈留尉氏（今河南尉氏县）人，魏晋时玄学家。其著作收于《阮籍集》。

在历史上，阮籍的思想有一个发展过程。就其早期政治法律观而言，基本上没有超出儒家正统法律思想的德礼刑罚相辅相成论，认为"刑教一体，礼乐内外也。刑弛则教不独行，礼废则乐无所立"，强调以礼和刑两手维系"尊卑有分，上下有等"，"男女不易其所，君臣不犯其位"①的礼法社会秩序。正始十年间，阮籍思想有了发展，与儒道结合、以道释儒的时代思潮相适应，他在"名教"出于"自然"，倡言"无为而治"等方面与王弼的主张同出一辙。他指出，作为"名教"的"治化之体"来自"自然"，"天人之理"相通。天道无欲，君主也应当无欲，因循自然，无为而治，他说："道法自然而为化，侯王能守之，万物将自化"。他十分憧憬尧舜那种"刑设而不犯，罚著而不施"的无为政治。正始十年，司马懿诛灭曹爽集团，实现门阀士族专政，以虚伪的名教为招牌杀戮异己，阮籍的政治幻想破灭，于彷徨中转而为蔑视礼法，嗜酒佯狂，愤世嫉俗，思想发展到和嵇康一样，走上"越名教而任自然"的道路。

阮籍的后期言论是惊世骇俗的，具有很强的战斗精神。他抨击礼法制度和君臣制度，指出礼法名教和君臣制度是一切祸乱的根源："君立而疟生，臣设而贼生。坐制礼法，束缚下民。""强者睽眠而凌暴，弱者憔悴而事人。""竭天地万物之至，以奉声色无穷之欲，此非所以养百姓也。于是惧民之知其然，故重赏以喜之，严刑以威之，财匮而赏不供，刑尽而罚不行，乃始有亡国戮君溃败之祸。此非汝君子之为乎？汝君子之礼法，诚天下残贼乱危死亡之术耳。"

阮籍还宣扬"无君论"，由否定现实社会的礼法、君臣制度，进而提出了恢复自然本来状态的返本归朴的社会理想。他认为，在自然状态的社会里，"无君而庶物定，无臣而万事理"，"无贵则贱者不怨，无富则贫者不争，各足于身而无所求也"。这种无君无臣的主张已不同于一般玄学家提倡的无为而治，它推动着玄学向左的方向发展。

阮籍的上述言论虽也是针对司马氏政权而发的，但其理论意义远不止于此，特别是他的无君论，为后来的无君思想提供了借鉴，鲍敬言就是其中的一个直接受启迪者。

———————————

① 《阮籍集·乐论》。

▶ **三、鲍敬言的"无君"论**

"君权神授"是君主制度存在的基础与前提,历来执政者都宣扬君主是上天授命的,代表上天进行统治的天子,具有至高无上的权威与尊严。但是鲍敬言①却对这一前提提出怀疑:"儒者曰:天生蒸民,而树之君。岂其皇天谆谆言,亦将欲之者为辞哉?"②他指出,所谓"君权神授"不过是统治者欺骗人民的手段。实际上,君主的产生和法的出现是强者征服弱者、智者欺诈愚者的结果,是暴力强制和文化欺骗的产物:"夫强者凌弱,则弱者服之矣;智者诈愚,则弱者事之矣。服之,则君臣之道起焉;事之,则力寡之民制焉。"与"苍天"毫无关系,"彼苍天果无事也"。有人要做皇帝,或是想夺取别人的皇位,就借符瑞之名,妄称出自天意,从而掩饰人们的耳目。他指出:"王者钦想奇瑞,引诱幽荒,欲以崇德迈威,厌耀未服,白雉玉环,何益齐民乎?"③

在否定"君权神授"的同时,鲍敬言进一步揭露了君主的罪恶:"君臣既立,众匿日滋",一切罪恶"皆有君之所致也"。对此,鲍敬言进行了淋漓酣畅的揭露:"人主忧栗于庙堂之上,百姓煎扰乎困苦之中,闲之以礼度,整之以刑罚,是犹辟滔天之浪,激不测之流,塞之以撮壤,障之以指掌也。""君臣既立,而变化遂滋。夫獭多则鱼扰,鹰众则鸟乱,有司设则百姓困,奉上厚则下民贫。壅崇宝货,饰玩台榭,食则方丈,衣则龙章,内聚旷女,外多鳏男。采难得之宝,贵奇怪之物,造无益之器,恣不已之欲,非鬼非神,财力安出哉?"在鲍敬言看来,民不聊生的直接原因在于君主赋役繁重:"夫谷帛积则民有饥寒之俭;百官备则坐靡供奉之费;宿卫有徒食之众,百姓养游手之人。民乏衣食,自给已剧,况加赋敛,重以苦役,下不堪命,且冻且饥,冒法斯滥,于是乎在。"犯罪由被压迫和饥寒产生:"饥寒并至,下不堪命,冒法犯非,于是乎生。"④统治者不是维护秩序,而是祸乱的根源:"关梁所以禁非,而猾吏因之以为非也;衡量所以检伪,而邪人因之以为伪也。大臣所以扶危,而奸臣恐主之不危;兵革所以静难,而寇者盗之以为难。此皆有君之所致也。""人君采难得之宝,聚奇怪之货,饰无衣之用,厌无已之求。""人君后宫三千,此岂天意,谷帛积而民饥寒矣。"

---

① 鲍敬言与葛洪同为东晋人。他的生卒年代、生平事迹和著作现在都已无法查考。《无君论》是因为葛洪为了辩论的需要而较多地引用在《抱朴子·诘鲍》中才得以保留下来。《无君论》是现在研究鲍敬言的思想的唯一资料。

② 《抱朴子·诘鲍》。

③ 同上。

④ 同上。

鲍敬言在彻底批判和否定君主制的同时,明确提出取消君主制,建立一个无君的理想社会,在这个社会里,没有君臣,没有欺压与盘剥;没有租税,百姓安居乐业,天下太平。对此,他通过对远古时代的原始民主和平等的描述表达了自己的理想:"曩古之世,无君无臣,穿井而饮,耕田而食;日出而作,日入而息。泛然不系,恢尔自得;不竞不营,无荣无辱。万物玄同,相忘于道。疫疠不流,民获考终。纯白在胸,机心不生。含脯而熙,鼓腹而游。其言语不华,其行不饰。安得聚敛以夺民财?安得严刑以为坑阱?"①这当然是不可实现的空想。

第二节　魏晋律学的法律思想

律学是以法律注释为内容的中国古典法学。律学起源于汉代,但是在汉代,律学还是经学的附庸。由于法律重新受到统治者的重视,研究法律的律学在魏晋时期才达到了它发展的鼎盛阶段,成为我国独具特色的法律注释学。这主要表现在律学的代表人物刘劭、张斐和杜预等,他们或者参加了律典的编次,或者参与了律典的注释,不仅有丰富的法律实践经验,而且在理论上也颇有建树。特别是以张斐、杜预为代表的晋代律学,集汉魏律学之大成,开唐律律疏之先河,在立法和司法理论方面提出了不少独创性的见解。此外,还有刘颂,他不是律学中人,但长期从事司法工作,当时能提出类似近代法无明文不为罪那样的见解,实属难得。

▶ 一、魏晋律学的发展

律学产生于汉代,是作为经学的附庸,到了魏晋时期,律学开始表现出了独立的意识。人们注意到了律学不同于经学的特点,如杜预所谓法"非穷理尽性之书",虽然给人以贬低法律的印象,但是,毕竟道出了律学不同于经学之处,在于其具有着实践的品格,这实际上为律学独立于经学提供了理论的根据。张斐则反其道而行之,盛赞法律中蕴含精玄妙理,标榜律学学问之高深。他还从魏晋玄学那里吸收了一整套"辨名析理"的方法,力图超越经学方法的束缚。我们知道,汉代经学是一种繁琐的章句之学,其方法是着重于名物的训诂,破碎文义,蔓延支离,十分繁琐。汉代律学受到其影响,"引经注律",也以繁琐著称。史载郑玄等诸儒对律的注释:"诸儒章句十有余家,家数十万言,言数益繁,览者益难。"说的就是这种情况。魏晋玄学在理论上空谈

①　《抱朴子·诘鲍》。

妙理,脱离实际,但在方法上却以辨名析理为特色,一扫汉代经学的繁琐冗烦,返简归约,张斐的律学研究正是受其影响,摆脱了汉代律学的繁琐之风,开出了新的生面。

在张斐身上,我们可以发现魏晋玄学的深刻烙印。他引《周易》说律,认为律有"变通之体",深含"玄妙之理","其旨远,其辞文,其言曲而中,其事肆而隐",这都是《周易·系辞》中的话,而《周易》正是魏晋玄学家们手不释卷的经典作品。魏晋大玄学家王弼曾说过:"夫不能辨名,则不可与言理,不能定名,则不可与言实也。"辨名析理被看做是玄学研究的基本功。而张斐在律学上的一大贡献就是对当时盛行的 20 个法学基本概念给出了极为简要的定义:"其知而犯之谓之故,意以为然谓之失;违忠欺上谓之谩,背信藏巧谓之诈,亏礼废节谓之不敬;两讼相趣谓之斗,两和相害谓之戏,无变斩击谓之贼,不意误犯谓之过失",如此等等,不具备引。张斐在辨名、定名方面的这些成就,对中国古代律学研究起了很重要的作用,从中也可看出魏晋律学已达到了相当高的水平。

魏晋律学固然涉及礼法关系问题,譬如杜预曾阐述其注律宗旨,是"网罗法意,皆格之以名分",张斐认为晋律的结构是"王政布于上,诸侯奉于下,礼乐抚于中"。这些都可以看作是律学家对于礼法关系的观点,是引礼入律的主张。但是魏晋律学更重要的是使法律研究由法律外部(主要是德刑关系问题)进入到法律之中,研究法律的内在矛盾问题,在立法和司法方面提出了重要见解,在理论方面作出了重要贡献。

▶ 二、魏晋律学和立法的进步

法律的内在矛盾之一是无限复杂的现实生活和有限的法律条文之间的矛盾。农业社会自然经济下的社会关系虽说相对简单,但要在一部法典中包罗社会生活的方方面面也非易事。立法方面的法律繁简问题反映的就是这一矛盾。

在中国古代立法史上,《魏律》与《晋律》的制定,是法律进化的里程碑。第一,两者都是一部统一的法典,包括了社会生活的方方面面。这同秦律、汉律有很大不同。《魏律》《晋律》分别是魏朝与晋朝唯一的以"律"为名的法典,此律之外再无他律。第二,在编纂体例上,《魏律》《晋律》具有一定的科学性。特别表现在篇章结构的顺序上,总则在前,分则在后,以纲统目,以纲带目,表现了法律编纂技术的进步。第三,条文简要。中国古代法律在秦汉时期走过了一段由简趋繁的路程,到《魏律》《晋律》的制定,开始了由繁至简的转折。《魏律》与《晋律》的进步,是由于魏晋律学研究有了长足的发展。

秦法曾以繁密致讥。汉初"约法三章"即针对这一弊端，为争取人民拥护而提出的改革措施。但是，汉法后来也走上了由简趋繁的老路。到汉武帝时，"禁网寝密"，达到了"文书盈于几阁，典者不能遍睹"的程度。

汉代后期统治者提出了删减法律的方针，但是却没有完出这一任务。因为删繁就简而又不至于"法疏罪漏"不是一个轻而易举的问题，需要找出以简御繁的方法，它依赖于法学理论研究整体水平的提高。

魏晋律学的发展提供了这样的条件。魏晋律学的代表人物有刘劭、杜预、张斐。刘劭参预魏律的编纂，是"魏律序略"的作者；杜预、张斐都曾经为晋律作注，晋律因此而被称为《张杜律》。魏律和晋律的制定，实现了法律删繁就简的转变。他们对魏律与晋律编纂工作的经验总结，代表了当时法律编纂学的发展水平。

第一是对律、令界限做了重新界定。按照汉代人的见解，"前主所是著为律，后主所是疏为令"。① 律、令是按形成时间的先后不同相区别，两者的内容并无明显的区分。每一代皇帝都可以制定颁布新的律令，而随着律令的增加，科条也日渐增多，司法判例更是日积月累，漫无限制。这是汉代法律之所以繁冗芜杂的主要原因。杜预则将律、令区分为"律以定罪名、令以存事制"。② 律、令的这种区分不仅比"前主所是著为律，后主所是疏为令"的划分更加科学，而且也便于法律的颁布、掌握与适用。律"定罪制"，为使万民知所避就，有必要颁行全国；令"存事制"，只下达到有关政府部门与地方政府保存就可以了。司法官吏判案依据的是律，而律只有一部，自然不会发生"典者不能遍睹"的问题。

第二是把"简直"确定为立法根本方针。杜预指出："法者，盖绳墨之断例，非穷理尽性之书也。故文约而例直，听省而禁简。例直易见，禁简难犯。易见则人知所避，难犯则几于刑厝。刑之本在于简直，……使用之者执名例以审趣舍，伸绳墨之直，去析薪之理也。"③

这段话中值得注意的是杜预关于法的特征之论述。法是"绳墨之断例"，而不是"穷理尽性之书"，其功能是"伸绳墨之直"，故须"去析薪之理"。不是"穷理尽性之书"，指出了法律与经义之书的区别。"去析薪之理"则提出了简化法条的依据。儒家的经义，玄学的经典，旨在于穷尽物理人性，因此，分析得越细致越精密越好。法律则是"绳墨之断例"，为了"伸绳墨之直"，可以放

189

① 《汉书·杜周传》。
② 《太平御览》卷638。
③ 《晋书·杜预传》。

第十二章 魏晋时期的法律思想

弃"析薪之理",也就是说不必特别进行细微的分析。"去密从疏"无疑是简化法律条文数量的一个途径。

第三,从整体观点出发,辩证地看待法律的繁简问题,有一个较为合理的通盘设计,是制定魏律的指导思想。魏律制定者刘劭指出,汉代法律之所以庞杂,是长期演变而成的结果,而追本溯源是汉代法律以法经六篇为基础,篇章太少,容量不足,"篇少则文荒,文荒则事寡,事寡则罪漏"①,为弥补罪之遗漏,后人也就不得不设法增补,而增补的部分又与法律主体相分离,独立成篇,这是造成法律杂乱无章、条文与日俱增的原因。吸取这一教训,魏律的制定为了"都总事类"而采取了"多其篇条"的编撰方法,增加篇目,扩大容量,把应当包括进去的方方面面包罗无遗,从而杜绝了后人对法律的增补。在此方针指导下,魏律定为十八篇。这样的设计,初看起来比汉九章律是增加了,但与汉代法律总体比较却大大省约了。这是很有长远眼光的。

第四,晋代律学比魏代律学有了更大的进步,主要表现是通过法律各个部分的相互作用解决以简驭繁的问题。魏代律学还不懂得以简驭繁的道理。他们似乎只想到"篇少则文荒,文荒则事寡,事寡则罪漏",既然如此,法律要包罗万象,只有从制律之初就走"多其篇条"这一条路。晋代律学则另辟路径。张斐视法律"拟周易有变通之体",特别指出"刑名"一章的作用,认为"刑名所以经略罪法之轻重,正加减之等差,明发众篇之多义,补其章条之不足",它与各篇的有机配合,是以使之"自始及终,往而不穷,变动无常,周流四极,上下无方,不离于法律之中也"。"上下无方"是形容复杂多变的社会现实,法律如何能包罗万象使其不离其中呢?按张斐的见解,靠的是《刑名》(即刑法总则)与各个部分(分则)的相互作用:众篇之多重意义由《刑名》而发明,章条之不足赖《刑名》而补充。这样法律就可以以少胜多,以简驭繁。魏律的作者虽把《刑名》置之于卷首,但对《刑名》的这一作用还没有深入理解。晋律能在魏律的基础上更大限度地化繁为简,是律学进步的结果。在张斐看来,篇少未必"文荒",事寡也未必"罪漏",律作为一个"变通之体",它所具有的互动相变的特性将使其整体功能超过构成它的篇章文字这些要素的总和。这就是他通过对律的整体功能特性的分析所给出的回答。这个回答虽尚嫌疏略,但抓住了问题的实质。他的这一理论观点及所包含的辩证思想不仅在当时有意义,而且对后人也颇有启发。

---

① 《晋书·刑法志》(本节以下引文不注出处者均同此)。

▶ 三、两种不同的司法主张

在法律适用过程中，存在着一般与个别、普遍与特殊的矛盾。适用法律就是把普遍性的法律规定适用于一个具有一定特殊性的个别事件。"刑书之文有限，而舛违之故无方。"违法犯罪的情状形形色色，花样翻新，绝不是一般法律条文能预先做出详尽规定的。在司法活动中如何对待和解决上述矛盾呢？在晋代，以刘颂为代表的一派主张守文定罪，而以张斐为代表的一派则主张通过"慎其变，审其理"而达到"理直刑正"。

（一）张斐："慎其变，审其理"

张斐提出的司法主张以"理直刑正"作为司法目标，要求判决必须做到合理准确："采其根芽之微，致之于机格之上，称轻重于毫铢，考辈类于参伍，然后乃可以理直刑正。"为达到这一目标，他一方面主张司法者在审判过程中要全面、深入、周到地体察案情："论罪者务本其心、审其情、精其事，近取诸身，远取诸物，然后乃可以正刑"，另一方面主张赋予司法者一定的自由裁量权，"或计过以配罪，或化略以循常，或随事以尽情，或趣舍以从时，或推重以立防，或引轻而就下"。司法者可以"临时观衅"，对"公私废避之宜，除削重轻之变"相机做出处理。

这一主张的中心思想是灵活变通地适用法律。即"慎其变，审其理"。他说："夫律者，当慎其变，审其理。"这是张斐《注律表》的中心思想。在张斐看来，"律者幽理之奥"，在律的深处蕴涵着"理"，而"理者精玄之妙"，它精微玄妙，并且还"变无常体"，因此要掌握律，必须领会律中之理，而要领会律中之理，又必须了解它是"精玄之妙"，慎重地对待"理"之变无常体，这就是"慎其变，审其理"的内涵。

具体地说，如何"慎其变，审其理"呢？

首先，是把握法律概念。为此他对故、失、谩、诈等20个法律概念作定义性的解释："知而犯之谓之故，意以为然谓之失，违忠欺上谓之谩，背信藏巧谓之诈"，如此等等。这些解释简明扼要，张斐称之为"较名"。从现代法学角度看，有的解释还不够精确。但它确实代表了当时律学的最高水平，抓住了各类犯罪的一般本质特征，可以作为比较、区分各类犯罪的思维工具。

其次，他提出了定罪当中应注意的"常"与"变"即一般与特殊的关系问题。法律概念反映了事物的一般特征，具有确定的意义，但在特殊情况下，则需要变通使用。张斐举出了"故失之变"等例子，并将类似的种种情况概括为"无常之格"。譬如，"斗之加兵刃水火中，不得为戏，戏之重也。向人室庐道径射，不得为过，失之禁也"。他在列举20个"较名"之后紧接着就提出了存在"无常之格"的问题,要求人们予以注意,体现了"慎其变"的思想。

再次,他特别提醒人们注意掌握区分相关罪名的微细差别,指出"律有事状相似而罪名相涉者"。为证明这一点,他对貌似同属于威势得财的 12 种罪名,一一进行细密地分析,指出其区别所在:"将中有恶言为恐愒(喝),不以罪名呵为呵人,以罪名呵为受求(赇),劫召其财为持质。"以此说明"罪似"而"名殊",只有细致入微的分析才能做出正确的处理。

复次,他对定罪量刑所依据的规则进行了归纳整理,并加以概括,例如将加重与并合论罪的规则表述为"不以加至死,并死不复加;不可累者,故有并数,不可并数,乃累其加;以加论者,但得其加,与加同者,连得其本"。这显然不是律的原文,而是张斐为便于人们掌握这些规则抽象出来的规律性认识。

最后,张斐还特别提到:"律之名例,非正文而分明也。"意思是一些关于定罪量刑的原则性规定的意义,并不都清楚明白地显现在表述它的文字之中。他举例说,"年八十以上,非杀伤人,皆勿论",这一规定没有明确显示"诬告谋反者"年八十以上要不要论罪。"殴人,教令者要与行者同罪",这条规定也没有说明"教令人殴其父母"是否与行者同样加重。按张斐的解说,前者包含了诬告谋反者要以反坐论罪的意思,后者则意味着教令者不需与行者同样加重处刑。这显然不是律文的字面意义,而是法条的深层含义,是通过"审其理"而深入地理解其内在的精神实质才能确切把握的东西。

应当指出,张斐主张灵活变通地适用法律,一方面是基于律本身具有变通的特性,一方面还包含了对案件的特殊性之考虑。每一个案件都是具体的,各有其不同的情况,法律则是一般性规定。在大多数情况下,可以"化略以循常",不必考虑案件的细节差别,使之与法律的一般性规定相适应;在少数情况下,个别案件的特殊性使之难于纳入法律的一般性规定之中,就需要"随事以尽情","或趣舍以从时,或推重以立防,或引轻而就下",如此等等。这一主张不仅在当时与多数人所主张的"守文定罪"截然不同,而且在中国法律史上也独树一帜。

(二)刘颂①:"主者守文"和"人主权断"

刘颂的司法主张和张斐不同。刘颂看到了法律与现实的矛盾:"天下至大,事务众杂,时有不得悉循文如令。"那么,在法律遗漏或不适合实际情况的时候,怎么办?一个选择是严格根据法律条文断案,一个选择是按照事物的情理进行判断。在刘颂看来,这两者是相互冲突的:"征文必有乖于情听之断"。合情未必合理,合理未必合法,按照法律条文判案注定要和按照情理判

---

① 刘颂是西晋王朝的高级官吏,长期从事司法工作,位至三公。曾上疏主张恢复肉刑。

案不一致。从表面上看起来,充分考虑事物的特殊性乃至个性,对之做出合情合理的处理,似乎优越于按照事先规定的未必就放之四海而皆准的法律条文对案件进行的判断。"夫出法权制,指施一事,厌情合听,可适耳目,诚有临时当意之快,胜于征文不允人心也。"完全把法律抛在一边,按着个案公正的原则做到合情合理,不仅使旁观者满意,而且本人也会获得快感,胜过严格刻板地拘守法律文字做出违心的判断。但是,在刘颂看来,如果作为一种长期实行的制度,却是得小失大:"然起为经制,终年施行,恒得一而失十。"故而刘颂认为,从长远的观点看,识大体的人,应该选择的是:"忍曲当之近适,以全简直之大准。不牵于凡听之所安,必守征文以正例。"克制自己的感情,不迎合大众的心理,坚定地按照法律的规定判断案件。因为只有这样做,才能维护法制,杜绝种种弊端,使"情求傍请之迹绝,似是而非之奏塞。"

刘颂还以法制的历史演变说明"征文"是历史必然的选择。"上古议事以制,不为刑辟。夏商及周,书法象魏。三代之君齐圣,然咸弃曲当之妙鉴,而任征文之直准,非圣有殊,所遇异也。"在历史上,成文法代替了"上古"的"议事以制,不为刑辟",是由于时代的不同,才促使人们放弃了"曲当之妙鉴"(议事以制);选择了"征文之直准",依据法律条文断案。

在刘颂之前,主张依法断案者不乏其人,刘颂主张的深刻性在于他是在意识到存在上述两难选择的情况下,是在意识到依法断案具有正负两面价值,坚持依法断案需要付出代价的情况下,仍然做出的自觉选择。

刘颂明确提出:"律法断罪,皆当以法律令正文,若无正文,依附名例断之,其正文名例所不及,皆勿论。"这与近代"法无明文不为罪"原则十分近似,虽然精神和出发点有所不同。

按照刘颂的主张,司法官吏恪守法律条文断案是一个不可动摇的法制原则。"法欲必奉,故令主者守文。""使主者守文,死生以之,不敢错思于成制之处,以差轻重。""至于法律之内,所见不同,乃得为异议也。""意有不同为驳,唯得论释法律,以正所论,不得援求诸外,论随时之宜。"法官只能在法律规定的范围内恪守成法,即使对案件的处理要表示不同意见,也要以法律为依据,通过对法律意义的阐发,得出结论,而不能到法律之外去寻找断案的依据。

在刘颂看来,"随时之宜"也好,"看人设教"也罢,都是立法改法考虑的问题,而不应当成为违法判案的借口。"看人设教,制法之谓也。又曰随时之宜,当务之谓也。然则看人设教,在大量也,而制其法。""群吏岂得在成制之内,复称随时之宜,傍引看人设教,以乱政典哉!"

君主专制制度下的君权大于王法,在这种情势下,刘颂的守文定罪主张只能限于一般的司法官吏。在主张法欲必奉故令,"主者守文"的同时,刘颂还主张"事有时宜,故人主权断。"这当然反映了刘颂思想的局限性。不过也应该看到,这一主张在法理上不无一定合理性。鉴于天下事务的众多与复杂,法律中存在着不符合实际情况的规定,在特殊情况下需要根据形势以及事务本身的要求,作出相应的处理。这也就需要给予某些人以特殊的权力。在古代社会,把这一权力集中于最高统治者君主手里也是很自然的。

可贵的是,在这里,刘颂仍然强调君主应当以法制观念进行自我约束。他指出,"夫人君所与天下共者,法也。已令四海,不可不信以为教,方求天下之不慢,不可绳以不信之法。"他还针对君主以妥善周到的处理问题("尽理"、"合情"、"尽善"、"曲当")为借口歪曲法律的倾向,指出其对法制的危害。"事求曲当,则例不得直,尽善,则法不得全。"君主这样一种姿态与追求,只会使司法官吏迎合君主的意愿,歪曲法律的原意,而那些不法官吏更会乘机营私舞弊,逃避应有的监督。

刘颂守文断罪的思想不是孤立的,而是当时的一种思潮。在他之前,有杜预持此观点。杜预说:"法之本在于简直,故必审名分,审名分者必忍小理。"从而他主张"伸绳墨之直,去析薪之理"。在刘颂同时,有汝南王司马亮支持他的意见,促成朝廷大臣的共同奏议:"昔先王议事以制,自中古以来,执法断事,既已立法,诚不宜复求法外小善也。若常以善夺法,则人逐善而不忌法,其害甚于无法也。"

其后,到了东晋又有时任丞相府主簿的熊远也主张"征文据法,以事为断"。他反对"任情破法",说:"按法盖粗术,非妙道也,矫割物情,以成法耳。若每随物情改法制,此为以情坏法。法之不一是谓多门。开人事之路,广私请之端,非先王立法之本意也。"明确主张用法律规定:"诸立议者皆当引律令经传,不得直以情言,无所依准,以亏旧典也。若开塞随宜,权道制物,此是人君之所得行,非臣子之所宜专用。主者唯当征文据法,以事为断耳。"

综合刘颂等人这一派的意见,其实质是把法律的稳定及确定看做是最重要的原则,为保全这一稳定及确定性而可以牺牲个案公正,完全排除司法者的自由裁量,不准对法律有丝毫的灵活运用。这和张斐不同。张斐主张"律不可以一体守",司法者应当灵活地运用法律,"或化略以循常,或随事以尽情",允许在法律一般性规定不适用案件的特殊性时司法者采取衡平的方法自由裁量。两者形成了明显的对比。平心而论,两种司法主张各有其道理,难分高下。当时以及其后的统治者根据客观可能与主观需要,选择采用了刘颂等人"守文定罪"的司法主张。导致做出这一选择的原因相当复杂,大体上说,君主专制、中央集权、与官僚政治伴生的官吏腐败以及儒术独尊导致的司法专业人才匮乏等等都是重要因素。在这种情况下,张斐的司法主张由于不合时宜,不能适应社会的客观情况与统治者的主观需要没被采纳,后来也没发生太大影响,是很自然的事情。然而,这一历史遭遇不能作为论定其思想价值的根据。在改变了历史条件下的今天,张斐的司法主张应该重新予以正确评价。

【参考书目】

1. 张国华:《中国法律思想史新编》,北京大学出版社 1998 年版,第四讲。
2. 杨鹤皋:《魏晋隋唐法律思想研究》,北京大学出版社 1995 年版。
3. 俞荣根:《儒家法思想通论》,广西人民出版社 1998 年版,第八章。
4. 武树臣:《儒家法律传统》(上篇),法律出版社 2003 年版。

【思考题】

一、名词解释

1. 律学
2. 守文定罪
3. 理直刑正

二、简答题

1. 简述鲍敬言的无君论思想。
2. 魏晋立法是怎样解决法律繁简问题的?

三、论述题

1. 试述魏晋玄学关于自然和名教的关系主张。
2. 试述魏晋时期两种不同的司法主张。

第十三章　隋唐时期的法律思想

　　隋唐时期,是中国封建社会的全盛时期,也是一个思想平庸的时代。法律思想也不例外。由于正统法律思想已经在法律制度上基本落实,除了复仇之类比较特殊的问题外,在法律思想领域已经鲜有争论。所以,各种文章差不多都是老调重弹。所幸的是这一时期儒家思想面临佛教和道教两大宗教的挑战,激发出了一定的活力,其表现是韩愈道统论的提出。韩愈没有完成他自己所提出的历史任务,但是,他为宋明理学开了理论先路,并且在同时代人中也引发出来一系列争论,为这一时期的法律思想涂抹上了一层亮色。

　　本章主要学习:(1) 封建正统法律思想对唐代法制的影响;(2) 韩愈的道统论及其法律思想;(3) 柳宗元对天人关系的认识及其法律思想。

第一节　正统法律思想的制度化

　　正统法律思想落实到法律制度是一个长期的过程。董仲舒提出的德刑关系理论对于法律制度的影响也是逐步发生的。法律和道德,同为社会规范,却有各自的特点、不同的内在机制和运作规律。一个案件,是以法律为判断标准,还是以道德为判断标准,结果可能会完全不同。围绕如何解决这一矛盾,从两汉历经魏晋南北朝到隋唐,既有理论思想方面的探讨和论争,也反映在制度的改造与完善方面。到了《唐律疏议》完成,正统法律思想才基本制度化了。与此同时,制度的变化,特别是正统法律思想的制度化,又使得诸如复仇等问题突出了出来,成为争论的焦点。

▶ 一、德本刑用,一准乎礼

　　正统法律思想在制度上的落实,通过引经决狱、引经入律、引礼入律种种途径,使法律和道德达到融合一致,在《唐律疏议》一书中得到了完全的体现。"德本刑用"是《唐律疏议》的核心思想,"一准乎礼"是《唐律疏议》的基本特征。

　　"德礼为政教之本,刑罚为政教之用,犹昏晓阳秋相须而成者也。"这是《唐律疏议》开篇中的一句话,可以概括为"德本刑用"。古代统治者历来把社会治理看做是管理与教育的结合,赋予自己政教合一的职能。这句话表明,在统治者实行统治的过程中,德礼与刑罚所处的地位与所起的作用:德礼是统治的根本,刑罚是统治的工具。尽管说两者都是不可缺少的,犹如黎明与黄昏交替而成昼夜,春天与秋天更迭而成岁月一样,但是"本"和"用"却昭示了两者的不同价值,也规定了两者的关系:德礼对刑罚的决定和支配作用。

《唐律疏议》的作者在这里把"德礼"并称,所指的是纲常礼教。严格地说,德与礼是两个东西。德在儒家学派那里指的是以仁义为中心的道德观念,礼则是指以亲亲、尊尊为原则的制度规范。自董仲舒创三纲五常之说,仁义被包括在五常(仁义礼智信)之中,亲亲、尊尊也具体化为三纲(君为臣纲、父为子纲、夫为妻纲),德礼与纲常礼教于是混而不分。实际上,德与礼有所区别,德礼与法更是不同的东西。

后人评论唐律"一准乎礼",也肯定礼与法是不同的事物,因此可以拿两者作比较,说唐律以礼作标准进行衡量,无一不相符合。有一种概括叫"礼法合一",这不确切。以唐代来说,《唐律》之外,有官礼(朝聘之礼)和家礼(婚丧之礼)的存在,证明两者没有合一。因此,"一准乎礼",意思主要是指法律无一不符合礼的要求,符合纲常礼教的精神。这显然是以"德礼为政教之本"作为立法指导思想的结果。但也应该指出,这是一个长期的历史过程,唐律只是这一礼法融合过程的总结。

礼法融合的表现之一是"十恶"罪名的创立,"十恶"可以说是法律与道德融合的标本。

我们知道,罪是法律概念,恶则是道德范畴。罪恶连用成为一个名词是法律道德演变发展趋于合流的结果。在《北齐律》中,将严重危害统治秩序的犯罪与侵犯家庭伦理道德秩序的犯罪归纳为一起,是一个聪明的创造。不过,这时类似后来十恶的犯罪还被称为"重罪十条",到了隋《开皇律》,才将其改称为"十恶",将这十种犯罪不仅列为重点打击的对象,而且在道德上给予其负面评价,《唐律疏议》则进一步为对其道德批判提供了理论依据。例如解释"十恶"中的"谋反",说"为子为臣,惟忠惟孝,乃敢包藏凶恶,将起逆心,规反天常,悖逆人理"。再例如解释"谋大逆",说"干纪犯顺,违道悖德,逆莫大焉。"又说:"有人获罪于天,不知纪极,将图不逞,遂起恶心。"解释恶逆,说"枭镜其心,爱敬同尽,无服至亲,自相屠戮,穷恶尽逆,绝弃人理。"对于大不敬,则说"责其所犯既大,皆无肃敬之心"。从这些论述中,我们可以看出,"十恶"这一罪名的特殊之处在于"诛心"。一般来说,统治者完全可以利用手中掌握的立法大权,把一切反对自己危害统治的行为规定为法律惩罚的对象,而不必宣示什么理由;而在这里,我们却看到对属于"十恶"范畴的种种犯罪行为的道德批判。这种诛心之论,一方面是为重刑惩罚这类犯罪提供以冠冕堂皇的道德为依据的理由,使其合理化,另一方面它也使不应该成为法律所处罚的思想动机(法律应当惩罚的是行为)上升为惩罚的对象。

礼法融合的另一个表现是准五服以制罪。

晋律确定准五服以制罪的原则,是引礼入律的重要表现。唐律也是完全按照人们的亲疏远近确定亲属之间相互侵害的行为应负不同的刑事责任,受到轻重不等的处罚。这叫做"凡人相殴,条式分明;五服尊卑,轻重颇异"。①譬如,平常人之间发生相互殴斗,打人者笞四十;而殴打缌麻兄姊,杖一百;殴打小功兄姊徒一年;殴打大功兄姊徒一年半;殴打兄姊徒二年半。如果被殴打者是尊亲属,还要加重治罪:殴打缌麻尊亲属徒一年;殴打小功尊亲属徒一年半;殴打大功尊亲属徒二年;殴打伯叔徒三年。反之,若尊长殴打卑幼,则非造成"折伤"后果者不坐,不追究刑事责任;造成"折伤"后果者,减等论罪:被打者是缌麻卑幼,减凡人一等;小功卑幼,减凡人二等;大功卑幼,减凡人三等。②

此外,关于限制亲属间告诉与在法庭上提供亲属有罪的供词的规定,也都体现了"亲亲"的礼治原则。这里面既包含了对于自然亲情关系的一种关照,符合人类一般道德观念,同时也反映了中国封建社会特有的纲常伦理(例如尊卑的不平等和亲疏远近的差别)。值得我们注意的是,在严重危害统治秩序时,特别是涉及谋反谋大逆等犯罪时,则不仅不对自然亲情给予关照,而且还利用人们的自然亲情,运用亲属连坐的方式,作为制裁犯罪的一种手段。

礼法融合的第三点表现是尊尊的等级身份原则贯彻于法律之中。

尊尊的原则体现为按照人们的等级身份贵贱不同而分别定罪量刑。唐律在这方面的表现,一是官僚贵族受到法律的宽待,享有种种法定特权,包括其犯罪时受到宽大处理的各种程序性与实体性(八议、上请、减、官当、赎)规定。二是相互侵犯时身份不同处刑不同。三是良民与贱民间的不平等。

《唐律疏议》的出现被看做是中国法制史的一个高峰,它承前启后继往开来,把以前律学的研究成果,法制制度上的种种创制加以继承和总结,形成了一个完整体系,而对后世也确实产生了巨大影响。在中国法律思想史上,盛唐时代也是正统法律思想趋于定型的时期。法律方面的一切重大问题,特别是德刑关系,已经讨论结束并达成了共识,自此之后,人们只需要根据形势的变化,运用这些知识就够了。从春秋战国开始,因百家争鸣特别是儒法两大

---

① 《唐律疏议》第 310 条《问答》。
② 《唐律疏议》卷 22。

学派围绕着国家治理的方式方法、法律与道德的关系、刑罚的重轻等等问题的种种争论，至此基本已经平息。只有复仇问题凸现了出来，成为唐代思想界争论的热点。

▶ 二、礼法冲突与复仇问题

复仇问题存在久矣，东汉时期，桓谭曾上疏论及复仇问题，说"今人相杀伤，虽已伏法，而私结怨仇，子孙相报，后忿深前，至于灭户殄业。"可见当时复仇问题的严重。在汉末，荀悦曾谈及复仇问题。他认为对于复仇案件应该区别情况，"有纵有禁，有生有杀"，不能一律看待。原则上是"制之以义，断之以法，是谓义法并立"。具体地说则是："依古复雠之科，使父雠避诸异州千里；兄弟之雠避诸异郡五百里；从父从兄弟之雠避诸异县百里。弗避而报者无罪，避而报之杀。"主张以避仇的方式解决这一问题。

唐律规定的"移乡"制度就是避仇之法。唐律没有明确规定父母为人所杀禁止复仇，与此形成明显对照的是法律明确规定父母被人杀害禁止"私和"。从中我们可以体味唐律在这一问题上的道德倾向。

复仇之所以在唐代成为讨论的热点问题，是由于法律和道德在其他方面的关系几乎融合无间，而在这个问题上却存在严重冲突无法调和。诚如唐宪宗的一份诏书所说："复仇，据《礼经》则义不同天，徵法令则杀人者死。礼法二事，皆王教之大端，有此异同，固资论辩。"[1]根据儒家经典所提倡的道德标准，杀父之仇不共戴天，只有舍身为父报仇才堪称孝子；但是，按照传统法律，杀人偿命又是一条不可动摇的根本原则。于是，如何处理这种复仇引发的刑事案件就成了问题。

在唐代，参与这一问题争论的有韩愈、柳宗元和陈子昂等人。陈子昂在武则天执政期间任左拾遗，其时发生了徐元庆复仇案件：徐元庆的父亲被县尉赵师蕴杀死，徐元庆为父报仇杀死赵师蕴，然后自首。就杀人偿命的法制原则来说，应该把徐元庆处死；但是，国家提倡礼义教化，又包括了"杀父之仇，义不同天"的内容，据此则不应该把徐元庆处死。面对这一两难选择，基于"人必有子，子必有亲，亲亲相仇，其乱谁救"的考虑，陈子昂的建议是："宜正国之法，寘之以刑；然后旌其闾墓，嘉其徽烈。可使天下直道而行，编之于令，永为国典。"[2]他的主张是将法律和道德分开处理：一方面按照法律原则将其处死；另一方面是按照礼教精神，在其被处死后加以表彰。这样既维护了

---

① 《资治通鉴》卷238。
② 《新唐书·孝友传》。

法制原则,又有利于道德教化。他还主张用立法的形式把他的建议"永为国典"。

对陈子昂的办法表示反对意见的是柳宗元。柳宗元为此专门写了《驳复仇议》一文。他认为,礼和刑虽然作用不同,但是目的一致,都是为了"防乱"。所以"旌与诛莫得而并焉"。不能一方面处之极刑,一方面又旌其闾墓。"诛其可旌,兹谓滥,黩刑甚矣;旌其可诛,兹谓僭,坏礼甚矣。"无论是把应该表彰的人处死,还是对应该处死的人给以表彰,都会导致法律原则和道德标准的混乱。这样做,天下和后世守法和趋义的人就会失去准则和方向。

那么,怎么办呢? 柳宗元认为,应该区分两种情况:一种情况是,徐元庆之父是被赵师韫因出于个人恩怨而无辜被害。那么,在官府不闻不问不为之主持正义的情况下,徐元庆为父报仇,不仅对父亲履行了义不同天的道德义务,而且也替国家维护了法纪,为社会伸张了正义。那就不应该受到惩罚。另一种情况是,徐元庆之父是个罪人,赵师韫杀死他是根据国家授予的职权行使的合法行为,那么,徐元庆为父报仇就不仅是向国家官吏寻仇,而且是向国家法律挑战。"法其可仇乎?"当然是不容许的,因此应该处死徐元庆,并且也没有理由给以道德上的表彰。

柳宗元把复仇案件分为两种类型,以其父的被杀是不是"死于法",来确定为父报仇的行为有没有正当性,进而确定是否应当受到惩罚,虽然没有根本解决法律和道德在这个问题上的冲突,但还是有一定的积极意义。一方面,他在"其父死于法"一类复仇案件的处理上维护了法制的原则;另一方面在"其父死于非法"一类复仇案件的处理上肯定了对于不法官吏滥杀无辜进行报复的正义性。后者应该说十分难得。

韩愈也对复仇问题发表了意见,他不赞成用立法解决复仇问题。他认为法律未明确规定对于复仇案件如何处理不是偶然的,原因在于"盖以为不许复仇,则伤孝子之心,而乖先王之训;许复仇,则人将倚法专杀,无以禁其端矣。"在这种情况下,唯一可行的是建立一种个案处理的制度。即在这类案件发生后,通过一定的程序,由朝廷大臣"集议奏闻,酌其宜而处之"。把最后决定权收归于上。他和柳宗元不同之处在于,他认为其父被官吏滥杀,其子可以复仇的办法"不可行于今"。看来他更担心的是秩序受到破坏。

▶ 三、赵冬曦论删减律文之弊

在我们的法制史教科书中,对唐律的评价一直是把"繁简适中"作为它的优点予以充分肯定。赵冬曦却在当时对此提出异议。他的观点值得我们重视。

赵冬曦是唐朝定州人,活动于开元年间,任监察御史。下面这条批评唐律的言论篇幅不长,全文转载如下:

　　"臣闻夫今之律者,昔乃有千馀条。近者,隋之奸臣将弄其法,故著律曰:'犯罪而律无正条者,应出罪则举重以明轻,应入罪则举轻以明重。'立夫一言而废其数百条。自是迄今,竟无刊革。遂使死生罔由乎法律,轻重必因乎爱憎。受罚者不知其然,举事者不知其犯,臣恐贾谊见之,必为之恸哭矣。立法者,贵乎下人尽知,则天下不敢犯耳,何必饰其文义,简其科条哉!夫科条省则下人难知。下人难知,则暗陷机阱矣,安得无犯法之人哉;法吏得便,则比附而用之矣,安得无弄法之臣哉。"①

　　赵冬曦的批评对象是,隋唐时期的法典编纂以简省为指导思想,导致很多条文被删减而以"比附"论罪的弊端。这一批评至少有三个方面对我们有所启发。

　　第一是要辩证分析法典繁简之利弊。不能把法典条文的简省看做是绝对有利而无弊的事。原因在于"立法者,贵乎下人尽知,则天下不敢犯耳"。而"科条省"的结果必然会"文义深",使得法律条文的意义变得难以理解。而法律条文意义不明确,可以这样解释也可以那样解释,就会"死生罔由乎法律,轻重必因乎爱憎",任由官吏上下其手夤缘为奸。法律条文意义模糊,老百姓不知道法律是怎样规定的,"受罚者不知其然,举事者不知其犯",则会掉进法律所设定的陷阱不能自拔。因此,法律应该意义明确,表达明白,而不应当一味追求科条简省,这是赵冬曦立论的基础。这个出发点应该肯定。

　　第二是通过什么方法删繁就简?史载,隋朝制定开皇律,由于隋文帝"因览刑部奏,断狱数犹至万条。以为律尚严密,故人多陷罪。又敕苏威、牛弘等,更定新律。除死罪八十一条,流罪一百五十四条,徒杖等千余条,定留唯五百条"。赵冬曦则认为以"应出罪则举重以明轻,应入罪则举轻以明重"这样一条规定,取代了删减的几百条法律,是"立夫一言而废其数百条",是一种简单化、一刀切的做法。他的这个批评是否符合实际可以讨论,不过,五百条这样的整数确实让人产生怀疑,五百条可能是先已预定好的指标。

　　第三是繁简适中的标准或者说尺度是什么?在我们的法制史教科书中,将"繁简适中"作为《唐律》的优点予以充分肯定。赵冬曦却严厉批评其过分简省。繁简适中有没有一个标准?很值得研究。

　　我们知道,中国古代法典的编纂和法律的修订,从秦汉到魏晋经历了一个从繁杂到简要的发展过程。繁杂的典型,如秦法,史谓之"繁如秋荼,密如

---

　　①　见《全唐文》卷296。

凝脂"。如汉武帝时之法,史称其"律令凡三百五十九章,大辟四百九条,千八百八十二事,死罪决事比万三千四百七十二事。文书盈于几阁,典者不能遍睹。"再如汉魏之际,"凡断罪所当由用者,合二万六千二百七十二条,七百七十三万二千二百余言"。

而简要的典型,第一要属汉初汉高祖的"约法三章",只有三句话,太简单了,到了"不足以御奸"的程度,不得不法外立法,律外定律,科条渐增,终趋繁密。再就是魏晋时期,特别是晋代,统治者以"蠲其苛秽,存其清约"为修律方针,制定的晋律计20篇,620条,27657言(字),以"简约"著称于史。然而,晋律是不是过分简省了呢?其后各代律文数量的反弹,似乎对之给出了肯定的回答。请看历史的记录:南朝《齐律》"凡千五百三十二条";《梁律》"凡定罪二千五百二十九条"。即使是以科条简要著称的《北齐律》也九百四十九条;北周《大律》则"大凡定罪千五百三十条"。

那么,究竟多少条才科学合理,繁简适中? 是二千五百条(《梁律》)、一千五百条(南朝《齐律》和北周《大律》)、一千条(《北齐律》),还是六百条(《晋律》)、五百条(《隋律》和《唐律》)? 现在看,律究竟是细密一些好还是简要一些好,繁简适中的标准是什么,恐怕应该成为我们重新思考的一个问题。

其实,法律繁简的利弊、优劣和适中的标准都不是一成不变的。历史上对于某代法律繁密的指责需要辩证地看待。比如说,汉武帝时律、令、科、比合计达到几万条,"文书盈于几阁,典者不能遍睹",那是因为当时书写法律和案例的资材是竹简与木牍。无论是放置保存还是查找翻阅都相当不方便。汉末法律及诸家注律之书达到"七百七十三万二千二百余言",听起来不少。但如果是今天,印刷成册不过几十本书,如果存储在电脑里,所占虚拟空间到不了一个G,真是"多乎哉,不多也"! 中国古代社会固然社会经济不发达,但是人们之间的伦理关系却被规定得相当复杂,法律也就无从简单。民众的文化程度不高,然而这与其说是法律条文应该简省的理由,倒不如说是法律条文应该繁复的理由。因为如赵冬曦所说,"简其科条必然深其文义,科条省则下人难知矣。"《唐律疏议》的出现坐实了赵冬曦的说法,如果文义不深的话,还用得着逐条解释吗!

我们知道,随着历史的发展,书写的资材越来越改进,纸张的普遍使用,印刷技术的提高,人们阅读能力也随之进步。而由于以史为鉴,形成了以繁密为法律痼疾的思维定势,隋律和唐律的制定者却继续走删繁就简的老路,延续了由秦汉至魏晋法律由繁趋简的趋势。隋唐时期印刷术已初步成型,韩愈、柳宗元、白居易的个人文集已不下数十万字,整个国家的基本法典却非要删繁就简,限制在五百条、十万字之内(《唐律疏议》包括法条和解释才七万字),岂非削足适履、作茧自缚!

第二节　韩愈的道统论

有的思想史家指出,唐代是一个思想平庸的时代。法律思想也不例外。不过,平庸中酝酿着变革。在韩愈那里,我们已经可以看到宋明理学的发端。

韩愈,字退之,号昌黎。唐代著名的文学家、思想家,历任监察御史、刑部侍郎、吏部侍郎等,也曾遭贬斥外放做地方官。作品编为《韩昌黎集》。

从表面上看起来,唐代是正统法律思想大获全胜的时代,它体现于法律之中,实现了制度化,然而正统法律思想在唐代也遇到了危机。主要是儒家思想遇到了来自外部的挑战。一是佛教,二是道教。唐代统治者采取三教(包括儒教)并用的调和政策,维护自己的统治,这动摇了儒教在历史上的独尊地位。面对这一挑战,儒学必须发展自己的理论。韩愈的道统论应运而起。

▶ **一、"道统论":一个虚构的儒家传授谱系**

韩愈的"道统论",是在三教并立的形势下,为应对道教和佛教对儒家正统地位的挑战,维护儒家学说在统治阶级和整个社会中的统治地位而提出来的。道教的兴起与佛教的传入都在汉魏之间,到了唐代,两者在统治上层与社会民众中都赢得了很多信众。佛、道的偶像崇拜,寺观的普遍建造,以及其教义的广泛流行,在社会上形成了庞大的势力,再加上某一时期统治者的有意提倡,使得儒家学说面临前所未有的危机。同佛教与道教相比,儒家学说没有一种宗教组织作为凭借,缺乏明显的偶像崇拜因素,其所提倡的纲常伦理惟忠惟孝的理论与佛教的轮回报应、道教的长生不老等教义相比,在诱导与煽惑力方面都相形见绌。这就给坚持儒家学派立场的人提出了理论建设方面的任务。韩愈提出道统论正是要完成这样一个任务。

韩愈道统论的内容有三个方面:

第一是阐明儒家道统的内涵。在中国,"道"这个范畴最早最充分的阐发者是道家学派。韩愈特别指出,儒家所谓的"道"与道家所谓的"道"不是一个东西。"其所谓道,道其所道,非吾所谓道也。"[①]在韩愈看来,儒家道统之道的内涵和核心是仁义,他说:"博爱之谓仁,行而宜之之谓义,由是而之焉之谓道,足乎己而无待于外之谓德。"其中,"仁与义为定名,道与德为虚位"。道德为"虚位"是由于道德的内容有待充实与确定。儒家所讲的道德,是以仁义为

---

① 《韩昌黎文集·原道》,以下凡引此文不注。

核心与内涵的道德,道家也讲道德,但却是不讲仁义甚至主张"绝仁弃义"的道德。

第二是指出儒家思想传授谱系之源远流长。所谓道统,具体地说就是儒家思想在历史上的传授谱系。就历史的实际看,儒家学派是在春秋末期由孔子创立的,但照韩愈的看法却可以从孔子上推直至中国历史上的传说时代:"斯道也……尧以是传之舜,舜以是传之禹,禹以是传之汤,汤以是传之文武周公,文武周公传之孔子。"虚构这样一个源远流长的儒家道统谱系是和佛教道教斗争的需要。佛教和道教当时都建立了自己的传授谱系,而且把其创立人释迦牟尼、老子和孔子的关系分别说成是"师生"关系。如韩愈在《原道》篇中描述的,老者曰:"孔子吾师之弟子也"。佛者曰:"孔子吾师之弟子也。"结果是连儒家自己"习闻其说",亦曰"吾师亦尝师之",承认这种师生关系,在奉天法古师道尊严的中古气氛中,上述形势使儒家学派在三教竞争中不能不处于劣势,韩愈虚构由尧舜而来的传授谱系,目的就是改变这一劣势。

第三是突出孟子的地位,韩愈认为"孔子传之孟轲,轲之死,不得其传焉"。他不承认汉代独尊儒术的董仲舒在儒家道统中的地位。在韩愈看来,董仲舒的一套理论粗俗浅陋,不能胜任应对佛教与道教的挑战,需要发展出一套新理论,而孟子学说恰恰是发展儒家理论的重要思想资源。于是,在韩愈之前并没有受到太多重视的孟子学说受到韩愈的推崇,被说成是儒家的第二号人物,上升到了"亚圣"地位。另外,韩愈断言,孟子死后儒家道统中断,实质上是把自己作为直承孟子之后的儒家道统的继承人。所以,道统论的意义不仅在于它"凸现了这一(学说传授)系谱",暗示了它是"应当尊崇的真理",而且还在于"凸显了这一历史系谱的叙述者,也就在终点拥有了真理的独占权力"。①

▶ 二、正统法理论基础重构:性三品说

诚如前人所言,法"非穷理尽性之书",然而,法仍然需要一个形而上学的理论基础。董仲舒的思想尽管浅薄,但他论述德主刑辅仍设置了天道观与人性论的理论根据。韩愈完全抛弃董仲舒虽说不是不可能,但他要做到这一点,却必须在这方面取代董仲舒的理论。现有资料表明,韩愈并没有完成这一任务。他所贡献的仅仅是在人性论方面,而且即使在这方面,他也仅仅是为后来的宋明理学开了个头而已。

人们都把董仲舒与韩愈的人性论同称为"性三品说",其实两者有很大的

---

① 葛兆光:《中国思想史》(第二卷),复旦大学出版社 2002 年版,第 325 页。

不同。韩愈本人也认为,人性分三品是他的独创,孟子讲性善,荀子讲性恶,扬雄讲人性善恶混合。照韩愈说,以上这些人性论都是"举其中而遗其上下也,得其一而失其二也"。① 这一批评也适用于董仲舒的"性三品说"。董仲舒的性三品说特别强调人虽然分为上中下三品,但只有"中民之性"才具有代表性,或者说,只有中民之性才代表普遍的"人性",他所谓人"两有贪仁之性"事实上是对"中民之性"的分析。在这个意义上,可以说董仲舒是有意识的"举其中而遗其上下",真正对上中下三个品级人性全面进行分析的是韩愈。

韩愈认为人品有三等,而其区别在于性、情两个方面。"性也者,与生俱生也;情也者,接于物而生也。"把人性从性和情两个层面上加以分析,将性定义为"与生俱生",即人的天然禀赋,而把情定义为"接于物而生",即人同其所生存的外部环境互动的结果,这是韩愈的一个理论贡献。

韩愈指出,构成人性内容的五个要素是仁、义、礼、智、信。这可以说是人的内心构成。三个品级的人的不同之处在于:"上焉者之于五也,主于一而行于四;中焉者之于五也,一不少存焉,则少反焉,其于四也混;下焉者之于五也,反于一而悖于四。"要而言之,三个品级的人的区别在于其内心世界五者是否健全。上品之人人格是健全的;中品之人不够健全;下品之人则没有人格。人的情感要素是七项,即喜、怒、哀、惧、爱、恶、欲。三个品级人的区分标准是:"上焉者之于七也,动而处其中;中焉者之于七也,有所甚,有所亡,然而求合其中者也;下焉者之于七也,亡与甚直情而行者也。"情是人对于外部世界事物的反应。人的情感表达能够恰如其分就是"动而处其中"。上品之人在喜怒哀惧爱恶欲七个方面,完全符合这样的标准。中品之人则在有时表达的过度,有时表达的不到位,然而其主观态度是力求符合上述标准。下品之人则完全不管上述要求,径情直遂地去表现自己的感情,造成情感表达经常错位。人的性与情两者是互相观照的关系。"性之于情视其品","情之于性视其品"。一个人的内心世界如何,即人性健全与否,可以透过他对外部世界各种事物的反应,在喜怒哀惧爱恶欲各方面的情感表达得以了解。反过来,一个人如何对待外部世界的目标激励与物质诱惑,对各种事物是否有正确的态度,也决定于他的内心世界,即他的修养如何。而内心世界与外在感情表达的总和则构成人的品格区别。

韩愈的结论是:"上之性就学而愈明,下之性畏威而寡罪,是故上者可教而下者可制也。"对上品级人用道德进行教化,对下品级人用法律刑罚加以强制,由此也还是法与刑的结合,用韩愈自己的话说就是"以德礼为先,辅之以

① 《韩昌黎文集·原性》,本节以下引此文不注。

政刑"。① 实际上,这并没有超越董仲舒的"德主刑辅"。不过,在其理论基础方面的重构尝试,却为后人特别是宋明理学打开了思路。

▶ 三、圣人创造礼法制度的意义

佛教与道教都搞偶像崇拜,前者是佛与菩萨,后者是神仙。儒家学派崇拜的理想人格是圣人。针对道家所谓"圣人不死,大盗不止"的论断,韩愈特别张扬圣人创造历史的作用,从这个角度看仍然与三教竞争有关,不过也还有另外的意义。

韩愈说:"古之时,人之害多矣,有圣人者立,然后教之以相生相养之道,为之君,为之师。驱其虫蛇禽兽,而处之中土。寒然后为之衣,饥然后为之食。……为之礼以次其先后,为之乐以宣其壹郁,为之政以率其怠倦,为之刑以锄其强梗。相欺也,为之符玺、斗斛、权衡而信之;相夺也,为之城郭、甲兵以守之。害至而为之备,患生而为之防。"总之一句话:"如古之无圣人,人之类灭久矣。"②

按照韩愈的观点,圣人是人类的救星,圣人创造了历史,圣人为适应人类社会生活的需要而创造了一切物质文明与精神文明,包括礼法制度。这是一种英雄创造历史的法律起源论。前面我们曾讲到韩愈的道统论,道统的传授者都属于圣人之列,在这个意义上可以说圣人构成了"道统"。这里我们讲的法律起源论也可以归结为是圣人创造了"法统"。

在《原道》篇中,韩愈还说:"君者,出令者也;臣者,行君之令而致之民者也;民者,出粟米麻丝,作器皿,通货财,以事其上者也。君不出令,则失其所以为君;臣不行君之令而致之民,则失其所以为臣;民不出粟米麻丝,作器皿,通货财,以事其上则诛。"这可以说是韩愈的君统论。这个君统论提出了与以君主而不是圣人为中心的"法统"。不过,韩愈没有对这两个法统的关系作出进一步的说明。

毋庸讳言,上述言论表明了韩愈维护君主统治之不遗余力。他主张"民不出粟米麻丝,作器皿,通货财,以事其上则诛",给人一种杀气腾腾的感觉,常为人诟病;实际上,他针对的是佛教道教大建寺观、普度僧道,这些僧人道士不事生产,损害到社会经济与国家财政的现象。了解了三教竞争的背景,或许可以减少一些人们对于韩愈的误解。

---

① 《韩昌黎文集·请置乡校牒》。
② 《韩昌黎文集·原道》。

第三节　柳宗元的法律思想

柳宗元(公元773—819年),字子厚,唐代政治家、哲学家。公元793年(贞元九年)中进士,历任秘书省校书郎、蓝田尉、礼部员外郎。参与"永贞革新"失败后被贬为永州司马、柳州刺史,卒于柳州任所。是唐代社会批判思潮的代表。他以"天人不相预"的理论,对于正统法律思想中的"天人感应""天刑天罚"和"阴阳时令"说的批判值得人们重视,其国家法律起源理论也有一定价值。

▶ **一、唐代的天人关系之辩**

在论述柳宗元思想之前,有必要简要叙述一下唐代韩愈、柳宗元和刘禹锡关于天人关系问题的一次讨论。同时附带介绍这次讨论的参加者刘禹锡的法制思想。

韩、柳、刘三人关于天人关系问题的讨论是由韩愈发起的。这里有一个误解需要澄清。前人指责韩愈在这次讨论中宣扬天刑说和天罚论,其实并非如此。事实是韩愈针对人们在有的时候抱怨老天赏罚不公这一现象而大发奇论,以物腐虫生为喻,指出,人的出现对于自然界来说,犹如物腐虫生,是自然原生态破坏的结果。人的各种开发活动越发加剧了自然的破坏过程。因此,从人类角度看来是好事,对大自然来说却未必是好事,还可能是坏事。如果大自然有意志能赏罚,那么它的功过标准也和人所具有的标准不同甚至正好相反。对人类社会的发展贡献巨大的人,恰恰是大自然的仇敌,是大自然惩罚的对象。所以如果用现代人的说法概括韩愈的上述思想,那就是,对于自然的破坏将会受到自然的报复性惩罚。就此而言,韩愈很有一点环境生态学者的味道。

对此,柳宗元可谓深得其心,评价韩愈此论是"有激而发",并没有给以否定性的批判。但是他作了另外的发挥,指出,人是"功者自功,祸者自祸",与天毫无关系。柳宗元认为,天地万物均为自然,天并无意志,不可能赏功罚罪:"彼上而玄者,世谓之天;下而黄者,世谓之地;浑然而中处者,世谓之元气;寒而暑者,世谓之阴阳。是虽大,无异果瓜、痈痔、草木也。天地,大果瓜也;元气,大痈痔也;阴阳,大草木也。其乌能赏功而罚祸乎?功者自功,祸者自祸,欲望其赏罚者大谬。"他认为,天地之间无非"气",其凝集为天地万物,犹如禾木上长出瓜果或人身上长出痈痔,都没有任何意志和目的,当然不可能对人类社会有赏罚的功能。他的结论是"天人不相预":"生植与灾荒,皆天也;法制与悖乱,皆人也。二之而已,其事各行不相预,而凶丰理乱出焉。"①法制就是国家依照礼制法律治理得井井有条的状态,这完全在于人为,与天无关。天不会也不可能干预人间事务。把雷霆灾异等自然现象说成是天有意惩罚有罪者,那样只会搞乱人们的思想。

刘禹锡与韩愈、柳宗元是同时代人,在政治上具有革新思想。在参加两人讨论的时候,他提出了"天人交相胜"的观点。他指出,天道(自然规律)和人道(社会规则)不同。他说:"天之道在生殖,其用在强弱;人之道在法制,其用在是非。……天恒执其所能以临乎下,非有预乎治乱云尔;人恒执其所能以仰乎天,非有预乎寒暑云尔。生乎治者人道明,咸知其所自,故德与怨不归乎天;生乎乱者人道昧不可知,故由人者举归乎天。非天预乎人尔。"②天有其功能和运作规律(道在生殖,其用在强弱),但不干预人类社会的治乱;人类社会也有其运作规则(道在法制,其用在是非),而不能改变自然的运行。不过,在社会治理的时候,社会规则明显发挥作用,人们也清楚地认识到社会规则的作用,所以不将其归于上天;而在秩序混乱社会规则不起作用的情况下,人们看不到社会规则的作用,于是把一切都归于天的干预。实际上天对人类社会的干预是不存在的,只是人们的想象。

刘禹锡的"人之道在法制"这一观点值得我们重视。他还指出:"人胜乎天者法也。"把法和法制提到"人之道"的高度,是人定胜天的法宝,这在古代是十分罕见的见解。

所谓"人胜乎天者法"是什么意思?刘禹锡作了如下的论述,他说:"法大行,则是为公是,非为公非。天下之人,蹈道必赏,违之必罚。……故其人曰天何预,乃人事耶?""法小行,则是非驳,赏不必尽善,罚不必尽恶。或贤而尊显,时以不肖参也;或过而戮辱,时以不辜参也。故其人曰彼宜然而信然理也。彼不当然而固然岂理也?""法大弛,则是非易位,赏恒在佞;而罚恒在直。义不足以制其强,刑不足以胜其非。人之能胜天之实尽丧矣。"归结起来就是说,在法制运行良好的状态下,赏罚是符合公道的,人们只相信社会规则的作用,而不买天的账,这是"人胜天";在法制运行比较差的情况下,由于是非有所混淆,在用常理讲不通的时候,人们开始有所求助于天。而在法制遭到彻底破坏的情况下,是非颠倒,人们的理想在现实中完全破灭,只能寄托于上天,于是,"人胜天"的关系转变为"天胜人"的关系。可见,法制的成败是决定天和人交相胜的关键因素:法制行则人胜天,法制弛则天胜人。对此他总结

① 《柳宗元集·答刘禹锡天论书》。
② 《刘禹锡集》卷12《天论上》。

说:"法大行,则其人曰:天何预人事耶,我蹈道而已。法大弛,则其人曰:道竟何为耶,任人而已。法小弛,则天人之论驳矣。"①

▶ 二、柳宗元对天罚论和赏罚时令说的批判

从朴素的唯物主义无神论立场出发,柳宗元反对自董仲舒以来的"雷霆灾异为天刑天罚"的说法,同时还把对天罚论的批判和对赏罚时令说的批判结合起来,提出了及时赏罚的法律主张。

他指出,以天刑天罚为根据的赏罚时令说是荒谬的:"或者乃以为:雪霜者,天之经也;雷霆者,天之权也。非常之罪,不时可以杀,人之权也。当刑杀者必顺时而杀,人之经也。是又不然。夫雷霆雪霜者,特一气耳,非有心于物者也,圣人有心于物者也。春夏之有雷霆也,或发而震,破巨石,裂大木,木石岂为非常之罪也哉!彼岂有惩于物也哉?彼无所惩,则效之者惑也。"②天没有意志,雷霆也不是天威的体现,木石被雷霆击中,完全是自然现象,只有不理解这种现象的人才会仿效。

既然没有什么"天刑天罚",那么"顺天行刑"的说法就毫无根据,"赏以春夏而刑以秋冬"的做法也是荒谬的:"诚使古之为政者,非春无以布德和令,行庆施惠,养幼少,省囹圄,赐贫穷,礼贤者;非夏无以赞杰俊,遂贤良,举长大,行爵出禄,断薄刑,决小罪,节嗜欲,静百官;非秋无以选士厉兵,任有功,诛暴慢,明好恶,修法制,养衰老,申严厉刑,斩杀必当;非冬无以赏死事,恤孤寡,举阿党,易关市,来商旅,审门闾,正贵戚近习,罢官之无事者,去器之无用者。则其政亦以繁矣。"果真按《月令》(唐时改为《时令》,并正式当做行政规章)的时节禁忌去做,那么好多事情就荒废而不能做了,国家就无法治理了。实际上,除与农事有关的政令措施需要"俟时而行"外,其他一切政治、司法均无需"俟时而行"。

柳宗元还特别指出,政治司法上的赏罚时令说是违背孔子之道的本来精神的。他认为赏罚时令之说,特别是所谓违反时令则有飘风、暴雨、水潦、大旱、大疫、螟蝗、火灾等疢疾灾变之说,是"瞽史之语,非出于圣人者也"。圣人是不会"威之以怪,使之以时"的,因为那样就会"炽其昏邪、淫惑,而为祷禳、厌胜、鬼怪之事,以大乱于人也",会使天下人迷惑。圣人本来是"不语怪力乱神"的,"圣人之道,不穷异以为神,不引天以为高,利于人,备于

---

① 《刘禹锡集》卷12《天论上》。
② 《柳宗元集·断刑论》。

事,如斯而已矣"。①

为了有效地发挥赏罚的社会功能,他主张及时赏罚:"夫圣人之为赏罚者非他,所以惩劝者也。赏务速而后有劝,罚务速而后有惩。必曰赏以春夏而刑以秋冬而谓理之至者,伪也。使秋冬为善者,必俟春夏而后赏,则为善者必怠。春夏为不善者,必俟秋冬而后罚,则为不善者必懈。为善者怠,为不善者懈,是驱天下之人而入于罪也。驱天下之人入于罪,又缓而慢之,以滋其懈怠,此刑之所以不措也。"这是从赏罚的功能角度出发,论证及时赏罚有利于发挥惩恶劝善的作用。

与此同时柳宗元还指出,即使从对死罪犯人实行人道主义的角度考虑,"赏以春夏刑以秋冬"也是有问题的,它"使犯死者自春而穷其辞,欲死不可得。贯三木,加连锁,而致之吏。大暑者数月,痒不得搔,癣不得摇,痛不得摩,饥不得时而食,渴不得进而饮,目不得瞑,支不得舒,怨号之声,闻于里人。如是而大和之不伤,天时之不逆,是亦必无而已矣。彼其所宜得者,死而已也,又若是焉何哉"!这样徒然增加犯人痛苦,不仅不是顺天,而是"逆天",是"干天之和",更不可取。应该"顺人之道","当刑之罪必顺时而杀","非常之罪不时可以杀","使为善者不越月逾时而得赏","为不善者不越月逾时而得其罚",这样才能"驱天下之人从善远罪也",真正达到法制的目的。

▶ 三、柳宗元的国家与法律起源论

关于国家和法律的起源问题,儒家正统法律思想主流一直持"君权神授说",柳宗元的同时代人韩愈则发明了"圣人制礼作法"说。对这些说法,柳宗元给予了针锋相对的批评。

首先,他批评了"君权神授"说。他指出,所谓君王"受命于天"及有所谓"受命之符"的说法是荒谬可笑的。自董仲舒以来的所谓"受命之符"说,"其言类淫巫瞽史,诳乱后代","后之妖淫嚚昏好怪之徒,乃始陈大电、大虹、玄鸟、巨迹、白狼、白鱼、流火之鸟以为符,斯为诡谲阔诞,甚可羞也"。在他看来,所谓"受命之符"是不存在的,如果一定要讲"受命之符",为政权取得提供合法性依据,那么它应当是"德",是"贞",是"仁":"惟兹德实受命之符。""是故受命不于天,于其人;休符不于祥,于其仁。惟人之仁,匪祥于天。匪祥于天,兹惟贞符哉!未有丧仁而久者也,未有悖祥而寿者也。"这就是说,君权不是天授,而是人授;君王受命的象征不是俗儒所说的大虹、玄鸟之类符瑞祥兆,而是他自身的品质和德行。

---

① 《柳宗元集·时令论》。

其次，他提出了独特的国家与法律起源于"势"的理论。他认为，人类之初，"与万物皆生，草木榛榛，鹿豕丕丕，人不能搏噬，而且无毛羽莫克自奉自卫"，为了生存，不能不"假(借)物以为用"，利用自然资源谋取生存条件，在这一过程中，矛盾冲突是无法避免的。为了解决争端，必然需要一个仲裁人。"争而不已，必就其能断曲直者而听命焉"。随着仲裁人固定在某人身上，必然出现制裁手段："其明而智者，所伏必众，告之以直而不改，必痛之而后畏。"这是国家和法律产生的根源，"由是君长刑政生焉"。

随着社会群体的产生，冲突也会加剧，在更大的范围内的斗争，会促进社会群体的扩大。"聚而为群"的居民会与其他聚落的群体争斗，于是"有兵有德"，有军队形成及征伐之事，又有德化感服对方而收盟之事，众"群"争斗中又会产生出"德"和"力"都伏众的人，"众群之和又就而听命焉"，于是众群(部落)又合而为诸侯国，众诸侯国争斗又产生"方伯""连帅"直至天子。"自天子至于里胥，其德在人者，死必求其嗣而奉之。故封建非圣人意也，势也。"①这就是说，君长之权，源于其"智而明"的才德和人民的"就而听命"，起源于人民拥戴有智慧且有德力者。因为有德，所以人民又主动拥戴其子孙继位。

在另一篇文章中，柳宗元也表达了类似的观点，他说："惟人之初，总总而生，林林而群。"和野兽的居处觅食并无区别，这样就免不了"交焉而争，睽焉而斗"，于是"力大者搏，齿利者噬(niè)"，争斗不已，"然后强有力者出而治之，往往为曹于险阻，用号令起，而君臣什伍之法立。德绍者嗣，道息者夺"。②这里强调的是"强有力"者在地势险要之处设"曹"(即管治机关或兵监)立法，这是国家与法律产生的根源。

总而言之，柳宗元是以人类历史的现实发展解释国家与法的产生，"势"可以理解为客观的历史趋势，"德"与"力"可以理解为君主的主观条件。柳宗元认为，国家或君长权力起源于"德""力"和"势"，起源于人民的归附和拥戴，而不是受命于天。法律则出于排解纠纷的需要，是用以断曲直止争斗的工具。这和西方某些法人类学家的研究结论，即"法律的产生和解决民间纠纷的需要有一定联系"暗合，可以说是天才的猜测。

柳宗元关于国家法律起源学说和他的吏民关系论相联系。在他看来，所谓官吏应该是人民的公仆，而不是人民的统治者：官吏"盖民之役，非以役民

---

① 以上均引自《柳宗元集·封建论》。
② 《柳宗元集·贞符》。

而已也。"①又说:"为吏者,人吏也,役于人而食其力,可无报耶?"②要求官吏忠诚职守,报效社会,这是具有人民性的可贵思想。

将柳宗元与韩愈比较,一个重视时势的作用,一个重视圣人的作用。两个人的思想昭示我们,究竟是英雄(圣人)造时势还是时势造英雄(圣人)的论争由来久矣。

【参考书目】

1. 乔伟:《唐律研究》,山东人民出版社 1985 年版。
2. 张国华:《中国法律思想史新编》,北京大学出版社 1998 年版,第四讲。
3. 杨鹤皋:《魏晋隋唐法律思想研究》,北京大学出版社 1995 年版。
4. 俞荣根:《儒家法思想通论》,广西人民出版社 1998 年版,第八章。
5. 武树臣:《儒家法律传统》(上篇),法律出版社 2003 年版。

【思考题】

一、名词解释

1. 德本刑用
2. 一准乎礼
3. 道统论

二、简答题

1. 简述十恶的内容与意义。
2. 为什么韩愈要虚构"道统论"这一儒家传授谱系?
3. 唐代复仇问题为什么引起争论?争论的焦点是什么?

三、论述题

1. 唐律礼法融合表现在哪些方面?
2. 试述柳宗元的法律思想。

---

① 《柳宗元集·送薛存义序》。
② 《柳宗元集·送宁国范明府诗序》。

第十四章　宋明时期的法律思想

中国古代社会进入宋元之后,随着社会经济的发展,制度上也出现了变革的形势。在新的历史条件下,如何通过改革寻找一条新的出路,如何把正统法律思想改造成为更加适用的思想工具,如何抑制统治阶级内部的腐败以缓和社会危机,是摆在统治阶级面前的重要课题。改革派、理学家以及清官正是适应了这种需要而出现的。改革派企图通过变法革故鼎新,"方庆历、嘉佑,世之名士常患法之不变",反映的就是这样一种情况。王安石变法就是其中的代表。变法虽然失败,但在其影响下,宋代朝野上下重视法制,法学思维也有所抬头,"法意"概念风行一时即是其重要表现。南宋时期,理学代表人物朱熹以理作为最高范畴和核心概念,重新对正统法律思想进行了理论论证,从一个特定方面反映了后期正统法思想的发展变化。包拯与海瑞则是宋明时期清官的典型,在清官的理论思想与实践活动中可以看出古代社会的法治与吏治的关系。

本章主要学习:(1)王安石的变法思想;(2)朱熹以天理为核心的法律思想;(3)包拯、海瑞等清官的法律思想。

第一节　王安石的变法思想

在中国历史上,王安石变法是一次著名的改革。列宁称王安石是中国11世纪时的改革家。鲁迅也给王安石变法很高的评价。

王安石(公元1021—1086年),字介甫,号半山,北宋抚州临川人。他生活在北宋王朝的中期,面对日益复杂的内部矛盾,力主变法图强,宋神宗当政期间,任参知政事,并主持进行了"熙宁变法"。这次变法取得了一定成效,促进了社会经济的发展,增加了国家财政收入,加强了国防力量。但是,由于它触动了特权阶层的利益,遭到了守旧势力的反对,最后王安石被罢相,改革以失败而告终。在宋神宗死后,新法被全部废除。

王安石的著作编为《临川先生文集》。

▶ 一、"法先王之意"的变法纲领

王安石基于这样一种认识,即天下存在的种种问题诸如国力困穷,风俗

日坏,其根本原因在于"不知法度故也",由此提出了变法主张。从对这个论断的解释开始,展开了他对于"法先王之意"的变法纲领的论述。他说:"今朝廷法严令具,无所不有,而臣以谓无法度者,何哉?方今之法度,多不合乎先王之政故也……夫以今之世去先王之世远,所遭之变、所遇之势不一,而欲一一修先王之政,虽甚愚者犹知其难也。然臣以谓今之失患在不法先王之政者,以谓当法其意而已。夫二帝三王……所遭之变、所遇之势,亦各不同,其施设之方亦皆殊,而其为天下国家之意,本末先后,未尝不同也,臣故曰当法其意而已。法其意,则吾所改易更革,不至乎倾骇天下之耳目,嚣天下之口,而固已合乎先王之政矣。"①从中我们可以清楚看出王安石"法先王之意"的内涵及其用意。

首先,他指出,"法严令具",即法律形式上的完备,不等于有法度,关键在于法律内容的好坏,即它是否符合先王之政。他认为"方今之法度多不合乎先王之政"。这实际上是为改革提出了一个冠冕堂皇的理由,就是说当今的法度是由于它不符合"先王之政"才成为改革对象的。我们知道,法先王是先秦儒家特别是孟子倡导的一个口号。在儒家思想被确定为正统之后,奉天法古成为普遍遵行的政治信条。而奉天法古恰恰是任何改革都必将面对的最大思想障碍。了解了这个背景,才能深刻理解王安石提出"法先王"的意义。他是预先把"法先王"的口号抓在手里,使之由反对改革的理论武器变成改革的一面旗帜。

其次,他指出,改革虽然以"法先王"为旗帜,却不能不以修正"先王之政"为目标。这是因为今天距离先王的时代已经十分遥远,环境和条件已经大不相同。完全照搬、一一效仿"先王之政"是办不到的。更重要的是历代先王由于所处的环境条件不同,他们的施政方针各有不同,即使想照搬想仿效也无从措手。

最后,他巧妙地提出了用"法先王之意"代替"法先王之政"。其理由是先王"所遭之变、所遇之势亦各不同,其施设之方亦皆殊,而其为天下国家之意,本末先后,未尝不同也",这样既可以使那些反对改革的论调失去依据,又为灵活地解释什么是"法先王"留出了足够的空间。在他看来改革就是符合"先王之意"的举措,改革就是"稍视时势之可否,而因人情之患苦,变更天下之弊法,以趋先王之意"。

他没有隐讳自己这样做的良苦用心,"法其意,则吾所改易更革,不至乎倾骇天下之耳目,嚣天下之口",就是说打出"法先王之意"旗号的主要目的是

---

① 《临川先生文集》卷39《上仁宗皇帝言事书》。

减少改革的思想阻力。

王安石变法的目的,是要改变宋朝积弱积贫的局面,走一条富国强兵之道。这和儒家的义利之辩传统相冲突。为此,王安石不能不对先王之意重新进行解释,以便为变法找到理论根据。强调财富的重要性,强调理财的正当性,乃至强调市场的重要性是这一努力的重要组成部分。他说:"政事乃所以理财,理财乃所谓义也。一部周礼,理财居其半。"①又说:"盖聚天下之人,不可以无财;理天下之财,不可以无义。"②在这里,他力图把义和利统一起来,做到重义而不轻利。他认为,财富是治理国家的根本,理财必须坚持正确的原则,义和利并不是对立的,而是正确的理财原则。他还强调市场的作用:"致天下之民,聚天下之货,使之懋迁有无,阜通货贿者,莫大于市,——先王所以纾民扼,阜邦财,使兼并豪强者不得作。市之大政,于是乎在。"③应该说明,王安石重视市场,虽然有发挥市场作用的意思,但其重点尤着眼于国家对市场的管理,抑制兼并。

▶ 二、"大明法度,众建贤才"

对法律在治国方略中的地位给以足够重视是王安石思想的一大特点。通观王安石的全部著作,德刑关系并不是他关注的重点,在这个问题上,他大抵沿用前人的说法,承认道德礼义教化应当优先适用。

"夫合天下之众者财,理天下之财者法,守天下之法者吏也。吏不良则有法而莫守,法不善则有财而莫理。"④这可以说是他的治国思想,也是他改革变法的指导思想。改革的目的是要通过理财使国家富强;改革的手段是变更法律为善法,改革的条件是认真贯彻执行善法的官吏。"盖夫天下至大器也,非大明法度不足以维持,非众建贤才不足以保守。苟无至诚恻怛忧天下之心,则不能询考贤才,讲求法度。贤才不用,法度不修,偷假岁月,则幸或可以无他,旷日持久,则未尝不终于大乱。"⑤在王安石看来,"大明法度,众建贤才",是改革顺利进行的重要条件。

"大明法度"在王安石看来是治国之首要任务。刚刚担任参知政事,他就对宋神宗提出:"变风俗立法度,最方今之急务也。"⑥他指出:"盖君子之为政,

① 《临川先生文集》卷73《答曾公立书》。
② 《临川先生文集》卷70《乞制置三司条例》。
③ 《周礼详解》卷14。
④ 《临川先生文集》卷82《度支副使厅壁题名记》。
⑤ 《临川先生文集》卷39《上时政疏》。
⑥ 《宋史·王安石传》。

立善法于天下,则天下治;立善法于一国,则一国治。如其不能立法,而欲人人悦之,则曰亦不足也。"①可见,法律特别是善法在王安石心目中的地位极高。

王安石同时也十分重视人的执法作用。他认为人才缺乏是改革必须首先解决的问题。应该指出的是,王安石重视人的作用并不是"人治"思想,这是由于他总是从立法执法作用的角度来论述人的重要性。即"制而用之存乎法,推而行之存乎人"。他一方面认为,"在位非其人,而恃法以为治,自古及今,未有能治者也。"②另一方面又认为,"则所以成天下之才,特患无良法。"③这也就是说人才不足的问题,实际是没有好的法律,即需要通过改善法制解决。他认为官吏的素质如何是决定改革成败的重要条件,而改革首先是用人选官制度方面的改革:"必先索天下之材而用之。如能用天下之材,则能复先王之法度。"

他指出,当时存在的弊端是学非所用以及选人和用人制度的脱节:"以文学进者且使之治财,已使之治财矣又转而使治典狱,已使治典狱矣,又转而使之治礼。"主张用"久其任"的办法达到"专其业"的目的,使人才专业化。特别是对于司法官吏,他主张在选拔环节就考试律令和断案,通过"明法科",选拔司法官吏,这无疑有助于官吏执法司法,提高办案质量。透过司法人才专业化的主张,我们可以进一步认识王安石之所以重视人的作用,目的在于更好地推行法治。

▶ 三、关于"三不足"的变法理论

历史上关于所谓"三不足"的变法理论,即"天变不足畏,祖宗不足法,人言不足恤"三句话的出处,是这样记述的:先是司马光为策试学士馆馆职"命题":"今之论者或曰天地与人互不相关,薄蚀震摇皆有常数,不足畏忌;祖宗之法,未必尽善,可革则革,不足循守。庸人之情,喜因循而惮改办,可与乐成,不足听采。……愿闻所以辩之。"这实际是借命题的机会攻击王安石。次日,宋神宗问王安石:"外人云:今朝廷以为天变不足畏,祖宗不足法,人言不足恤,昨学士院进试馆职策,专指三事,此是何理?"④可见"三不足"是司马光把王安石言论予以系统化作为罪名加于其上的,并且是由宋神宗概括而成,而不是由王安石提出来的什么理论。王安石在回答宋神宗的问题时,对于三

---

① 《临川先生文集》卷64《周公》。
② 《临川先生文集》卷39《上仁宗皇帝言事书》。
③ 《临川先生文集》卷41《拟上殿札子》。
④ 《长编纪事本末·王安石事迹(上)》。

个"不足"态度也有区别。他不承认不畏天变的指责;对于不恤人言,他也不承认存在不恤人言的事实,但在理论上则指出"人言固有不足恤者";只对于"祖宗不足法"坦然承认,说:"祖宗之法不足守,固当如此。……若法一定,子孙当世世守之,则祖宗何故屡自变法?"①

王安石反对"祖宗之法不可变"的思想,主张"视时势之可否,而因人情之患苦,变更天下之弊法。"②革除那些不符合社会实际状况,困扰百姓的弊法,设立便民利民的善法。在当时的社会条件下,他坦然承认"祖宗之法不足守",表现了巨大的勇气。

对于"天变不足畏"的指责,王安石的回答是:"陛下恭亲庶政,无流连之乐荒亡之行,每事唯恐伤民,此即是畏天变。"意思是说宋神宗为政忧民就是畏天变的表现,不存在不畏天变的问题。这样说是有原因的。对皇帝来说,"天变不足畏"意味着什么呢?那意味着肯定皇帝的权力是绝对的,不受任何限制的,这很危险。尽管古代社会的皇帝实际上拥有绝对的权威,但在理论上必须强调作为"天子"的皇帝要对天负责,董仲舒的天人感应论有一定积极意义就在于此。"天变可畏"为古代大臣向皇帝谏诤虚构了一个正当的理由。王安石作为政治家深谙此理。所以,他不承认而且事实上他也不可能倡导"天变不足畏"的思想。然而,正值变法之时,宋朝天灾屡见,一帮守旧大臣诬称是王安石改革的结果。王安石当然不能听之任之,必须予以驳斥。不过,他的论述很有分寸,在回答"世之言灾异者非乎"问题时,他说:"人君固辅相天地以理万物者也。天地万物不得其常,则恐惧修省固亦其宜也。"他指出有两种态度是不正确的,一种是"以为天有是变,必由我有是罪以致之";一种是"以为灾异自天事耳,何预与我,我知修人事而已"。前者实际批评的是保守派的观点,即把灾异说成是变法所致的观点。他认为这种观点的弊端是"蔽而葸",将使人缩手缩脚;同时他也力图和后一种观点划清界限,因为后者也会导致"固而怠"的弊端。他的态度是"以天变为己惧,不曰天变必以我为某事而致也,亦以天下之正理考吾之失而已矣"。③ 灾异应该引起我们的警惕,但是错在何处却需要我们理性的思考。因为天变不可能提供现成的答案:"天文之变无穷,人事之变无已,上下附会,或远或近,岂无偶合?"④人事与天事没有因果关系,即便是同时发生,也可能是一种偶然的巧合。这就有力地回击了保守派借助天灾攻击改革的言论。

① 《长编纪事本末·王安石事迹(上)》。
② 《临川先生文集·上仁宗皇帝言事书》。
③ 《临川先生文集》卷65《洪范传》。
④ 《续资治通鉴长编》卷269。

关于"人言不足恤",王安石首先辩护说:"陛下询纳人言,无小大唯言之从,岂是不恤人言?"因为皇帝拒谏是不可容忍的缺点,王安石非替宋神宗洗刷这一罪名不可。就王安石本人来说,他对舆论也是极为重视的。因为他身受人言谗害和困扰,曾慨乎言之:"自与闻政事以来,遂及期年,未能有所施为,而内外交构合为沮议,专为诬臣以惑圣听。流俗波荡,一至如此。"①但他又深知变法是利益的重新分配,一部分人得到了,另一部分人可能要失去。所以他说"朝廷立法","当内自断以义,而要久远便民而已,岂须规规恤浅近人之议论"。② 并且指出:"苟当于义理,则人言何足恤! ……则以人言不足恤,未过也。"③表示了变法不能受俗见左右的决心。

第二节　宋代法意之殇

宋代,无论在法制还是法律思想方面,都是个很有创建的朝代。人文荟萃,名家辈出,思想解放,新意盎然。"法意"一语的再现,甚至昭示了法学诞生的契机。可惜,由于中国古代逻辑思维的某些缺失,没有进一步得到发展。诚为憾事,试加论之。

▶ **一、法意在宋代的辉煌再现**

自古以来,情与法就存在对立关系。所谓"王法无情"说的就是这层意思。故而先秦法家由于主张法治而一直蒙着"刻薄寡恩"的恶名。就是在汉唐期间,虽然儒家在思想领域已经占领了大部分阵地,但是在情与法之间仍然存在冲突,更重要的问题是人们对两者之间的对立关系缺乏加以协调的意识。汉代,服膺儒术的卓茂曰:"律设大法,礼顺人情。"④认为,法律与人情不同,礼与法截然分途,各有特点。鉴于人的感情与守文断案存在矛盾,晋代的刘颂指出:"夫善用法者,忍违情不厌听之断,轻重虽不允人心,经于凡览,若不可行,法乃得直。"⑤强调法官在此矛盾前,应克制自己的感情,忍受感情的煎熬,不要为了一时的痛快,而扭曲法律的规定。

资料显示,在处理情与法关系问题上,宋代是转变的一个关键时点。宋代统治者开始要求协调情与法间的不一致,以避免情重法轻,情轻法重;力求

---

① 《临川先生文集》卷44《谢手诏慰抚札子》。
② 《继资治通鉴长编·熙宁四月》。
③ 《长编纪事本末·王安石事迹(上)》。
④ 《后汉书卓茂传》。
⑤ 《晋书刑法志》。

做到情法允当。而且,在《名公书判清明集》所载判牍中经常出现将情法两尽作为裁判根据的文字。如说:"必情法两尽,然后存亡各得其所。"① "求折衷而为一说者,盖欲情法之两尽。"②

宋代的所谓"情法",是"人情法意"之略称。《清明集》中很多与上引"情法两尽"相类似而表述稍有不同的,有以下各则判文。

"不合人情……殊乖法意。"③

"揆之法意,揆之人情,无一可者。"④

"上件田酌以人情,参以法意,吕、詹二家俱不当有。"⑤

"详阅案卷,考究其事,则于法意人情尚有当参酌者。"⑥

"揆之人情法意,尤为不顺。"⑦

在这些判牍中,情法都具体化为"人情"与"法意"。

"法意",当年曾经被严复翻译孟德斯鸠《论法的精神》一书时作为书名。在中国古代,提及法意者,人们熟知的是张斐的律注序:"今所注皆网罗'法意',格之以名分。使用之者执名例以审趣舍,伸绳墨之直,去析薪之理也。"⑧更早的还有《汉书》记载的"廷尉直议":"春秋之义,原心定罪。原况以父见谤发忿怒,无它大恶。加诋欺,辑小过成大辟,陷死刑,违明诏,恐非'法意',不可施行。"⑨此后,法意一词在史书中几乎未见出现。直到《宋史》,则突然增多,计出现了 23 次。都是用于记述宋人的言论。在专记宋代史实的史书《续资治通鉴长编》与《续资治通鉴长编拾补》中分别出现了 52 次与 11 次,这在历史上极其罕见。如果认为《宋史》与《续资治通鉴长编》的记载还可能是史家的文字偏好所致,那么,其在朝廷法律原件《吏部条法》中出现了 5 次,《庆元条法事类》中出现了 3 次,在官府判牍原文《名公书判清明集》中出现了 31次,则不可否认其真实地反映了当时这个词被广泛使用的情况。

我们还不能确切地知道其形成的原因。推测起来,也许和王安石变法不无关系。众所周知,王安石为了论证变法的合理性,将儒家的"法先王"以及"法先王之政"解释为就是"法先王之意"。他说:"今之失患在不法先王之政

① 《名公书判清明集》卷 8《命继与立继不同》。
② 《名公书判清明集》卷 8《命继与立继不同(再判)》。
③ 《名公书判清明集》卷 4《漕司送下互争田产(范西堂)》。
④ 《名公书判清明集》卷 4《随母嫁之子图谋亲子之业(胡石壁)》。
⑤ 《名公书判清明集》卷 5《受人隐寄财产自辄出卖(翁浩堂)》。
⑥ 《名公书判清明集》卷 6《执同分赎屋地(吴恕斋)》。
⑦ 《名公书判清明集》卷 6《出业后买主以价高而反悔(韩似斋)》。
⑧ 《晋书刑法志》。
⑨ 《薛宣朱博传》。

者,以谓当法其意而已。夫二帝三王……所遭之变所遇之势亦各不同,其施设之方亦皆殊,而其为天下国家之意本末先后未尝不同也,臣故曰当法其意而已。"①在王安石文集中,还有这样一道由王安石代朝廷拟的"策问题目":"问:夏之法至商而更之,商之法至周而更之,皆因世就民而为之节,然其所以,法意不相师乎?"②这和上面的《上仁宗皇帝言事书》中的"夫二帝三王……所遭之变、所遇之势亦各不同,其施设之方亦皆殊"遥相呼应。就这样,从"法先王之政"到"法先王之意",再到先王的"法意",王安石解决了变法的正当性问题。③

与王安石同时代的欧阳修、苏轼、曾巩的文集中也多出现"法意"一语。文多不备引。从中可见当时法意已经成为一时的习用语。

▶ **二、法意的含意**

那么在宋代法意的含义是什么呢?当时没有人给法意下一个一目了然的定义。我们只能通过语境来进行具体的考察。

首先,在官方文献中,法意往往是对立法宗旨的说明。《宋史》中载有万俟卨提举刊修《看详法意》一书,四百八十七卷。④ 顾名思义,这部法律汇编就是将立法过程中形成的看详(审查报告)与该项立法合在一起而成的。之所以称为"看详法意"是因为看详(审查报告)中对于该项立法的宗旨有所说明。在宋代的《吏部条法》中,每有以下的文字:"本所看详,前项指挥系是申明法意事理,难以修立成法。今编节存留,申明照用。"⑤"本所看详上件指挥,系是申明法意,难以修为成法,今编节存留,申明照用。"⑥"送吏部照会本所看详,上件指挥系是申明法意,窃恐日后有似此收使之人,合编节存留,申明照用。"⑦可见,申明法意即今天的法律解释。

其次,法意与法的"一般性原理"有关。在宋代,法律条文的含义一般情况下以"律义"及"律意"表示。律义是朝廷取士的考试科目内容。宋代以法律考试选拔人才,考试内容有经义、律义、断案等。律义是一个专用的名词。也可以写作律意。律义也好,律意也好,都是指律文的含义。而法意则往往

① 《王安石集》卷39《上仁宗皇帝言事书》。
② 《王安石集》卷70《策问十一道》之八。
③ "先王之法意"后来成为一个概念,还见于元代虞集的《道园学古录》(卷8)与明代方孝孺的《逊志斋集》(卷13)。
④ 万俟卨(音 moqixie)南宋初年奸臣。依附秦桧,陷害岳飞。《宋史》有《万俟卨传》。
⑤ 《吏部条法》差注门二。
⑥ 《吏部条法》磨勘门。
⑦ 《庆元条法事类》卷16文书门一。

是法律条文所涉及的一般性原理。譬如《赵偁行状》云：

“公为淮南转运副使……复请：‘又重法地分，因灾伤盗取五谷罪人，特从减等，而妻子不免编管，殆非法意。请罪人减者，妻子亦免坐。’诏皆从之，仍著为法。”

这里的“法意”实际是指法的一般性原理。根据法律一般性原理，原本无罪的妻子因丈夫犯罪而治罪，当然也应随着其从轻发落而减罪。犯人从轻发落，而受其牵连的妻子仍然按照其原判处以“编管”，就不符合主犯与从犯决定被决定的关系。

最后，法意还有一层意思，是没有办法明示于法律条文中的微言大义，由于言不尽意，意在言外，所以需要揭示说明。

下面一例也是类似的情况。宣和中，臣僚言：“元丰进纳官法，多所裁抑。应入令录及因赏得职官，止与监当，该磨勘者换授降等使臣，仍不免科率，法意深矣。”[①]对于买官者，在其仕途中设置障碍，是不能明示于法律的。你不能一面收钱卖官，一面宣称所买的官有瑕疵。但是，卖官的弊政又不得不防。于是就有了以上的解释。此处所谓“法意”云云，讲的是法律条文背后的意图，出于说话人的分析，是否符合立法者的本意是另一回事。

综上所述，可证严复将“法意”与“法的精神”视为一个意思没错。

三、法意在司法中的作用

在情与法的对立冲突中，法意是一道缓冲剂。这是因为，就法论法，条文的规定一是一，二是二，规定得越明确，执行起来越不能含糊。法与情的冲突，一旦出现，就是有心协调也难。提出法意这一概念，就可以通过对于法律条文的内涵外延乃至其后面隐含的意义解释，拉近它与情的距离，使法律规定迁就人情，达到情法两尽的结果。在特殊的场合，甚至可以以意代法。

如，“兵部员外郎、直史馆马亮，自西川转运使代还，奏事称旨，赐金紫，命知潭州。属县有亡命卒剽劫为乡人患，乡人共谋杀之，在法当死者四人。亮谓其僚属曰：‘夫能为民除害而乃坐以死，此岂法意耶？’即批其案悉贷之。”[②]。

在这个案例中，亡命军卒剽劫为患，乡人共谋杀之除害。如果仅仅以法律条文为据，则按照规定，应该有四个人被处死刑。马亮打出法意的旗号，以法意质疑法律条文，“夫能为民除害而乃坐以死，此岂法意耶”一语，为这四个乡人解脱了罪责。

① 《宋史选举志四》。

② 《续资治通鉴长编》卷52“真宗咸平五年”。

刑事案件如此,民事案件更是如此。古代官府处理民事纠纷往往找不到明确的法律规定,这一方面是因为朝廷对于民间细故不大重视,另一方面也是因为缺乏必要的法律技术,在立法上不能以有限条文而尽"无穷之情",实践中只能由"用法者"自由裁量。法意便成为官吏处理民事纠纷时论证其判断的正当性与合法性的手段。

譬如《清明集》中有这样一个案例,唐仲照以见钱一百二十贯典到李边之业,李边乃欲以见钱五十贯、官会六十五贯赎回。唐仲照不肯,李边则以唐仲照有违圣旨为词,诉至官府。李边所谓的圣旨是朝廷为了保证其所发的纸币"官会"与见钱并行而发的敕令。官府当然不能置之不理。但交易场合不同,有的交易并不适合官会与见钱并行的原则。譬如,百姓缴纳州县之赋租,官府当然不能拒绝官会;商贸交易时,卖方也不能拒收买方以官会作为货款。但是,在典买质当的场合,就有所不同。虽然法律对此没有明确规定,但在实践中却形成了"独有民户典买田宅,解库收执物色,所在官司则与之参酌人情,使其初交易元是见钱者,以见钱赎,元是官会者,以官会赎,元是钱、会中半者,以中半赎"的成说。据此"成说",李边打着国家法律规定的旗号,以部分官会回赎原以见钱作为典价的典产,可谓"不近人情之甚"。但胡石壁在判此案李边败诉时,必须对于李边引以为据的法条作出回应,说明自己判决的正当。于是论及法意与人情的关系,说:"殊不知法意、人情,实同一体,徇人情而违法意,不可也,守法意而拂人情,亦不可也。权衡于二者之间,使上不违于法意,下不拂于人情,则通行而无弊矣。"[①]以法意与人情的统一,驳回了李边的诉讼请求。

在《清明集》中,还有一个悔婚案件,题为"诸定婚无故三年不成婚者听离"。订婚的两家有三世交情。订婚后,女方以男方五年没有迎娶为由,要求解除婚约。男方辩称,法律虽然存在"诸定婚无故三年不成婚者听离之条",但是,法条中讲的是"无故";而其五年没有迎娶则是有原因的。这是一个既可判离又可判合的案件。其实,双方的争执实质并不在此,原因极其复杂。不管怎样,反正经过多次对簿公堂,原来的三世交情已经不复存在。故而,熟谙人情世故的法官,从长远考虑,为了不至于再起纷争,毅然判离。其判词云:"以世契而缔姻好,本为夫妇百年之计,今乃争讼纷纭,彼此交恶,世契既已扫地,姻好何由得成?以法意论之,则已出三年之限,以人事言之,成毕之后,难保其往。今既各怀忿憾,已败前盟,初意何在?男女婚姻与其他讼不同,二家论诉,非一朝夕,倘强之合卺,祸端方始。今幸亲迎未成,去就甚轻,

---

① 《名公书判清明集》卷9《典买田业合照当来交易或见钱或钱会中半收赎(胡石壁)》。

若不断之以法意,参之以人情,则后日必致仇怨愈深,絷烦不已。"①

照其所论,这无疑是个正确的判决。因为婚前就"争讼纷纭,彼此交恶",以判决的方式强令其结婚,婚后必然是干戈相寻,仇怨愈深,所以不能判合,只能判离。这合乎人情。表面上看起来不合乎法律条文,但是,却不能说其不合乎法意。

前人每谓中国古代只有法律思想而没有法学。法学者何?对于法律现象之深入系统的理论研究也。诸如"法意"这样的词汇,实可作为法学理论的奠基石。宋代朝野上下重视法律,以律义取士,为法学的出现提供了历史契机,使法意重见于宋代,一人唱之,众人和之,居然蔚成一时之风气,但由于古代中国逻辑思维的某些缺失,关于其意义如何,竟无一人为之定义,而需要后人根据其出现的前后语境而推知。法意一词也因时过境迁而湮没无闻。直到近代始为严复用作异域法学巨著的译名。不能不令人扼腕叹息!

第三节　朱熹以天理为核心的法律思想

宋明理学发端于唐代韩愈的道统论。平心而论,董仲舒对正统法律思想的论证确实粗俗浅陋。韩愈的道统论不把他作为道统的传人虽然有欠公允,却也不无理由。不过,提出道统论的韩愈并没有创造出一个新的理论体系取代董仲舒。创造新理论体系的任务是由朱熹(当然作出贡献的不止他一个人)完成的。

朱熹(公元1130—1200年),字元晦,是南宋著名的思想家,理学之集大成者。他继承了二程(程颢、程颐)的理学思想,以儒家思想为核心,融合吸收道教和佛教思想。建立了完备精致的客观唯心主义理学体系,使正统法律思想实现了哲理化。理学可以看做是儒家学说的复兴。朱熹以理作为最高范畴和核心概念,重新对正统法律思想进行了理论论证。

值得我们注意的是,在完成这一任务的过程中,朱熹不是像韩愈那样一味地排斥佛老,以至主张"火其书",而是从佛、老典籍中吸取于自己有益的思想资源,构造自己的理论体系。这也告诉我们,在思想史上道教佛教对儒家的挑战,不仅从外部造成一种压力,为儒家进一步发展提供了动力;而且还在思想资源上为儒家的进一步发展提供了滋养。

---

① 《名公书判清明集》卷9《诸定婚无故三年不成婚者听离(赵惟斋)》。

▶ **一、正统法律思想的理论基础重构：天理与人性**

"穷理尽性以至于命"是《易·说卦》上的一句话,可见"理"在儒家经典中原本不是没有位置,不过,儒家学派用以说明人类社会秩序的依据,说明礼法的渊源,以至对统治方式做出选择的最终根据,在此前却是天、天命或天道。只是在宋儒之后,"理"才成为一个超越天地万物的最高范畴和最后根据。而朱熹则把理作为说明人类社会秩序及礼法的根据。

理是什么?在最具体的层面上,可以说是一物之所以成其为一物的根据。朱熹曾举板凳为例,说一个板凳四条腿,四条腿站得稳,故而可以成为坐人的板凳,这就是板凳之理。每一个事物都有其构成为那个事物的理,这是不难理解的。朱熹认为万物皆有其理,但万物又有一个总的道理,这就是"理一分殊"。"理一分殊"的观点是从佛教理论中借鉴而来的。

朱熹认为,理是事物存在的根据。他说:"有是理,方有这事物。""如人有此心去做这事,若无此心,如何会成这事。"应该承认,这种说法有部分真理因素,譬如说各种人造事物,四条腿的板凳之类,一定是要人有了制造这种事物的想法,并且掌握了制造这一事物的原理,才有可能制造出来这一事物。对于某些自然事物来说,在一定意义上也是对的。譬如朱熹所谓"未有天地之先,毕竟也只是理"。天地形成是根据了一定的原理(或者说是规律),那么这一原理既然是天地形成的理,当然就在天地未形成之前已然存在,就是说存在于"未有大地之先。"

问题在于朱熹要用这一观点来说明一切事物,包括人类社会秩序与礼法关系。朱熹说:"未有这事,先有这理。如未有君臣,已先有君臣之理;未有父子,已先有父子之理。"这样一来,纲常伦理就成为未有人类之前先定的了,而既然是先定的,从而也必然是永恒不变的。如我们所知,"君臣之理"也好,"父子之理"也好,都不是永恒不变的,而是随着社会发展而变化的。朱熹的说法实际是站不住脚的。但他却能自圆其说,一步一步引领人们相信他说得有理。这就是正统法律思想哲理化的表现。它比董仲舒以阴阳二气来类比君臣、父子、夫妻,论证"君为臣纲""父为子纲""夫为妻纲"的合理性要精致得多。

对于人性的说明同样如此。朱熹说:"性只是理,以其在人所禀,故谓之性。"①这就实现了理与性的沟通。如前所述,某物之所以成为某物的根据,就是某物之理;那么,人之所以成为人的根据,也就是人之理。只是由于人不同

---

① 《续近思录》卷1《道体》。

于物,我们将其赋予一个特殊称呼,叫做"人性"。由此而论,人性就是人之所以成为人的根据,或者说人区别于其他事物、区别于动物的根据。给"人性"这样一个定位,实际上也就使之具有了正面的积极的性质。从而说"性者,人生所禀之天理也"也就顺理成章了。

人性与天理同构,人性是人所秉赋的天理,人性是人之为人的根据,那么人性理所当然的是善。然而根据"理一分殊"的道理,人又是千差万别的。造成这种差别的原因是什么呢?这就是人的气禀。照朱熹的说法,性可以分为"天命之性"与"气质之性","天命之性",是"人生所禀之天理",它使人成为人;"气质之性"又称人的气禀,气禀有清有浊,它使人千差万别。两者关系犹如水装在容器里,"水皆清也,以净器盛之则清,以浊器盛之则浊"。也可以比喻为投珠于水,一颗宝珠,投于清水中光华四射,投于浊水中则暗淡无光。宝珠象征人性中的天理,水的清浊则是"物欲"的多少造成的。于是就有了"灭人欲存天理"的说法,意思是说,只有荡涤物欲,人性才能闪光。

朱熹的"天理""人性"说构成了正统法律思想新的理论基础。他以"天理"作为纲常伦理的合理性依据,力图证明礼法都是"天理"的体现;并以天命之性与气质之性的区别,将人分为不同种类的人,为德、礼、政、刑的不同作用做出了新的说明,这方面,他确实为董仲舒所不及,也超越了韩愈。

▶ 二、德、礼、政、刑的相互关系与明刑弼教学说

朱熹继承了孔子"道之以政、齐之以刑,民免而无耻;道之以德,齐之以礼,有耻且格"的理论,对于德、礼、政、刑的相互关系做了进一步论述。

首先,是德、礼、政、刑各自的地位不同。他说:"政者,为治之具;刑者,辅治之法。德礼所以出治之本,而德又礼之本也。此其相为终始,虽不可以偏废,然政刑能使民远罪而已,德礼之效,则有以使民日迁善而不自知。故治民者不可徒恃其末,又当深探其本也。"①在这里,除了坚持德礼与政刑的"本""末"关系外,还进一步规定了政与刑在治理国家中的不同地位,以及德与礼的不同地位。刑是政治的辅助手段,而德则是根本之根本。

其次,朱熹特别强调了四者的相辅相成作用。譬如讲政与刑,他说:"政者,法度也。法度非刑不立。故欲以政导民者,必以刑齐民。"②譬如讲礼与德的关系,他说:"德者义理也;义理非礼不行,故欲以德导民者,必以礼齐民。"③

---

① 《论语集注》卷1《为政》注。
② 《朱文公文集》卷41。
③ 《朱子语类》卷23。

对于德礼与政刑的关系,在着重区别其有本有末的同时,又说:"有德礼而无政刑又做不得。"①这样说显然是为了避免顾此失彼,即从一个极端走到另一个极端。

最后,对刑给予新的定位,对刑以弼教说作了新的解释。在德礼政刑四者之间,刑居于末位,但它又是维系道德纲常的有力工具。"盖三纲五常,天理民彝之大节而治道之本根也。故圣人之治,为之教以明之,为之刑以弼之。"②"明五刑以弼五教"的说法十分古老,但在朱熹这里,它有了新的含义,刑以弼教与德主刑辅不同,重点不在于讲德刑的关系,而在于为刑重新定位,他说:"刑一人而天下之人耸然不敢肆意为恶,则是乃所以正直辅翼至若其有常之性也。"③刑罚的这种功能定位,使其由受道德约束变为由道德辩护。由此构成了它与德主刑辅思想的区别。如果说"德主刑辅"思想一般总是和轻刑主张联系在一起的话,那么朱熹的明刑弼教思想却是和重刑主张联系在一起的。

朱熹反对轻刑,认为:"刑愈轻而愈不足以厚民之俗,往往反以长其悖逆作乱之心,而使狱讼之愈繁。"④又说:"古人为政,一本于宽,今必须反之以严。"⑤在他看来,刑罚作为"弼教"的工具,为维护三纲五常,以保障道德为自己的神圣使命,严是有充分理由的:"与其不遵以梗我治,遏若严其始而使之无犯?做大事,岂可以小不忍为心!"⑥他还说:"惩一人而天下知所劝戒,所谓辟以止辟,虽曰杀之,而仁爱实而行乎其中。"⑦"杀人"与"仁爱"居然能联系在一起,这也就给刽子手戴上了一顶卫道士的桂冠。这可能也就是朱熹学说的政治含义。如果说"德主刑辅"的规定在一定意义上束缚了统治者的选择,那么朱熹关于明刑弼教的上述解释则使统治者可以放开手脚,根据需要,充分发挥刑罚在维护自身统治中的作用了。

▶ 三、以"义理"决狱的司法主张

朱熹的义理决狱主张表现了朱熹鲜明的维护礼教的立场。他根据儒家的传统观点,"凡听五刑之讼,必原父子之亲,立君臣之义以权之",提出:"凡

---

① 《朱子语类》卷23。
② 《朱子大全·戊申延和奏札一》。
③ 《朱子文集》卷16。
④ 《朱子大全·戊申延和奏札一》。
⑤ 《朱子语类》卷108。
⑥ 同上。
⑦ 《朱子语类》卷78。

有狱讼，必先论其尊卑上下长幼亲疏之分，而后听其曲直之词；凡以下犯上、以卑凌尊者，虽直不右；其不直者，罪加凡人之坐；其有不幸至于杀人者，虽有疑虑可悯而至于奏裁，亦不准辄用拟贷之例。"①这就是所谓义理决狱。根据古代法律规定，当事人之间的伦理关系是决定是非曲直以及定罪量刑轻重的重要因素，司法者在审判时首先要了解清楚，固然不错，但是，为了维护宗法等级制度，完全把诉讼双方的身份地位和关系作为判断案件的标准，居然"虽直不右"，即使有理也不能打赢官司。如此置是非曲直于不顾，表现了朱熹坚持维护礼教的鲜明立场，却偏离了公正司法的原则，显然不足为训。

　　不过，朱熹曾做过地方官，有一定的司法实践经验。他提出的一些具体司法主张还是有一定价值的。例如，他主张"明谨用刑而不留狱"，要求保证审判质量和提高司法效率。针对当时"奏案一上，动涉年岁"，以及"州郡小大之狱，多失其平"的现象，为使刑事案件得到及时处理，案犯得到公正判决，他提出了一系列建议，特别是关于改善司法人员素质的建议。他指出："今人狱事，只理会要从厚，不知不问是非善恶只务从厚，岂不长奸惠恶？大凡事付之无心，因其所犯，考其情实，轻重厚薄付之当然可也。"②这一说法固然和他以严为本的刑法主张相联系，但同时又指出了司法官员如何正确处理主观和客观的关系问题。在处理案件的过程中，首先是对于案件的实情进行客观的考察，而不可以事先就存有主观偏见，否则就不能公平断案。另外，他还强调应当认真地对待细致地分析每一个告诉案件，"听讼只与他研究道理，分别是非曲直，自然讼少；若厌其多，不与分别，愈见事多。"③这都有一定道理。

　　以往对朱熹法律思想的评价存在贬低过甚的问题，特别是他"灭人欲，存天理"的说法历来为人们所诟病。人们认为所谓"人欲"指的是人们的正当欲望，于是，朱熹的主张就被认定是无视人的物质利益，压抑人的正当要求，使人民成为屈从封建纲常礼教的牺牲品。其实，朱熹提倡"灭人欲，存天理"的主要目的或者说所关注的重点，是统治者特别是最高统治者皇帝的心术。他是在要求君主"灭人欲，存天理"，并且将之看做是天下治理的根本。他说："天下万事有大根本，……所谓大根本者，固无出于人主之心术，此古之欲平天下者所以汲汲于正心诚意以立其本也。"把改造帝王的心术作为为治之本，在今天看来诚然是极不高明的人治思想；但也应当看到其指向"多欲"政治的合理性。另外，还要看到，朱熹在政治上并不乏务实精神，他指出，立政、养

────────

① 《朱子全书·治道二·论刑》。
② 《续近思录》卷10《政事》。
③ 同上。

民、治军、用人,"每事之中又各有切要处","若徒言正心而不识事物之要,或经核事情而特昧根本之归,则是腐儒迂阔之论,俗士功利之谈,皆不足以论当世之务也"。朱熹同情北宋王安石变法。他指出:"天下制度无全利而无害底,但看利害分数如何。"他在诸生讨论郡县封建之弊时说:"大抵立法必有弊,未有无弊之法。"①在他看来,立法和变法大抵就是综合各种不同主张,平衡各种利益,在利弊大小之间选择的过程。既然世界上没有无弊之法,则祖宗之法就是可变的;既然立法必然有弊有利,则一切改革中出现的缺点存在的问题都不足深责,坚持兴利除弊就是了。这很可能正是朱熹同情北宋王安石变法的理论基础和思想根源。

第四节　清官包拯的法律思想

清官这一称呼出现于古代社会后期。被称为清官的人,除了清正廉明,还都具有直言敢谏、刚正不阿、执法如山的品格。在我国历史上,包拯与海瑞是清官的著名代表。两人所处的时代不同,生平际遇不同,性格也各异。但其思想却有很多相同之处。从中我们可以了解清官法思想的概貌。

包拯(公元999—1062年),字希仁,北宋庐州(今安徽合肥)人,历任地方官、监察官、财税官等,是中国历史上有名的清官,后世"包青天"被人们作为清官的典型称谓,反映了他的个人魅力及其影响的深远。

▶ 一、"为民做主"的思想基础

人们称道清官,一般是由于他们在古代社会里能"为民做主",即替平民百姓伸张正义、主持公道。中国古代官吏作为社会管理阶层,大多以鱼肉人民为能事,当官能为民做主者极为罕见,因此在近代民主思想与民主制度产生之前,清官的作为应当得到肯定。那么清官"为民做主"的思想基础是什么呢?

清官"为民做主"是从维护统治秩序出发的,其主导思想是"民为国本"的思想。"民为国本"思想在中国产生得很早,是一种很有影响力的传统思想,可上溯到《尚书》的《五子之歌》。其中说:"民为邦本,本固邦宁。"清官继承了这一传统思想。例如,包拯在他的奏议中反复申言:"民者国之本也。财用

---

① 《朱子语类》卷108《论治道》。

所出,安危所系,当务安之为急。"①又说:"大本不固,则国家从何而安哉?"②
"果为国,岂不以爱民为心哉?"③从这些话中,我们可以看出"民为国本"思想
的实质,就是人民之所以被视为国家的根本,是由于人民担负着维持国家财
政和赋税即"财用所出",是由于人民有使王朝倾覆的力量即"安危所系"。如
果搞得民穷财尽,逼得人民铤而走险,就会危及统治秩序。由此可见清官之
所以主张"安民""爱民",是为了维持与巩固国家的统治。

虽然如此,"民为国本"思想仍有积极意义。尽管在主观上,清官"安民"
"爱民"是为了维持古代统治阶级的根本利益,但在客观上,他们的主张却起
到了保护社会生产力、稳定社会经济、减轻当时人民沉重负担的作用。

出于"民为国本"这一认识,清官要求国家立法要遵循"于国有利,于民无
害"的原则,反对忽视国家的长远利益而过分地损害人民的利益。包拯在讨
论盐法时曾指出:"法有先利而后害者,有先害而后利者:若复旧日禁榷之法,
虽暴得数万缗,而民力日困,久而不胜其弊,未免随而更张,是先有小利而终
为大害也;若许其通商,虽二年间课额少亏,渐而行之,必复其旧,又免民力日
困,则久而不胜其利,是先有小损而终成大利也。"④在这里,他讲的"利害"虽
是从国家这方面立论,但包含着国家的"大害""大利"依"民力久困"与否为
转移的意思。他反对"图目前之小利,忽经久之大计",要求适当考虑人民的
利益,是一种积极的立法主张。

出于"民为国本"这一认识,清官关心人民疾苦,反对非法横暴侵害百姓。
包拯曾针对宋代采取"支移""折变"的方式横赋暴取诛求无已的情况,尖锐地
指出:"天下税籍有常数矣,今则岁入倍多者,何也? 盖……所纳并从折变,重
率暴敛,日甚一日,何穷之有! ……非天降地出,但诛求于民无纪极耳。输者
已竭,取者未足,则大本安所固哉!"⑤他大声疾呼要求"薄赋敛、宽力役、救荒
馑"⑥,罢科率、免欠负,"大缓吾民,以安天下"。

出于"民为国本"这一认识,清官积极受理词讼,认真审理案件,注意防止
并尽力平反冤狱。古代社会一般平民百姓有状难告,有冤难诉,"衙门朝南
开,有理无钱莫进来"。为解决这一问题,包拯任开封知府时改革旧制,打破
"凡狱讼不得径造庭下"的限制,大开正门,使诉讼者"径造庭下"。他们审理

① 《包拯集》卷7《请罢天下科率》。
② 《包拯集》卷1《论赦恩不及下》。
③ 同上。
④ 《包拯集》卷8《言陕西盐法》。
⑤ 《包拯集》卷1《论冗官财用等》。
⑥ 《包拯集》卷7《论历代并本朝户口》。

案件认真,例如包拯智断牛舌案:一农民家的牛舌头被割,不知何人所为,经包拯设计,巧妙地抓到了案犯。正是由于他们认真审断案件,才被老百姓看作明镜高悬的"青天"。他们还积极建议或亲身进行平反冤狱的工作,在这方面,都或多或少地取得了成绩。

应该指出,在古代国家和劳动人民利益根本对立的情况下,"于国有利"而"于民无害"的立法原则很难贯彻,立法好坏的区分不过是于民有害的程度大小而已。清官反对非法横暴侵夺百姓,反对的仅是统治者超过"法定权利"的剥削掠夺行为,目的是为了更有效地维持统治者"法定权利"。他们为民伸冤,平反冤狱,只能解决个别人的问题,而不能根本改变劳动人民受剥削受压迫的社会地位。同时他们还有另外的一面,即对于敢于反抗统治秩序的人民,诬为"盗贼",主张严厉镇压。他们视人民为"小民","为民做主"也只是为"顺民"做主,对此我们应有明确的认识。

▶ **二、严肃执法、刚正不阿**

严肃执法、刚正不阿是清官的一个突出特征。

包拯充分认识到了严肃执法对于维护法制具有极其重要的意义。包拯说:"凡朝廷降一命令,所以示信于天下,若有司承受,委而不顾,乃是命令之不足信守,俾四方何以取信? 则朝廷纲纪亦缘此浸堕矣。"①

包拯认为,稳定而统一的法律是执法的前提条件。他主张"法存画一,国有常格"。针对当时法令不一、朝令夕改的弊病,他指出:"诏令人主之柄,而大国家治乱安危之所系焉,可无慎乎! 缘累年以来,此弊尤甚:制敕才下,未愈月而辄更;请奏方行,又随时而追改。民知命令之不足信,则赏罚何以沮劝乎?"②他要求朝廷慎重立法,法令既出,就不要轻易变动,以此树立法律的威信。

包拯还要求皇帝带头执法,赏罚严明。他指出:"发号施令,在乎必行;赏德罚罪,在乎不滥。"③要做到"赏者必当其功,不可以恩进,罚者必当其罪,不可以幸免,邪佞者虽近必黜,忠直者虽远必收"。④

包拯自己执法严明,不阿权贵,不徇私情。都城开封有条惠民河,需要整治,当时显宦势族多在惠民河两岸修建有亭台楼榭,必须拆除。包拯下了拆除令后,有人依仗权势,借故抗拒,他毫不留情地上奏弹劾,强令拆除。"贵戚

---

① 《包拯集》卷7《论江西和买绢》。
② 《包拯集》卷2《论诏令数改易》。
③ 《包拯集》卷2《论星变》。
④ 《包拯集》卷1《上殿札子》。

宦官,为之敛手。"他在家乡做知州时,他的从舅犯法,他也毫不留情地依法笞之。他"平居无私书,故人亲党,一皆绝之",这就彻底地堵塞了请托干求之路,故而人称"关节不到,有阎罗包老"。

包拯还坚决抵制来自"上面"的对司法的干扰,他要求"止绝内降"。"内降"是从宫廷内部不依正当途径传出的指示命令,有时还假借皇帝的名义,实际是后妃贵戚特权地位的产物。它对正常司法形成了严重干扰。包拯指出:"凡有内降,莫测夤缘,尽由请托。盖倾邪之辈,因左右之容,假援中闱,久渎圣化。""妨公害政,莫甚于此。"①他反对"内降"的鲜明态度充分体现了刚正不阿的精神。

▶ 三、严惩贪官,澄清吏治

清廉自持是清官突出的品质。包拯有诗云:"清心为治本,直道是身谋。"他在端州做知州,那里出产名贵的端砚,他"岁满不持一砚归",传为千古佳话。史书说他:"居家俭约,衣服器用饮食,虽贵如初官时。"

与清官对立的是贪官。在古代社会,官吏贪污是一种普遍现象。贪污行为一方面侵夺人民,另一方面也危害国家。所以,法律规定了惩办贪官的条文。但由于种种原因,这些条文执行得并不好,不能收到预期效果。

包拯主张以法律为手段严厉惩治贪官。他尖锐地指出,宋代的治吏政策是"政失于宽而弊于姑息",造成了"赃污摘发,无日无之",贪污现象十分严重。由于统治者对于揭发出来的案件,"或横贷以全其生,或推恩而除其衅",结果是"虽有重律,仅同空文,贪猥之徒,殊无畏惮"②,贪污之风愈演愈烈。

包拯认为,法之所以起不到惩贪的作用,是由于统治者在实际上鼓励贪污。当贪官污吏把敲剥百姓得到的钱物拿出一部分上交时,得到皇帝的重用,从而使其再接再厉:"前者增几十万,遂用之;后者则又增几十万,以图优赏。"③当贪官污吏的行为有利于统治者聚敛财富时,统治者对他们敲剥百姓的行径就会视而不见。于是,贪官污吏"竞以相胜","疮痍天下,于今未息"。这个揭露应当说是深刻的。

包拯主张对贪官污吏"犯赃抵罪不从轻贷"。④ 针对统治者"或推恩而除其衅"的做法,包拯要求对贪污行为"不从原减之例","法外重行,以警贪

---

① 《包拯集》卷4《清绝内降》。
② 《包拯集》卷3《乞不用赃吏》。
③ 《包拯集》卷1《论赦恩不及下》。
④ 同上。

猥"。① 古代法律对犯罪官吏有"原罪""减刑"的规定,使贪官污吏可以逃避惩罚。包拯主张"法外重行",意思是在惩办贪官污吏时不要援用这些法律规定。由于古代法对犯罪官吏的原罪减刑等规定使惩治贪污的法律条文执行起来大打折扣,"法外重行"的主张有积极意义。它并不是如其字面所示抛弃法的规定,不依法办事,而是要求不折不扣地执行惩治贪污的法律条文,使其真正发挥作用。

为了澄清吏治,包拯还主张以法律手段革除官场中的往来馈送等陋习积弊。包拯对官场中的送往迎来、接待馈送之风表示深恶痛绝,他认为这只会使长于逢迎者受到赏识,"但能增饰厨传,迎送使人,及曲奉过客,便为称职,则美誉日闻"。② 他主张止绝"互以公用酒食及匹帛之类往来相馈遗者","如敢故犯,乞坐违制之罪"③。包拯的主张和措施,虽不能从根本上防止官僚制度的腐败,但对整顿吏治多少还是起到了积极作用。

第五节　清官海瑞的法律思想

与包拯齐名的清官还有明代的海瑞。

海瑞(公元 1514—1587 年),字汝贤,号刚峰,明代琼州(今海南省)人。先后任知县、户部主事,因上疏批评嘉靖皇帝入狱,后平反,任应天巡抚,南京右佥都御史。著作收入《海刚峰集》(《海瑞集》)。

▶ 一、为民请命的思想

从维护国家根本利益的角度出发,主张保护人民的利益,是清官"为民请命"的思想基础。海瑞为了"为民请命",不惜犯颜直谏,指责嘉靖皇帝把天下搞得"吏贪将弱,民不聊生,水旱靡时,盗贼滋炽",把老百姓搞得"家家皆净",说:"嘉靖者,言家家皆净而无财用也。"④总体上看,他对嘉靖皇帝可谓忠心耿耿。之所以骂皇帝,说到底也是为了维护皇帝对于国家的统治。但是,不惜犯颜直谏,为民请命的姿态毕竟不同寻常。

海瑞对法律兴革的讨论,也出自为民请命的宗旨,他批评募兵之制"赋敛于民日增日重,害在百姓之身",要求对所征兵饷"一概停免,永不征派",指出

---

① 《包拯集》卷 4《请法外断魏兼》。
② 《包拯集》卷 3《请选河北知州》。
③ 《包拯集》卷 5《请罢天下公用回易等》。
④ 《治安疏》,载《海瑞集》,中华书局 1962 年版,第 220 页。

"此民之幸,一方之利,亦国家之利也"。① 虽然归根结底是落脚在国家利益上,但对人民毕竟会带来一定好处。因此不能否认这一思想的积极意义。

海瑞主张在国家利益和人民利益之间要划出一条合理的界限,他说:"我国家官民财法有界限:官自为官,俸禄柴马;民自为民,盖藏衣粟。柴马俸禄外,毫发属民。枉法不枉法,其为赃一也。"②为民请命就是反对国家和官吏越过上述法定界限,无理侵占人民的利益。在海瑞看来,不管是为了自己,还是为了国家,只要是侵占夺取人民的利益,都是性质相同的犯罪行为:"其取诸民以奉人,与取民以自奉,罪无异也。"③

为了维护"小民"的利益,海瑞还曾以法的手段迫使"乡官"即大官与地主退还以非法手段侵夺百姓的土地,在回答别人对他的无理攻击时,他指出:"据今日论,谓民为虎,乡官为肉,不知乡官二十余年为虎,小民二十余年为肉,今日乡官之肉,乃小民原有之肉,先夺之,今还之,原非乡官之肉,况先夺其十百,今偿其一,所偿无已。"④这些话不能不说是反映了人民的正义呼声。

当然,清官对于人民的态度具有两面性。一方面,清官有爱民的一面,对于"些小产业贱卖于富家再无可卖,或本身或男女,写作奴婢于富豪者再无可写"的劳苦百姓,他们确实表现了同情⑤;另一方面,他们又把人民看做是愚民、顽民,"冥顽不灵",难以理喻。⑥ 这反映了清官的局限性。

▶ **二、认真理讼,严惩诬告**

海瑞说:"天下之事,图之固贵于有其法,而尤在于得其人。……得其人而不得其法,则事必不能行;得其法而不得人,则法必不能济。人法兼资,而天下之治成。"⑦他从正反两个方面说明了执法的重要性:只有人没有法,事情办不好;只有法而没有人去执法,法也起不到应有的作用。只有人和法相互配合,天下才能得到治理。清官重视人在执法中的作用,是为了保障法的执行。由此可见,他们并不是主张不要"法治"的"人治",我们不能把清官政治同"人治"划等号,看做是同"法治"不相容的东西。

海瑞执法同样具有刚正不阿、不畏权贵的精神。他说:"法可执于庶民,

---

① 《革募兵疏》,载《海瑞集》,中华书局1962年版,第235—236页。
② 《贺李东城荣奖序》,载《海瑞集》,中华书局1962年版,第385页。
③ 《海忠介公传》,载《海瑞集》,中华书局1962年版,附录。
④ 《被论自陈不职疏》,载《海瑞集》,中华书局1962年版,第238页。
⑤ 《招抚逃民告示》,载《海瑞集》,中华书局1962年版,第186页。
⑥ 《保甲法再示》,载《海瑞集》,中华书局1962年版,第184页。
⑦ 《治黎策》,载《海瑞集》,中华书局1962年版,第4页。

不可行于乡宦,旧有是说。然论道理法度不如是也。"①他坚定地表示:"本院法之所行,不知其为阁老尚书家也。"②对于依仗权势、横行乡里的"乡官",包括当朝宰相家,他都依法惩治,毫不宽贷。由于他执法刚正,他做应天巡抚时,有的权势之家听说海瑞到任,吓得把用红漆油刷的大门赶紧涂上黑漆。为此他也得罪了不少权势人物,在朝廷中受到打击排挤,但他毫不妥协。

海瑞为替民伸张正义,还鼓励被欺侮的百姓勇敢上告。在任南京吏部侍郎时,为除诸衙门勒索民人积弊,他发布告示,宣布:"各衙人如若仍前被害,可自放胆来告。做百姓不可做刁顽不听法度的百姓,亦不可做软弱听人打、听人杀而不言的百姓。不言自苦,苦何自止? 或拦街,或叫门,不禁。"③这与劝人忍让"息讼"的观点截然不同。

海瑞生活的那个时代,江南一带兴起健讼之风,有所谓"种肥田不如告瘦状"之说。这是海瑞面临的一个特殊问题。对此,他不是无原则地鼓吹"息讼",而是提出了"始无惮烦,终无姑息"④的理讼方针。

"始无惮烦"是说各级官吏应积极受理民间词讼。他指出:"军民赤子,府州县官父母也。凡争斗户婚,虽是小节,当为剖分。衣食等项,当为处理。"受理民间词讼,是地方长官的职责所在,不能怕麻烦而拒之门外。更不能因存在着诬告现象就一律视为"刁讼":"若先臆其诬捏,十状九诬,弃九人之诬,而一人之实亦于其中矣。况十一中或不止一人之实,十人中一人为冤,千万人积之,冤以百以十计矣","乃并实者弃之,使含冤之人不得伸雪,可以为民父母哉"!⑤ 从这可以看出,他对健讼风气是采取了分析的态度,支持人民正当诉讼要求的。

他反对以"调停之术"作为"止讼之法"。针对当时官府不问是非曲直含糊调停敷衍了事的做法,指出:"谓与原告以六分理,亦必与被告以四分,与原告以六分罪,亦必与被告以四分,二人曲直不甚相远,可免忿激再争。然此虽止讼于一时,实动兴讼于后。"他认为:"四六之说,乡愿之道,兴讼启争,不可行也。"⑥含混调停不仅不能止讼,而且会使讼事繁兴。对此他坚决反对。

"终无姑息"是说对诬告者要严加惩处。要遏止刁诈之风,就必须痛惩诬告,决不可姑息:"不能治一人之诬,必召千万人之讼。"所以他主张:"若果无

① 《申军门英尧山并守巡道请政招详文》,载《海瑞集》,中华书局1962年版,第214页。
② 《督抚条约》,载《海瑞集》,中华书局1962年版,第248页。
③ 《禁革积弊告示》,载《海瑞集》,中华书局1962年版,第289页。
④ 《示府县状不受理》,载《海瑞集》,中华书局1962年版,第275页。
⑤ 同上。
⑥ 《兴革条例》,载《海瑞集》,中华书局1962年版,第117页。

情尽辞,虽小必治,甚者监之枷之,百端苦之。"①只有这样,才能扭转"刁讼"风气。

由于历史的局限,海瑞不能认识健讼之风的真正的原因,而把它归结为是"风俗日薄,人心不古,惟已是私,见利则竞"。②他企图通过提倡礼义教化,从根本上解决这一问题。这只不过是一种幻想。但他同时也认识到了,"非借法度辅德礼则又不可"。③尽管他是把法作为一个辅助手段,但他提出"始无惮烦,终无姑息"的方针,主张认真对待民间词讼、严肃执法、支持正当诉讼,严惩诬告,则不失为一种积极正确的思想。

在司法实践中,海瑞提出的处理"疑狱"的原则也值得注意。他主张:"凡讼之可疑者,与其屈兄,宁屈其弟;与其屈叔伯,宁屈其侄;与其屈贫民,宁屈富民;与其屈愚直,宁屈刁顽。"又说:"事在争产业,与其屈小民,宁屈乡宦,以救弊也。事在争言貌,与其屈乡宦,宁屈小民,以存体也。"④他还解释说:"乡宦小民有贵贱之别,故曰存体。"同时又说:"乡宦计夺小民田产债轴,假契侵界威逼,无所不为,为富不仁,比比有之。""若乡宦擅作威福,打缚小民,又不可以存体论。"⑤这显示了清官复杂的思想面貌:一方面极力维护尊卑贵贱不准逾越的等级秩序,一方面又企图抑制恃强凌弱以富欺贫、倚强凌弱的现象,以缓和阶级冲突。对此,我们应进行科学分析,而不可采取简单的态度。

▶ 三、严惩贪官,革除积弊

海瑞做淳安知县,"布袍脱粟,令老仆艺蔬自给"。老母做寿,买肉二斤,竟传作奇闻。死时任都御使,室内"葛帏敝籝,有寒士所不堪者"。毕生为官,而家产唯有粗布幔帐破旧竹箱,比起穷苦的秀才来还差劲,真可以说是两袖清风,一贫如洗。历史的记载或许多些夸大其词,但他廉洁的品格却是毋庸置疑的。

在惩治贪官的问题上,海瑞的主张更加激烈。他在晚年曾上疏,说:"陛下励精图治,而治化不臻者,贪吏之刑轻也。"他反对以"待士有礼"之说为贪官污吏开脱罪责,指出:"夫待士有礼,而民则何辜哉?"他甚至主张采用明初对贪官剥皮囊草之刑,"用此惩贪"。⑥"剥皮囊草"是明太祖朱元璋惩治贪官

---

① 《兴革条例》,载《海瑞集》,中华书局1962年版,第117页。
② 同上书,第114页。
③ 《督抚条约》,载《海瑞集》,中华书局1962年版,第251页。
④ 《兴革条例》,载《海瑞集》,中华书局1962年版,第117页。
⑤ 同上。
⑥ 《明史·海瑞传》。

所用的一种酷刑,其不足为法是显而易见的。海瑞在这里表示的对贪官污吏的激愤情绪却是正当的。他指出对贪官污吏的优容,就是对无辜百姓的残忍。海瑞在这方面采取了更多的实际措施。

早在任淳安知县时,海瑞就以兴利除弊为己任,制定《兴革条例》,革去全县大大小小官吏每年所得的"常例"。所谓"常例",是长期沿袭下来但并无正式法令依据的陋规,按照这些陋规,大小官吏可在俸禄之外取得各种名目的收入,而其来源则是靠向全县人民摊派。据史料记载,这种摊派竟达到每个劳动力(成丁)"至四、五两"银,经过海瑞的革除,减少到了二钱银左右,从而大大地减轻了百姓的负担。

海瑞任应天巡抚期间,发布《督抚条约》,在更大的范围内革除积弊:禁迎送,禁饬馆舍,禁给过客送礼,禁私役民壮,如此等等。他认为:"民间困苦,日甚一日,第一是官吏贪污,其次是过客骚扰。"①为此,他制定了对过境官吏的《应付册式》,要求下级严格执行,不得为奉迎过境的高官显贵敛财扰民。这使他得罪了不少人,但他仍坚持这样做。

在中国历史上,除包拯、海瑞外还有一些清官,例如与海瑞同时代的就有周忱、况钟等。为挽回颓风,有的皇帝还亲手扶植树立起一批清官,当然其中不少是冒牌货,以至俗有"三年清知府,十万雪花银"之讥评。这当然不足以否定确实有清官存在,不过也说明在古代真正的清官实在是凤毛麟角,十分罕见。我们应该肯定清官品格的可贵,及其严于执法思想的价值。但在吏治普遍腐败的情况下,其作用的有限也不言自明。

【参考书目】

1. 张国华:《中国法律思想史新编》,北京大学出版社 1998 年版,第四讲。

2. 杨鹤皋:《宋元明清法律思想研究》,北京大学出版社 2001 年版。

3. 俞荣根:《儒家法思想通论》,广西人民出版社 1998 年版,第八章。

4. 王占通:《中国法思想史》,吉林人民出版社 1989 年版,第六章。

5. 徐祥民、马建红:《清官精神的儒学渊源及其当代价值》,载《法商研究》1999 年第 5 期。

【思考题】

一、名词解释

1. 三不足

---

① 《应付册式》,载《海瑞集》,中华书局 1962 年版,第 266 页。

2. 民为国本

3. 法意

4. 始无惮烦，终无姑息

5. 明刑弼教

二、简答题

1. 宋代"法意"的含义是什么？在化解情与法的冲突中起着怎样的作用？

2. 朱熹倡导的明刑弼教和德主刑辅有什么不同？

三、论述题

1. 试述王安石的改革变法思想。

2. 朱熹是如何重新构建正统法律思想理论基础的？

3. 结合清官的法律思想，评述清官的历史作用。

第十五章　辽、金、元、清少数民族统治集团的法律思想

在我国封建社会的后期,先后出现了辽、金、元、清等少数民族建立的政权。这些政权统治的区域、存续的时间各不相同,但他们都是较落后的民族所建立的且一般都是对较先进的汉民族实行统治。各少数民族政权的统治者面对先进的汉文化,采取了积极学习的态度。在法律思想方面,他们一方面循着学习、接受、最后同一于正统法律思想的规律前进;另一方面,在他们的法律思想中,既有积极进取、由落后走向先进的上升时期的公正和其他一些更符合法律事物内在规律的内容,又有难以抹掉的落后民族愚昧、野蛮的成分。他们的法律思想指导并推动了少数民族政权的政治和法制建设,也为已经告别了鼎盛时期逐步走向衰落的正统法律思想注入了新鲜血液。

本章主要学习:(1)明法令,宽法禁的思想;(2)以法为公的思想;(3)惩贪的思想。

第一节　明法令,宽法禁

辽、金、元、清等政权在建立之初,其政治法律制度还比较落后。辽"以武立国",在很长一个时期内"兵之势方张,礼之用未遑"。① 元在世祖之前尚是"武功迭兴,文治多缺"。② 金初"制法简易,无轻重贵贱之别",曾有"轻罪笞以柳葼,杀人及盗劫者,击其脑杀之"等非"经世久远之规"③的法律。清到太祖时仍"新制未定"。④ 他们仅有的法律,不管是很久以前形成的习惯法,还是后来慢慢创立的法规,都过分的严苛。随着各少数民族统治者对汉民族先进文化的学习,加上他们自身的迅速发展,使这些少数民族统治者逐步认识到,治理国家需要有系统完备的立法,而且这种立法不应当像他们以往的制度那

---

① 《辽史·刑法志》。
② 《元史·世祖本纪》。
③ 《金史·刑法志》。
④ 《清史稿·刑法志》。

样残酷。

▶ 一、明法令

　　针对过去立法不完备、不明确,吏民无所依准的情况,少数民族统治者提出了明法令的要求。早在五代时期,辽太祖就曾对侍臣说:"凡国家庶务,钜细各殊,若宪度不明,则何以为治,群下亦何由知禁。"于是"乃诏大臣定治契丹及诸夷之法,汉人则断以令"。① 蒙古族进入中原初期,往往以掠夺财物人口为目的,所到之处"无不残破",不仅破坏了社会经济,而且无法建立稳固的统治。元统治集团中的有识之士如耶律楚材等注意到这一点。他们主张建立法度。耶律楚材提出"诸州郡,非奉玺书不得擅征发,因当大辟者必待报,违者罪死"。② 元世祖建元中统,下诏曰:"惟即位体元之始,必立经陈纪为先。"他不仅认识到了法度纪纲的重要,而且实际地采取了建法立制的行动。中统五年下"新立条格"③,至元二十八年(1291 年)又颁布《至元新格》。金于立国不久,也"从吏议",变其旧制。金熙宗在皇统年间"诏诸臣,以本朝旧制,兼采隋唐之制,参辽宋之法",修编了《皇统制》。④ 清太宗继承了太祖马上得来的天下之后,不仅建立规制,而且遣臣往蒙古等地宣布《盛京定例》等所谓"钦定法令",并陆续制定"治罪条例"。顺治时更是急于完成统一完备的法典。元年确定"详译明律,参酌时宜"的制法方针。三年,律成。顺治皇帝在御制序文中曰:"朕惟太祖、太宗创业东方,民淳法简,大辟之外,惟有鞭笞。朕仰荷天休,抚临中夏,人民既众,情伪多端,每遇奏谳,轻重出入颇烦拟议。律例未定,有司无所禀承。爰敕法司官,广集廷议,详译明律,参以国制,增损裁量,期于平允。书成奏进,朕再三覆阅,仍命内守诸臣校订妥确,乃允刊布,名曰《大清律集解附例》。尔内外有司吏,敬此成宪,勿得任意低昂。务使百官司万民,畏名义而重犯法,冀几刑措之风,以昭我祖宗好生之德。子孙臣民,其世世守之。"⑤

　　这些少数民族统治者所重视的不只是自己的法度,追求的也不是及早建立本朝的圣法。他们最关心的是治理国家要有法度,要使臣民有一个统一的行为准则。在还没有或来不及制定自己的法律时,他们采用前朝的或邻国的

---

① 《辽史·刑法志》。
② 《元史·耶律楚材传》。
③ 《元史·世祖本纪》。
④ 《金史·刑法志》。
⑤ 《清史稿·刑法志》。

法律。如金在太宗时"稍用辽、宋法"。① 元在称大元之前行"金《泰和律》"。②辽对汉人"断以律令",即以唐律处理汉人的犯罪。清顺治时《大清律》未成之前,"准依明律治罪"。法律虽然是前朝的或邻国的,但它毕竟是一种行为规范,能使臣民的行为有所遵循。耶律楚材定制度,"于是贪暴之风稍戢"。③ 这是因为有了行为规范,官吏不得任意决断是非。清顺治时,外官乘"新制未成","舞文之弊"大生,于是顺治下旨"在外仍准明律行"。④ 准用明律主要考虑的是使官吏有所"禀承",以除官吏舞文之弊。行明律与行大律都能给官吏一个"成宪",并同样可以要求他们"勿得任意低昂"。

有法是为了使人守法,而要使人守法则必须先让人们知法,也就是使臣民了解法律的规定。少数民族统治者在制法或明令准依前朝或他国法律的同时,十分重视使民知法这个环节。金熙宗大定四年(1164年),尚书省奏,"大兴民男子李十妇人杨仙哥并以乱言,当斩。"金熙宗批曰:"愚民不识典法,有司亦未尝丁宁诰戒,岂可递加极刑?"⑤由此可以看出,金熙宗有明确的使民"识典法"的观念。只有"识典法",才能自觉守"典法"。为了使民守"典法",他不仅制定了法律,而且要求有司对百姓"丁宁诰戒"。辽太祖曾提出"宪度""明"的要求,目的也在于使"群下""知禁"。⑥

▶ 二、法期便民,宽法省禁

在立法上或对法律的评价上,少数民族统治者强调以是否便民利治为标准。针对以往制度的残酷,他们也从封建正统思想那里接受了一点宽仁。元世祖至元十五年(1278年)谕中书省、枢密院、御史台曰:"凡小大政事,顺民之心,所欲者行之,所不欲罢之。"⑦把民之欲恶作为政事取舍的标准,这是主张法律宽仁的思想基础。只有重视民才会对治民的法进行认真的检查,才可能有宽法省禁之举。清康熙帝也说过:"凡事必期便民,若不便民,而惟言行法,虽厉禁何益。"⑧这不仅要求政事便民,而且把便民作为法律立废的标准,行之而"无益"于民、"无益"于治的法没有实行的必要。元仁宗更明确地提出民为邦本的口号。他曾戒大臣曰:"民为邦本,无民何以为国。汝其上体朕心,下

① 《金史·刑法志》。
② 《元史·世祖本纪》。
③ 《元史·耶律楚材传》。
④ 《清史稿·刑法志》。
⑤ 《金史·刑法志》。
⑥ 《辽史·刑法志》。
⑦ 《元史·世祖本纪》。
⑧ 《清史稿·圣祖本纪》。

爱斯民。"①正是基于"无民则无可为国"的认识,他们才要求在使用法律、刑罚这些主要用来约束、制裁百姓的工具时要慎重,要讲宽仁。辽圣宗幼年即位之初,曾劝皇后"宜宽法律";及壮,"锐意于治","更定法令凡十数事"。史评"多合人心"。按辽之旧法,失火烧及椟山兆域,当受死刑,而圣宗对犯者"杖而释之",并"著为法"②,大大降低了刑罚的强度。清康熙帝为政,提出"疏禁网以昭悼大,缓催科以裕盖藏"③的主张。他认为治天下者,"宽则得众"。④正是基于这样的认识,他也采取了一些宽简法律的措施。元仁宗认为治理国家应"省刑薄赋",以"使百姓各遂其生"。⑤元英宗时,宣徽院臣请增岁输,英宗曰:"天下之民,皆朕所有,如有不足,朕当济之。若加重赋,百姓必致困穷,国亦何益。"于是下令遵世祖轻赋之"旧制"。⑥元成宗五年也曾"弛山泽之禁,听民捕猎"⑦。此类变严为宽变重为轻的改革,反映了这些少数民族统治者宽法省禁的思想。

第二节　法为公天下持平之器

少数民族统治者认识到法是划一人们行为的准绳,并赋予它天下之"公"的品质。金世宗把法称为"公天下持平之器"。⑧按照"公"的要求,辽、金、元、清的统治者主张执法上应不徇私情,不论亲疏贵贱都依法论赏罚。为了使官吏自觉遵守公法,他们强调法守信。为了确保法真正成为公正有信的行为准则,他们也借鉴了儒家的思想,提出慎刑恤民的主张。此外,他们还对法的内容的公正做了若干思考,对人们世代相沿的某些传统法律制度的合理性提出疑问。

▶ 一、以法为公,不徇私情

少数民族统治者以法为天下共同的行为准则,主张在执法行赏罚上不徇私情。清康熙时有几个旗人骂府丞,康熙下旨从重议处。有人奏曰:"其主乃

---

① 《元史·仁宗本纪》。
② 《辽史·刑法志》。
③ 《清实录》卷42。
④ 《清实录》卷245。
⑤ 《元史·仁宗本纪》。
⑥ 《元史·英宗本纪》。
⑦ 《元史·成宗本纪》。
⑧ 《金史·刑法志》。

康王也。"康熙断然说道:"朕止论事之是非,不论其为何人。"①他在惩罚暴戾不法的儿子时说:"皇天在上,朕凡事俱从公料理,岂以朕子而偏爱乎。"②法为公法,为天下之公准,所以康熙作为一国之主不因父子之亲而废公义,不因王侯贵戚之地位而亏法度。耶律楚材也认识到不能因亲近而曲法。他说过:"睦亲之义,但当资以金帛,若使从政而违法,吾不得徇私恩也。"③元英宗也曾戒群臣曰:"卿等居高位,食厚禄,当勉力图报。苟或贫乏,朕不惜赐汝,若为不法,则必刑无赦。"当其旧臣八思吉思有罪下狱时,他对左右曰:"法者,祖宗所制,非朕所得私,八思吉思虽事朕曰久,今其有罪,当论如法。"④他们都清楚可以以财产资旧臣、亲戚,但在法律面前则讲不得恩惠。私情在公法面前应当收敛。

这些少数民族统治者除了自己以身作则,"于亲属故旧未尝欺心有循"⑤之外,还要求各级官吏执法持平。金世宗曾对宰臣说:"形势之家,亲识诉讼,请属道达,官吏往往屈法徇情,宜一切禁止。"大定十二年,宛平令刘彦弼依法行事,遭曹国公主之辱骂。世宗深责曹国公主,斥责御史台臣"循势偷安,畏忌不敢言",并对曹国公主施以"夺俸一月"⑥的处罚。执法之官应执法严明,不能徇情枉法,也不能惧怕权贵而不敢用法。

徇情往往和求情相连,徇情生于求情,有求情才有徇情。针对这种情况,少数民族统治者极力反对请托。金世宗大定十五年,唐古部族节度使移剌毛得之子杀妻而逃。他被捕后,皇姑梁国大长公主请求赦免。世宗对宰臣说:"公主妇人不识典法,罪尚可恕,毛得请托至此,岂可贷宥。"⑦犯法而求情以求免罚影响公法的正常执行,侵害国家的司法秩序,故当治罪。辽圣宗太平六年,针对当时司法审判中"贵贱异法"的情况下诏曰:"夫小民犯罪,必不能动有司以达于朝,惟内族、外戚多恃恩得贿,以图苟免。如是则法废矣。自今贵戚以事被告,不以事之大小,并令所在官司按问,具申北、南院覆问得实以闻。其不按辄申,及受请托为奏言者,以本犯人罪罪之。"⑧辽圣宗一针见血地指出请托者、行贿者多系权贵,禁请托必先禁权贵。更可贵的是,他看到如果法不能责权贵则法废,法就不成其为法,就失去公法的意义。

① 《清实录》卷123。
② 《清实录》卷235。
③ 《元史·耶律楚材传》。
④ 《元史·英宗本纪》。
⑤ 《金史·世宗本纪》。
⑥ 同上。
⑦ 《金史·世宗本纪》。
⑧ 《辽史·刑法志》。

与请托相近似的是权贵干涉词讼。为维护法律的公平，少数民族统治者也很重视排除贵族对狱讼的干涉。清康熙帝曾说："盛京刑部，遇讯鞫时，或别部及旗下各官，皆得杂到并坐，干涉听审之事。向日京师亦往往有此。朕再三申饬，今已肃清矣。"①这不仅表明他为肃清干涉曾大费心思，而且也反映了他对权贵干涉司法的痛恨。他指令去盛京赴任的官吏力除此弊。顺天府尹俞化鹏上《京尹重任事多掣肘》折，康熙朱批允许俞化鹏对恃权说情或以其他方式干涉司法者密折奏闻。

▶ 二、信赏罚

法既然是天下公共的准则，就应当不折不扣地予以执行。如果不执行，公法就失去规范的作用。如果执行有偏差，就是对公法的破坏，对公法权威的侵犯。所以，少数民族统治者强调"信赏罚"，严格执行公法。辽道宗提出法要"示民信"。②耶律楚材曾陈时务十策，其中第一策便是"信赏罚"。③由此可见他对法律守信的重视。少数民族统治者所提出的信赏罚的要求大致有三：

一是行赏施罚以律文为准。金大定九年（1169年），金世宗曾说："近闻法官或各执所见，或观望宰执之意。自今制无正条者，皆以律文为准。"④为了守公法，使法取信于民，执法者就不能以己见代替法律，也不能因上司的意见、愿望动摇法律的执行。只有每断一案每行一事均依统一的制或律，才能培养起臣民对法的信。清康熙皇帝在谕示刑部官员时也指出，处理案件要"从公审断，勿循一时私见"。⑤大清律御制序要求百官"敬此成宪，勿得任意低昂"，也反映了赏罚守信的思想。

二是反对以刻为明。清康熙帝曾说："夫治狱之吏，以刻为明，古人所戒也"。"近见引律烦多，驳察诬良，时见参奏。出入轻重之间，率多未协于中，何以使民气无冤而谳法克当欤？"⑥这里，他形式上强调的是去刻尚宽的仁德之意，而实际上是要求官吏在执法时不可过于严苛，更不能"止为一己之考成，诬良为盗"。⑦金章宗以"法不适平"，遂定分寸，铸铜为杖式颁之天下。刑

---

① 《清实录》卷 137。
② 《辽史·刑法志》。
③ 《元史·耶律楚材传》。
④ 《金史·刑法志》。
⑤ 《清实录》卷 82。
⑥ 《清实录》卷 41。
⑦ 《清实录》卷 120。

部员外郎复言:"外官尚苛刻者,不遵铜杖式,轻用大杖,多致人死。"金章宗于是诏令按察司纠劾黜之。① 官吏尚刻,必致法外用刑或对犯者施以过重之罚。这在少数民族政权初立,尚未摆脱落后民族野蛮残暴特性的时期,是难以避免的。少数民族统治者反对以刻为明,禁止严刑拷讯,对防止冤狱,保证依法断罪是很有帮助的,也是有针对性的。法欲守信,必须做到罚当其罪,而罚当其罪的前提除了依法行罚之外,还必须是定罪准确。如果严刑拷讯,把无罪诬为有罪,行罚虽依法,罚亦不当其罪,也无法建立法的信誉。

三是不得无原则地轻刑或赦罪。金世宗时,宰臣针对"应议之人即当减等"之论上言:"凡议者,先条所坐及应议之状以请。"世宗同意其言,并说:"若不论轻重而辄减之,则贵戚皆将恃此以虐民,民何以堪。"②即使是对应议之人也不应无原则地轻减。在封建时代,赦罪人本为历代相沿之政,凡有吉庆大典,帝、后病、愈,立太子等皆大赦。但赦罪人之政也有其弊端,而过多地发布赦令更不利维护法律的权威,会大大降低法律在人们心目中的信度。元武宗时中书上言:"刑法者譬之权衡,不可偏重,世祖已有定制。自元贞以来,以作佛事之故,放释有罪,失于太宽,故有司无所遵守。今请凡内外犯法之人,悉归有司依法裁决。"英宗准其奏,并敕内庭作佛事,"毋释重囚,以轻囚释之"。③虽未废除赦囚之"德政",但却缩小了赦囚的范围和机会,在一定程度上维护了法律的信誉。清康熙帝反对严刑,主张用刑平允,但他对滥赦也表示反对。他曾说:"犯十大恶乱之人,情实即宜正法。强盗乃有越狱脱逃者,此等凶徒,不可又待一年。""若将此等事拟入缓决,将来必至于免死,恶人何所惩创"。"执法之人,但当详情据理以定罪。一味从宽,则恶人何所儆戒?"④他从维护国家的根本利益出发,认为大罪不可宽宥,国家不能为显示德政而有法不守,一味宽减。过分地宽赦,会使作奸犯法者知必赦而不重犯法。

▶ 三、非"八议",倡"一等科刑"

少数民族统治者不仅注意到法律执行上的公平,而且还把"公"的准则渗入法律本身,对法律规范的内容提出了公平的要求,从而对正统法律思想所确认的、千百年来相沿不改的不平等制度提出非议。辽在北宋建立之前行"以国制治契丹,以汉制待汉人"的分制制度。由于契丹的习惯法与汉人所用之唐律多异,所以就常出现不同民族的人犯同一罪,"其法轻重不均"的情况。

---

① 《金史·刑法志》。
② 同上。
③ 《元史·英宗本纪》。
④ 《清实录》卷222。

对法律制度的这种不公平,辽圣宗进行了改革。根据"公平"原则改异族异制为契丹人汉人犯罪"一等科之"。① 这样便消除了法律自身的不公平,改变了长期形成的民族不平等的局面。

金世宗对传统的八议也提出异议。大定二十五年(1185 年),后族有犯罪者,尚书省引"八议"上奏。世宗说:"法者,公天下持平之器也。若亲者犯而从减,是使之恃此而横恣也。昔汉文诛薄昭有足取者。前二十年时,后族济州节度使乌林达钞兀尝犯大辟,朕未尝宥。今乃宥之,是开后世轻重之门也。"②"八议"制度本来是封建统治者为保护小集团的利益而确定的一种特权制度,它本身是不公平的。金世宗为了法律的公平对这种特权制度提出非议。他除对议亲采取否定态度外,对议贤也持异议。他说:"夫有功于国,议勋可也。至若议贤,既曰贤矣,肯犯法乎?"他虽没有彻底否定议贤,但认为只要不是因缘坐受罚就不应议减。大定二十六年(1186 年)定制:"太子妃大功以上亲及与皇家无服者及贤而犯私罪者,皆不入议。"③这一规定大大缩小了八议的范围。

在这里,我们一方面应该看到少数民族统治者对法律公平的要求,看到他们对传统的特权者的某些限制。另一方面,我们也应看到所谓公平是建立在不公平基础之上的。辽虽有契丹、汉族一等科之之制,可元、清的法律却坚持了民族不平等。而且他们所要求的平等、公平也是极有限的。他们能做的只是对八议制度做一些限制,而不可能彻底废除八议制度。

▷ 四、慎刑恤民

因为少数民族政权初期法制不健全,予赏施罚随意性很大,法制的好坏关键决定于执法者个人的认识、态度。在这种情况下,讨论执法,研究刑罚、赏赐的实施不能不是当时的统治者的法律思想的重要内容。在民为国本以及法律公平思想的指导下,少数民族统治者在执法方面自然产生或接受了类似于先秦儒家的慎刑恤民思想。元世祖时,不只儿视事一日,杀二十八人。帝责之曰:"凡死罪必详谳而后刑。今一日杀二十八人,必多非辜。"如此判罪用刑,无法保证法的公平。不管是从把法视为"天下之平"的角度出发,还是为了待民以仁,这样随便杀人都是不可取的。所以,元世祖后来又进一步指出:"人命至重,今后非详谳勿辄杀之。"④他强调了决死刑必须详审,不可错杀

---

① 《辽史·刑法志》。
② 《金史·世宗本纪》。
③ 《金史·刑法志》。
④ 《元史·世祖本纪》。

无辜。元仁宗把这种详审具体化了。他曾谓法官曰:"扎鲁花赤人命所系,其详阅狱辞。事无大小,必谋诸同僚,疑不能决者,与省、台臣集议以闻。"①这一要求与唐、宋以来的三司推事制度是相通的。

他们主张慎刑,但同时也反对久系不决。元世祖曾明令"有司毋留狱滞讼"②,违者有罪。金世宗则具体指出:"凡诉讼案牍,皆当阅实是非,囚徒不应囚系则当释放。"③清康熙帝对"不行速结,使良民久羁囹圄"④也表示反对。

不管是慎刑的主张还是反对久系不决的意见,都有防止冤枉好人,不使无罪或罪轻者受不应有的羁押或刑罚之苦的用意。清康熙帝经常谕示刑部派遣大臣到各地清理狱讼,并明令"已结重案逐一详加审理,务使情法允协,有枉必申"。⑤ 他要求审判者做到"毋纵毋枉",无"冤抑"。⑥ 为了达到不枉不纵的目的,少数民族统治者还提出了一些具体的办法。

(一)轻箠楚

金世宗七年(1167 年),"左藏库夜被盗,杀都监部良臣,盗金珠,求盗不得。命点校司治之。执其可疑者八人,鞫之,掠三人死,五人诬伏。上疑之,命同知大兴府事移刺道杂治。既而亲军百夫长阿思钵鬻金于市,事觉伏诛。上闻之曰:'箠楚之下,何求不得? 奈何鞫狱者不以情求之乎?'"⑦以情求之难于做到,而轻箠楚则能防止屈打成招。

(二)设登闻鼓

元世祖于至元十二年(1275 年)"谕中书省议立登闻鼓,如为人杀其父母兄弟夫妇,冤无所诉,听其来击"。二十年"敕诸事赴省台诉之,理决不平者,许诣登闻鼓院击鼓以闻"。⑧ 许臣民告御状,这无疑有利于防止官吏枉法,有利于司法秩序的稳定。

(三)行录囚之制

辽圣宗统和十二年(994 年),大理寺置少卿及正主狱讼,但犹"虑其未尽,而亲为录囚"。⑨ 这是皇帝亲自录囚。元成宗大德五年,"遣官分道赈恤。

① 《元史·世祖本纪》。
② 同上。
③ 《金史·世宗本纪》。
④ 《清实录》卷 28。
⑤ 《清实录》卷 55。
⑥ 《清实录》卷 125。
⑦ 《金史·刑法志》。
⑧ 《元史·世祖本纪》。
⑨ 《辽史·圣宗本纪》。

凡狱囚禁系累年,疑不能决者,令廉访司具其疑状,申呈省台详谳,仍为定例"。① 这是廉访司录囚。录囚之制对督促下级司法官公平执法,保持法律适用上的统一,防止畸轻畸重害及良民,是有积极作用的。

（四）禁私自断决刑罪

辽圣宗曾下诏:"奴婢犯罪至死,听送有司,其主无得擅杀。"②过去主人对奴婢享有生杀予夺之权,现在,处罚应依法并由国家机关统一审理。元世祖中统二年（1261 年）,"谕诸王、驸马,凡民间词讼,无得私自断决,皆听朝廷处置"。③ 诸王、驸马身虽高贵,但并非国家的专门审判机关,故有关词讼之事不得擅自决断。元世祖至元三十一年（1294 年）,扎鲁花赤言:"诸王之下有罪者,不闻于朝,辄自决谴。"对这种违反世祖训示的行为,成宗"诏禁治之"。④这说明少数民族统治者已经认识到司法权的统一对防止冤滥的重要,认识到统一的法律必须有统一的司法权来保障才能很好地实施。

（五）行死刑覆奏制度

辽圣宗时既有死刑覆奏之制,且覆奏之前要以翰林学士、给事中、政事舍人详决。⑤ 元在世祖时也确立了死刑覆奏制度。元曾一度允许云南地方官"便宜处决""重囚",后世祖"恐滥及无辜",又恢复了覆奏制,令"凡大辟罪,仍须待报"。在地方长官便宜行事与维护司法统一,防止错杀无辜两者之间,元世祖最后选择了后者,足见其对民命的重视,对死刑的慎重。

第三节　吏　治　思　想

少数民族政权多是在战争环境中建立起来的,其官吏队伍存在两个突出的也是互相联系的特点:一是多为武臣;二是缺乏和平治理的经验。这种状况给少数民族统治者的社会治理带来了极大的困难。尤其是当他们把较先进的汉族人民变成自己的统治对象之后,改善官僚队伍的整体条件,提高官吏的为政素质,以及整肃吏治便越发显得刻不容缓。在这个方面,少数民族统治者看到了汉族的先进,也发现了本民族原有的管理方式的落后。他们大胆地学习汉民族的先进文化,重用儒臣,对本民族某些行之已久的制度实施了改革,或提出了改革的设想。对官吏贪墨这一屡禁不止的痼疾也提出了整

---

① 《元史·成宗本纪》。
② 《辽史·刑法志》。
③ 《元史·世祖本纪》。
④ 《元史·成宗本纪》。
⑤ 《辽史·刑法志》。

治的办法。

▶ 一、守成者必用儒臣

少数民族统治者在长期的政治实践中认识到汉族文化,即所谓儒术有益于国家的治理,因此他们乐于学习儒术、重用儒臣。元世祖在南宋投降时下诏书,要求所在官司对"前代圣贤之后""儒"者,以及"山林逸名士"等,"具以名闻"。后敕诸路,"儒户通文学者""并免其徭役"。这充分反映了他对儒生儒术的重视、爱护。《元史》的作者说他"知人善任,信用儒术,用能以夏变夷"。① 元武宗初即位便下令"勉励学校,蠲儒户差役"。当年,中书左丞孛罗铁木儿以蒙语译《孝经》进,武宗诏曰:"此乃孔子之微言,自王公达于庶民,皆当则是而行。其命中书省刻版模印,诸王而下皆赐之。"② 他不仅自己对《孝经》有所了解,而且希望诸王以至群臣都能遵此儒术行事。元仁宗也曾评价《大学衍义》"议论甚佳",并令"译以国语"。《元史》作者评价他为"通达儒术,妙悟经典",并引其语曰:"修身治国,儒道为切。"③

他们不仅重视儒学,给儒生以较优厚的生活条件,而且很看重儒生的政治才能,重用儒臣。元世祖十五年(1278 年)诏曰:"今后进用宰执及主兵重臣,其与儒臣老者同议。"他也大胆使用儒生为官。对使用儒臣,金世祖做了说明:"夫儒者操行清洁,非礼不行。以吏出身,自幼为吏,习其贪墨,至于为官,习性不能迁改。政道废兴,实由于此。"又说:"起身刀笔者,虽才力可用,其廉介之节,终不及进士。"④ 儒生不仅通儒术,而且操行品质优于吏。既有致治之学,又可依赖。这当然是可用之人。耶律楚材说得更清楚:"制器者必用良工,守成者必用儒臣。"⑤ 元仁宗也说:"朕所愿者,安百姓以图至治。然匪用儒士,何以至此。"⑥ 他们都把用儒臣同致治联系在一起,相信致治必用儒臣。为了发现、选拔儒臣,元成宗下令采贡举加考试的办法。令曰:"有儒吏兼通者,各路举之。廉访司每道岁贡二人,省台委官立法考试,中程者用之。"⑦ 元仁宗则"设科取士"⑧,行科举之法。这都反映了他们急于得到可用之儒臣的心情。

---

① 《元史·世祖本纪》。
② 《元史·武宗本纪》。
③ 《元史·仁宗本纪》。
④ 《金史·世宗本纪》。
⑤ 《元史·耶律楚材传》。
⑥ 《元史·仁宗本纪》。
⑦ 《元史·耶律楚材传》。
⑧ 《元史·仁宗本纪》。

▶ 二、用人勿拘资格

长期以来,在少数民族政权中形成了用人论资排辈的制度,极大地妨碍了优秀人才的选拔,限制了有才者才智的充分发挥。在统治实践中,少数民族统治者逐渐认识到选官应以才能为依据,不应拘于资格。元英宗曾指出:"台宪用人,勿拘资格。"①金世宗对"拘于资格"的任官制度非常反感。他说:"用人之道,当自其壮年心力精强时用之,若拘于资格,则往往至于耄老。此不思之甚也。"他认为,"日月资考所以待庸常之人,若才行过人,岂可拘以常例"。他还一针见血地指出:选官者"但务循资守格",是害怕"才能见用,将夺已之禄位"。"今在下僚岂无人材,但在上者不为汲引,恶其材胜已故耳"。他还对将相终身为官提出异议:"自古岂有终身为相者?""古来宰相率不过三五年而退,罕有三二十年者。"在他的晚年,官僚队伍一方面官员老朽,另一方面又有许多官职由于"资考少有及者"而缺员。针对这种情况,他下令:"苟有贤能,当不次用之。""郡守选人,资考虽未及,廉能者则升用之,以励其余。"②选官不仅不能拘资格,也不能拘贵近。金世宗曾说:"古有布衣入相者。闻宋(指南宋)亦多用山东河南流宥疏远之人,皆不拘于贵近。"布衣虽不贵、不近,但可用为相。如果拘于亲贵,非亲贵不用,则必致人才得不到录用而官无良才。他认为,"外官三品以上,必有可用之人,但无故得进耳"。所以他要求打破亲贵界限,下令"自今朝臣出外,即令体访外任官职廉能者,及草莱之士可以助治者,具姓名以闻"。③ 不管是破贵近之拘,还是破资格之限,都有利于发现人才,充实官僚队伍,加强官僚集团工作能力。

▶ 三、清吏治,严惩贪墨

在少数民族统治者的吏治思想中,十分重要的一项内容是主张加强对官吏的管理,惩治贪赃枉法行为。在康熙看来,"从来生民不遂,由于吏治不清"。④ 使吏治清的重要手段是惩贪。各少数民族政权对这项工作都十分重视。如元世祖至元十五年(1278 年)曾下令:吏"贪残不胜任者,劾罢之"。二十二年又诏:"各道提刑按察司,能遵奉条画,莅事有成者,任满升职,赃污不称任者,罢黜除名。"二十九年(1292 年),中书省与御史台共定赃罪十三等,世

① 《元史·英宗本纪》。
② 《金史·世宗本纪》。
③ 同上。
④ 《清实录》卷 41。

祖诏曰"可"。① 这一连串的活动都反映了他对贪墨之官的愤恨。元成宗元贞元年(1295 年)诏:"职官坐赃论断,再犯者加二等。"大德五年御史台臣言:"官吏犯赃及盗官钱,事觉避罪逃匿者,宜同狱成,虽经原免,亦加降黜,庶奸伪可革。"成宗从之。② 金世宗又说:"吏人但犯赃罪,虽会赦,非特旨不叙。"大定二十六年(1186 年),有人示意对女真贵族应稍施宽贷。世宗说:"朕于女真人未尝不知优恤,然涉于赃罪,虽朕子弟不能恕。"③字里行间透露着这样的信息——其他罪尚可恕,但贪赃之罪不可赦。

如果说在封建社会后期整个官僚机构都腐朽了,那么贪蠹则是其重要标志和难以革除的痼疾。少数民族建立政权,统治汉民族地区后,也遭遇到这样的痼疾。明太祖朱元璋大肆杀戮贪官,没有把这一痼疾治好,辽、金、元、清的统治者也无回天之力。他们的思想是积极的,他们惩贪的愿望是善良的,他们所采取的一系列措施对清吏治起了一定的作用。但不管他们的设想多周密、措施多有力,也难以根本改变吏治不清、贪赃成风、官吏腐败的状况。

【参考书目】

1. 张国华:《中国法律思想史新编》,北京大学出版社 1998 年版,第四讲。
2. 杨鹤皋:《宋元明清法律思想研究》,北京大学出版社 2001 年版。
3. 王占通:《中国法思想史》,吉林人民出版社 1989 年版,第六章。

【思考题】

一、名词解释

1. 法为公天下持平之器
2. 请托

二、简答题

1. 简述少数民族统治者对八议制度的非议及其意义。
2. 简述少数民族政权的恤刑措施。

三、论述题

1. 从重用儒臣的角度,分析司法队伍对司法公正的影响。
2. 从少数民族统治者信赏罚的议论分析法律事物的内在规律。

---

① 《元史·世祖本纪》。
② 《元史·成宗本纪》。
③ 《金史·世宗本纪》。

第十六章　明清之际反专制的法律思想

封建正统思想是以维护君主专制制度为主要任务的思想体系。自从汉代宣布独尊儒术以来,思想家们便千方百计地论证君主专制制度的合理性,为维护这个制度献计献策,批评不利于这种制度的言论和行动。但当历史进入朱明王朝之后,君主专制制度走向极端,逸出了常轨,暴露出更多且严重的弊端。这些弊端引起了思想家们对这种制度认真的、带着疑问的思索。

明朝末年,随着资本主义萌芽的发展,在部分地区引起了社会结构的局部变化,这些变化促使一些具有民本主义思想的知识分子更深刻地认识了民的价值和地位。对民的重视和对君主专制制度的怀疑两相结合,产生了明末清初以民本主义为特征的反专制的政治法律思想。王夫之、顾炎武、傅山、唐甄等就是这种思想家,而他们中的典型代表是黄宗羲。这些思想家不仅一般地从"天下"的归属、法的性质等否定君主一人独占、独享的制度,而且从国家的政治权力结构等方面提出了限制专制君主的方案。

本章主要学习:(1)启蒙思想家立法为公的思想;(2)启蒙思想家限制君主专制的设想及其价值。

第一节　"天下之法"与"一家之法"

中国的封建社会没有多少有"封建"地位的特权人物。虽然个别朝代在一定时期给予了一部分人以贵族身份,但就整个封建社会而言,其他一切人都是皇帝的臣民、奴仆。到明代,这种情况表现得尤为突出。由于官僚队伍是由地主阶级中流动的成员组成,是由皇帝认可的人组成,这便留给人们这样的印象,即整个政权都由皇帝一人说了算,整个国家都是皇帝一人的,官僚也和普通百姓一样都是皇帝统治的对象。君主制度朝向专制的恶性发展,把皇帝扭曲成孤家寡人,一个把其他一切人都放在自己对立面的人。这种统治关系把全社会的人划分为两个部分,即天子和"天下"。前者是"予一人",后者是全天下人。这是一种畸形的政治状态。黄宗羲等人对这种畸形的政治及与这种政治相适应的"一家之法"展开了尖锐的批判和深刻的揭露,提出天下为天下人的天下,法应为"天下之公"的观点。

▶ 一、"天下为主,君为客"

在忠君孝亲思想渗透到人们的每一根神经的社会里,没有谁会提出君与天下谁为主、谁为客的问题。但当黄宗羲等人一旦捅破窗纸,提出这一问题时,受"民惟邦本"思想教育的人又会不费力气地找到答案:天下为主,君为客。黄宗羲不仅找到了答案,而且把本来应然的主客关系同现实生活中的主客关系加以对照,批判现存的专制制度。他说:"古者以天下为主,君为客,凡君之所毕世而经营者,为天下也。"这是应然的、原本就是如此的主客关系。在这种主客关系中,君本是非常辛苦,为天下谋福利,"非天下之人情所欲居"的职位。他描述道:"有生之初,人各自私也,人各自利也。天下有公利而莫或兴也,有公害而莫或除也。有人者出,不以一己之利为利,而使天下受其利;不以一己之害为害,而使天下释其害。此其人之勤劳必千万于天下之人。"这种君受天下人"爱戴",甚至被天下人"比之如父,拟之如天"。后来的情况变了,主客关系颠倒了,变成了"以君为主,天下为客"。这时的君王"以为天下利害之权皆出于我,我以天下之利尽归于己,以天下之害尽归于人","视天下为莫大之产业,传之子孙,受享无穷"。黄宗羲揭露到:"凡天下之无地而得安宁者,为君也。是以其未得之也,荼毒天下之肝脑,离散天下之子女,以博我一人之产业,曾不惨然,曰:'我固为子孙创业也。'其既得之也,敲剥天下之骨髓,离散天下之子女,以奉我一人之淫乐,视为当然,曰:'此我产业之花息也。'然则为天下之大害者,君而已矣。"①

黄宗羲的这番话不仅运用民惟邦本的传统思想赋予了"天下"以主人的地位,提出了君应为天下的要求,而且揭示了这样几条道理:其一,后世的君王们以天下为"产业",其他人也会"欲得"这份"产业","一人之智力不能胜天下欲得之者之众"。这种状况必然影响到国家的法制建设。君王为保有其产业,必立有利于一己私利的法,用以防范他人的侵夺。其二,既然本应以天下为主,以君为客,天下人对那些仅为一己之利而荼毒天下的君王"视之如寇仇,名之为独夫"就是合理的,汤、武诛桀、纣就是正确的。所谓君王神圣不可侵犯的法律原则也就值得重新考虑。其三,天子为天下,其他臣民也应为天下,为君献身的封建道德信条是说不通的。所谓"君臣之义无所逃于天地之间",以及"伯夷、叔齐"②之事都是不足为信的无稽之谈。人们可以摆脱忠君的义务,而担负起为天下人谋幸福的责任。

---

① 黄宗羲:《明夷待访录·原君》。
② 同上。

王夫之、顾炎武不像黄宗羲那样激烈,但他们也用曲折的言词表达了对君主与天下关系的看法。虽然王夫之承认天子是"绝乎臣民而尊者"①,但他的"自畛其类"的观点却把天下交还给了天下人。从本原上说,"若土,则非王者之所私也。天地之间,有土而人生其上,因资以养焉。有其力者治其地,故改姓受命而民自有其恒畴,不待王者之授之"。② 土地是天地之间固有的,人类生于其上,耕耘土地以自养。皇帝不是天下当然的主人,如果一定要给天下找一个主人的话,那就只能说天下人是天下的主人。至于后来出现的国家和君王等政治上层建筑,那不过是人类"自畛其类"的结果。人类为了"保其族","卫其类","自畛其类",设立"君长"③。也就是说,那"绝乎臣民而尊者"的君长不过是人类为了维护自己族类的利益而设置的公共机关,而不是天下的当然主人。在明确了君王的公共机关的身份之后,他明确地把皇帝一家的利益同天下的利益区别开来。他把政权的兴亡区分为两类:"一姓之兴亡,私也;而生民之生死,公也。"④从这个观点出发,他批评王朝正统的论调,指出:"有离有绝,固无统也,而又何正不正邪?"⑤他认为,没有正统,臣民们也没有必要去维护什么正统,没有必然"詹詹然为已亡无道之国延消谢运"。⑥

顾炎武用国和天下两个概念来区分属于一家一姓的政权和属于天下人的天下。他说:"有亡国,有亡天下。"亡国与亡天下的区别是:"易姓改号,谓之亡国;仁义充塞,而至于率兽食人,人将相食,谓之亡天下。"根据这个划分,他认为,"保国者,其君其臣肉食者谋之。保天下者,匹夫之贱,与有责焉耳矣。"⑦他的这种看法也为广大百姓摆脱了为君死为君亡的道德义务和法律义务。

在君与民的关系上,顾炎武接受先秦"为民而立之君"的观点。他说:"为民而立之君。故班爵之意,即卿大夫士与庶人在官一也,而非无事之食。"⑧顾炎武的这段话实际上把君同卿、大夫等放到了"庶人为官"的地位。而庶人为官在中国封建社会,不管是实行察举制度的汉代、实行九品中正制度的三国两晋时期,还是实行科举制度的隋唐宋明清诸朝,都是国家制度上允许和保护的。既然皇帝只是这样一种角色,又食了百姓提供的俸禄,他们当然只能

---

①　王夫之:《读通鉴论》卷29。
②　王夫之:《噩梦》。
③　王夫之:《黄书·原极》。
④　王夫之:《读通鉴论》卷17。
⑤　王夫之:《读通鉴论·叙论一》。
⑥　同上。
⑦　顾炎武:《日知录·正始》。
⑧　顾炎武:《日知录·周室班爵禄》。

积极地为百姓服务,其定制立法当然也应符合民的要求。

▶ 二、法为天下之公

天下是天下人的天下,国家的法应当是为天下人立的法。顾炎武要求法应当是"公天下而为之者"。① 但实际存在的法却不是"公天下而为之者",而是为天子一家一姓服务的。登上皇帝宝座的人们,把天下看做是自己的私产,无时无刻不在"顾盼惊猜",恐怕强有力者"且欠崛起效已而劫其藏"。② 这些皇帝制定的法律首先是为了守卫其一家之"藏"服务的,都是一家之法,而非天下之法。

王夫之在论述国家和君王的来源时发表了"不以一人疑天下,不以天下私一人"③的见解。这一见解可以说也是他对待政治法律问题的一条原则。这条原则落实到立法问题上,就是主张立法为公,立法为天下。他曾这样说:"帝王立法之精意寓于名实者,皆原本仁义,以定民意,兴民利,进天下以协于极,其用隐而化神。"④这"定民意,兴民利,进天下以协于极"的法是符合天下利益的法,是天下的公法,而不是只考虑"一姓之私"⑤的法。

黄宗羲对立天下之法的问题着墨更多一些。他通过对比理想中的"三代以上"时期和政治堕落的"三代以下"时期,得出"三代以上有法,三代以下无法"的结论。他的有与无是以天下为标准的。有法是有为天下而立的法,无法是无为天下而立之法。他论述道:"二帝、三王知天下之不可无养也,为之授出以耕之;知天下之不可无衣也,为之授地以桑麻之;知天下之不可无教也,为之学校以兴之。为之婚姻之礼以防其淫;为之卒乘之赋以防其乱。此三代以上之法也,固未尝为一己而立也。"这些法都是为天下的法,二帝三王建设了这样的法,为那个时代提供了这种利天下的法,所以说"有法",即"有"天下之法。"后之人主,既得天下,惟恐其作命之不长也,子孙之不能保有也,思患于未然以为之法。然则其所谓法者,一家之法而非天下之法也。是故秦变封建而为郡县,以郡县得私于我也;汉建庶孽,以其可以藩屏于我也;宋截方镇之兵,以方镇之不利于我也。此其法何曾有一毫为天下之心哉,而亦可谓之法乎?"这些法都是为天子一家而制定的,都是为天子的小"我"服务的,这种法虽"具",但却不能说有天下之法,所以说三代以下"无法"。

---

① 顾炎武:《日知录》卷 8。
② 王夫之:《黄书·古仪》。
③ 王夫之:《黄书·宰制》。
④ 王夫之:《读通鉴论》卷 22。
⑤ 王夫之:《读通鉴论·叙论一》。

按照天下为主君为客的判断,三代之法是可取的,而三代以下的法是不可取的。他把这两者区分为"无法之法"和"非法之法"。他说:"三代之法,藏天下于天下者也。山泽之利不必其尽取,刑赏之权不疑其旁落,贵不在朝廷也,贱不在草莽也。在后世方议其法之疏,而天下之人不见上之可欲,不见下之可恶,法愈疏而乱愈不作,所谓无法之法也。"这里所谓无法之法是说法为天下人设,法服务于天下人,这法是属于天下人的,而不是天下人之外的某个主体的。由于这法是服务于天下人,合于天下人的愿望,所以没有给人们设置太多的限制,没有给社会增添太多的麻烦,人们可以如同没有外在的法律一样地生活。"后世之法"不是这样。这些法是:"藏天下于筐箧者也。利不欲其遗于下,福必欲其敛于上;用一人焉则疑其自私,而又用一人以制其私;行一事焉则虑其可欺,而又设一事以防其欺。天下之人共知其筐箧之所在,吾亦鳃鳃然日唯筐箧之是虞,故其法不得不密,法愈密而天下之乱即生于法之中,所谓非法之法也。"①这"非法之法"之"非"在于:不是为天下人的利益而设,而是为维护一人的"筐箧"而设,不是给天下人带来太平,而是给天下带来"乱"。"非法之法"就是生乱之法。

▶ 三、独治之而刑繁,众治之而刑措

黄宗羲等在批判君主专制制度下的法为"非法之法"的同时,还指出了这种法的严重弊端,即繁密。在黄宗羲看来,三代以下的法为一人一姓的"筐箧"而建立,这种法不能不繁密。专制君主把天下的利益都装进自己的"筐箧"之中,必然造成众人"鳃鳃然日唯筐箧之是虞"。君主一人一家之力不能对付众人的觊觎,使用官吏保护又"疑其自私",这些私天下的君王只能寄希望于繁密的法律。按照黄宗羲的这一分析,君王出于其"利欲之私"而"创"②的法律不能不具有繁密的特点,法网繁密是私天下的君主专制制度下的法律无法改变的属性。

顾炎武从管理的角度指出专制时代法律繁密的原因。他说:"人君之于天下,不能以独治也。独治之而刑繁矣,众治之而刑措矣。"③为什么会这样呢?顾炎武心目中有一个分级管理的政权模式。他说:"所谓天子者,执天下之大权者也。其执大权奈何? 以天下之权,寄天下之人,而权乃归之天子。自公卿大夫至于百里之宰、一命之官,莫不分天子之权,以各治其事,而天子

---

① 黄宗羲:《明夷待访录·原法》。
② 同上。
③ 顾炎武:《日知录》卷6。

之权乃益尊。"①在这种体制下,国家庶务都由各级官吏依照他们的职权处理,用不着建立繁多的法律。这就是"众治之而刑措"的道理之所在。"独治之而刑繁"的显例是"秦始皇之治"。他说:"秦始皇之治,天下之事,无大小皆决于上,上至于衡石量书,日夜有呈,不中呈不得休息,而秦遂以亡。太史公曰,其天下之网尝密矣,然奸伪萌起,其极也,上下相循,至于不振。然则法禁之多,乃所以为趣亡之具。"专制制度下不仅法网繁密,而且繁密的法网不足以维护专制所欲保障的利益。

既然"众治之而刑措",可以改变"独治"体制下刑繁的局面,要医治刑繁之疾岂不是很容易吗? 按照顾炎武的分析,要解决这个问题非常简单,只要把"独治"的体制改为"众治"就可以了。逻辑上虽如此,但从实践的角度来看,解决这个问题却是十分困难的,甚至是不可能的。因为,体制的问题不是一个简单的选择问题。君主私天下是封建政治的基本出发点,君主一人一家的利益是君主专制制度下的首要利益,维护这种利益是其他一切制度的基本设计要求。按照这种要求产生的管理体制一定是"独治"的体制,而不是"众治"的体制。不改变君主专制制度,就不可能改变这种管理体制。因此,要在不改变君主专制制度的前提下改变管理体制是不可能的,进而想通过管理体制的改变来医治刑繁之疾也是不可能的。这也就是说,繁密的法网是君主专制制度的"必然伴侣"。

第二节　限制君主专制的构想

黄宗羲等人揭露了君主制度的种种弊端,但他们并没有否定君主制度的企图,也没有提出任何取代君主制度的方案。在他们看来,以君为主以天下为客,或制定只利于君王的非法之法,都不是君主制度本身的错误,而是后世君主过分自私、专制的结果。他们批判君主制度,实际上只想批判君主的过分专制和过分自私,而不是想用更好的政治制度代替君主制度。他们一方面批判秦汉以来的君主,一方面又想有一个理想的三代君主。这样,他们对封建君主制度的要求就不是否定,而是修正、限制。他们按照理想中的三代君主的模式,按照君主为天下人谋福利的假定的初始君主制的原则,对君主制勾画了限制之法。这些限制之法不是来源于社会力量的推动或阶级对抗的自觉,而是来源于理论的推演和对古代历史的某些片断的加工。

---

① 顾炎武:《日知录·守令》。

▶ 一、君臣共治

在君主制条件下,限制君权最便捷可行的方式是提高臣权而不是提高民权。如果大臣都不能对君权加以制约,那么,普通民众就更无能为力了,甚至试图限制君权的民权的存在都是不可能的。黄宗羲、王夫之、顾炎武等实际上都在努力做扩大臣权的论证。从民本主义的思想出发,他们认为臣权乃为民而设,即所谓"为天下,非为君也;为万民,非为一姓也"。[①] 如果说天下是统一的,而天子是"执天下之大权者",那么,这种国家权力应由天子与群官吏分别行使,除天子"执大权"外,"自卿大夫至百里之宰、一命之官",都应"分天子之权",然后"各治其事",而不应一律"收之在上"。[②] 黄宗羲把君臣关系看成是一种合作关系。他说:"臣之与君,名异而实同。"他们都一样承担着为民服务的重任,犹"共曳木之人",或者说臣就是"分身之君"。[③] 在黄宗羲看来,臣不是君的"仆妾",而是"以天下为事"[④]的治国者,按照"分身之君"的说法,他们具有独立的身份,也应当拥有为君所不可剥夺的政治权力。这些人对君王不利于天下的政治决策不应无条件服从,而应施加某种影响。

在君臣共治这个问题上,王夫之和黄宗羲除了一般性的君臣共治、分权的议论外,主要关心的是宰相之权。王夫之认为,天子、大臣应各行其权:"合刑赏之大权于一人者,天子也;兼进贤退不肖之道,以密赞于坐论者,大臣也。"[⑤]在诸大臣中,宰相的位置十分重要,而且天子不可以兼掌宰相之权。"宰相无权,则天下无纲,天下无纲而不乱者,未之或有。""相得其人,则宰相之权,即天子之权,挈大纲以振天下,易矣。宰相无权,人才不由以进,国事不适为主。"[⑥]他希望天子把一部分权力分给宰相,让宰相上治国统吏的第一线。

黄宗羲也想到了用相权分割君权,而且还为相权的行使设计了具体的方案。他设计了一个宰相握有大权、其他大臣也得以参与决策的国家机关。在这个机关里,处理国务的权力不是由天子独揽,而是由天子、宰相、参知政事等"同议可否"。他对这个机关的工作做了如下的安排:"宰相一人,参知政事无常员。每日便殿议政,天子南面,宰相、六卿、谏官东西面以次坐。其执事皆用士人。凡章奏进呈,六科给事中主之;给事中以白宰相,宰相以白天子,

---

① 黄宗羲:《明夷待访录·原臣》。
② 顾炎武:《日知录·守令》。
③ 黄宗羲:《明夷待访录·置相》。
④ 黄宗羲:《明夷待访录·原臣》。
⑤ 王夫之:《读通鉴论》卷8。
⑥ 王夫之:《读通鉴论》卷20。

同议可否。"这个机关没有取消君王的权力,但却能在一定范围内克服君王决策上的错误。此外,黄宗羲还提到,天子虽握有"批红"的权力,但在"天子不能尽"时,可以由"宰相批之"。[1] 这实际上等于宣布,不贤的天子可以将"不能尽"的事,交给贤能的宰相和宰相领导的"政事堂"。[2]

黄宗羲、王夫之等设计了以相权分割君权的方案,但严酷的现实却是,明王朝已经废除了处在黄宗羲设计的国家机关中心位置上的宰相。如果说黄宗羲等是按照治理天下人的天下的要求设计了天子和宰相诸大臣"同议"政事的国家权力中枢,那么,明王朝罢宰相后的朝廷却是典型的一人之天下的模式。这两种制度相去甚远。黄宗羲无法用自己的方案取代当时的制度,只好忿然指斥明王朝:"有明之无善治,自高皇帝罢丞相始也。"[3]

▶ 二、学校议政

按照民惟邦本的观点,国家政治要考虑民的利益,而允许百姓讨论国家政事理所当然。顾炎武倡导建乡评,存清议。他从"天下有道,则庶人不议"的论点推出结论:"然则政教风俗苟非尽善,即许庶人之议矣。"他从古代历史上挖掘出一系列百姓议政的例子:"故盘之诰曰:无或敢伏小人之攸箴,而国有大疑卜诸庶民之从逆。子产不毁乡校,汉文止辇受言,皆以此也。唐之中世,此意犹存。鲁山令元德秀遣乐工数人连袂歌于蒍,玄宗为之感动。白居易为盩厔尉,作乐府及诗百篇,规讽时事,流闻禁中,宪宗召入翰林,亦近于陈列国之风,听舆人之诵者矣。"[4]这段论述说明庶人议政是必要的,也是为列祖列宗所认可,为后世所称道的。它的结论很明确:今政教风俗非尽善,故应许庶人议政。

如果说顾炎武的庶人议政说的是一般庶人,那么,黄宗羲则把议政更具体化为学校议政、知识分子议政,而且他的议政的政治价值也有大幅度的提高。他首先对学校自身的功能做了非同一般的解释:"学校,所以养士也。然古之圣王,其意不仅此也。必使治天下之具皆出于学校,而后设学校之意始备。""养士为学校之一事,而学校非仅为养士而设也。"学校的重要功能是"出""治天下之具"。

黄宗羲给学校这样一个定位,实际上就是给国家设计了一个新的决策机关。在这里,"天子之所是,未必是之;天子之所非,未必非之"。学校不仅不

---

[1] 黄宗羲:《明夷待访录·置相》。
[2] 同上。
[3] 同上。
[4] 顾炎武:《日知录》卷19。

是以顺从上意为己任，相反，它要对国家的方针大计负责。正因为它有这样的责任，从而也意味着有决策，至少是参与决策的权力，所以，"天子亦遂不敢自为非是而公其非是于学校"。这也就是说，学校为"出"良好的"治天下之具"，有权力审查天子的"非是"。① 有了这样的学校，国家的政治决策过程就要加以改变。黄宗羲指出："三代以下，天下之是非一出于朝廷。天子荣之，则群趋以为是；天子辱之，则群擿以为非。"这个决策过程中没有学校，也没有其他的参谋咨询机构。而按照黄宗羲对学校的定位，国家的重大决策，包括需要皇帝定是非的决策，都应先通过学校，学校认可而后方可宣布为国家的是非。

黄宗羲对学校的工作和活动做了具体的规划。总起来说，不管是天子，还是郡县官，在学校里的身份都是"弟子"，都应按弟子的身份行事。他这样规划太学和郡县学官的活动："每朔日，天子临幸太学，宰相、六卿、谏议皆从之。祭酒南面讲学，天子亦就弟子之列。政有缺失，祭酒直言无讳。""郡县朔望，大会一邑之缙绅士子。学官讲学，郡县官就弟子列，北面再拜。师弟子各以疑义相质难。""郡县官政有缺失，小则纠绳，大则伐鼓号于众。"

黄宗羲设计的学校影响政治的基本办法是"祭酒"的"直言无讳"，在地方上则是"纠绳"和"伐鼓号于众"。这种办法能起到影响政治的作用吗？黄宗羲期望它能起到这样的作用。在对"祭酒"的选择上，他充分考虑了这个"岗位"的权威性——"太学祭酒，推择当世大儒，其重与宰相等，或宰相退处为之"。② 或许"退"位的宰相或"当世大儒"对当朝的君臣具有一定的影响力。

▶ 三、地方分治

皇帝的专权在朝廷表现为宰相无权甚至废宰相，在中央与地方的关系上，表现为地方官无权。黄宗羲等人希望限制专制君主，自然也想到了以地方权限制天子的权力。

王夫之为了说明地方分权的合理性，提出了"上统之则乱，下统之则治"的命题。他说："州牧刺史统其州者也，州牧刺史统一州而一州乱，故分其统于郡。郡守统其郡者也，郡守统一郡而一郡乱，故分其统于县。上统之则乱，下统之则治，非但智之不及察，才之不及理也。"③根据"上统之则乱，下统之则治"的规律，天子应当分其权给地方，上级地方官应当把权分给下级地方官。

---

① 黄宗羲：《明夷待访录·学校》。
② 同上。
③ 王夫之：《读通鉴论》卷16。

王夫之的主张是："天子之令不行于郡,州牧刺史之令不行于县,郡守之令不行于民。"①

顾炎武提出的在中央与地方关系上限制君主专制的办法也是给地方官更多的权力。他把自己的主张概括为"寓封建之意于郡县之中"。对古代中国郡县和封建两种制度,王夫之进行了认真的总结。他认为二者都有弊端:"封建之失,其专在下;郡县之失,其专在上。"在明代则表现为"束之于上",且"束之不已"。为了克服郡县制与封建制的缺陷,主要是为了克服现存的郡县制的缺陷,王夫之主张把这两种制度结合起来,实现二者的互补。其具体办法就是把军民财政"四者之权一归于郡县"。②"尊令长之职,而予以生财治人之权。罢监司之任,设世官之奖,行辟属之法。"③这样做的结果会使郡县无封建之名,而有封建之实。实行这种制度显然会削弱天子对地方的直接控制权。

黄宗羲也是从古代史中寻找得以克服皇帝专权,地方无权弊端的办法。他选择了方镇制度。对唐代的方镇,他的看法与常人不同。他认为:"唐之所以亡,由方镇之弱,非由方镇之强也。"他的这种认识未必正确,但他的追求是明确的。他也像顾炎武一样研究了封建与郡县两种制度。在对两种制度的评价上,他与顾炎武有所不同,但他们两位解决二者存在的问题的思路是相同的,即把二者结合起来。在结合的方法上,顾炎武主张"寓封建之意于郡县之中",而黄宗羲则找到了方镇这种模式,主张"复方镇"。黄宗羲的方镇权与顾炎武的有封建之意的郡县十分相似:"务令其钱粮兵马,内足自立,外足捍患,田赋商税听其征收","一切政教张弛,不从中制;属下官员亦听其自行辟召,然后名闻"。④

黄宗羲的方镇不仅享有相对独立的权力,可以"不从中制",在一定程度上脱离中央政府和天子的直接控制,而且还有反"制"朝廷的作用——"外有强兵,中朝自然顾忌"。由此可见,黄宗羲在地方分治问题上比王夫之、顾炎武有更为明确、激进的目的,那就是外树强兵,以制中朝。如果说黄宗羲等人以臣权限制君权,实行君臣共治的措施,以及学校议政的方案都缺乏强力保证的话,那么,黄宗羲的方镇制则是在当时的中国所可以寻找到的仅有的一种制约君王的强大力量。

---

① 王夫之:《读通鉴论》卷16。
② 顾炎武:《日知录·守令》。
③ 顾炎武:《亭林文集·郡县论》。
④ 黄宗羲:《明夷待访录·方镇》。

【参考书目】

1. 张国华:《中国法律思想史新编》,北京大学出版社 1998 年版,第五讲。
2. 杨鹤皋:《宋元明清法律思想研究》,北京大学出版社 2001 年版。
3. 王占通:《中国法思想史》,吉林人民出版社 1989 年版,第七章。
4. 徐进:《黄宗羲的民本思想及其限制专制君主的构想》,载《文史哲》1992 年第 1 期。

【思考题】

一、名词解释

1. 寓封建之意于郡县之中
2. 独治之而刑繁,众治之而刑措
3. 天下为主,君为客

二、简答题

1. 简述黄宗羲"学校议政"方案的主要内容。
2. 简述黄宗羲、王夫之、顾炎武的"分权"构想。

三、论述题

1. 从黄宗羲立天下之法的论述分析政与法的关系。
2. 试析黄宗羲、王夫之、顾炎武法律思想的启蒙意义及时代特征。

261

第十六章　明清之际反专制的法律思想

第四编 古代正统法律思想的解体和近代法律思想的产生发展时期

1840 年鸦片战争以来,中西方的交往与碰撞,使中国遭遇了"三千年未有之大变局",也使古代正统法律思想在应对西方法律文化的挑战中不断作出调适与变革,终至衰微而解体。如果说地主阶级改革派中的龚自珍还在"药方只贩古时丹"的话,作为"开眼看世界"的魏源,已能提出"师夷长技以制夷"的前卫思想,为西方民主法律制度的引入打开了大门。传统文化惯性的强大,在洋务派思想中衍生为"中学为体"的固本之说,而兴办洋务与救亡图存的现实需求,则又演化为"西学为用"的开新之论,以西方法律文化为代表的近现代法律思想,在学说的译介和制度的移植中落户于中土,最终导致了 20 世纪初年声势浩大的变法修律。礼法之争的喧嚣,无法挽回古代法律思想终结的命运,资产阶级革命派对传统的借鉴,也说明了以自由、权利、民主、共和为意涵的现代法律思想生根的艰难。

第十七章　近代地主阶级改革派的法律思想

中国古代正统法律思想在春秋战国时期奠定基础,经过秦及汉初的发展,终于在汉武帝时经过"罢黜百家、独尊儒术"而得以确立,形成了以儒学为主、儒法合流的"德主刑辅"为核心的法律思想,并在法律发展史上取得霸主地位。此后的两千年间,虽然物换星移、朝代更迭、治乱循环不已,然而经过历代统治者及知识分子适时的改造和阐释,此一思想的"正统"地位却始终不曾动摇过,即便是在明末清初由于资本主义经济因素的萌芽,反映在法律思想上,出现了黄宗羲、王夫之、顾炎武等以民本主义为特征、以激烈反对封建专制主义为核心观点的法律思想家,但它并不足以撼动封建专制集权的根基。清立国后的二百年间(1644—1840 年),清朝统治者在逐渐学会了汉民族比较先进的统治方法、治国之术之后,中国封建专制统治的行程又得以向前推进,正统法律思想的地位也依然没有动摇。

然而,当清朝统治者在努力以缺乏自我更新能力的汉文化重建天朝大国的同时,西方以进取、冒险、扩张和掠夺为特征的资本主义经济却正以一日千里的速度迅猛发展,中西方的差距也由此而拉开。到 19 世纪三四十年代,西方列强在不断侵夺其他弱小国家,开辟海外殖民地之余,开始对中国这个貌似强大,实则停留在中世纪水平上的封建帝国发动了逐步升级的进攻。一向闭关锁国的清王朝,海禁被洋枪洋炮敲开,土地被昔日的夷敌强索,白银源源不断地流入"友邦"的府库。伴随着鸦片涌入中国的,不仅有近代的工业技术,还有资产阶级的观念和文化,其中也包括资产阶级的法律思想。这样,中国社会经济自身的发展,清朝政府的腐败,日趋严重的外侮及随之而来的西方法文化的冲击与挑战,共同孕育了与中国近代史几乎同时来临的地主阶级改革思想。龚自珍、魏源等地主阶级改革派脱颖而出,成为近代中国进步法律思想家的先驱,对以后中国法律思想的发展产生了巨大的影响。

本章主要学习:(1) 龚自珍、魏源的更法、改革思想;(2) 地主阶级改革派对西方政治法律制度在理论上的认可。

第一节　清朝统治的腐败与地主阶级改革派的法律思想

当历史进入 19 世纪后,西方各国的资产阶级革命已先后完成。工业革命的飞速发展,资产阶级民主宪政体制的确立,促进了资本主义经济的发展和繁荣。而资本主义经济的发展,又需要更大的海外市场。于是,他们把眼光投向了有着辽阔疆土、丰富资源、悠久历史文化的中国大地。而与此时代相应的,主宰着中国数万万苍生命运的清朝统治者,却傲慢地关闭着国门,盲目自负地保持自己的"自尊"地位。它对外部世界的进步和西方的科学文明一无所知,依然沉迷于"康乾盛世"的美梦中。然而现实的情况是,封建专制社会机体早已滋生的恶疾,在由于接受了政权更替的强制治疗而被抑制之后,又迅速地复发、恶化,以至于难于医治,甚至难以抑制。封建正统法律思想自宋元以来已越来越难以适应社会发展的新情况。至明末清初,反专制思想的形成,在一定程度上反映了封建正统法律思想已难以有效地指导统治者实现其"长治久安"的目标。19世纪三四十年代的清朝,这种情况表现得更为明显、突出。龚自珍、林则徐、魏源等正是针对清朝统治的腐败、封建社会肌体上恶疾难医的现实,提出了一系列具有改革特点的法律思想。他们是在封建正统法律思想的指导下,沿着封建正统思想整治社会的道路探求改革方向,谋求新的振兴途径的。然而,这种对封建社会末期有的放矢的改革图强,并没有走出固有的思想圈子,充其量只不过是在已有的药方之外,加进几味新药,或者在客观上为迎接新世界的曙光做必要的思想准备。

▶ **一、清朝统治的危机**

　　清朝统治的后期,尤其是道光以后,政治日趋腐败。朝廷已没有了康、乾时期的作为。上行下效,整个官僚队伍也日益腐化。加上各种矛盾交织、激化,造成政治、军事和社会各个方面都陷入难以收拾的境地,清朝统治出现了严重的危机。这主要表现在以下几个方面:

　　(一)经济凋敝,贫富两极分化严重,社会矛盾尖锐

　　1644年入关以后的满清王朝,经历了康雍乾三代一百余年的所谓盛世,至嘉庆年间开始急遽衰败。原因之一就是大官僚、大贵族、大地主利用其政治和经济上的特权,疯狂兼并土地,扩展自己的田产。他们往往占田数万、数十万甚至上百万亩。以皇帝所掌握的土地为例,乾隆末年共四十三万顷,约占全国土地百分之六弱。至嘉庆十七年,不过三十余年的时间,皇帝所掌握的土地已增加至八十三万顷,约占全国耕地面积百分之十一弱。一些大官僚手中的土地数量也很大,嘉庆初年权臣和绅被抄家时,抄出土地八千余顷。嘉庆朝官僚百龄占地也达数千顷。道光朝官僚琦善占地竟多至二万五千余

顷。至于地方上的大地主,著名的如"怀柔郝氏,膏腴万顷"①,"山右亢某,家钜富,仓庾多至千数"。②一般占地数百顷、数十顷的地主,全国各地比比皆是。这种土地兼并、集中的结果,则是造成贫者愈贫,失去了仅有的"立锥之地",连中小地主、中小商人和手工业者也纷纷破产,陷入窘境。广大没有土地或只有少量土地的农民,遭受着官府沉重的赋敛和地主的剥削,加上频频发生的水旱灾害,其生活苦不堪言。乾隆时期湖南巡抚杨锡绂在奏疏中说:"近日田之归于富户者,大约十之五六。旧时有田之人,今俱为佃耕之户;每岁所入,难敷一年口食。"③彭翊则在其《一得盲言》中描述了当时民不聊生的景况:"场功即毕,米谷随尽,至有以糠秕糊口者。故佃户有不可终日之势。"龚自珍不仅发出了"国赋三升民一斗,屠牛哪不胜栽禾"④的感慨,而且对全国的情况做了一个概略的评述:"自乾隆以来,官吏士民,狼奸狈蹶,不士、不农、不工、不商之人,十将五六,又或飨荽草,习邪教,取诛戮,或冻馁以死……自京师始,概乎四方,大抵富户变贫户,贫户变饿户,四民之首,奔走下贱,各省大局,岌岌乎皆不可以支月日,奚暇问年岁。"⑤

农民除遭受封建地租剥削外,还承担着高利贷资本和封建垄断性商业资本的压榨。在清朝统治下,法律虽限制高利贷盘剥,但实际上高利贷资本的活动仍很猖獗,不仅存在着众多的以经营高利贷为业的当铺,而且一些大官僚、大地主、大商人也向农民和手工业者放债。高利贷剥削与地租剥削相互推动,也是造成土地集中的重要原因之一。由于清朝继续实行传统的专营专利的禁榷制度,且涉及工商业的诸多领域,所以这种垄断性的商业资本对民间小工商业者的掠夺也到了无以复加的地步。

地主阶级和封建国家的沉重压迫和剥削,激化了社会矛盾,也激起了广大百姓的强烈反抗,白莲教、天理教等带有宗教色彩的斗争风起云涌,此起彼伏。从1796年开始,白莲教起义历时九载,席卷鄂、豫、川、陕、甘五省;1813年,天理教的一支起义队伍潜入北京,一度攻入皇宫;1817年广东爆发群众起义;1832年,广西又爆发群众起义。在农民起义的打击下,清统治者惶惶不可终日。龚自珍甚至已经意识到"山中之民""一啸百吟"的巨大力量,看到了

---

① 昭梿:《本朝富民之多》,载昭梿《啸亭续录》(卷2),上海古籍出版社2012年版,第308页。

② 马国翰:《竹如意》(卷下)。

③ 杨锡绂:《陈明米贵之由疏》,载贺长龄编《皇朝经世文编》(第39卷),台湾文海出版社1972年版,第1398页。

④ 龚自珍:《己亥杂诗》,载《龚定庵全集类编》,中国书店1991年版,第375页。

⑤ 龚自珍:《西域置行省议》,载同上书,第156页。

"山中之民有大声音起,天地为之钟鼓,神人为之波涛"①这种京师失道而山中得助的态势。

(二)吏治败坏,官僚队伍的统治效能大大降低

与上述经济状况相适应的,是清朝政治的腐败。封建专制制度的极端发展,使得皇权的行使更加没有限制,君臣关系竟也变成了主奴关系。皇权的滥用也助长了官僚政治的没落,大臣们以"多磕头少说话"为信条,以阿谀逢迎、因循苟且为能事。社会的现实情况是,一方面卖官鬻爵,贿赂风行,大小官吏贪得无厌,残酷剥削农民;另一方面则是朝无治国之才,臣无治国之术。魏源描述当时官场无人的情况并表示了极大的不满。他说,当政的"鄙夫胸中,除富贵而外不知国计民生为何事,除私党而外不知人才为何物。所陈诸上者,无非肤琐不急之谈,粉饰润色之事。以宴安酖毒为培元气,以养痈遗患为守旧章,以缄默固宠为保明哲。人主被其熏陶渐摩,亦潜化于痿痹不仁而莫之觉。岂知久之又久,无职不旷,无事不盎,其害且在强藩、女祸、外戚、宦寺、权奸之上。其人则方托老成文学,光辅升平,攻之无可攻,刺之无可刺,使天下不阴受其害而不与其责焉。古之庸医杀人,今之庸医不能生人,亦不能杀人。不问寒热虚实,内伤外感,概予温补和解之剂,致人于不生不死之间,而病日深日痼"。②龚自珍更认为当时的官僚多是庸才,"左无才相,右无才史,阃(kun)无才将,庠序无才士,陇无才民,廛无才工,衢无才商,抑巷无才偷,市无才驵(zang,市马经纪人),薮泽无才盗"。③这样一些庸才俗吏虽然治国无能,然与历代官吏相比,其鱼肉百姓时的贪婪、残暴则毫不逊色。晚清陕西巡抚刘蓉在《养晦堂文集》卷三《致某官书》中揭露说:"今天下之吏亦众矣,未闻有以安民为事者,而赋敛之横,刑罚之滥,朘民膏而殃民命者,天下皆是。……国家设官分职,本以为民,而任事者匪惟不恤,又从而鱼肉之,使斯民之性命膏血,日呼号宛转于豺狼之吻而莫之救以死,……又有甚者,府吏胥徒之属,不名一艺,而坐食于州县之间者以千计,而各家之中,不耕织而享鲜美者,不下万焉。……今之大吏,以苞苴之多寡,为课绩之重轻,而黜陟之典乱;今之小吏,以货贿之盈虚,决讼事之曲直,而刑赏之权乖,……"

(三)军队纪律涣散,战斗力减退

清政府本系马上得天下,凭借的是武力,但由于清初对八旗子弟的特别优待,使这个尚武的群体逐渐退化成寄生的群体。其后的整饬武备也主要是

---

① 龚自珍:《尊隐》,载《龚定庵全集类编》,中国书店 1991 年版,第 98 页。
② 魏源:《默觚下·治篇十一》,载《魏源集》(上册),中华书局 1976 年版,第 66—67 页。
③ 龚自珍:《乙丙之际著议第九》,载《龚定庵全集类编》,中国书店 1991 年版,第 68 页。

肥了治兵者的私囊。清军已失去了昔日的战斗力。在鸦片战争中,泱泱天朝大国的数万雄兵,竟在自己的国土上,被远道而来的数千名"蛮夷之邦"的洋兵打得一败涂地。

清朝统治的危机在龚自珍的笔下是一幕昏暗凄惨的景象:"日之将夕,悲风骤至,人思灯烛,惨惨月光,吸引暮气,与梦为邻,未及于床。"①面对岌岌可危的清政权,地主阶级中的任何一个有识之士都不会熟视无睹,都不会容忍这种状况再继续下去。从维护封建统治的长治久安计,龚自珍、魏源提出了更法、改革的主张。

▶ 二、龚自珍、魏源的更法、改革主张

清朝政权的腐败与统治的危机,使龚自珍、魏源认识到,社会已到了非改革不可的地步了。《易经》说,"穷则变,变则通,通则久。"龚自珍认为这是一条普遍的法则。他从历史进化论的观点出发,认为社会是发展变化的,从而治国之法也应与之发生相应的变化。他说远古并无王公大臣之分,没有礼乐刑法之别,国家、王公大臣、礼乐刑法既然不是与生俱来的,也就不存在永恒不变的理由。国家形成后,就要有统治的方法,统治方法又是各国不同的,"有帝统,有王统,有霸统";帝有帝法,王有王法,霸有霸法。当社会情况发生变化后,"更法"也就成为必然。因为古人之世倏尔为今人之世,今人之世倏尔为后人之世,"旋转簸荡而不已"②,历史本身变动不居,因此法也应随着历史的变迁而变迁。龚自珍指出:"自古及今,法无不改,势无不积,事例无不变迁,风气无不移易。"③根据这一规律,他得出一条结论:"一祖之法无不敝,千夫之议无不靡",当一祖之法出现积弊之后,只有改革才能推动社会的发展,只有发展才有活力,国家才有振兴的希望。清朝以及前代的历史都说明了这样一个道理:谁改革谁就能兴盛。"抑思我祖所以兴,岂非革前代之败耶?前代所以兴又非革前代之败耶?何莽然其不一姓耶?天何必不乐一姓耶?鬼何必不享一姓耶?奋之!奋之!"④因此,既然变是规律,改革是摆脱困境的必由之路,那么,要挽救清朝统治的危机,改革、更法就是不容置疑的选择,且是一项刻不容缓的工作。龚自珍曾提醒当时的统治者,"与其赠来者以勃改革,孰若自改革?"如果清统治者不能"自改革",就只能"听其自陊(duo,破败),以俟钟兴者之改图尔"。你不改就会有新的王朝起而代之,就像清的祖先"革

---

① 龚自珍:《尊隐》,载《龚定庵全集类编》,中国书店 1991 年版,第 97 页。
② 龚自珍:《释风》,载同上书,第 262 页。
③ 龚自珍:《上大学士书》,载同上书,第 189 页。
④ 龚自珍:《乙丙之际著议第七》,载同上书,第 68 页。

前代之败"而"兴"一样。

魏源也认为要富国强民以抵御外侮,也必须因势变法、革除弊政。世界上没有什么永恒不变的事物,天地万物和人类社会是不断发展变化的,这是魏源变法改良的重要理论根据。他说:"三代以上,天皆不同今日之天,地皆不同今日之地,人皆不同今日之人,物皆不同今日之物。"历史的进化是一种客观的必然趋势,"势则日变而不可复者也","古乃有古,执古以绳今,是谓诬今;执今以律古,是谓诬古",而"诬今不可以为治"。① 变是事物发展的规律性,"天下无数百年不弊之法,无穷极不变之法,无不除弊而能兴利之法,无不易简而能变通之法。"②魏源还论证了后代的法令、制度比古代进步,"后世之事,胜于三代者三大端:文帝废肉刑,三代酷而后世仁也;柳子非封建,三代私而后世公也;世族变为贡举,与封建之变为郡县何异?"③总之,只有适时地进行变革,才既符合事物发展的规律,又能除去法外之弊,达到"便民"的目的,促进社会的进步。

▶ 三、呼唤人才,整饬吏治

龚自珍、魏源的更法、改革主张,始于对革除弊政、使各种人才能脱颖而出的强烈要求和呼唤。他们认为国家能否治理好,关键在于能否选拔到人才并充分发挥这些人才的作用。尤其是在法与人的关系上,他们也认为人的作用更为重要。魏源说:"弓矢,中之具也,而非所以中也;法令,治之具也,而非所以治也。"④"法必本于人。转五寸之毂,引重数千里,莫御之,跬步不前。"⑤法律如同弓箭一样,是一种工具,怎样掌握和运用法律这种工具来治理国家,最重要的还是人。

能否治理好国家,关键在于有无和能否发现和重用人才,但当时社会存在的最严峻、现实的问题就是缺乏人才。魏源所说的"无职不旷、无事不蛊"就是对官府缺乏人才的概括,而龚自珍的"抑巷无才偷""薮泽无才盗"的说法,虽不免带有几分情绪和由此而来的揶揄和夸张,但有人无才的现实却活生生地跃然纸上。之所以造成这种现状,并非我中华大地没有人才,"国家之有人材,犹山川之有草木。人材者,求之则欲出,置之则愈匮"。⑥ 只是因为官

---

① 魏源:《默觚下·治篇五》,载《魏源集》(上册),中华书局1976年版,第47—48页。
② 魏源:《筹鹾篇》,载《魏源集》(下册),中华书局1976年版,第432页。
③ 魏源:《治篇九》,载《魏源集》(上册),中华书局1976年版,第60页。
④ 魏源:《治篇四》,载同上书,第46页。
⑤ 魏源:《皇朝经世文编叙》,载同上书,第156页。
⑥ 魏源:《治篇九》,载同上书,第57页。

府不"求"才,社会没有使人才脱颖而出的机制而已。龚自珍、魏源还专门考察了社会缺乏人才的原因。

（一）科举

他们认为造成清朝官僚集团的庸碌无能的重要原因之一就是相沿已久的科举制度。龚自珍说,"今世科场之文,万喙相因,词可猎而取,貌可拟而肖"①,大家为博取功名而鹦鹉学舌,千篇一律,使社会上难以找到一个真正的人才,"沉沉心事北南东,一睨人才海内空"。魏源也指出科举的弊端,"揽人才但取文采而不审其才德",致使人才"尽销铄于泯泯之中"②,"以持禄养骄为镇静,以深虑远计为狂愚,以繁文缛节为足辅太平,以科条律例为足剔奸蠹,甚至圆熟为才,模棱为德,画饼为文,养痈为武……"③,这种"专以无益之画饼,无用之雕虫"选出来的人,"一旦身预天下之事,利不知孰兴,害不知孰革,荐黜委任不知孰贤不肖"④。这种科举取士而仕的制度,使"士之穷而在下者,自科举则以声音训诂相高;达而在上者,翰林则以书艺工敏、部曹则以胥吏案例为才",以至于举天下人才尽出于无用之途。这种"人才"成为政要之官后,也只知车马服饰、言词捷结,除此之外则一无所知。

（二）用人论资格

科举制度选出的是无用之才,而用人论资格则是以劳绩、资历等磨灭人的进取精神和创新能力。龚自珍对这种"累日以为劳,计岁以为阶"⑤的制度十分不满。他曾对用人论资格做了如下概括:"今之士进身之日,或年二十至四十不等,依中计之,以三十为断。翰林至荣之选也,然自庶吉士至尚书,大抵须三十年或三十五年,至大学士又十年而弱。非翰林出身,例不得至大学士。而凡满洲、汉人之仕宦者,大抵由其始宦之日,凡三十五年而至一品,极速亦三十。贤智者终不得越,而愚不肖者亦得以驯而到。此今日用人论资格之大略也。"⑥这种制度最大的弱点就是把人的才华都浪费在无谓的等待中。它消磨了青年人的锐气和创造力,它产生的决策者是一些暮气沉沉,甚至行将就木的,唯适合于享受天伦之乐的人。龚自珍分析道:"夫自三十进身,以至于为宰辅,为一品大臣,其齿发固已老矣,精神固已惫矣,虽有耆寿之德,老成之典型,亦足以示新进。然而因阅历而审顾,因审顾而退葸,因退葸

---

① 龚自珍:《与人笺》,载《龚定庵全集类编》,中国书店1991年版,第217页。
② 魏源:《默觚下·治篇一》,载《魏源集》(上册),中华书局1976年版,第36页。
③ 魏源:《默觚下·治篇十一》,载同上书,第66页。
④ 魏源:《默觚下·治篇一》,载同上书,第37页。
⑤ 龚自珍:《明良论三》,载《龚定庵全集类编》,中国书店1991年版,第135页。
⑥ 同上。

而尸玩,仕久而恋其籍,年高而顾其子孙,僾然终日,不肯自请去。或有故而去矣,而英奇未尽之士,亦率不得起而相代。"①龚自珍认为,这种用人制度就是国家"办事者所以日不足之根源"②。不仅如此,由于用人论资排辈,这就使得官员无须乎才学,无须乎谋略,亦无须贡献,使得想做大官的人只需耐心等待,不需要冒丢官去职的风险去发表什么真知灼见。龚自珍对这种官员的心理做了透辟的分析:"其资浅者曰:我积俸以俟时,安静以守格,虽有迟疾,苟过中寿,亦冀终得尚书、侍郎,奈何资格未至,哓哓然以自丧其官为? 其资深者曰:我既积俸以俟之,安静以守之,久久而危至乎是,奈何忘其积累之苦,而哓哓然以自负其岁月为?"③在龚自珍看来,正是在论资排辈的用人制度之下,年轻人对高官阶的消极等待和得官的老人对多年等待而换来的职位的珍惜,使得整个官僚队伍,尤其是朝臣失去创造力。年轻人本有"慷慨激昂"的特点,始宦之时也常"思自表见",但就是由于用人"限以资格",便使得包括年轻的官员在内的"士大夫""尽奄然而无有生气"。④

(三) 君主专制造成臣节的丧失

君与臣是封建时代互相依赖、共同维护统治秩序的两种人,自古虽有"臣事君以忠"对臣的要求,但同时也有"君使臣以礼"对君的期待,为了统治者政权的稳定与安全,封建君主也必须尽力笼络权臣,使他们心甘情愿地为皇帝效命。然而专制社会的不断集权,逐渐造成了君、臣地位的高下悬绝,一个是高高在上的主子,一个是匍匐于地的奴仆,而且这种主奴关系在清代表现得更甚。龚自珍认为,这也是臣下无才或无以尽展其才的重要原因之一。他说,"历览近代之士,自其敷奏之日,始进之年,而耻已存者寡矣。官益久,则气愈渝,望愈崇,则谄愈固;地益近,则媚亦益工。至身为三公、为六卿,非不崇高也,而其于古者大臣巍然岸然师傅自处之风,匪但目未睹,耳未闻,梦寐亦不及。臣节之盛扫地尽矣。"⑤这种状况是由于君主专制独裁恶性发展而造成的。由于天子诸多禁忌,使得臣下动辄得咎,即使是朝廷一二品大臣,也是朝不保夕,随时都可能被免官革职,邸抄上议处、察议的上谕比比皆是,而"州府县官,左顾则罚俸至,右顾则降级至,左右顾则革职至,大抵逆亿(事先作主观猜测)于所未然,而又绝不斟画(考察核实)其所以然"。⑥ 而频频发生的文

---

① 龚自珍:《明良论三》,载《龚定庵全集类编》,中国书店 1991 年版,第 135 页。
② 同上。
③ 同上书,第 136 页。
④ 同上。
⑤ 龚自珍:《明良论二》,载同上书,第 133 页。
⑥ 龚自珍:《明良论四》,载同上书,第 137 页。

字狱,更使许多大臣始终在战栗中度过朝中生涯。皇帝的独裁专权与生杀予夺的绝对随意,使臣下只能凭揣摩君王之意而言行,为君王之意作注解、找根据。久而久之,使大臣们失去了独立思考的能力,也失去了解民于倒悬的责任心,而只看君王眼色行事。"堂陛之言,探喜怒以为之节,蒙色笑,获燕闲之赏,则扬扬然自喜,出夸其门生、妻子。小不霁,则头抢地而出,别求夫可以受眷之法。"①这种制度培养出来的只是君王的顺臣,而非国家的治才。这些顺臣不仅自己过着"苟安"的日子,而且还认为这样做是最聪明的选择,希望其子孙也"世世以退缩为老成",至于国事,则"我家何知"? 这样的官吏一旦遇到"封疆"的"缓急",只能是"鸠燕逝而已",完全没有扶大厦于将倾的能力与自信。

　　龚自珍、魏源深刻地分析了清朝社会缺乏人才的原因,也提出了解决问题的相应对策。然而这些对策却因不切实际而难以奏效。他们认为既然科举选拔的人才只知诗词歌赋,那么改革的方法就是试之以"国计民生";至于用人方面如何打破论资排辈的旧例,则只有寄希望于"玉皇亲手策群才",但他们没有更深入地讨论,如果"玉皇"本身没有"策"的能力时又该怎么办。既然君主专制是造成臣节丧失的主要原因,那么改革的方法就是给官僚们,尤其是封疆大吏更多的权力,"内外大臣之权""不可以不重",因为"权不重则民不畏",放松对他们的约束后,"但责之以治天下之效,不必问其若之何而以为治"。这种改革方案在很大程度上只是寄希望于皇帝自觉的放权,却没有分析出权力本身所具有的集中和扩张的特性,因而也就找不出其背后体制内的深层次原因,在现实生活中自然也就难以发挥实效。

▶ 四、龚自珍思想中的"民权之义"

　　龚自珍在对现实社会的批判中,在探索维护封建统治长治久安之计的过程中,他找到了君主制度极端专制这一总根源。在为了除去这一弊端而进行理论思考时,龚自珍实际上已在封建制度的圈子里探首窗外,发出了与近代社会相联系的自由、平等的呼声,提出了与近代社会相适应的权利观念,对中国近代的民主、自由观念的产生发挥了启蒙作用,这也使他成为后来维新改良派某些思想方面的源头活水。

　　科举制度使知识分子只满足于"万喙相因"的陈词滥调,而文字狱之屡兴又让人们"避席畏闻文字狱,读书只为稻粱谋",束缚了人们的思想,造成了整个知识界的沉闷窒息。专制制度使臣节丧失,与之相应的则只能是"万马齐

---

① 　龚自珍:《明良论二》,载《龚定庵全集类编》,中国书店 1991 年版,第 134 页。

喑"的社会现状。造成这种不自由的原因,其一为君主的极端专制体制,其二即为这一体制背后维系封建纲常的传统名教。他一方面揭示了封建专制制度本身的弊病,"昔日霸天之气,称祖之庙,其力强,其志武,其聪明上,其财产多,未尝不愁天下之士,去人之廉,以快号令,去人之耻,以崇高其身,一人为刚万夫为柔,……大都积百年之力,以震荡摧助天下之廉耻……"①,使普天之下人格尊严尽失;另一方面,他也揭露了名教对个人的束缚,"戮之非刀、非锯、非水火;文亦戮之,声音笑貌亦戮之。……徒戮其心,戮其能忧心、能愤心、能思虑心、能作为心、能有廉耻心、能无渣滓心。"②在这样一个社会里,人的真实情感被放逐一边,思想的创造力、道德的能动意识被绞杀殆尽,能忧能思、敢做敢为之心被摧折、绞杀。在对封建专制制度及纲常名教的鞭挞、批判中,既表达了龚自珍对现实社会的不满和愤懑,也体现了他对自由社会的强烈向往之情。

龚自珍在主张解除朝廷、官府对官吏束缚的同时,也得出了应使天下人解放个性的一般结论。沿着这一探讨的逻辑,他超出了解放官吏、给官吏以自主权的范围,而开始了对一般社会成员个性解放的关注。他研究的触角已经延伸到一般社会成员的社会地位,并从对人类早期历史的挖掘中发现了人人平等的公理。他说:"天地,人所造,众人自造,非圣人所造。圣人也者,与众人对立,与众人为无尽。众人之宰,非道非极,自名曰我。我光造日月,我力造山川,我变造毛羽肖翅,我理造文字语言,我气造天地,我天地又造人,我分别造伦纪。"③也即天地为众人自造,历史的主体也应是众人而非圣人。作为天地日月、山川人物、文字语言、人伦制度等的创造者的每一个"我"就是人世间的主人,且是地位平等的主人。"人之初,天下通,人上通",没有等级隔绝,即使是后来的"官"也不过是为"万人之大政"的"传语"之人,他们并没有比众人高崇的地位。后来的所谓帝、皇、辅相大臣,"其初尽农也",也没什么特别高贵之处。由初民时期的人人平等到人类社会后来产生的等级分化是不合理的,"后政不道,使一人绝天不通民,使一人绝民不通天"。这种等级森严、上下隔绝的"不道"之政,既不合理,当然也不是人类社会发展的趋势。由此可见,龚自珍对人的自我的肯定和对人人平等的论述,并不只是满足于对初民社会的怀想,也并不是为弄清古代人类社会生活的本来面目,而是为了与现实进行对比,以改变人人不平等的现状。我们甚至可以说,龚自珍正是

---

① 龚自珍:《古史钩沉论一》,载《龚定庵全集类编》,中国书店1991年版,第98页。
② 龚自珍:《乙丙之际箸议第九》,载同上书,第69页。
③ 龚自珍:《壬癸之际胎观第一》,载同上书,第107—108页。

为了实现当今的平等,反对当今的等级与束缚,才主观地"创造"了古代的平等,或者刻意地利用了关于古代平等的传说而"借古讽今"。

　　龚自珍从历史的角度论证了生民之初人人平等的状况及人对外部世界主观能动的创造力,然而活生生的现实则是封建专制制度的重重束缚和对人的个性的消泯及对创造性的扼杀。龚自珍深刻地揭露了清朝统治下的"束缚之病",他对"天下无巨细,一束之于不可破之例,则虽以总督之尊,而实不能行一谋,专一事"①的状况深恶痛绝。他曾提出以恢复"守令""得以专戮"的古法来解除对官员的束缚,但与黄宗羲的想法相类似,龚自珍并不只满足于对官员的权力请求,而是反对整个束缚人的制度,追求人类的一般自由。他主张个性解放,在其脍炙人口的散文《病梅馆记》中,龚自珍以梅为喻,阐发其挣脱枷锁,在自由的天地中发挥个性的理想情怀。通常,文人雅士们认为"梅以曲为美,直则无姿;以欹为美,正则无景;以疏为美,密则无态",于是植梅者为满足这种嗜好,皆"绳天下之梅",结果造成"江浙之梅皆病"。他反对"绳天下之梅"的做法,并用行动反对这种束缚,"购三百盆","乃誓疗之、纵之、顺之,毁其盆,悉埋于地,解其结缚",并说,"安得使予多暇日,又多闲日,以广贮江宁、杭州、苏州之病梅,穷予生之光阴以疗梅也哉?"这绝不仅只是闲情逸致的一般笔墨文章,它表达了龚自珍对天下束缚之病的愤恨。他要"纵""顺"的不只是梅,而是同梅一样被束缚着的人。

　　绳梅之束缚造成梅病,而对人的束缚则泯灭了人的创造精神,遏制了人们医治创伤、改造世界的正常同时也是可贵的欲望。龚自珍对此又做了个形象的比喻,"人有疥癣之病,则终日抑搔之,其病痿,则日夜抚摩之。犹具未艾,手欲勿动不可得。而乃卧之以独木,缚之以长绳,俾(使)四肢不可以屈伸,则虽甚痒且甚痛,而亦冥心息虑以置之耳。"②人们应当有探讨并实行社会改革的自由,就像自由地抚摸自己身上的创伤一样。国家、政府应当给人民以社会生活及政治生活方面的自由,就像给病人有抚摸自己身上的伤痛并疗治的自由一样。

　　根据上述分析,我们可以做一个乐观的推理,即如果龚自珍等人的思想能够在不受外来势力干扰的条件下继续顺利地发展,他们也会逐步攀上自由、平等甚至民主的峰巅。他们的思想中已经蕴涵了攀上这一峰巅的因素,因而也是古老的中国大地上产生出来的启蒙思想。龚自珍的不满束缚、崇尚自由、弘扬个性的态度影响了后世的几代人,梁启超这样评价说:"定庵……

----

① 龚自珍:《明良论四》,载《龚定庵全集类编》,中国书店1991年版,第137—138页。
② 同上书,第136页。

思想盖甚复杂,然其于'春秋'盖有心得,能以恢诡渊眇之理想,证衍古谊,其于专制政体,疾之滋甚,集中屡叹恨焉(集中如《古史钩沉论》《乙丙之际著议》《京师乐籍说》《尊任》《尊隐》《撰四等十仪》《壬癸之际胎观》等篇,皆颇明民权之义,其余东鳞西爪,全集往往见)……语近世思想自由之向导,必数定庵。吾见并世诸贤,其能为现今思想解放光明者,彼最初率崇拜定庵,当其始读定庵集,其脑识未有不受其刺激者也。"①梁启超的这一评价是颇为客观实际的。

当然,龚自珍的思想中也有他无法逾越的时代的局限,正如后人对他的思想所做的总结,"一只脚踏在了新时代的门槛,另一只脚还留在旧时代的里边"。他虽然对黑暗社会进行了深刻的批判和无情的鞭挞,对专制制度及其弊端进行了嘲讽和揭露,表达了自己崇尚自由、平等的愿望,透出了一丝新时代的气息,然而,他的批判精神并没有使他找到变革社会的正确路口,充其量只能在古人提出或实践过的方法中打转转,"药方只贩古时丹"。而与"民权之义"相适应的政治法律体系只有在外力即西方法文化的撞击下,才会开出一条思想的新路,这一任务则需要由后继者来完成。

第二节 "师夷之长"对地主阶级改革派法律思想的影响

龚自珍、魏源与冯桂芬等都是地主阶级中的改革派,都是立足于封建制度的土壤,寻求整治社会办法的。但魏源、冯桂芬已与龚自珍产生了很大的不同。龚自珍基本上是以"贩古医丹"的方式为社会寻求治策,并提出了一些与当时世界潮流相合的关于自由、平等的尚不十分明确的主张;而魏源、冯桂芬等人则有机会了解到西方社会的自由、平等、民主这些中华民族的优秀分子从明末清初就开始探讨,但又一直未能最后发现的制度和理论。列强的入侵和不平等条约的签订,刺痛了知识分子的心,而西方文明的光芒则又刺激着他们,由屈辱而来的是改革求强的热情,也激励他们把目光投向新的完全异质的文化,在对西方文明进行过带有急功近利色彩的考察后,终于提出了"师夷之长"的应对策略,为中国古老文化的变革开出了一条新路。

▶ 一、从经世致用到"开眼看世界"

清朝建立以来,文字狱大兴,高压的统治政策,迫使士大夫阶层极少研究政治,涉足国务,而是埋头在故纸堆里,皓首穷经,在训诂、校勘、辩伪、辑佚上耗费毕生的精力。即便如顾炎武这样的启蒙人物,虽也提出过"易姓改号,谓

① 梁启超:《论中国学术思想变迁之大势》,上海古籍出版社 2001 年版,第 125—126 页。

之亡国；仁义充塞，而至于率兽食人，人将相食，谓之亡天下"，"保国者，其君其臣肉食者谋之。保天下者，匹夫之贱，与有责焉耳矣"这种亘古少有的思想，但在满清入关后，就以明朝的遗民自居，归隐山林，去研究他的语言学，订正古字音，出版《音学五书》，对世事则不闻不问了。启蒙思想家尚且如此，更何况那些腐儒呢！在满清统治者的文化高压政策下，儒者们便把自己锁闭在书斋经典之中，与世事全然隔膜。一俟遇上晚清这"三千年来未有之变局"，整个社会顿时陷入一片混乱，手足无措。当然，每个时代都会产生自己的思想家，当清朝晚期的各种社会矛盾越发尖锐，尤其是后来鸦片战争给中国人敲响的警钟，使得一些有识之士再也无法安心于无谓的考证训诂，坐视社会的混乱及民族的灾难于不顾。于是经世致用的学风兴起。龚自珍从青年时代起就开始写评论文章，针砭时政，"究心经世之务"。魏源抨击本朝理学家所极力推崇的"宋儒"，指出他们的学问是"上不足制国用，外不足靖疆圉，下不足苏困民"的"空谈"。① 而自乾隆中叶兴起的用繁琐考证方法研究儒家经典的汉学，魏源揭露其"锢天下聪明智慧，使尽出于无用之一途"②，批判汉学家们争治训诂，追求"书艺之工敏""声律骈偶之巧丽"，却"罔知朝章、国故为何物"，"罔知漕、盐、河、兵得失何在"。这种学问"民瘼之不求，吏治之不明，国计边防之不问"，不仅于国事无补，反而害国、误国。

注重、提倡"经世致用"，就是不再以陈义高下的道德标准，而是以是否能够治国救国的功利尺度来考虑问题。研究经世致用的学问就会发现社会的弊端，找出统治政策中的过误，并提出致治的改革方法。正是这种经世致用的学风引导人们对自己生活于其中的社会的政治、经济、文化等进行认真的考察，也正是这种学风引导当时的有识之士开始把探求的目光投向舶来的西方世界。"魏源和龚自珍并称今文学家，一同相信为政根本在'先平人心之积患'。不同的是，魏源得享天年，看到了鸦片战争的败局，这便使他能在不着边际且遭'媚虏'之讥的《圣武记》告成的同时，写成了另一部堪称洋务运动思想纲领的《海国图志》，从而把自己从经世致用的今文家，转变为富国强兵的洋务新人，成为跨时代、开风气的可敬人物。"③由经世致用到开眼看世界，终于结出了"师夷长技以制夷"这一较为丰盈的果实。

鸦片战争中，清政府的腐败既彻底暴露了清朝统治者的无能，同时也在士子学人中间引起了极大的思想震动，如何应付这三千年来之一大变局就成

① 魏源：《默觚下·治篇一》，载《魏源集》（上册），中华书局1976年版，第36页。
② 魏源：《武进李申耆先生传》，载同上书，第359页。
③ 庞朴：《文化结构与近代中国》，载《传统文化与现代化》，中国人民大学出版社1987年版，第65页。

为整个中华民族的头等任务。在鸦片战争前后对"夷务""夷情"有过接触的经世派士大夫,为寻求有效的制夷方法,认为有必要认真地了解这些拥有坚船利炮的"夷狄蛮貊之邦",于是就出现了"开眼看世界"的第一代中国人。他们注意考察英美等国家情况,收集有关资料,有的还编写成书,以供国人正确认识外部世界和中国所面对的前所未有的新形势,并得出结论,即只有学习西方人的长处,才能打败来自西方的侵略者。禁烟英雄林则徐,曾译西书,购买外报,广泛搜集关于西方诸国的资料,还编写了《四洲志》。林则徐的这种务实求治的学风,推动魏源在《四洲志》的基础上编写了《海国图志》,并提出了"师夷长技以制夷"这一对于中国人有振聋发聩作用的口号。它帮助一向以老大自居,长期沉湎于"天朝大国"之梦中的中国统治者和知识分子清醒过来。它第一次让中国人放下架子,承认"夷"也有其所"长",而且为了"制夷",就必须"师"其长。"《海国图志》……是书何以作?曰:为以夷攻夷而作,为以夷款夷而作,为师夷长技以制夷而作。……同一御敌,而知其形与不知其形,利害相百焉。同一款敌,而知其情与不知其情,利害相百焉。古之驭外夷者,诹以敌形,形同几席;诹以敌情,情同寝馈。"①

魏源的"师夷之长",最初主要集中于器物方面,认为夷之长技有三,"一、战舰,二、火器,三、养兵练兵之法"。② 他主张中国自己设厂置局,聘请西洋技师,学习西方制造新式武器等,"尽得西夷之长技为中国之长技",富国强兵,同时还应发展民用工业,其速如飞的轮船火车,巧夺天工的纺纱织布机器等有用之物,都可以大力仿造。但是"师夷"的风气一开,夷人的其他"长技"也势必为智慧的中国人所采撷。魏源曾预言:"风气日开,智慧日出,方见东海之民犹西海之民。"在开了风气之后,东海之民也会像西方人那样去生活、去奋斗,而不只是学习其船炮等长技。事实上,他自己就在了解和研究"夷情"时,接触到西方各国的历史、地理和政治情况,很赞赏和向往西方资产阶级的政治法律制度。魏源在谈到英国的立宪政治时这样写道,"国内政事,由各部落议举殷实志成者充之。遇国中有事,即传集部民至国都巴厘满会议。嗣因各部民不能俱至,故每部落各举一二绅耆至国会议,事毕各回。后复议定公举之人常住甘文好衙门办事,国家亦给薪水。"这里的"巴厘满"即议会,"部民"即众议员,"绅耆"即参议员,"甘文好司衙门"即指内阁。③ 凡"国中有大事,王及官民俱至巴厘满衙门公议乃行","大事则三年始一会议,设有用兵

---

① 魏源:《海国图志叙》,载《魏源集》(上册),中华书局 1976 年版,第 207 页。
② 魏源重辑:《筹海篇三议战》,载《海国图志》(一)卷 2,岳麓书社 2011 年版,第 35 页。
③ 欧罗巴人原撰、林则徐译、魏源重辑:《大西洋·英吉利国总说》,载《海国图志》(三)卷 50,岳麓书社 2011 年版,第 1399、1404 页。

和战之事,虽国王裁夺,亦必由巴厘满议允。国王行事有失,将承行之人,交巴厘满议罚。凡新改条例,新设官职,增减税饷及行楮币,皆王颁发谕旨,由巴厘满转行甘文好司而成布之。惟除授大臣及刑官,则权在国王。各承行官之事,得失勤怠,每岁终核汇于巴厘满,而行其黜陟"。议会对于来自民间的意见,实行"大众可则可之,大众否则否之"的办法,并准许百姓监督政府,"刊印逐日新闻纸,以论国政"。① 言及美国的民主共和制时,魏源更是给了了高度评价,"公举一大酋(总统)总摄之,匪惟不世及,且不四载即受代,一变古今官家之局,而人心翕然,不可谓公乎?议事听讼,选官举贤,皆自下始,众可可之,众否否之,众好好之,众恶恶之,三占从二,舍独循同,即在下预议之人,亦先由公举,不可谓周乎?"②他虽然仍就稍嫌笨拙地运用中国的传统观念以介绍西方全新的事物,但却没有任何以中国文明否定西方民主宪政制度的表示,相反,这种制度实则也已进入他所列西人"长技"的范围之内。他还把"不设君位",惟立官长贵族等办理国务的瑞士誉为"西土桃花园",表达了他对西方政治制度的赞美、向往之情。

"师夷之长"的观念被中国人认可之后,对夷之长的接受不仅不应限制在坚船利炮的范围内,也不会只限于对"西土桃花园"的赞美。冯桂芬用满含中国固有的古典韵味的语言,表达了可以向西方学习有利于我中华的任何长技的思想:"法苟不善,虽古先吾斥之;法苟善,虽蛮貊吾师之。"③对治法的取舍标准不在于创造此法者是"吾先"还是"蛮貊",而在于善与不善。这里已没有任何门户之见,没有夏、夷的界限,凡"善"的西方,中国人便都可以学进来,用以治国安邦,造福人民。

▶ **二、从"君臣共治"到"君民不隔"**

明末清初的三大思想家黄宗羲、王夫之、顾炎武等反对君主专制,他们提出的限制君主专制的方法之一是扩大臣权,把臣视为"分身之君"④,实行君臣共治。龚自珍等在中国告别古代进入近代的当口,又一次提出了"君臣共治"的口号。他在谈天子之职时说:"天子者,训迪其百官,使之共治吾天下。"他

---

① 魏源重辑:《大西洋·英吉利国广述上》,载《海国图志》(三)卷51,岳麓书社2011年版,第1425、1441页。

② 魏源:《外大西洋·墨利加州总叙》,载《海国图志》(三)卷59,岳麓书社2011年版,第1619页。

③ 冯桂芬:《校邠庐抗议·收贫民议》,载中国史学会主编:《戊戌变法》(上),上海人民出版社1957年版,第18页。

④ 黄宗羲:《明夷待访录·置相》,中华书局2011年版,第27页。

要求给那些与君"共治天下"的大臣更多的权力,并"责之以治天下之效"。①

与其追求个性解放、个体自由的思想相一致,龚自珍在以"君臣共治"之法克服君主专制弊端的同时,也提出了许民议论的问题。他说:"夫有人必有胸肝,有胸肝则必有耳目,有耳目则必有上下百年之见闻,有见闻则必有考订同异之事,有考订同异之事,则胸或以为是,胸以为非,有是非,则必有感慨激奋。感慨激奋而在上位,有其力,则所是者依,所非者去;感慨而居下位,无其力,则探吾之是非,而昌昌大言之。"②很显然,龚自珍虽然还是在"古医丹"的范围内讨论士大夫的言论问题,但他已经在不经意间揭示了言论自由的道理。凡是人,就会有思想,就具有判断是非的能力。根据自己的是非观念,有胸肝的人必然会有"感慨激奋"的行为。"感慨激奋者"即便处于社会的底层,无力推行自己的主张,但也应允许他们有探讨的自由,并将自己的观点发表出来。这样一来,"昌昌大言"便成了"有胸肝"、有思想的人不可剥夺的自然权利,尽管在龚自珍所处的时代还不可能提出这样明确的概念。

魏源则明确地把可以参与议论的人的范围扩大到一切人,提出了"人人为谏官"的看法,主张民主议政,广开言路。魏源认为,天地间有生命的东西中,人是最可宝贵的。"'天地之性,人为贵'。天子者,众人所积而成。而侮慢人者,非侮慢天乎?人聚则强,人散则尪,人静则昌,人讼则荒,人背则亡。故天子自视为众人中之一人,斯视天下为天下之天下。"③治理天下人的天下,自然要靠天下人的智慧和力量,因为天下就像一个人的整体,离了那个器官,身体都不能有效、正常地运转。"天下其一身与(欤)!后元首,相股肱,诤臣喉舌。然则孰为其鼻息?夫非庶人与!九窍百骸四支(肢)之存亡,视乎鼻息,口可以终日闭而鼻不可一息柅。"天下是一个完整的身体,帝王像是头脑,宰相是手足,谏臣像喉舌。那么,老百姓就是呼吸器官。九窍、百骨、四肢的存亡,全靠鼻息。口可以整天地闭着,而呼吸却不可有片刻的停止。古代的圣帝明王,"惟恐庶民之不息息相通也",所以,皇帝应当广泛听取人民的意见,使自己变得聪明起来。魏源认为,一个人的意见、想法是不全面、靠不住的,因而要广征博采,"受光于隙见一床,受光于牖见室央,受光于庭见一堂,受光于天下照四方"④。"独得之见,必不如众议之参同。"⑤在当时万马齐喑的清王朝统治下,魏源的这种承认众议的好处和广开

① 龚自珍:《明良论四》,载《龚定庵全集类编》,中国书店 1991 年版,第 137 页。
② 龚自珍:《上大学士书》,载同上书,第 189 页。
③ 魏源:《默觚下·治篇三》,载《魏源集》(上册),中华书局 1976 年版,第 44 页。
④ 魏源:《默觚下·治篇十二》,载同上书,第 69 页。
⑤ 魏源:《默觚下·治篇一》,载同上书,第 35 页。

言路的主张是难能可贵的。

正是由于地主阶级改革派已经有了限制君主专制的思想，已经确认了众议和"昌昌大言"的合理，已经看到了中国社会上下不通的积弊，所以，当他们初步研究了西方社会之后便发现了中西政治制度的差异，即"君民不隔不如夷"。这是冯桂芬考查西洋国家"何以小而强，我何以大而弱"后得出的结论之一。1851 年（咸丰元年）爆发的太平天国起义和 1856 年由英国挑起的第二次鸦片战争，进一步暴露了清政府的腐败无能，使一些有识之士迫切地感受到进行政治改革的必要性。于是出现了冯桂芬的"自强"主张。在《校邠庐抗议》一书中，冯桂芬认为中国之所以败于几个西方大国，并非天时地利物产方面的差或劣，而是"人实不如耳"，具体表现在"人无弃才不如夷，地无遗利不如夷，君民不隔不如夷，名实必符不如夷"[①]，也即中国不仅在"技艺"上不及西方，在政治上也不比西方国家优越。"君民不隔不如夷"正是中国君主专制统治所独有的不治之症。针对君民隔阂的现状，冯桂芬提出了"公黜陟""复陈诗""许自陈"的改革措施，其核心是"强调重视下层民众的意见，强调选举，让人们能表达自己的意见"[②]。这显然是借鉴西方民主政治的表现。如果说魏源对美国制度还只是做了简单客观的记述的话，那么，冯桂芬则已实际上得出了应当学习西方民主制度的结论。

不过，应当注意的是，开眼看世界的魏源、冯桂芬虽然得出了应当学习西方民主制度的结论，但他们作为地主阶级的思想家，在离开理论探讨的领域而面对封建统治的现实时，他们的冷静又使得他们对西方制度在中国的可行性持怀疑态度，尤其是当他们发现了这些西法与祖宗旧制之间的巨大矛盾时，他们所谓"虽蛮貊吾师之"的豪言壮语也就不得不打几分折扣。冯桂芬认为要革除中国政治的弊端，做到像西方国家那样"君民不隔"，并不需要根本改变中国传统的政治制度，只要皇帝决心奉行"圣人之法"就行了，因为西方的"君民不隔"体现的也只不过是中国的圣贤之道而已。这与改变中国的军事劣势不同，"道在反求而无待于夷"，"有待于夷者独船坚炮利耳"。正因为认为我们应主要学习西方的技术，封建的纲常不能丢，所以他才在一面主张"鉴诸国"，声言"法苟不善，虽古先吾斥之；法苟善，虽蛮貊吾师之"，一面却又认为最好的办法是"以中国之伦常名教为本，辅以诸国富强之术"。[③] 对西方

---

① 冯桂芬：《校邠庐抗议·制洋器议》，载中国史学会主编：《戊戌变法》（上），上海人民出版社 1957 年版，第 29、30 页。
② 熊月之：《中国近代民主思想史》，上海人民出版社 1986 年版，第 93 页。
③ 冯桂芬：《校邠庐抗议·收贫民议》《采西学议》，载《戊戌变法》（第一册），上海人民出版社 1957 年版，第 18、28 页。

的政治制度,赞美尽管赞美,但效而行之则难而又难。这一以中为本、以西为辅的原则,也正是 19 世纪 60 年代中期崛起的洋务派官僚的指导思想,也即后来盛行多年的"中体西用"主张的张本。

【参考书目】

1. 王人博:《宪政文化与近代中国》,法律出版社 1997 年版,第一章。
2. 李贵连:《中国法律思想史》,北京大学出版社 2003 年版,第十章。
3. 张晋藩等:《中国近代法律思想史略》,中国社会科学出版社 1984 年版,第一章。

【思考题】

一、名词解释

1. 师夷长技以制夷
2. 君民共治

二、简答题

1. 简述龚自珍思想中的"民权主义"。

三、论述题

1. 试述开眼看世界对地主阶级改革派法律思想的影响。

第十八章　资产阶级改良派的法律思想

　　西方列强用坚船利炮打进中国，横行于我海疆，侵占我领土，鲸吞我利权，欺压我人民，不能不激起我中华儿女的仇恨。"有天地开辟以来未有之奇愤，凡有心知血气，莫不冲冠发上指者，则今日之以广运万里地球中第一大国，而受制于小夷也。"①但在仇恨的同时，这一巨变也引起了中国人民的思索。地主阶级改革派在经受了洋枪洋炮的震撼之后，提出了"师夷"的口号。从此，中国人民开始了向西方寻求救国救民真理的航程。19世纪60年代兴起的洋务运动虽以学习西方的军火、船炮技术为出发点，然而急切求治求强的中国人民并不满于对船炮技术的学习，人们通过民间和官方等不同的途径，在本土或在异国他乡，对西方的政治法律制度进行了认真的，虽然常常不免是粗浅的研究，从而发现了救中国的真正有效的方法不只是船炮技术，而是更有利于充分运用西方船炮技术的政治法律制度。当中国的民族资产阶级在同顽固守旧势力及外国资本的斗争中艰难地发展起来之后，这一发现找到了它的阶级载体。一种崭新的思潮——资产阶级改良思想逐渐传播开来。1898年的戊戌变法是这种思潮发展的顶峰，也是资产阶级改良派先进性、创造性的最高表现。这场变法虽以失败而告终，但它仍然是一次有益的尝试。它至少起到了两个方面的积极作用：（1）进一步传播了西方的民权、立宪等理论，给全中国人民一次最生动的启蒙教育；（2）它说明改良变法的道路在中国走不通，它以血和泪的史实告诉中国人民，必须进一步寻求他法以救中国。它使后来的资产阶级革命派更加义无反顾地走上了革命道路，采取断然的手段，以民主共和取代君主专制。

　　本章应主要学习掌握：（1）洋务派中体西用的思想；（2）早期改良派的法律思想；（3）戊戌变法时期改良派的法律思想。

第一节　洋务运动与西方民主理论的传播

　　西方洋枪洋炮的巨大威力，迫使满清统治者不得不接受"师夷"的倡议，

---

　　① 冯桂芬：《校邠庐抗议·制洋器议》，载中国史学会主编：《戊戌变法》（上），上海人民出版社1957年版，第29页。

学习西方"长技"的活动开阔了中国人的眼界。国门打开之后,在中国与西方各国所进行的各种形式、各种层面的交往中,西方民主制度的信息以更快的速度、在更广大的范围里得到传播。当洋务运动最终以失败的结局载入中国近代史之后,探索着的中国人便把注意力更集中地转向了西方的政治和法律制度。如果说魏源对西方民主制度已有所了解,并表达了对这种制度的好感的话,那么在 19 世纪六七十年代以后,中国已有一大批先进分子对西方民主制度有了相当深入的了解,并按照中国人自己的习惯和要求,来建构与西方民主学说相类似的理论了。

▶ 一、洋务运动与洋务派的思想

1859 年《天津条约》和 1860 年《北京条约》的签订,使列强在中国攫取了更多的经济、政治权益,民族危机也进一步加重。除了再次割地赔款外,通商口岸不断增加,海关大权等落入列强手中,洋货进入内地的税额大大降低,洋人可以到内地自由游历、通商和传教,甚至列强的兵船也可以在通商口岸停泊。这就使列强侵略势力得以深入中国腹地,并由经济侵略发展到政治干涉,这种形势加深了人们的危机意识和对清廷的失望。"师夷"的必要性日渐突出。受冯桂芬"以中国之伦常名教为本、辅以诸国富强之术"思想的影响,以奕䜣、曾国藩、李鸿章等为首的洋务大员大力建设近代化的新式军队,引进机器生产和科学技术,兴办了一批主要为军事服务的近代企业及用来培养洋务人才的教育、文化事业,以期实现"自强",抵御外侮,镇压内乱,这就是史家所称的"洋务运动"。

1861 年 12 月,曾国藩在安庆设立军械所,制造洋枪洋炮,标志着洋务运动的开始。在以后的十年中,所谓的洋务运动主要是开办军事工业。直到 1872 年,为解决兴办洋务经费不足的问题,以及为了"稍分洋商之利"等,才开始兴办民用工业。洋务的兴办是中国首次主动实行对外开放,它扩大了中外交往,使更多的人看到、了解了外部世界。在 19 世纪 60 年代和 70 年代,由于陆续向欧美派出"游历"人员、外交使节和留学生,一些人得以亲身接触西方资本主义文明;在北京、上海、广州、南京、天津等地创办外语学堂和机器制造局,培养了一批技术人才和翻译人才,翻译出版了一批外国书籍。大量的欧美传教士来华,也带来了有关西方世界的信息,有些人还翻译、编印了一大批书刊,既有介绍科技的,也有相当数量是介绍西方社会历史和政治法律理论的。洋务运动历时三十余年,真正实践了魏源当年所说的"师夷长技",但却没有产生"制夷"的效果,终于随着 1894 年中日甲午战争的惨败而宣告破产了。

洋务运动的失败也宣告了洋务派思想的破产。洋务派是在兴办洋务过程中,清朝统治集团内部出现的一个以奕䜣、曾国藩等发其端,李鸿章等继其后,张之洞总其成的政治派别。作为洋务运动的领导者,他们大都具有儒家"经世致用"的精神,从中国传统士人对国事的忧患和对民瘼的关切出发,倡导并实践"师夷"的主张,为西学的输入做积极的努力。同时,他们自身的儒学素养以及他们对儒学文化传统的真诚信仰,也确定了"师夷"的基本方向。洋务派的基本主张即是在保持孔孟之道、纲常名教不变的前提下,在练兵、工艺、法制等问题上可采西法,以应世变,以便维持满清王朝的统治现状。"中体西用"是对这一派思想的全面总结,其核心的观念就是要在不触动中国儒学文化传统的旧机体的基础上移植西学的新因子,以达到"制夷""自强"的目的。曾国藩认为采用西方的坚船利炮等军事技术,有利于巩固清王朝的统治,因此在"万国交通"的形势下,不应一切拘泥于成法,在器械、财用、选卒等方面应进行变通,但涉及封建统治的基本原则的"常"则是不可改变的,"常"即"三纲之道",是"地维所赖以立,天柱所赖以尊"的神圣不可侵犯的戒条,"君臣父子、上下尊卑,秩然如冠履之不可倒置"。[①] 他认为用洋枪洋炮武装军队,就"可以剿发逆,可以助远谋",维护封建统治的根基,这些"器物"方面我们可以学洋人。曾国藩反复强调,在"师夷"的过程中,要"变器不变道",即要变的是"器",是那些工艺技术、工商管理办法以及少量能为其所用的西方法律,诸如在办理外交事务中,"公法学"很重要,所以就曾经出版过有关国际法的著作。当然,这些可变之"器",归根结底是为不变之"道"也即封建的伦理纲常和制度服务的。

张之洞是洋务派的后期"首领",他将"变器不变道"的理论系统化为"中学为体、西学为用"的纲领,以抑制和打击资产阶级改良派。1898年,张之洞撰成《劝学篇》,并由光绪皇帝下令刊发,对"中体西用"思想作了全面系统的概括和总结。对"中学"的含义,洋务派和早期资产阶级改良派大都以抽象的"道"或"圣道"来概括,具体表述则有"纲常名教""四书五经"或"尧、舜、禹、汤、文、武之道"等,《劝学篇》用"旧学""新学"来表述"中学""西学":"四书五经、中国史事、政事书、地图为旧学;西政、西艺、西史为新学,旧学为体、新学为用"。"西政"主要指"学校、地理、度支、赋税、武备、律例、劝工、通商",就"西艺"与"西政"而言,"西艺非要,西政为要"。[②] 作为"用"的"新学"可以采

---

① 曾国藩:《曾文正公全集》(第三部),吉林人民出版社1995年版,第1579页。

② 张之洞:《劝学篇·劝学篇序》,载沈云龙主编:《近代中国史料丛刊》(第九辑),台湾文海出版社1976年版,第7页。

用,作为"体"的"旧学"不能变动,"夫不可变者,伦纪也,非法制也;圣道也,非器械也;心术也,非工艺也",由此可见,不变之"体"的"中学",就是以"伦纪""圣道""心术"等封建纲常名教为核心的传统文化。究其实质,张之洞的中学为体、西学为用,就是要在维护封建的纲常伦理、坚持孔孟"圣道"的基础上,根据新的形势和需要,采用西方新式武器、工艺技术,学习外国语言文字、政治法律知识,并对某些制度进行改动,以促进社会在旧体制框架内的变革。与曾国藩等早期洋务派不同的是,张之洞将"法制"也划入可变之列,"法者所以适变也,不必尽同"。但他把西学也分为"体""用"两个方面,就政治法律制度来说,西方的君主立宪、民主共和、三权分立、天赋人权等都与中"体"相违,是绝不可学、不可变的,而西学中有关矿律、路律、商律及交涉刑律之长则可以尽采,并提出了"采西法以补中法之不足"的主张,认为"不变其习,不能变法;不变其法,不能变器"。① 这种对"变器不变道"思想的修正,也反映了洋务派在社会情势变更的情况下所做的适时调整。西方文化所带来的冲击,已使"变"成为法律思想发展的主流,所不同的只是"变"的框架、趋向和程度不同而已。

▶ 二、洋务派内部的分化

洋务派虽然确定了"变"与"不变"的基本框架,但只要开始了"变",变什么和如何变就不是仅靠几个人的理论能够控制和驾驭得了的。兴办洋务的目的,虽然旨在发展军事工业,维护满清王朝的专制统治,但兴办洋务是"牵一发以动全身"的事,在引进西方先进工业和技术的过程中,就涉及大量的法律和管理问题。一些参与办洋务的人士,在与列强打交道时,深感中国原有的法律不可能向他们提供必要的依据,这样在客观上产生了输入西方法律的要求。而满清统治者"官督商办"的模式,又使"官督"成为"商办"的枷锁,因为用原有的封建官僚体系和制度来办近代企业,这些"官"完全不讲求经济利益和市场规律,反正花的是国家的钱,个人做官且还可以借机升官发财,至于企业的亏损则毫不在乎,这样的"管理"自然难以产生效益,更遑论实现"自强""求富"的目的了。随着大量西方书籍的引进、译介,尤其是随着洋务运动的兴起,大批洋务官员、外交人员、留学生被派到欧洲留学、考察,使越来越多的人从中外国情的对比观察中,加深了对封建专制主义和清廷的失望及对西方资产阶级民主宪政的倾慕。这样,洋务派内部开始发生了分化,一些有远

---

① 张之洞:《劝学篇·劝学篇序》,载沈云龙主编:《近代中国史料丛刊》(第九辑),台湾文海出版社 1976 年版,第 7 页。

见的知识分子或办洋务的官员逐步认识到，西方列强之所以富强的根本原因，并不在于他们的武器和技术，而在于他们的"朝廷政教"，在于他们的政治法律制度。如时任福建按察使的郭嵩焘在《条议海防事宜》中就说："西洋立国，有本有末。其本在朝廷政教，其末在商贾。造船制器相辅以益其强，又末中之一节也。"① 朱采作为受李鸿章赏识的洋务派人物，也提出了要学习西方的政治制度，主张"凡军国大事及有关兴利除害者，许直言无讳"。他还据古立论："古者国有大事，谋及庶人"，"故上下一心，无所疑阻，以能定危疑而捍强敌。泰西各国，有所兴举，必君臣佥议而行，犹有古之遗意。"② 他虽把西方民主制度说成是"古之遗意"，但却充分表达了他对这种制度的赞赏。而且把新意附着于古之遗意，正是当时欲学西方者迫于顽固派的反对而采取的策略。因为一旦从古人那里找到了根据，也就等于宣布了它的合理。

1884 年的中法战争，初步展示了洋务运动的失败。这就不能不使人们更加怀疑洋枪洋炮是否能够决定战争的胜负，也不能不促使人们在洋枪洋炮之外更深入地寻找西方之所以强的原因。不仅洋务派中的一般成员这样思考，就连作为当朝大臣、封疆大吏的彭玉麟、邓华熙、张树声等也都循着这一思路进行了探索。作为兵部尚书的彭玉麟，曾为郑观应以宣传西方民主制度为主要内容的《盛世危言》作序，序中说该书"考究各国政治得失"，"皆时务切要之言"，"所说中西利弊情形了如指掌"，认为中国当知西方各国"何以兴""何以衰"的"本原"，不能"只尚皮毛，购船炮"。③ 很明显，他已明确认识到不能只学船炮这些"皮毛"，而应学其"本原"，这就是《盛世危言》中所着重强调的"设议院以固民心"。光绪二十一年（1895 年），头品顶戴、江苏布政使邓华熙将《盛世危言》推荐给皇帝，说明这位布政使也并不反对该书中所考究的西方"何以强"的"本原"。

张树声则于 1884 年 10 月临终前口授遗折，表达了他对时局的真实想法："夫西人立国，自有本末，虽礼乐教化，远逊中华，然驯致富强，具有体用。育才于学校，论政于议院，君民一体，上下一心，务实而戒虚，谋定而后动，此其体也。轮船、大炮、洋枪、水雷、铁路、电线，此其用也。中国遗其体而求其用，无论竭蹶步趋，常不相及，就令铁舰成行，铁路四达，果足恃欤？"④ 这份遗折反映的是张树声临终前最重要的主张，这就是要学习西方的"体"而非仅学其"用"。

---

① 郭嵩焘：《福建按察使郭嵩焘条议海防事宜》，载《洋务运动》（第一册），上海人民出版社 1961 年版，第 142 页。
② 朱采：《海防议》，载同上书，第 350—351 页。
③ 彭玉麟：《盛世危言·彭序》，载《郑观应集》（上），上海人民出版社 1982 年版，第 227 页。
④ 《张靖达公奏议·遗折》，光绪己亥（1899）刻本卷 8。

总之,随着洋务运动的开展,洋务派中的一些先进分子逐步认识到西方之所以强大是因其有本有末,或云有体有用。这本或体就是西方的政治制度。要学习西方以求富强,就必须本末并举、体用兼备,且应以学体、本为主。事实上,洋务运动的开展已实际上否定了洋务运动本来的"中体西用"的原则和道器主张,走上了洋务派原来目的的反面。以后,虽然还有人(如前述张之洞作《劝学篇》)固守所谓"中体"的老套,但历史的潮流、社会的进步、广大士大夫阶层的觉醒已把这个"体"所抛弃,提出了更能适应时代发展要求的主张。

▶ 三、民族资本主义的发展与改良思想的产生

洋务的兴办,越发使人们意识到学习西方政治法律制度的必要,中国民族资本主义的发展也促进了中国的知识分子对西方民主思想的认可、接受与传播。19世纪七八十年代是太平天国等革命大风暴过后相对稳定的一个时期,社会的发展经由上层而表现了它的前进趋势。70年代以来,一部分地主、官僚、富商、洋行买办和旧式矿业主要求并开始向近代资本家转化,开始投资于近代工矿业和交通运输业,因此,这一时期的民族工商业出现了"国营"与"民营"并举的局面。从1872年起,国家开始举办民用工业、运输业和矿业。与此同时,由民族资本经营的民办工业也开始出现。也就在1872年,陈启源在广东南海县创办继昌隆机器缫丝厂,以后陆续有其他人开办缫丝厂、纱厂、面粉厂以及火柴、造纸、印刷、船舶修造、采矿等企业。这些企业不管其资本是出自清政府的国库,是从外国借来的贷款,是商人的经营所得,还是旧式地主靠地租剥削获得的收入,它们都必然带给中国人民以新的生产方式,并自然而然地对旧的生产方式起着瓦解破坏作用。当这些地主、商人、农民把自己的资金或劳动力投入近代工业之后,他们便逐步变成了新的阶级阵营的成员,产生了这个新阶级的特殊利益和与之相应的新观念。总之,民族资本主义的发展造就了必然起来反对旧制度的民族资产阶级。尽管这个阶级起初仍然是十分弱小的,但与其阶级利益相一致的西方新观念,包括道德准则、法律制度、政治组合方式等,便自然而然地被他们接受,并由他们或他们之中的知识分子加以传播。郑观应、王韬、陈炽、陈虬、何启、胡礼垣等便是这样的知识分子和传播者,同时他们也成为改良旧制度、旧体制的提倡者和推动者。

这种改良思想首先来自于近代工商业发展的要求。在19世纪70年代,从洋务派中逐步分化出的改良主义思想家,如王韬、马建忠、薛福成等,认识到发展工商业是西方国家富强的原因,提出了"开矿务以采煤矿五金""制机器以兴织造""许民间用轮船以达内河""立公司贸易于外洋"的建议,"昔商

君之论富强也，以耕战为务，而西人之谋富强也，以工商为先。……则为中国计者，既不能禁各国之通商，惟有自理其商务而已。商务之兴，厥要有三，一曰贩运之利（指商业）……一曰艺植之利（指农业）……一曰制造之利（指工业）。"①而马建忠则更坚决地提出了国家保护商人以与外商抗争的经济政策："以知近今百年西人之富，不专在机器之创新，而其要领专在保护商会，……忠此次来欧，一载有余，初到之时，以为欧洲各国富强，专在制造之精，兵纪之严，及披其律例考其文事，而知其讲富者以护商会为本，求强者以得民心为要……"②这些要求保护和发展民族资本主义工商业的主张，虽以使国家富强和抵御外侮为出发点，但也反映了民间资本的利益。他们认为要保护民族资本的发展，就必须裁撤厘金这种掠夺商人的最恶劣最野蛮的制度，"……乃洋商入内地持半税之运照，连墙满载，卡闸悉予放行，而华商侯关卡之稽查，倒箧翻箱，负累不堪言状……，又不啻倒行逆施矣。……将厘卡尽行裁撤，……便商旅之往来，苏其隐困，……华商船只则概不收绢，以示鼓舞……将从前税则痛加修订……稍示中外商民之异：华商为我国之民，故轻其税赋；洋商夺我国之利，故重其科征……中国转亏为盈、转弱为强之基，实在于此。"③显然，这种厘金及其他种种官僚制度严重阻碍了民族资本的发展，因为对于民族工商业的发展，"清政府虽采取了鼓励政策，但在实际执行中仍有许多阻碍、束缚，官府的刁难使一些投资者裹足不前，苛重的捐税窒息着企业的生机，关卡层层勒索的厘金制度更让商人畏如猛虎"。④ 可以说，首先是这种民族经济发展的要求和所遭遇的压制、阻挠，促成了早期改良主义思想的产生，他们不仅主张工商业应"不由官办、专由商办"，"全以商贾之道行之，绝不拘以官场体统"⑤，以摆脱官府的种种束缚，而且还强调政府必须立"商部"定"商律"，从政治法律方面来保障"商"的权利："不立商部，何以保商？不定商律，何以护商？"⑥政府应允许商人"自举商董"，参加"商务局""商部"，处理自己的事务，在各业"商务工所"中必须"毋恃官势，毋杂绅权"。⑦ 这种维护客

① 薛福成：《筹洋刍议·商政》，载《薛福成选集》（上），上海人民出版社1987年版，第543—544页。

② 马建忠：《适可斋记言记行·记言》卷2，《上李伯相言出洋工课书》（1877年），载中国史学会主编：《戊戌变法》（上），上海人民出版社1957年版，第164页。

③ 马建忠：《适可斋记言记行·记言》卷4，《论洋货入内地免厘》，载同上书，第172—176页。

④ 侯宜杰：《二十世纪初的中国政治改革风潮：清末立宪运动史》，中国人民大学出版社2009年版，第84页。

⑤ 郑观应：《盛世危言·商务一》，载《郑观应集》（上），上海人民出版社1982年版，第605页。

⑥ 陈炽：《续富国策》卷4《商书·创立商部说》，载《陈炽集》，中华书局1997年版，第233页。

⑦ 郑观应：《盛世危言·商务三》，载《郑观应集》（上），上海人民出版社1982年版，第617页。

观经济利益的需要,必然使他们要求一套政治法律制度来保证工商业和民族资本的发展,这样,对西方民主政治制度的关注就有了现实的基础。

要让国家制定出来的法律能反映工商业者的意见,在立法者或决策层中就必须有自己的代言人。而在一切公共权力由皇族及封建官僚集团垄断的情况下,要让工商业者的代言人能参与政权,就必须对现有的体制进行改革。这一时期的改良主义者均把目光投向了"泰西列国"的议会制度。郑观应在他的《论议政》一文中写道:"其都城设有上下议院。上院以国之宗室勋戚及各大员当之,以其近于君也。下院以绅耆士商,才优望重者充之,以其迩于民也。凡有国事,先令下院议定,详述之上院。上院议定,奏闻国主。若两院意议符合,则国主决其从违;倘彼此参差,则或令停止不议,或复议而后定。故泰西政事举国咸知,所以通上下之情,期措施之善也。"①他不仅认为这种制度能保证国家的"措施"达到民族资产阶级所要求的"善"的标准,而且主张"中国上效三代之遗风,下仿泰西之良法,体察民情,博采众议",以便"使上下无扞格之虞,臣民泯异同之见",实现新时代的"长治久安"。许多早期改良人物,如王韬、汤寿潜、陈虬、邵作舟、宋恕等,都对西方政治制度表示了赞赏和热忱,并提出了与郑观应相近的改良要求。

第二节　早期改良派的法律思想

从郑观应在 1875 年(光绪元年)基本成书、1880 年在国内出版的《易言》一书中,提出应在中国仿行西方君主立宪制度的建议,到 1894 年中日甲午战争期间,中国社会上形成了丰富多彩的早期改良主义法律思想,涉及人物之多、著述之丰都是前所未有的。改良主义者除了继续介绍西方的政治制度之外,他们还对维护封建制度的纲常伦理进行了批判,丰富了改良思想的基本理论,并把实行君民共主看做是救亡图强的最佳方案。

▶ 一、倡民权,反专制

早期改良派的共同要求是兴民权,与此相适应,他们也都提出了反对君主专制的主张。

郑观应在《论议政》一文中指出:"窃考三代之制,列国如有政事,则君卿大夫相议于殿廷,士民缙绅相议于学校,""后世不察,辄谓天下有道,庶人不

---

① 郑观应:《易言(三十六篇本)·论议政》,载《郑观应集》(上),上海人民出版社 1982 年版,第103 页。

议，""故于政事之举废，法令之更张，惟在上之人权衡自秉，议毕即行，虽绅耆或有嘉言，未由上达……于是利于上者，则不利于下矣；便于下者，则不便于上矣。情谊相隔，好恶各殊，又安能措置悉本大公，舆情咸归允惬也哉?"郑观应所言"三代之制"是否确实如此并不重要，重要的是他否定"在上之人权衡自秉"的制度和给予"绅耆"发表"嘉言"的权利。他否定后世君主专制的"不察"之政，是为了说明西方的议院之"良法"可采，他给三代加上"相议于殿庭""相议于学校"的制度，是为了说明给予"绅耆士商、才优望重者"以议政权的西方议会制的合理。

甲午战争后，郑观应还写了一篇《原君》，一方面揭露君主专制制度的不合理，另一方面则更明确地提出了民权的口号。他说："古之立帝王者，非以奉养其欲，非以逸乐其身，神农憔悴，唐尧瘦臞，舜黎黑，禹胼胝。由此观之，圣人之君人也勤民至矣。"后世的君王"以举国为私产，兆庶为奴隶"，违反了立君之本意。正是这些君王以天下为私，所以才"百计防维，全其权，固其私，为子孙谋，去古人利天下之心，愈远而愈失"，对民众采取"执持"、"缚束"的专制之法。他认为，君主专制、百姓无权且无以"伸"其"冤抑"，是造成中国古代"治乱相寻，无百年而不变"的周期性悲剧的根本原因。要走出这种轮回的圈子，"今欲举秦、汉以来积弊，推陷而廓清之"，"则必自恢复民权始"。[①]

王韬、陈炽等也一方面揭露君主专制制度"自秦汉始"，批判自秦以来的专制制度"咈百姓以从己之欲，以天下奉一人。患其富而得众也，而务贫之；患其智而生事也，而务愚之；患其强而为乱也，而务弱之"。[②] 另一方面则把泰西各国"骎骎日盛，财用充足，兵力雄强"的原因归结为"无论政治大小，悉经议院妥酌，然后举行"的制度，以"泰西议院之法"为"英美各邦所以强兵富国、纵横四海之根源"。[③] 其他改良派人物如宋恕、邵作舟等也都持此论，对西方"一兵之发，一钱之税，一条教之变，上不能独专"[④]的制度倍加赞许，对"一君家天下之制"则坚信其"必不能久存于中国"。曾出使日本和美国的黄遵宪在1887年完成、并于1890年付刻的《日本国志》一书中，肯定了日本地方议院"公国是、伸民权"的做法，表现出对西方国家"人人得自伸其权，自谋其利，君民上下无甚差别"[⑤]的称赞和向往。

① 郑观应：《盛世危言·原君》，载《郑观应集》(上)，上海人民出版社1982年版，第333—337页。
② 陈炽：《庸书内篇卷上·教养》，载《陈炽集》，中华书局1997年版，第19—20页。
③ 陈炽：《庸书内篇卷下·议院》，载同上书，第107页。
④ 邵作舟：《邵氏危言·异势》，上海商务印书馆1898年版摆印。
⑤ 黄遵宪：《学术志一》，载黄遵宪：《日本国志》卷32，上海古籍出版社2001年版，第332页。

▶ 二、君民共主是最佳选择

君主专制既然有违于三代之制,造成舆情隔阻,上下不通,那么哪种政体才是可取的呢? 早期改良派与洋务派中的一些热心于学习西方政治制度的人一样,他们都把西方国家的政体分为三种,即君主、民主和君民共主。如郑观应说:"泰西有君主之国,有民主之国,有君民共主之国。"①"君主者,权偏于上;民主者,权偏于下;君民共主者,权得其平。凡事虽有上下议院议定,仍奏其君裁夺。"②大约在 1879 年、1880 年前后,对郑著《易言》十分推崇并为之作序的王韬,也先后在《重民》下篇和给友人的信中发表了中国应当实行"君民共主"的意见。他说:"泰西之立国有三:一曰君主之国,一曰民主之国,一曰君民共主之国。""君为主"和"民为主"都不无流弊,只有"君民共主"最好。"一人主治于上而百执事万姓奔走于下,令出而必行,言出而莫违,此君主也。国家有事,下之议院,众以为可行则行,不可则止,统领但总其大成而已,此民主也。朝廷有兵刑礼乐赏罚诸大政,必集众于上下议院,君可而民否,不能行;民可而君否,亦不能行,必君民意见相同,而后可颁之于远近,此君民共主也。"③在这三种政体中,君主之制和民主制度都无需学和不能学,惟有君民共主才是最好的方案。如陈炽对英、德两国"君民共主"的君主立宪制度极为赞赏,认为这是"合君民为一体,通上下为一心",是"所以强兵富国,纵横四海之根源"。④

早期改良派虽然提倡民权,但却反对民主。如陈炽虽然一方面称美西方的政治制度,另一方面却又说"民主之制"是"犯上作乱之滥觞"。⑤ 在他们看来,民主就是人民做主,而民权只是人民有权。民权可以在不推翻君权的条件下存在,对国家大事人民只是有权参与议论、参与决策,而不是由人民自己决策。何启、胡礼垣在甲午战后写的《〈劝学篇〉书后》,就明确说明了他们的用意:"民权者,其国之君仍世袭其位;民主者,其国之权由民选立,以几年为期。吾言民权者,谓欲使中国之君世代相承,践天位勿替,非民主之国之谓也。"⑥

---

① 郑观应:《易言·论公法》,载《郑观应集》(上),上海人民出版社 1982 年版,第 65 页。
② 郑观应:《盛世危言》,载同上书,第 316 页。
③ 王韬:《弢园文录外编·重民下》卷 1,中华书局 1959 年版,第 22—23 页。
④ 陈炽:《庸书内篇卷下·议院》,载《陈炽集》,中华书局 1997 年版,第 107 页。
⑤ 陈炽:《〈盛世危言〉序》,载《郑观应集》(上),上海人民出版社 1982 年版,第 231 页。
⑥ 何启、胡礼垣:《〈劝学篇〉书后》,载《新政真诠——何启、胡礼垣集》,郑大华点校,辽宁人民出版社 1994 年版,第 406 页。

正是由于早期改良派不愿或不敢触动君位,所以对西方的政治制度,他们选来选去只好选中了既有别于君主专制制度,但又不至于彻底否定君主制度的"君民共主"之制。王韬说过:"君为主,则必尧舜之君在上,而后可久安长治;民为主,则法制多纷更,心志难专一。究其极,不无流弊。唯君民共治,上下相通,民隐得以上达,君惠亦得以下逮,都俞吁咈,犹有中国三代以上之遗意焉。"①如果说王韬对民主制的"流弊"语焉不详的话,薛福成则条分缕析了君主制与民主制的利弊得失,他把地球五大洲各国归纳为两大类:一类为民主制国家,"其用人行政,可以集思广益,曲顺舆情","为君者不能以一人肆于民上,而纵其无等之欲。即其将相诸大臣,亦皆今日为官,明日即可为民,不敢有恃势陵人之意"。②这是民主制国家的优点,但它也有缺点,"其弊在朋党角力,互相争胜,甚且各挟私见而不问国事之损益。其君若相,或存五日京兆之心,不肯担荷重责,则权不壹而志不齐矣"。③另一类为君主制国家,"主权甚重",若得"贤圣之主",则功德无涯;其弊端则在于"上重下轻,或役民如牛马……而况舆情不通,公论不伸,一人之精神,不能贯注于通国",这就会使得"诸务有堕于冥冥之中"的危险。总之,"民主、君主,皆有利亦皆有弊"。因此,薛福成主张"君民共主,无君主、民主偏重之弊,最为斟酌得中"。④早期改良派选定君民共主制为最适当政体,实质上是既可以不必冒主张推倒君主制带来的风险,又能在一定范围内给民族资产阶级和知识分子争取到一点发言、议论的权利,这也正是他们的局限所在。

▶ 三、设议院以图强

民众只有享有并行使议论、参与政治事务的权利,才能真正实现上下通情,君民共主,这就需要有民众议论政事的场所或机构。早期改良派几乎不约而同地提出了仿效西方、设立议院的构想与方案。

1883 年,崔国因在《奏为国体不定后患方深请鉴前车速筹布置恭折》中,向清廷直接提出开设议院的建议,并把它列为十条自强之策中关键的一条,他也遂成为近代中国向朝廷明确提出开设议院要求的第一人。⑤他认为:"议院之设,分为上下。其上议院由王公大臣议之,所以率作兴事,慎宪省成,知其大者远者也;下议院由各省民间公举之人议之,所以通幽达隐,补弊救偏,

① 王韬:《弢园文录外编·重民下》卷1,中华书局 1959 年版,第 21—22 页。
② 薛福成:《薛福成选集》(上),上海人民出版社 1987 年版,第 605 页。
③ 同上。
④ 同上书,第 605—606 页。
⑤ 参见熊月之:《中国近代民主思想史》,上海人民出版社 1986 年版,第 130 页。

兴利除害,知其小者近者也。夫搢绅之族,食禄之家,其分近于君而远于民,患其不知民隐也,则有下议院以通之;草茅新进之氓其于闾阎之利病知之至真,祸乱之倚伏见之最近,其所短者,惟恐其见识拘墟,不适于用也,则恃上议院以裁之。"崔国因针对当时国情,指出:"今日之事势,为古今之创局,凡所设施,每骇听闻,而练兵、筹饷各举为向未经见者,必使斯民身居局中,悉其原委,知此中实有不得不然者,乃肯设身处地,为朝廷分忧,而后兵可增而不以为抽丁,饷可增而不以为重敛,凡有设施,坦然明白,所当行者,乃可次第行也。"因此,"设议院者,所以因势利导,而为自强之关键也"。① 自此之后,身在高层的官吏或身处民间的有识者,多有发表开设议院主张者,并将其作为本体而列为中国自强的首要措施,开设议院遂日渐成为倡导变法自强的人们的中心话题,甚至有些人已进而开始设计中国开设议院的具体方案。这些方案,大体可以分为两类:

一类为官办议院或半民选的议院。如汤震、陈炽、陈虬等认为西方国家的议院制度虽好,但在中国目前还难以实行,应当"采西法而变通之"。汤震建议:"自王公至衙门堂官翰林院四品以上者,均隶上议院,而以军机处主之",各衙门堂官翰林院四品以下人员"均隶下议院,而以都察院主之"。遇有大兴大革之事,经请示皇上"得与议者",由内阁、都察院分别召集上、下议院开会,"互陈所见",然后"由宰相核其同异之多寡,上之天子,请如所议行"。省、府、州、县遇事也请当地"巨绅"及"举贡生监"人等参与讨论。② 陈炽设计的上议院则由内阁部官员组成,下议院由地方层层选举产生,办法是由百姓推举士绅,组成一级的既议事又办事的"议会",然后逐级推举,"必列荐神,方能入选,县选之达于府,府举之达于省,省保之达于朝",朝廷"设院以处之,给俸以养之,有大利弊,会议从违"。③ 陈虬的建议则是在州县设议院,规定下层官员遇到大事应该听取人民的意见,即州县"就所有书院或寺观归并改设,大榜其座,国家地方遇有兴革事宜,任官依事出题,限五日议缴,但陈利害,不取文理"。④ 根据这些设计所建立的议院,并无政治决策权力,只是属于供皇帝咨询、或向皇帝反映意见的机构,其作用无非是"广言路","通上下之情",与西方民主的议院有着本质的区别。

另一类议院为民选议院,其设计者为何启、胡礼垣。他们主张县、府、省

① 崔国因:《象实子存稿·奏为国体不立后患方深请鉴前车速筹布置恭折》,光绪年间刻本。转引自熊月之:《中国近代民主思想史》,上海人民出版社 1980 年版,第 129 页。

② 汤震:《危言》卷一,载《戊戌变法》(第一册),上海人民出版社 1961 年版,第 177 页。

③ 陈炽:《庸书》外篇卷下,载同上书,第 246 页。

④ 陈虬:《救时要义》,载同上书,第 228 页。

三级均各设议员六十人。"县议员于秀才中选择其人,公举者平民主之","府议员于举人中选择其人,公举者秀才主之","省议员于进士中选择其人,公举者举人主之"。公举的方法是由官府公布有被选权者的名单,选举人"取其平日最心悦诚服者,书其名献于有司",以票多入选。平民"凡男子二十岁以上,除暗、哑、盲、聋以及残疾者外,其人能读书明礼者",均有公举县议员之权。议员的任务就是议政,"地方之利弊,民情之好恶,皆藉议员以达于官。兴革之事,官有所欲为,则谋之于议员,议员有所欲为,亦谋之于官,皆以叙议之法为之,官与议员意合,然后定其从违也,从违既定,乃由县详府,府议员意合,则由府详省,省议员意合,则详于君,君意合,则书名颁行,意不合,则令其再议。"议员中,如有分歧,则"以人多者为定"。"各省议员一年一次会于都会,开院议事,以宰辅为主席",并将议定之事上奏皇帝,由"主上御笔书名,以为奉行之据,如有未洽,则再议再奏,务期尽善而止"。[①] 他们认为,实行这种制度,就可以使朝野上下一心,为政真正做到"公""平"。这种由民选议员组成的议院,已有较强的民主性质,可以对君权发挥一定的制约作用。比之前述汤震等设计的方案已有了一定的进步。

从上述分析我们可以看出,从洋务派中分化出来的早期资产阶级改良派,以实现中国的富强为目的,提出了不仅要学习西方的船坚炮利,更要学习西方如行公举、开议院、实行君民共主等政治法律制度,虽然由于他们还不能突破三纲五常的封建礼教这一"中体"的壁垒,提出彻底的民主思想,因而不可避免地仍然具有时代和阶级的局限,但早期改良主义者毕竟代表了那个时代的一批进步的中国知识分子反对君主专制和对民权思想、民主制度的朦胧追求,为后来戊戌变法起了先导作用,成为维新派改革运动的先声。

第三节　甲午战争后资产阶级改良派的法律思想

由甲午战争所引发的戊戌变法是在原有的社会物质生活条件下所进行的一场救亡革新运动。清王朝的"洋务运动"虽然打的是"自强"的旗号,但是,近代西方军事工业和武器装备的引进,并未能强国、富国,甚至连最起码的提高军队作战能力的目标都没有实现。早期改良主义者们关于国家富强的根本在于其政治制度,机器技术只不过是辅助手段的真知灼见,却不为那些沉湎于"自强""中兴"之梦中的官僚所认可。中法战争中,洋务派官员们用

---

① 　何启、胡礼垣:《新政论议》,载《新政真诠——何启、胡礼垣集》,郑大华点校,辽宁人民出版社1994年版,第115—117页。

外国的技术和装备组建起来的福建海军,在法国舰队的攻击面前不堪一击。而在1894年的中日甲午战争中,清政府花费大量人力、物力和财力组建起来的北洋海军,竟然连日本这个东夷岛国也打不过,竟至北洋海军全军覆没。1895年4月17日,中日《马关条约》的签订,大面积的割地,巨额的赔款,使中国半殖民地化的程度大大加深,中国陷入了更加严重的民族危机。中日战争的失败,使洋务派吹嘘的"富国强兵"像泡沫一样破灭了,同时也表明仅仅在物质技术方面学习西方,而政治制度方面依然保持君主专制制度的做法是无济于事的,政治制度的革新已成为一个无法回避的问题。知识分子在悲愤、震惊之余,痛定思痛,开始寻找新的救国之路。康有为顺应这一时势,于1895年联合进京应试的举人,组织了"公车上书",要求朝廷"变通新法","更新百度"①,提出变法主张。这次上书标志着中国资产阶级改良派正式登上历史舞台,也是对改良派所代表的政治力量的一次大检阅。从此以后,改良派已不再只是满足于写文章、教授弟子或街谈巷议发发宏论,而是开始着手进行直接影响朝廷的政治活动。

在新的时期,改良派的思想有了新的发展。主要体现在三个方面:一是在变法期间提出比早期改良派更为具体的变法主张;二是在民主理论方面比早期改良派有了较大提高;三是在资产阶级革命浪潮汹涌而至时,他们中的大多数人都作了保皇派,反对革命。

▶ 一、戊戌变法时期资产阶级改良派的基本法律主张

以康有为、梁启超为代表的维新派,从"救亡图存"的目的出发,提出了一系列的变法维新主张,并最终促进了在1898年由光绪帝下诏施行、实际上是以君主立宪为方向的政治改革,这场改革被史学家称为"百日维新"或"戊戌变法"。资产阶级改良派的法律主张也集中体现在他们的历次上书、奏折或宣传文章中。

(一)定国是,变成法

早在1888年12月10日,南海布衣康有为在《上清帝第一书》中就提出,要挽救国家备受日、英、俄、法等国侵逼的危险局面,就必须变更成法。首先是改良"上下否塞"的状况,"使臣下人人得尽其言于前,天下人人得献其才于上",并"妙选仁贤及深通治术之士,与论治道,讲求变法之宜,而次第行之",认为如此"精神一变","纲纪一变",则"十年之内富强可致","二十年不难雪

---

① 康有为:《上清帝第二书》,载汤志钧主编:《康有为政论集》(上册),中华书局1981年版,第122、123页。

仇耻"。① 针对"祖宗之法不可变"的论调,康有为针锋相对地指出:"夫治国之有法,犹治病之有方也,病变则方变。若病既变而仍用旧方,可以增疾。时既变而仍用旧法,可以危国。"他希望通过变法以达到挽救国家危亡的目的。在《上清帝第二书》中,他在继续阐述"物久则废,器久则坏,法久则弊"的道理的同时,分析了中国所面临的新情况。他认为在强敌压境的条件下,"当以开创之势治天下,不当以守成之势治天下,当以列强并列之势治天下,不当以一统垂裳之势治天下"。而"以开创之势治天下",就应"更新百度"。"盖开创则更新百度,守成则率由旧章;列国并立则争雄角智,一统垂裳则拱手无为。"在以后的历次上书中,他不断地呼吁"法弊"而"不变",就等于"坐待自毙"②;要变法就必须全变,"能变则全,不变则亡;全变则强,小变仍亡"③,即康有为主张应从经济、政治、军事、社会风俗、文化教育、科学技术诸方面进行改革,全面向西方国家学习。

为阐明其变法维新的理论根据,康有为还于戊戌变法前先后撰写《新学伪经考》和《孔子改制考》,以"托古改制"的形式,利用儒学的旧形态,宣传维新变法的新思想,其目的在于论证变法维新的合理性和必要性。在《春秋董氏学》和《孔子改制考》里,康有为把孔子推为"托古改制"的"圣法"的创立者,他认为,《六经》是孔子制作的经书,六经统一于《春秋》,《春秋》之传在《公羊》。只有《公羊春秋》才是阐发孔子"圣法"的真经。《公羊春秋》的核心是"公羊三世说"。所谓"公羊三世"是汉代何休在《公羊传注》中提出的社会历史演进的三个阶段,即社会由"据乱世"进入"升平世",再由"升平世"进入"太平世"。康有为认为孔子曾分别为这"三世"著有不同的宪法,概括而言,就是《春秋》里的"大义"和"微言"。"大义"即孔子治"据乱世"之宪法,"微言"即孔子所说的"升平世""太平世"之理想宪法。按照人类社会进化的三世,国家也必然地由"专制"进到"立宪",再由"立宪"进入"共和"。他的这种引证和比附,目的只是要说明当今中国一定要变法维新,实行君主立宪政体,"布衣改制"是既合乎古训,又适应时代要求的。康有为的"托古改制",反映了维新志士的局限性,但也是生活在中国文化大背景里的知识分子的无奈之举,在一个以"唯古是法"为价值取向的社会里,任何人想要寻求某一方面的突破都难乎其难,所以,"即令存心改变制度的人,也不敢和所要改变的制度正面去碰,而在战术上必须抄到这一制度的后面,利用这个制度

---

① 康有为:《上清帝第一书》,载汤志钧主编:《康有为政论集》(上册),中华书局 1981 年版,第 59—60 页。

② 康有为:《上清帝第三书》,载同上书,第 140 页。

③ 康有为:《上清帝第六书》,载同上书,第 211 页。

来打击这个制度。这就是为什么康有为要'托古改制'。在康有为以后闹'革命'的许多人利用'自古有之'来赚取一般中国文化分子的信服的例子是很多的。"①

　　在康有为上书或撰文畅言变法的同时,谭嗣同、梁启超、严复等也都从不同的角度,在不同的场合讨论了变法的必要和不变的危险。梁启超在《变法通议·论不变法之害》中,认为在"大地既通,万国蒸蒸,日趋于上"的"大势相迫"之下,"变亦变,不变亦变"。如果主动变法,那么"变之权操诸己,可以保国,可以保种,可以保教",如果自己不变而最终被迫变,那么"变之权让诸人,束缚之,驰骤之",后果的严重性"则非吾之所敢言"了。梁启超还从进化论的观点,论证法之当变乃"天下之公理也",因为"法行十年或数十年或数百年而必弊,弊而必更,天地之道也",法制不可能"一劳永逸"。他还举了日本这一"因变致强"的例子来说明。严复在《救亡决论》中阐明,中国如不变法则必定灭亡,这是"天下理之最明,而势所必至者,"所以"救亡之道"在变法,"自强之道"也在变法。总之,维新志士们的变法要求适应了在当时国际国内各种复杂的情况下中国皇帝谋求振兴的要求。在他们,尤其是康有为的一再苦劝下,光绪皇帝于1898年6月11日下诏定国是,决心变法,实行新政。

　　(二)设议院,通下情

　　与早期改良派一样,康有为、梁启超等人也十分重视通下情,把设议院当成改良制度的主要内容,康有为在1888年写的《与洪给事右臣论中西异学书》中,就对西方国家的议会制度赞扬不已。他认为,西方各国政事皆出于议院,议政大事由人民选举的优秀分子进行,议员认为不合适的则加以改变,不称职的则罢免之,因此"粉饰者少,无宗族之累,无妾姬之靡,无仪节之文,精考而厚禄之,故中绝者少"。当然,在《上清帝第一书》中,康有为虽以洋务运动的实例,论证了通下情的必要,认为机器、轮船等"泰西行之而富强,中国行之而奸蠹,何哉? 上体太尊而下情不达故也",而要通下情的方法就是"霁威严之尊,去堂陛之隔,使臣下人人得尽其言于前,天下人人得献其才于上"。②在1895年的"公车上书"中,康有为比较委婉地向清帝提出了设议院的建议:"公举博古今、通中外、明政体、方正直言之士,略分府县,约十万户而举一人,不论已仕未仕,皆得充选……名曰议郎……以备顾问,并准其随时请对,上驳

---

① 殷海光:《中国文化的展望》,上海三联书店2002年版,第127页。
② 康有为:《上清帝第一书》,载汤志钧主编:《康有为政论集》(上册),中华书局1981年版,第59页。

君书,下达民词。凡内外兴革大政,筹饷事宜,皆令会议于太和门,三占从二,下部施行。"这样就可以"上广皇上之圣聪","下合天下之心意",做到"君民同体","休戚与共"。在《上清帝第四书》中,康有为则首次明确提出了"设议院"的建议,使上下通情有了一个有形的机构和载体。他认为,有了议院,中国就可以富强。议院中"人皆来自四方,故疾苦无不上闻,政皆出于一堂,故德意无不下达;事皆本于众议,故权奸无所容其私;动皆溢于众听,故中饱无所容其弊。有是三者,故百度并举,以致富强"。① 他的开议院的具体方案是"开门集议。令天下郡邑十万户而推一人。凡有政事,皇帝御门令之会议,三占从二,立即施行。其省府州县,咸令开设。并许受条陈,以通下情"。② 以后,康有为还多次建议召开国会。在《请定立宪开国会折》中,他说"国会者,君与国民共议一国之政法也",恳请光绪"大开国会,以庶政与国民共之"。在《请君民合治满汉不分折》中,康有为又详细论证了立宪法、开国会的好处,"在其举国君民,合为一体","立宪法以同受其治,有国会以会合其议,有司法以保护其民,有责任政府以推行其政",可是"今吾国有四万万之民众……而不开国会,虽有四万万人而不予政事,视国事如秦越,虽有众民而弃之"。可以看出,康有为已进一步从三权分立的角度提出"开国会"的建议,并把实行议会制的立宪看作救国的良方。

改良维新派的其他代表人物也曾在他们的著作中吁请朝廷开设议院。严复在《原强》中描绘了"设议院于京师"的蓝图,他说:"设议院于京师,而令天下郡县各公举其守宰。是道也,欲民之忠爱必由此,欲教化之兴必由此,欲地利之尽必由此,欲道路之辟、商务之兴必由此,欲民各束身自好而争濯磨于善必由此。呜呼,圣人复起,不易吾言也。"③梁启超也多次提到设议院或设立民选议会(国会)的重要性,"凡国必风气已开,文学已盛,民智已成,乃可设议院……故强国以议院为本……"④有了议院或国会,才会有宪法,即所谓"天下无无国会之立宪国",宪法应由国会"参与制定"。梁启超还把有无国会看成是区别"专制"与"立宪"政体的重要特征之一,关系到国家的盛衰强弱,并为国会的召开而积极奔走。

① 康有为:《上清帝第四书》,载汤志钧主编:《康有为政论集》(上册),中华书局 1981 年版,第150—151 页。
② 同上书,第 158 页。
③ 严复:《原强》,载翦伯赞、郑天挺主编:《中国通史参考资料·近代部分》(下册),中华书局1985 年版,第 83—95 页。
④ 梁启超:《古议院考》,载《饮冰室合集》文集之一,中华书局 1989 年版,第 96 页。

（三）立宪法，实行三权分立

改良派的变法维新主张的核心内容之一便是制定宪法，实行三权分立。康有为仿照日本明治维新，把"定宪法"作为"维新之始"，认为"各国之一切大政皆奉宪法为圭臬"。梁启超在《康有为传》中总结到："先生（指康有为）以为欲维新中国，必以立宪法、改官制、定权限为第一义。"因为正像康有为所说，国家之有宪法，"犹船之有舵，方之有针，所以决一国之趋向，而定天下之从违者也"①，他在《上清帝第六书》中，主张仿效日本明治维新，制定宪法。他说："考其（指日本）维新之始，百度甚多，惟要义有三：一曰大誓群臣以定国是，二曰立对策所以征贤才，三曰开制度局而定宪法。"具体做法是先设立制度局，选公卿、诸侯、大夫及草茅才士二十人充总裁，商榷新政，制定宪法。可见，制度局是制宪机关，"制度局之设，尤为变法之原也"；其次即为制定宪法。康有为认为，国家没有宪法，就如同人没有"心思"，所以只有"宪章草定"，才能够"奉行有准，然后变法可成，新政有效"。所以要实行新政，就必须先制定宪法，"若能立定宪法，改官制，行真维新，则内乱必不生"。相反，如果"无宪法为之著明"，就会出现"恶之者驳诘而不行，决之者仓卒而不尽，依违者狐疑而莫定，从之者条画而不详"②的局面，新政的施行也就失去了依据。梁启超也与他的老师一样，认为"制定宪法，为国民第一大业"③，视宪法"为国家一切法律根本之大典"。④ 中国要想变法成功，就必须仿照西方资本主义国家设议会，成立立法部以制定宪法，因为"无宪法不足以立国"。

改良派还主张要学习西方实行三权分立。康有为在《上清帝第六书》中，第一次向皇帝提出实行三权分立的主张："近泰西政论，皆言三权。有议政之官，有行政之官，有司法之官。三权立然后政体备。""盖自三权鼎立之说出，以国会立法，以法院司法，以政府行政，而人主总之，立定国宪，同受制焉。人主尊为神圣，而政府代之。东西各国皆行此政体，故人君与千百万之国民合为一体"，所以国家强盛。而中国的弊病则主要是"百官皆备，而独无左右谋议之人"。梁启超的三权分立观，则把总揽立法、行政、司法三权的统治权称为"体"，而把由国会、国务大臣、审判厅分别行使的"三权"称之为"用"，"用"是可分的，而"体"则是不可分的。他还将"三权之体"完全交给君主掌管，即

① 康有为：《上清帝第六书》，载汤志钧主编：《康有为政论集》（上册），中华书局1981年版，第212页。

② 同上书，第214页。

③ 梁启超：《进步党政务部特设宪法问题讨论会通告书》，载《饮冰室合集》文集之三十，中华书局1989年版，第82页。

④ 梁启超：《各国宪法异同论》，《饮冰室合集》文集之四，中华书局1989年版，第71页。

所谓的"三权皆统一于君主焉"。① 根据康有为、梁启超对三权分立的描述,这一设计显然是君主立宪制度,且按照他们的解释,立宪之君仍有如握有专制权力的君主一般,享有相当大的权力。

在康、梁等的立宪思想中,虽也有立宪法使吏民"同受其制"的词语,但变法的推行有赖于天子的"乾纲独断",所以,他们往往是谈上下相通多,谈三权鼎立少,对议会权力与君权的关系也绝少直接论及。至于宪法的制定,三权分立的基本要求,康有为的基本态度是"采西制而慎择之"。他在《请君民合治满汉不分折》中指出:"立宪国会之法,三权鼎立之意",以及"司法独立、责任政府之例,议院选举之法,各国通例具存",只要"命议官遍采而慎择之"即可。

（四）取用新法

除在理论和实践方面构筑、描画了一幅以设议院、开国会、定宪法为核心,以三权鼎立为原则的君主立宪制的蓝图外,改良派还要求取用新法,以全面改革旧的封建法律制度。康有为对此有一个明确的指导思想,即"变法者,必自制度法律先为改定"和"非变通旧法无以为治"。他的改定法律或取用新法主要包括三个方面的内容:第一,"听任疆臣各自变法","通饬各省督抚,就该省情形,或通力合作,或持力致精,取用新法,行以实政"。② 第二,"开制度局而定宪法"。如前所述,他把制定宪法称为日本维新的"要义"。③ 第三,设法律局,制定民、商、诉讼诸法,以应对外之急需。他说:"外人来者,自治其民,不与我平等之权利,实为非常之国耻。彼以我刑律太重,而法规不同故也。今宜采罗马及英、美、德、法、日本之律,重定施行,不能骤行内地,先当先行于通商各口。其民法、民律、商法、市则、舶则、讼律、军律、国际公法,西人皆极详明,既不能闭关绝市,则通商交际,势不能不概予通行。然既无律法,吏民无所率从,必致更滋百弊。且各种新法,皆我所夙无,而事势所宜,可补我所未备,故宜有专司,采定各律以定率从。"④即设立专门机构,制定各种所需要的法律。很明显,康有为对于建立资产阶级法律制度的认识和论述,都比早期资产阶级改良派有明显的进展,同时也更强调它的实践意义。

梁启超和严复也都主张废除旧法、学习西法,建立新的法律制度。特别是严复,还从取消领事裁判权、恢复中国司法主权的目的出发,认为"地之所在"即"法之所行"。世界上不论哪一个国家的国民到别国去,都应遵守该国

① 梁启超:《各国宪法异同论》,《饮冰室合集》文集之四,中华书局 1989 年版,第 73 页。
② 康有为:《上清帝第五书》,载汤志钧主编:《康有为政论集》（上册）,中华书局 1981 年版,第209 页。
③ 康有为:《上清帝第六书》,载同上书,第 213 页。
④ 同上书,第 214—215 页。

的法律,如法国人到英国,就应该遵守英国的法律,唯独外国人在中国,却可以不受中国法律的约束和司法管辖,在中国领土上甚至出现"数十国律令淆行其中"的怪现象。为了恢复中国的司法主权,除了进行法制建设以外,他还建议集合各国法学家,共同讨论制定一个"专治来寓中土之外国人"的法律。设立专门处理涉外案件的机构,取消外国领事馆在中国的"理刑之权"。严复还通过对中西法制的比较,找出了西方法律制度优于中国的方面,为中国法制的变革提供了较为明确的参照系。

▶ **二、资产阶级改良派在民主理论上的提高**

戊戌变法虽然进行得轰轰烈烈,但只经过了短短的"百日维新"便告夭折。那些以皇帝的一纸诏书颁布的各项改革措施,也被同样的一纸诏书废除了。戊戌变法的失败固然有诸多的原因,如他们只依赖一个没有实权的光绪皇帝,没有发动起广大的民众积极参与,他们变法维新的目的只是为了救亡图存,如此等等。事实上,任何一项社会改革能否获得成功,非一两个因素所能决定,而是各种因素综合运作的结果。在中国,除了表面上看得见的几个点外,在其后面还有一个强大的传统文化的背景。这一背景如果不能触动,立基于其上的任何变革都终将失败,"1900 年以前,大批有才干的人并没有致力于真正的革命或改革。在旧制度下,没有人具有根本改造这一制度的坚定信念。中国国内变革力量的弱小与其归咎于西方帝国主义,倒不如归因于中国的社会秩序、国家和文化之强大。阻碍中国对西方的威胁作出迅速反应的抑制因素主要是中国文化的坚强内聚力和稳定的结构"。[①] 戊戌变法在于其欲借鉴的制度背后的文化传统正为中国社会所严重匮乏。思想的启蒙成为变革中国的当务之急。改良派在变法前后做了大量的理论研究工作,对西方政治法律制度所依存的民主、法治、自由、平等、人权等进行了介绍和宣传,为日后革命派思想体系的形成奠定了基础。

(一)天赋人权论

要反对封建君主专制,伸张民权,西方的天赋人权论既有较强的说服力,同时又便于中国人所接受,因为,按照中国传统的思想观念,"天"是最崇高神圣且具有无限权威的能控制人间万物的力量,并且"天"始终代表着正义和公平。维新派思想家正是把西方资产阶级的人人生而享有自然权利的思想与中国的"天"结合在一起作为他们民权思想产生的根源。康有为将民权视为一种"天权",认为这是上天赋予每一个人的,从而使民权具有了神圣不可侵

---

① 费正清:《中国:传统与变革》,江苏人民出版社 1992 年版,第 398 页。

犯性。他说:"凡人皆天生。不论男女,人人皆有天与之体,即有自立之权,上隶于天,人尽平等,无形体之异也。"①凡是"圆首方足之形"的人,都以天为本,"人类之生,皆本于天",也都具有相等的自立的权利,而这种"本于天"的民权就是不可侵犯的,"侵权者谓之侵天权,让权者谓之让天职"。② 梁启超也积极热情地宣传天赋人权论,认为"人权者出于天授者也,故人人皆有自主之权,人人皆平等"。③ 且这种天赋的权利是不可侵犯、不可剥夺的,是人类生存的前提条件,是"天生物而赋之以自捍自保之良能"。严复的论述则更干脆,"民之自由,天之所畀"④,指出在自然状态下,人人都是自由、平等、独立的,从来不存在天生的奴隶和天生的主人。正因为人人的权利、自由都是天赋的,所以"侵人自由者,斯为逆天理、贼人道","侵人自由,虽国君不能,其形禁章条,要皆为此设耳"。⑤ 这些天赋的权利同样是不容非法剥夺的,"故民权者,不可毁者也;必欲毁之,其权将横用而为祸愈烈者也;毁民权者,天下之至愚也,不知量而足悯叹者也"。⑥ 变法维新派对天赋人权思想的接受和传播,在否定封建君权、神权至上、开启民智和传播资产阶级民主思想方面发挥了不可低估的进步作用。

（二）自由论

封建君主专制制度的危害之一,就是压抑、束缚人的个性,扼杀了人的创造才能。改良派在变法实践中也逐步认识到西方之所以富强,还在于其法律能保障天所赋予人们的自由权。严复从进化论的观点出发,得出了一个结论:中国要由弱致强,就必须通过移入西方式的个人自由以激发每一个中国人的活力,舍此别无他途。早在 1895 年,严复在天津《直报》发表的《论世变之亟》一文中,就指出"西治"的"命脉",在"于学术则绌伪而崇真","于刑政则屈私以为公","斯二者与中国理道初无异也,顾彼行之而常通,吾行之而常病者,则自由不自由异耳。""夫自由一言,真中国历古圣贤之所深畏,而从未尝立以为教者也。彼西人之言曰:唯天生民,各具赋畀,得自由者乃为全受。故人人各得自由,国国各得自由,第务令毋相侵损而已。侵人自由者,斯为逆天理,贼人道,其杀人伤人及盗蚀人财物,皆侵人自由之极致也。故侵人自由,虽国君不能,而其刑禁章条,要皆为此设耳。"在另一篇文章《原强》中,严

① 康有为:《大同书》,中州古籍出版社 1998 年版,第 302 页。
② 同上。
③ 梁启超:《梁启超全集》(第一册),北京出版社 1999 年版,第 458 页。
④ 严复:《辟韩》,载王轼主编:《严复集》(第一册),中华书局 1986 年版,第 35 页。
⑤ 严复:《论世变之亟》,载同上书,第 3 页。
⑥ 严复:《原富》,载王轼主编:《严复集》(第四册),中华书局 1986 年版,第 918 页。

复还将西方国家的这种强于中国的理道归结为"以自由为体,以民主为用"。也即民主是自由的表现形式,其作用在于造成国家的民主制度,以便使国家制定利民的政策和法律,而自由才是国家的根本,人们的自由能否得到保证,关键在于欲享自由的人们能否实行自治。"是故富强者,不外利民之政也","然政欲利民,必自民各能自利始;民各能自利,又必自皆得自由始;欲听其皆得自由,尤其自其各能自治始"。① 可见自治是自由、自利并促进国家行利民之政的前提条件。在当时的中国,所缺乏的正是达到"自治"水平的国民,故要想自治、自由、自利,最后实现国家的富强,首先必须改造中国的文化土壤,造就具有新观念的国民,这就要从"鼓民力、开民智、新民德"三方面着手,"盖生民之大要三,而强弱存亡莫不视此:一曰血气体力之强,二曰聪明智虑之强,三曰德行仁义之强。是以西洋现代言治之家,莫不以民力、民智、民德三者断民种之高下,未有三者备民生不优,亦未有三者备而国威不奋者也"。② 促进个人体力、智力、德力的发展是实现个人自由、自治的根本条件。对于急欲收国家富强之功效的人来说,严复的这帖"药方"实在是"疗程"太长了,因为民力、民智、民德的提高均非一日之功,可能需要数代人的努力。所以严复也因此而多被后人所诟病,因为富强几乎成为一个遥遥无期的无以实现的理想了。严复的下述观点常被人指责,"夫君权之重轻,与民智之浅深为比例。论者动言中国宜减君权兴议院,嗟呼! 以今日民智未开之中国,而欲效泰西君民共主之美治,是大乱之道也。"③对此,人们常简单地说成是严复的倒退,但他的"比例"之论确有一定的道理,其后的革命派,尤其是孙中山先生在他的"建国三时期"中特设"训政"一时期,以提高国民之程度,唤起民众参与政治的热情,教会民众行使权利,实际上正是严复思想的发展和延续。

在自由问题上,梁启超还有关于"自由界限"及"自由内容"的理论,也反映了资产阶级改良派对自由已由初期的简单赞赏变为研究其实现的一般问题。梁启超在《新民说》的"论自由"中说:"自由之界说曰:人人自由,而不以侵人之自由为界。夫既不许侵人自由,则其不自由亦甚矣。而顾谓此为自由之极则者何也? 自由云者,团体之自由,非个人之自由也。野蛮时代,个人之自由胜,而团体之自由亡;文明时代,团体之自由强,而个人之自由灭。……使滥用其自由,而侵他人之自由焉,而侵团体之自由焉,则其群己不克自立,而将为他群之奴隶,夫复何自由之能几也? 故真自由者必能服从。服从者

---

① 严复:《原强》,载王轼主编:《严复集》(第一册),中华书局1986年版,第14页。
② 同上书,第18页。
③ 严复:《中俄交谊论》,载王轼主编:《严复集》(第二册),中华书局1986年版,第475—477页。

何？服法律也。法律者，我所制定之以保护我自由，而亦以箝束我自由者也。"①梁启超所说的自由，不是个人的为所欲为，不是个人的绝对自由，而是在法律范围内，以公众利益和他人自由为行使界限的自由。梁启超还对这种自由加以分类，认为人类社会有四种自由，即政治自由、宗教自由、民族自由和经济自由。政治自由的精神可以概括为六个方面：第一，凡一国之中，无论何人不许有特权；第二，凡生息于一国中者，只要达到法定年龄便享有公民资格，可以参与一国之政事；第三，凡人民自殖于他土者，可以任意自建政府，与其在本国时所享之权利相等；第四，人民欲信何种宗教，悉由其自由选择，政府不得以国教进行束缚与干涉；第五，一国之人有自立自治之权，不允许其他国家和民族来掌握自己的主权、干涉内政；第六，凡劳动者都应自食其力，地主、资本家不得用对待奴隶的方式对待他们。② 这些平等地参与政治的自由、宗教的自由、民族自治的自由及免受奴役剥削的自由，正是当时的中国所最稀缺的，也是中国实行民主宪政所最欠缺的基本的政治文化土壤。

（三）平等论

从天赋人权理论中自然而然推导出来的结论就是人人平等。这也就是康有为所说的"人人皆独立平等"。在康有为看来，不仅从中国人关于"天生民"的传统认识中可以得出人人平等的结论，而且中国的先贤圣人之论述中也有"平等之义"。"尧舜与人人平等相同，此乃孟子明人人当自立、人人皆平等。"③"自由平等乃孔子立治之本。"④在康有为的平等论中最值得一提的是他的男女平等论。他说："男与女虽异形，其为天民而共受天权一也。人之男身，既知天与人权所在，而求与闻国政，亦何抑女子而攘其权哉？女子亦何得听男子擅其权而不任其天职？"他还说："以公共平等论，则君与民且当平等，况男子之与女子乎？"⑤既然男女同是"合天地之原质以为人"，且"各具一魂"，就应该适用"男女平等之法"，相反，三纲之一的夫为妻纲就是违背公理的，"男为女纲，妇受制于其夫。又一夫可以娶数妇，一妇不能配数夫。此更与几何公理不合，无益于人道"。基于此，他还认为男女婚姻应是一种自由合意的结果，离婚当然也应该是自由的、允许的。康有为的"男女平等"论是为他的大同世界服务的，因为要达到世界"公同"的境地，就要"去国界"，欲去国界，首先要"去家界"，欲去家界，先要去夫妇关系，即达到男女平等。可见，

---

① 梁启超：《新民论》，载《辛亥革命前十年间时论选集》（第一卷），生活·读书·新知三联书店1960年版，第138—139页。

② 梁启超：《新民论》，载《辛亥革命前十年间时轮选集》（第1卷），三联书店1977年版，第15页。

③ 康有为：《总论第一》，载《孟子微中庸注礼运注》（卷1），中华书局1987年版，第15页。

④ 康有为：《中庸注》，载同上书，第198页。

⑤ 康有为：《大同书》，中州古籍出版社1998年版，第199页。

"男女平等各自独立"是实现其他方面的平等以及人类破除"家界""私产之害""国之争",步入大同世界的前提,这与近代西方把平等看作是一种制度、权利上的平等,人人生而平等地具有做人的尊严的观念是不可同日而语的。

（四）民约论

早期改良派在19世纪末也开始研究关于民主的一般理论。何启、胡礼垣在批驳张之洞关于三纲的传统观点时,阐述并运用了社会契约论的观点。他们说:"天下之权,唯民是主,然民亦不自为也,选立君上,以行其权,是为长民。乡选于村,邑选于乡,郡选于邑,国选于郡,天下选于国,是为天子。故曰得乎丘民而为天子也。凡以能代民操其权也。"①资产阶级改良派在戊戌变法时期也提出了民约论的观点。谭嗣同说:"生民之初,本无所谓君臣,则皆民也。民不能相治,亦无暇治,于是共举一民为君。"②在民的群体生活中,民不能相治,也无暇治,所以不得不选立君王来治。严复更具体地讨论了选立国君的原因。他说,在民"出粟米麻丝、作器皿,通货财"的生活中,"其有相欺相夺而不能自治也,故出什一之赋而置之君,使之作为刑政、甲兵以锄其强梗,备其患害"。在他看来,民从事各种生产活动,如果再"使之操其刑"以"锄""强梗","主其斗斛权衡焉以信,造为城郭甲兵焉以守,则其势不能",所以人们才"择其公且贤者立而为之君",并且"分其所得于耕、织、工、贾者"③给君、臣等为政者。

按照社会契约论关于君由民约而生的观点,资产阶级改良派得出了一个合乎逻辑的结论:君可废。何启、胡礼垣以"得乎丘民而为天子"概括君由民举的民约论的观点。与之相应,在中国的古代文化中,"失其民斯失天下"的结论是被普遍接受的。他们说:"选于材者不善,则一乡废之;选于乡者不善,则一邑废之;选于邑者不善,则一郡废之;选于郡者不善,则一国废之;选于国者不善,则天下废之。故曰失其民斯失天下也。凡以不能代民操其权也。"④谭嗣同也得出了相同的结论:"夫曰共举之,则且必可共废之。君也者,为民办事者也;臣也者,助办民事者也。赋税之取于民,所以为办民事之资也。如此而事犹不办,事不办而易其人,亦天下之通义也。"⑤

（五）法治论

对封建君主专制的批判,自然要导出对君主专断权力的约束和限制;对

---

① 何启、胡礼垣:《〈劝学篇〉书后》,载《新政真诠——何启、胡礼垣集》,郑大华点校,辽宁人民出版社1994年版,第397页。

② 谭嗣同:《仁学》(四),载《谭嗣同全集》(下册),中华书局1981年版,第158页。

③ 严复:《辟韩》,载王轼主编:《严复集》(第一册),中华书局1986年版,第34页。

④ 何启、胡礼垣:《〈劝学篇〉书后》,载《新政真诠——何启、胡礼垣集》,郑大华点校,辽宁人民出版社1994年版,第397页。

⑤ 谭嗣同:《仁学》(三十一),载《谭嗣同全集》(下册),中华书局1981年版,第339页。

民权的积极倡导,也必然要求给予民权以有效的保障。限制权力与保障权利作为宪政的核心,都离不开法治。改良派在探索富强之路时,也自然而然地把目光转向了法治。严复在介绍、宣传西方学者的重要著作如《法意》《社会通诠》《原富》等时,在其按语中,对中、西方的法制进行了比较。首先是法律的来源不同,西法是由民众选出的议会制定或由君民共同制定的,而中法则来自皇帝的谕旨或诏书;其次是法律的效力不同,西法对本国君民都有约束力,而中法之约束其臣民,君主超乎法律之上;最后,法律所遵循的原则和奉行的宗旨也不相同,西法遵守"三权分立"原则,且"首明平等",而中法则将立法、行政、司法诸权皆统于皇帝一人,法律的宗旨也最重"三纲"。严复从改良以致富强的目的出发,认为封建专制主义的法律,是严重阻碍中国富强进步的一个重要因素,因而要改变中国落后的局面,改变"人为刀俎,我为鱼肉"的状态,要"自强保种"就必须以西方良善的法律制度改革旧法。严复抨击中国自秦以来的君主专制政体及其法律是为一家一姓的利益服务的,他指责专制之君是"窃国大盗",是"无法之君",专制之国是"无法之国",封建法律都是"为上而立"的法律,而西方资本主义国家富强的主要原因之一,就是因为其法律是"为民而立"的,是为保护人之自由和国之自由而设的,中国法律之拙劣,就在于其专以压制、败坏民智、民德、民力为能事。为此,严复强调要制定为民之法,以行法治,认为中国如欲富强而久安,就应该重视以法为治,建立一套上下咸遵,"一国人人必从"的完备的法律制度。要推行法治,就要仿行三权分立原则,特别主张司法机关应与行政机关分开,进行独立审判,只有审判不受行政和社会的干扰,才会有持平之狱,国民的利益才能受到保护。

梁启超对法治理论的研究,是在宪政的架构内进行的。他对先秦时期的政治思想进行了梳理,认为在中国古代儒、墨、道、法各家的政治理论中,只有法家是倾向于法治主义的,也是当时顺乎潮流,是社会历史前进的必然产物。在对法治与无治(无为而治)、德治、礼治等的对立进行分析后,梁启超还特别讨论了法治主义与势治主义的区别。他认为:"势也者,权力也,法治固万不能舍权力。然未有法以前,则权力为绝对的;既有法以后,则权力为关系;绝对的固无限制,关系的固有限制。权力既有限制,则受治于其权力下者,亦得确实之保障矣。"[①]"势治"是以势力压制人,是一种绝对的强制,在次序上先有权后有法;法治则意味着先有法后有权,权力受法律的约束,而且法律也通过相应的权力得以贯彻和落实。法治支配权力,意味着政府的权力有了约束,公民的自由与权利有了保障,这也正是宪政的核心和精髓。梁启超所言之

---

① 梁启超:《中国法理学发达史论》,《饮冰室合集》文集之十五,中华书局 1989 年版,第 89 页。

"法治"之法,是指由多数人共同制定并应合乎"公意"的法,他在卢梭关于法律起源于契约的理论基础上,指出法律可分为两类,一类是起自契约的法律,该类法律是真正公平善美的法律,另一类则起自命令,这是不正不善的法律。中国当然应取法前者。梁启超以"法治主义为今日救时之唯一主义",极力推崇法治,但他并不完全否认人的作用,良法的制定需要人,而法的实施也离不开人,所谓"法不能自立","徒法不能自行",因此要"变法",首先要"变人",在倡行宪政的时代,更应如此,"法治主义言之成理,最少亦必须有如现代所谓立宪政体者盾其后",但"如果政治习惯不养成,政治道德不确立,虽有冠冕世界之良宪法犹废纸也"。改良派对法治问题的关注和重视,也为中国宪政的推行找到了基点。

【参考书目】

1. 张晋藩等:《中国近代法律思想史略》,中国社会科学出版社 1984 年版,第三章。

2. 张国华:《中国法律思想史新编》,北京大学出版社 1998 年版,第七讲、第八讲。

3. 徐宗勉等:《近代中国对民主的追求》,安徽人民出版社 1996 年版,第一章、第三章。

4. 王人博:《宪政文化与近代中国》,法律出版社 1997 年版,第二章、第三章、第四章、第五章。

5. 萧公权:《中国政治思想史》(下册),商务印书馆 2011 年版,第二十一章、第二十二章、第二十三章。

【思考题】

一、名词解释

1. 中学为体,西学为用。

2. 戊戌变法

二、简答题

1. 简述资产阶级改良派"君民共主"的思想。

2. 简述改良派设议院的构想。

三、论述题

1. 试述资产阶级改良派在戊戌变法时期的法律主张。

2. 戊戌变法时期资产阶级改良派在民主理论上有哪些提高?

第十九章　清末修律中礼法两派的法律思想

　　1900 年的八国联军之役,实乃中国近代史的一个转折点。随着帝国主义列强瓜分中国的现实所造成的空前严重的民族危机,使更多的中国人痛感必须进行根本的政治变革,仿行西方政治法律制度,非此不足以救中国。连刚刚血腥镇压了维新改良派戊戌变法的慈禧统治集团,也不得不在这"变亦变,不变亦变"的形势逼迫下,打起"变法"旗号,下令实行新政,以图实现"自强雪耻"。作为新政的一项重要内容,晚清的修律在沈家本的主持下,搞得有声有色,它不仅使相沿已久的中华法系大厦轰然崩解,同时也触发了中西方法文化的直接而剧烈的碰撞,中国法制近代化的序幕也由此而徐徐拉开,改良旧律弊端和制定与国际接轨的新律遂成为法律人不绝的话题。

　　学习本章主要掌握:(1)清末修律中的礼法之争;(2)法理派特别是沈家本的法律思想;(3)礼教派的法律思想。

第一节　清末修律及其引起的礼法之争

　　晚清慈禧统治集团,是中国近代最腐朽也最保守的政治集团。在 19 世纪末叶,他们借口祖宗之法不可变,对外屈膝投降,割地赔款,出卖国家主权;对内则顽固坚持封建专制主义的政治法律制度,阻挠任何制度方面的变革,扼杀社会的一切进步力量。戊戌之年,慈禧发动政变,囚禁光绪帝,屠杀六君子。两年之后,却又不得不在八国联军的枪炮威逼下,举起维新志士的变法旗号,宣布实行新政,着手修订法律,从而开启了中国法制近代化或西方化的航程。

▶ 一、修律的提出

　　1901 年 1 月 29 日(光绪二十六年十二月初十日),慈禧太后以光绪皇帝的名义发布了一道新政改革上谕,这标志着清末新政的开始,也是慈禧统治集团对庚子政局所作出的回应。因为此时的清政府所面临的是一种内外交困的危机。自戊戌政变后,中央政权完全由顽固派所把持,清政府的顽固与守旧引起了各种政治势力的强烈不满和反对,一方面是康、梁维新派这些政变的直接受害者,流亡海外后成立保皇会,继续拥戴光绪皇帝,国内的一些改良志士则在失望中走上武装反清的革命道路;另一方面,以孙中山为首的革命势力在潜滋暗长,聚集力量,革命运动已逐渐成为一股势不可挡的潮流。而西方列强对清政府的顽固守旧也极为不满,在与清政府的"议和"过程中,甚至有另组"新政府"的意图。为了缓解这种压力,"自强雪耻",清政府也不得不摆出实行新政以示振作图强的姿态,"朝廷自经庚子之变,知内忧外患,相迫日急,非仅涂饰耳目,所能支此危局。故于西狩途中,首以雪耻自强为询。……辛丑回銮以后,即陆续举办各种新政"。① 可以说,在19—20世纪之交内忧外患的特殊历史背景下,晚清政府进行的新政改革有着阻挡革命和缓解西方列强压力的双重动因。

慈禧以光绪皇帝名义发布的变法上谕,正式宣布了新政变法的开始,同时也为新政变法作了大致的方向性的规定,即作为中国传统文化核心的纲常伦理是不可变更的,而作为制度层面的"治法"则是可变的,也就是说可以因时制宜地调整统治政策。"世有万古不易之常经,无一成不变之治法。穷变通久见于《大易》,损益可知著于《论语》。盖不易者三纲五常,昭然如日星之照世;而可变者令甲令乙,不妨如琴瑟之改弦。伊古以来,代有兴革;即我朝列祖列宗因时立制,屡有异同。入关以后,已殊沈阳之时;嘉庆道光以来,岂尽雍正乾隆之旧? 大抵法积则蔽,法蔽则更,要归于强国利民而已。"这种变革要突破洋务运动的藩篱,进行更加全面的变革。"近之学西法者,语言文字、制造器械而已,此西艺之皮毛,而非西政之本源也。……舍其本源而不学,学其皮毛而又不精,天下安得富强耶?"所以"著军机大臣、大学士、六部九卿、出使各国大臣、各省督抚,各就现在情形,参酌中西政要,举凡朝章国故、吏治民生、学校科举、军政财政,当因当革,当省当并,或取诸人,或求诸己,如何而国势始兴? 如何而人才始出? 如何而度支始裕? 如何而武备始修? 各举所知,各抒所见,通限两个月,详悉条议以闻,再由朕上禀慈谟,斟酌尽善,切实施行。"②根据这道新政变法上谕,江督刘坤一和楚督张之洞联衔上奏《江楚会奏变法三折》,提出了一套较为系统的方案,得到批准实行后,使清末新政进入了具体的实施阶段。在"变法三折"中的第二折《遵旨筹议变法谨拟整顿中法十二条折》和第三折《遵旨筹议变法谨拟采用西法十一条折》中分别阐述"除旧蔽"和"行新法"的内容和目的,认为"立国之道,大要有三:一曰治,二曰富,三曰强。国既治,则贫弱者可以力求富强;国不治,则富强者亦必转为

---

① 岑春煊:《乐斋漫笔》,载《近代稗海》(第一辑),四川人民出版社1985年版,第99页。
② 《清德宗实录》卷476,载《清实录》(第58册),中华书局2008年影印第2版,第61248页。

贫弱。整顿中法者,所以为治之具;采用西法者,所以为富强之谋也"。即无论是整顿中法,还是采行西法,其根本目的都是国家的富强。

"变法三折"中的第二折主要涉及政治改革方面的内容,其中有改良司法的建议,包括禁讼累、省文法、省刑责、重众证、修监羁、教工艺、恤相验、改罚锾、派专官等九条改良措施,认为"去差役则讼累可除免,宽文法则命盗少讳延,省刑责则廉耻可培养,重众证则无辜少拖毙,修监羁则民命可多全,教工艺则盗贼可稀少,筹验费则乡民免科派,改罚锾则民俗可渐敦,设专官则狱囚受实惠"。① 前四条关于诉讼程序的问题,主张在办案中严禁勒索讼费,为杜绝此弊,必须裁去吏役;后五条关于罪犯管理问题,主张改造监狱,改善罪犯的生活环境,同时,教给罪犯以生计,以达到真正改造罪犯的目的。他们希望革除旧的司法弊政,建立一套近代司法制度。在"采用西法"的第三折中,有"定矿律、路律、商律、交涉刑律"一条,主要是针对在中国被迫开放的形势下,洋人大量涌进中国开采矿产、修筑铁路、兴办公司、开设工厂及各种华洋交涉案件的不断发生,主张制定相应的经济法和交涉刑律,以保护民族经济的发展,维护国家利权。"四律既定,各省凡有关涉开矿山、修铁路以及公司、工厂、华洋钱债之事及其他交涉杂案,悉按所定新律审断。"在此奏折中,还具体建议由总理衙门致电中国驻外使臣聘请各国著名律师,"来华充当该衙门编纂律法教习,博采各国矿务律、铁路律、商务律、刑律诸书,为中国编纂简明矿律、路律、商律、交涉刑律若干条,分列纲目,限一年内纂成",并特别强调所请外国律师"必须确系律学著名曾办大事之人",以确保他们所编纂的四种法律能使外国人信服。②

从《江楚会奏变法三折》这一清末较早提倡修律的文献可以看出,修律的原因主要在于克服旧律的种种弊端,以适应新的形势发展和国门开放的需要,实现国家的富强。当然,修律还有一个直接的动因,这就是为了收回在鸦片战争后中国所失去的司法主权,"光绪二十八年受了英、日、美、葡四国允许有条件放弃领事裁判权的刺激,于是研究外国法律成为政府的一椿新事业"。③ 这里的"条件"就是中国必须制定与其他诸国相近的法律,如中英商约谈判的过程中,英国政府即授权其谈判代表在条约内增加一款:"中国深欲整顿本国律例以期与各国律例改同一律,英国允愿尽力协助,以成此举,一俟查

---

① 张之洞:《遵旨筹议变法谨拟整顿中法十二条折》,载《张文襄公全集》卷53,中国书店1990年影印本,第13—20页。

② 张之洞:《遵旨筹议变法谨拟采用西法十一条折》,载《张文襄公全集》卷54,中国书店1990年影印本,第18—22页。

③ 杨鸿烈:《中国法律思想史》(下册),上海书店1984年版,第305页。

悉中国律例情形,及其审断方法,及一切相关事宜皆臻妥善,英国即允弃其治外法权。"①由此可见,还有维护国家司法主权完整的期许。

1902 年,清廷发布修订法律谕旨:"中国律例自汉唐以来,代有增改。我朝《大清律例》一书,折衷至当,备极精详。惟是为治之道,尤贵因时制宜,今昔情势不同,非参酌适中,不能推行尽善。况近来地利日兴,商务日广,如矿律、路律、商律等类,皆应妥议专条。著各出使大臣查取各国通行律例,咨送外交部;并著责成袁世凯、刘坤一、张之洞慎选熟悉中西律例者,保送数员来京,听候简派,开馆编纂,请旨审定颁发。总期切实平允,中外通行,用示通变宜民之至意。"②这道谕旨下达后,国外使臣搜求各国法律,源源不断地送回国内,而国内的张之洞、刘坤一、袁世凯亦联衔保举熟悉中西法律的沈家本和伍廷芳,主持修订法律。1902 年 5 月 13 日(光绪二十八年四月初六日),清廷正式任命此二人为修订法律大臣。上谕说,"现在通商交涉,事益繁多,著派沈家本、伍廷芳将一切现行律例,按照交涉情形,参酌各国法律,悉心考订,妥为拟议,务期中外通行,有裨治理,俟修订呈览,侯旨颁行"。③ 经过两年的筹备,1904 年 5 月 15 日(光绪三十年四月初一日)修订法律馆成立,从而正式开始了修律活动。

▶ **二、改革旧律与制订新律**

晚清的修律主要包括两方面的内容,一是修改旧律,二是制订新律。由于"新政"的目的是用西方资产阶级的先进科学技术及某些制度来服务于中国的封建专制朝廷,因此,在修律中要采撷西法以补中法之不足,"参酌各国法律""务期中外通行",但又不能触动旧律的根基,即"万世不易之常经"的三纲五常,这就使"折衷各国大同之良规,兼采近世最新之学说,而仍不戾乎我国历世相沿之礼教民情"④成为晚清修律的宗旨。

(一)翻译东西各国法律

无论是对旧律的改革还是新律草案的编纂,都须以西方各国法律为参照系,所以翻译各国法律例就成为修律的一项重要内容。实际主持法律修订的

---

① 中华人民共和国海关总署研究室编译:《辛丑条约订立以后的商约谈判》,中华书局 1994 年版,第 139 页。

② 《清德宗实录》卷 495,载《清实录》(58 册),中华书局 2008 年影印第 2 版,第 61510—61511 页。

③ 中国第一历史档案馆编:《光绪宣统两朝上谕档》(第 28 册),广西师范大学出版社 1996 年版,第 95 页。

④ 沈家本:《修订法律大臣沈家本等奏进呈刑律分则草案并详单》,载《大清新法令 1901—1911》(一),商务印书馆 2010 年版,第 521 页。

沈家本,十分重视对东西各国法律的翻译,他说:"参酌各国法律,首重翻译","欲明西法之宗旨,必研究西人之学,尤必翻译西人之书"。① 在他的主持下,到清室覆亡时止,共翻译出几十种外国的法律法规和法学著作。

光绪三十一年三月,在《删除律例内重法折》中,沈家本对开馆近一年的翻译做过一次统计。计译出外国法律有:德意志《刑法》《裁判法》,俄罗斯《刑法》,日本《现行刑法》《改正刑法》《陆军刑法》《海军刑法》《刑事诉讼法》《监狱法》《裁判所构成法》。法学著作则有日本《刑法义解》。正在校正的则有《法兰西刑法》。初期翻译,侧重刑法,且以日本东洋法为多。两年以后,即到光绪三十三年,沈家本在《修订法律情形并请归并法部大理院开同办理折》中,对翻译又做了一次统计,计有:《法兰西刑法》《德意志刑法》《俄罗斯刑法》《荷兰刑法》《意大利刑法》《法兰西印刷律》《德国民事诉讼法》《日本刑法》《日本改正刑法》《日本海军刑法》《日本陆军刑法》《日本刑法论》《普鲁士司法制度》《日本裁判构成法》《日本监狱访问录》《日本新刑法草案》《法典论》《日本刑法义解》《日本监狱法》《监狱学》《狱事谭》《日本刑事诉讼法》《日本裁判所编制立法论》。已译而未完成的有:《德意志民法》《德意志旧民事诉讼法》《比利时刑法论》《比利时监狱则》《比利时刑法》《美国刑法》《美国刑事诉讼法》《瑞士刑法》《芬兰刑法》《刑法之私法观》等十种。这次统计,包括了光绪三十一年的统计。所译法律和著作,虽然仍以日本的为多,以刑法为重,但是,种类、数量和国家都比以前更多、更广泛。这主要是为了配合当时刑律的制定。

宣统元年,沈家本对光绪三十三年十一月法律馆离部独立以来的翻译成果又做过两次统计,从统计结果来看,这一时期的翻译主要集中在西方各国及日本的《商法》《海商法》《国籍法》《民法》《破产法》《票据法》《公司法》《亲族法》《刑事诉讼法》《民事诉讼法》及《裁判访问录》等。除了修订法律馆的翻译以外,这一时期还有其他官方机构和一些民间的翻译,数量之大,难以计数。

总的来说,这一时期对外国法律、法学著作的翻译,其涉及范围之广,数量之多,为中国门户开放以后之最。而翻译的质量方面,无论是系统性,还是准确性,都是以往同类工作所无法比拟的。一方面,修订法律馆所译法律书籍多为清朝驻外使节通过正式外交途径收集购买,因而较为准确完整;另一方面则由于主持此事的沈家本极为重视翻译工作,广罗翻译人才,"当时东西

---

① 沈家本:《新译法规大全序》,《寄簃文存》卷6,载《历代刑法考》(四),中华书局1985年版,第2242页。

洋之习政治法律归国稍有声誉者,几无不入其彀中"。① 为求译作的信达,译员每译成一种,他都要与"原译之员,逐字逐句,反覆研究,务得其解"。② 唯恐翻译的疏漏误译导致参酌甄采的失误。总之,修订法律馆对东西各国法律及法学著作的译介活动,为当时折中中西制定新律奠定了基础,也为中国近代法学的产生、西方法律文化的传播创造了条件。

（二）修改旧律

自修订法律馆设立以后,修律大臣沈家本和伍廷芳即开始参照西方的法律对中国的旧律例进行修订。清朝修律按乾隆定制,律文不动,例则五年一小修,十年一大修,修例分删除、修改、修并、移并、续纂五项。但由于政治形势的急速变化,满清统治的日益昏庸腐朽,各项制度均不能正常运作,因此《大清律例》自同治九年修订以后,就再没有修订过。而晚清国内政治局势的激变,使大清律例的不适应更趋凸显。所以,沈家本他们的修律所遇到的困难是可想而知的。

从"各法之中,尤以刑法为切要"的认识出发,本着"刑法之当改重为轻"③的宗旨,修订法律馆对旧刑法中的残酷、野蛮、落后部分进行修改。首先是力主废除凌迟、枭首、戮尸、缘坐和刺字等重刑。在沈家本、伍廷芳上奏《删除律例内重法折》中提出:"凡死罪至斩决而止,凌迟及枭首、戮尸三项,著即永远删除。所有现行律例内凌迟、斩、枭各条,俱改为斩决;其斩决各条,俱改为绞决;绞决各条,俱改为绞监侯入于秋审情实;斩监侯各条,俱改为绞监侯,与绞侯人犯仍入于秋审,分别实缓办理。至缘坐各条,除知情者仍治罪外,余著悉以宽免。其刺字等项,亦著概行革除。"自此之后,这些酷刑遂在法律中被明令革除。其次是禁止刑讯。刑讯逼供是封建官吏常用的残酷野蛮的判案断狱方法,动辄血肉飞溅,伤和害理,既不人道,又容易造成冤假错案,这也是西方列强攻击中国司法制度不文明的一个重要方面。晚清禁止刑讯之议,始发于刘坤一、张之洞在《江楚会奏变法三折》中的"恤刑狱"条,由政务处奏请作为修改刑律的参考,并交修律大臣"酌核办理"。光绪三十一年三月,沈家本、伍廷芳复奏,对张之洞等人禁用刑讯的主张表示赞同,并将刑讯的范围进一步缩小,只对"罪犯应死"者准其刑吓,而"徒流以下各罪,概不准刑讯"。

① 江庸:《法律大臣重视人才》,载《趋庭随笔》,山西古籍出版社、山西教育出版社 1999 年版,第 169 页。

② 沈家本:《修订法律大臣沈家本奏修订法律情形并请归并法部大理院汇通办理折》,载故宫博物院明清档案部编:《清末筹备立宪档案史料》(下册),中华书局 1979 年版,第 838 页。

③ 沈家本:《删除律例内重法折》,《寄簃文存》卷6,载《历代刑法考》(四),中华书局 1985 年版,第 2024 页。

再次是关于酌减死罪、虚拟死罪改为流徒,删除比附等方面的决定。清末时共有死罪 840 余条,为中国数千年来所未有。沈家本在《虚拟死罪改为流徒折》中认为:"现行律例内,死罪凡八百四十余条,较之顺治年间增十之七八,不惟为外人所骇闻,即中国数千年来亦未有若斯之繁且重者也。"因此,建议将现行律例中的虚拟死罪戏杀、误杀、擅杀改为流刑与徒刑。由于比附与立宪相矛盾,且容易造成审判的不统一和民众的无所适从,所以沈家本主张要及时立法,以调整新出现的社会关系并断罪处刑,反对临事无所适从和比附断案,提出"一切犯罪须有正条乃为成立,即刑律不准比附援引"。此外,修律中还注意体现平等精神,删除奴婢律例,取消满人的特殊法律地位,主张旗、汉族人在法律上"一体同科"。

通过上述一系列局部的改造之后,在外法翻译研究方面已有一定成效的基础上,1908 年,沈家本等人依据"总目宜删除也,刑名宜厘正也,新章宜节取也,例文宜简易也"的原则,着手对《大清律例》进行大刀阔斧的全面改造,1910 年 5 月,《大清现行刑律》完成,删去吏、户、礼、兵、刑、工六曹之目,统分为三十门类,废笞、杖、徒、流、死五刑之名,改为死刑、安置工作、罚金。将同治九年(1870 年)以来制定的一百多条通行章程,分别去留、纂为定例。对近两千条繁碎例文统一重加删并,以归简易。经过反复修正,最后定本为律文389 条,例文 1327 条,附《禁烟条例》12 条,《秋审条例》165 条。卷首除奏疏外,附有律目、服制图、服制。主文删除六目之后,分为三十门。经过全面改造的这部《大清现行刑律》,虽然仍未完全脱离传统法律的窠臼,但是,它集晚清旧律改革之大成,已掺进了部分西法内容,成为封建法典中最后的也是最进步的一部法典。

(三)制定新律

早在清廷发布实行新政上谕时,就要求各驻外使节"查取各国通行律例,咨送外交部",而在任命沈家本、伍廷芳为修律大臣时,也强调修律必须"参酌各国法律"。这样,仿照西法,制定新律,也就成为晚清修律的重要任务之一。这一时期制定的新律,有的在当时已实施,而大部分则在清覆亡时仍为草案。

在对《大清律例》进行删修以为过渡的同时,修订法律馆也开始着手起草新刑律。该律的制订从 1906 年起,历时六年,七易其稿,至 1911 年 1 月 25 日正式颁布,定名为《大清新刑律》。这是中国近代第一部专门的刑法典,它摒弃了传统的诸法合体的法律编纂模式,以规定犯罪和刑罚为唯一内容。其正文分为总则和分则两编,正文之后还附有"暂行章程"五条。内容方面则一方面引进了近代刑法原则和刑法制度,并厘定了罪名,如"删除比附",实行罪刑法定,取消了在法律适用上的等级特权;根据近代刑法理论,明确了罪与非罪的界限,对故意、过失、正当防卫、紧急避险等做了规定,明确了既遂与未遂、累犯与俱发等概念;确认了近代刑罚制度,将刑罚划分为主刑与从刑,主刑有罚金刑、拘役刑、有期徒刑、无期徒刑和死刑;从刑有褫夺公权和没收;确立了假释和缓刑制度;删除了旧律中"十恶"名目,增设了有关国交、选举、交通以及妨害卫生等方面的罪名。另一方面,《大清新刑律》也还具有较浓厚的封建色彩,如规定了相当于旧律中的"谋大逆""大不敬"的"侵犯皇室罪",处刑极重;继续维护以封建家族主义为基础的礼教纲常,如以"根本经义""推原祖制"为宗旨,对于亲属相犯、相奸等,均有与常人犯罪截然不同的特别规定,这一点在"暂行章程"五条中尤为突出。除《大清新刑律》外,与刑法典相关的有民政部会同法律馆制订的《违警律》,于 1908 年先行施行,该律共十章 45 条,是我国第一部单行治安法规。此外,还有《私铸银元伪造纸币治罪》《伪造邮票并冒用旧票等治罪章程》《伪造外国银币治罪专条》《贩卖吗啡等治罪专条》等单行法规。

"审断办法"能否与国际接轨,也是直接关系到西方列强是否放弃领事裁判权的一个条件。沈家本、伍廷芳受命修律后,即认为"现在改章伊始,一切未能详备,必得诉讼法相辅而行,方能推行无阻",因而建议先行编辑"简明诉讼章程"。[①] 1906 年 4 月 25 日(光绪三十二年四月初二日),沈家本与伍廷芳将制定的《刑事民事诉讼法草案》上奏朝廷。草案合刑民诉讼为一编,下分五章:总纲、刑事规则、民事规则、刑事民事通用规则、中外交涉案件,共计 260 条,另附颁行例 3 条。该草案首次打破了中华法系两千多年来诸法合体的编纂体例,从而使程序法从实体法中独立了出来。为应挽回法权之急需,该草案还采用了律师制、陪审制、公开审判制等西方的审判制度。新法上奏之后,以张之洞为首的部院督抚大臣指责其违背中国法律之本原,该法遂被搁置,未予颁行。清廷宣布预备立宪以后,出于仿行宪政的需要,诉讼法方面仿照大陆法系体例,分民事诉讼和刑事诉讼,重新单独制订。宣统二年十二月,《大清刑事诉讼法律草案》和《大清民事诉讼法律草案》分别告成,前者为六编十四章 516 条,后者共四编二十一章 800 条。按清廷筹备立宪清单,两法均应在宣统三年颁布。随着辛亥革命的爆发,清朝灭亡,故两法均未核议,亦未颁布。

此外,清末修律中,还编订过《大清商律草案》《大清民律草案》《法院编制法》及一系列行政法规,这样晚清政府在对传统中华法系有选择地继承的同时,大量移植了西方有关的实体法与程序法,连同以《钦定宪法大纲》为核心

---

① 伍廷芳:《奏停止刑讯请加详慎折》,载《伍廷芳集》(上册),中华书局 1993 年版,第 271 页。

的宪法性文件,组成了六法的法律体系,标志着中国法律近代化的开端。

▶ 三、晚清修律中的"礼法之争"

　　众所周知,传统中国是一个礼俗社会,礼教渗透到法律之中,甚至成为法律的主宰,唐律"一准乎礼"就是中华法系特征的最精确概述,而晚清的修律则以移植西方的法律为主要方法,这就不可避免地要引进作为这些法律制度支撑背景的法文化观念,法治理念的强化需要和必然淡化礼治的色彩,法理的层层推进也会迫使法律中礼教成分淡出。但这种淡出是非自愿的,因此在自己的地盘受到侵蚀并有可能丧失的时候,传统也会爆发出顽强的抵抗力量。这样,围绕清末的修律逐渐酿成了一场旷日持久的"礼法之争"。这场争论,随着1906年和1907年的《刑事民事诉讼法》和《大清新刑律草案》的奏进而爆发。据当时直接参加了这场争论的内阁学士陈宝琛说:"《新刑律草案》于无夫奸罪之宜规定与否,或主礼教,或张法理,互相非难,未有定说。"[①]"礼法之争"争论的双方为以张之洞、劳乃宣为代表的"礼教派"和以沈家本为代表的"法理派",争论的焦点在于修订法律是全盘肯定封建的伦理纲常,用新的形式包容旧律的本质,还是较多地吸取西方法律精神,对旧律进行改造,并将法律与道德、刑事制裁和行政处分作必要的区分。"礼教派"和"法理派"代表两种不同的法律思想,前者是封建法律思想,以维护君主专制和宗法家族制度为主旨,进而达到维护整个封建制度的目的;后者是资产阶级法律思想,以维护"人权"为号召,强调以个人为本位的国家利益高于家族利益,从而维护正在兴起、形成中的资本主义制度。

　　礼法之争大致可以分为这样几个阶段:

　　首次礼法之争发生在光绪三十二年(1906年),修律大臣沈家本、伍廷芳奏进《刑事民事诉讼法》之后。这部《刑事民事诉讼法》是中国历史上草拟的第一部单行诉讼法规,它从"模范列强"的目的出发,采用了西方的一些诉讼审判制度,如陪审制和律师制等。而张之洞在接到议复《刑事民事诉讼法》的谕旨后,具折上奏,将修律大臣所订新法签出60余条逐条驳议,总的结论是该法"似有碍难通行之处",根本性的理由就是该法有违中国礼教,与传统的民情风俗不合。这种从礼教的角度提出的反对意见引起了清廷的注意。稍后,光绪三十三年九月五日(1907年10月11日),清廷谕令沈家本等人修订法律

---

　　① 陈宝琛:《陈阁学新刑律无夫奸罪议》,载沈云龙主编:《近代中国史料丛刊》(第三十六辑)《桐乡劳先生遗稿·新刑律修正案汇录》,台湾文海出版社1969年影印本,第953页。

要"参考各国成法,体察中国礼教民情,会通参酌,妥慎修订"。① 这样就使修律的宗旨在"参酌各国法律"后又增加一条"体察中国礼教民情"。礼教派有了皇权的支持,致使此后的礼法之争进一步升温,无形中增加了修律的困难。

光绪三十三年(1907 年),修律大臣完成了《新刑律草案》的起草工作,沈家本先后将总则与分则上奏朝廷,说明了"旧律之宜变通"的五个方面,即更定刑名、酌减死罪、死刑唯一、删除比附、惩治教育,对旧律例作了全面的修改。在是年十一月二十六日(1907 年 12 月 30 日)上奏《新刑律草案》分则时,沈家本特别强调"是编修订大旨,折衷各国大同之良规,兼采近世最新之学说,而仍不戾乎我国历世相沿之礼教民情"。② 表明其会通中西、不违礼教的修律宗旨。尽管如此,《新刑律草案》仍引起礼教派的反对,引发了第二回合的礼法之争。张之洞非难的理由,首要一条还是认为"草案"完全违背了以三纲五常为核心的中国礼教。他们说,中国古代圣王"因伦制礼、准礼制刑",三纲五常是立法的根本,但《新刑律草案》恰恰违背了这个根本的立法宗旨,与君臣、父子、夫妻之义大谬,且破坏了男女之别,破坏了尊卑长幼之序。因而提议将草案作进一步修改,"其有关伦纪之处,应全行改正,总以按切时势而仍不背礼教为主"。③ 在礼教派的一片反对声中,清廷于宣统元年正月二十七日(1909 年 2 月 11 日)发布上谕,确定修改《新刑律草案》宗旨:"惟是刑法之源本乎礼教,中外各国礼教不同,故刑法亦因之而异。中国素重纲常,故于干犯名义之条,立法特为严重,良以三纲五品阐自唐虞,圣帝明王,兢兢保守,实为数千年相传之国粹,立国之大本。……凡我旧律义关伦常诸条,不可率行变革,庶以维天理民彝于不蔽。该大臣等务本此意以为修改宗旨,是为至要。"④据此修改宗旨,沈家本等修律大臣又会同法部会集众说,对《新刑律草案》进行了一次全面的修订。在正文后面又加上《附则五条》,明确规定:"大清律中,十恶、亲属容隐、干名犯义、存留养亲以及亲属相奸相盗相殴并发冢犯奸各条,均有关于伦纪礼教,未便蔑弃。"中国人犯以上各罪,仍照旧律办法惩处。"危害乘舆、内乱、外患及对于尊亲属有犯"应处死刑者,仍用斩刑。卑幼对尊亲属不能使用正当防卫之法。宣统元年十二月二十三日(1910 年 2 月

① 《德宗景皇帝实录(八)》卷 579,载《清实录》(59 册),中华书局 2008 影印第 2 版,第 62589 页。

② 沈家本:《修订法律大臣沈家本等奏进呈刑律分则草案并详单》,载《大清新法令 1901—1911》(一),商务印书馆 2010 年版,第 521 页。

③ 张之洞:《会奏改正刑律草案折并清单》,《张之洞奏稿附录各件》,所藏档甲 182—205。

④ 中国第一历史档案馆编:《光绪宣统两朝上谕档》(第 35 册),广西师范大学出版社 1996 年版,第 36 页。

2日），奏进《修正刑律草案》，此时张之洞已去世几个月，随后的礼法之争，由劳乃宣接替了张之洞，充当了礼教派的代表人物。

宣统二年（1909年），大学堂总监督刘廷琛在《新刑律不合礼教条文请严饬删尽折》中，指责新刑律不合礼教之处不胜枚举，而最悖谬者，莫如子孙违犯教令及无夫奸不加罪条，认为新律与礼教是根本对立的，"礼教可废，则新律可行；礼教不可废，则新律必不可尽行。……是非不能两存，礼律必期一贯"。① 礼律似已到了势同水火的地步。而当《修正刑律草案》交宪政编查馆核定时，宪政编查馆参议、考核专科总办、后授江宁提学使的劳乃宣，认为《修正刑律草案》正文"有数条于父子之伦、长幼之序、男女有别有所妨"，大失"明刑弼教"之意，《附则》规定旧律有关礼教条文另辑单行法不入正文，是"本末倒置"，竟向宪政编查馆上《修正刑律草案说帖》，遍示京外，要求把"旧律有关伦常诸条逐一修入新刑律正文"。在他的倡导下，礼教派对新刑律群起而攻之，使"新律几有根本推翻之势"。沈家本对此"愤慨异常，独当其冲，著论痛驳"，写了《书劳提学新刑律草案说帖后》等文进行反驳。协助修律的日本学者冈田朝太郎、松冈义正及宪政馆、法律馆诸人"亦助沈氏辞而辟之"。② 礼法双方就刑律的具体条文，以文字互相辩难。最后，宪政编查馆基本未采纳以劳乃宣为代表的礼教派的意见，但也作了一些调和，《修正刑律草案》经核定，改为《大清新刑律》，《附则》改为《暂行章程》，上奏后，于十月初交资政院议场议决。第三次礼法之争也告平息。

晚清政府以"取决公论，预立上下议院基础"为宗旨成立的资政院，在清末筹备立宪中具有国会性质，议决法律采用三读法。宪政编查馆特派员杨度到议场说明新刑律的国家主义立法宗旨，批评封建旧律的家族主义原则，又遭到以劳乃宣为代表的礼教派的激烈反对。杨度支持沈家本等法理派的主张，认为："今馆中宜先讨论宗旨。若以为家族主义不可变，国家主义不可行，则宁废新律而用旧律。……若以为应采国家主义，则家族主义决无并行之道。而今之新刑律，实以国家主义为其精神，即宪政之精神也。必宜从原稿所订，而不得以反对宪政之精神加入之。"③劳乃宣则不仅亲自撰文批驳国家主义，还邀集亲贵议员105人向资政院提交《新刑律修正案》，在新刑律已有的礼教条款上，增加和加重卑幼对尊长、妻对夫杀害等罪的刑罚，减轻尊长对卑幼、夫对妻杀害伤害等罪的刑罚，更全面地维护"亲亲、尊尊"的封建纲常名

① 刘廷琛：《大学堂总监督刘廷琛奏新刑律不合礼教条文请严饬删尽折》，载故宫博物院明清档案部编：《清末筹备立宪档案史料》（下册），中华书局1979年版，第888、889页。

② 江庸：《五十年来中国之法制》，载《清华法学》2006年第2期。

③ 杨度：《论国家主义与家族主义的区别》，载《杨度集》，湖南人民出版社1980年版，第533页。

教。这又引发了礼法两派的大争论,在资政院法典股审核新刑律,论证无夫和奸是否有罪的问题时,"新旧之争,关于此点较前尤剧,所谓甚嚣尘上也。反对之领袖为劳乃宣,被选为资政院议员。康(董康)因兼职宪政编查馆科员,政府遣派出席,被咨询。……时邀至法律股辩论,几于舌敝唇焦。"①争论以新刑律不断加入礼教条文并由清王朝上谕颁布而告终。但礼教派仍不罢休,甚至对法理派提出弹劾,迫使沈家本于宣统三年二月辞去修订法律大臣和资政院副总裁之职。

在这场围绕诉讼法与新刑律的礼法之争中,实际上反映的是中西方法律文化的冲突,对于中国近代法律思想和法律制度的发展产生了深刻的影响。法理派用西方资产阶级法理原则来改革中国封建旧律,尽管没有得到全面的贯彻实施,但两千多年来以封建法制为中心的"中华法系",终因西方法律文化的介入而开始瓦解,中国的法律也从此走上了变革、发展的道路。

第二节　法理派的主要法律主张

礼法之争中的法理派,主要以沈家本为代表,主张以开放的心态对待西方的法律文化,修律中输入西方"法律的原理",以改造中国传统的法律。他们既深谙旧律的利弊得失,又对西法的精神和原则有透辟的理解,因而能将"参考古今、博辑中外"作为其修律的方针,制订出既立足于中国国情,又与各国通行律例不悖的法律。他们的贡献正在于将法律从传统的礼教中剥离出来,赋予其独立的品格,从而真正开启了中国法制近代化的航程。

▶ 一、酌古准今,融会中西

作为修律大臣之一的沈家本曾长期任职刑部,使他有机会得以浏览历代法典王章、刑狱档案,系统地研究和考订中国古代法律发展的源流沿革,他谙悉中国古代法律,并在一定程度上对旧律给予了批判和总结,他认为:"当此法治时代,若但征之今而不考之古,但推崇西法而不探讨中法,则法学不全,又安能会而通之,以推行于世。"②但处于列强环伺、变革急遽的世界发展潮流中的中国,又不能死守古法,作茧自缚,必须虚心研习西方诸国的法律制度,"有志之士当讨究治道之源,旁考各国制度,观其会通,庶几采撷精华,稍有补

---

① 《中国历届修订法律之大略》,转引自杨鸿烈:《中国法律思想史》(下册),商务印书馆1998年版。

② 沈家本:《薛大司寇遗稿序》,《寄簃文存》卷6,载《历代刑法考》(四),中华书局1985年版,第2223页。

于当世"。① 因此,法制改革必须采取"酌古准今,融会中西"的原则,剔除旧法之弊,撷取西法精华,以开放的心态对待古今中外一切优秀的法律文化遗产,"我法之不善者当去之,当去不去,是之为悖;彼法之善者当取之,当取不取,是之为愚"。② 既不墨守成规,又不盲目排外,才是对待传统法文化和外来法文化的正确态度。清末的法律改革,基本上是在他的这种思想指导下进行的。在沈家本主持修律的短短几年里,不仅删改了清律中落后与野蛮的部分,而且制订出了具有某些资本主义性质的法典法规,起了联结古今中外法系的桥梁作用,也奠定了他在中国法制近代化中无人替代的地位,"沈氏是深了解中国法系且明白欧美日本法律的一个近代大法家。中国法系全在他手里承先启后,并且又是媒介东西方几大法系成为眷属的一个冰人"。③

沈家本服膺旧律近四十年,并以精熟旧律而鸣于时。他认为不应全盘否定旧有的法律,而应精研旧律,深求古今异同之原,讲明世轻世重之故,抛弃新旧门户之见,"今者法治之说,洋溢乎四表,方兴未艾。朝廷设官,编纂法学诸书,将改弦而更张之矣。乃世之学者,新旧纷拿,各分门户,何哉? 夫吾国旧学,自成法系,精微之处,仁至义尽,新学要旨,已在包涵之内,乌可弁髦等视,不复研求。新学往往从旧学推演而出,事变愈多,法理愈密,然大要总不外情理二字。无论旧学新学,不能舍情理而别为法也。所贵融会而贯通之,保守经常,革除弊俗,旧不俱废,新亦当参,但期推行尽利,正未可持门户之见也"。④ 只有在修律中博采众议,古今兼顾,注意法制沿革,才可以会而通之,推行于世。为探求中律本原,沈家本多方搜求中国法律旧籍,刊刻古代律书,自己也经年累月整理扒梳,伏案挥毫,写出《历代刑法考》《汉律摭遗》等鸿篇巨制。沈家本对古代法律所做的这些工作,在中国法律史上称得上前无古人,为后人留下了宝贵的精神财富。沈家本对旧律的考订研求,目的在于新律的制订和推行,"余奉命修律,采用西法互让参稽,同异相半,然不深究夫中律之本原而考其得失,而遽以西法杂糅之,正如枘凿之不相入,安望其会通哉? 是中律讲读之功,仍不可废也"。⑤ 修律中只有以中律为本原和根据,了

---

① 沈家本:《政法类典序》,《寄簃文存》卷6,载《历代刑法考》(四),中华书局1985年版,第2242页。

② 沈家本:《裁判访问录序》,《寄簃文存》卷6,载同上书,第2236—2237页。

③ 杨鸿烈:《中国法律发达史》,上海书店1990年版,第872页。

④ 沈家本:《法学名著序》,《寄簃文存》卷6,载《历代刑法考》(四),中华书局1985年版,第2240页。

⑤ 沈家本:《大清律例讲义序》,《寄簃文存》卷6,载同上书,第2233页。

解法制的沿革与古今的相互关系,再使其与各国法律参互考证,旧学与新学说"互相发明",才能使所修之律中外会通,得到实施遵守。这是因为各国法律的精意,固不能出中国的范围,外国法律的新学要旨,也往往包含在中国法律旧学要旨当中,正所谓"新学往往从旧学推演而出"。沈家本深厚的旧学根底,使他对旧律中当"去"之的"不善"之处有痛切的认识,因而在修律中能得心应手、大刀阔斧地革除旧律中的落后部分。这些革除,包括对枭首、凌迟、戮尸、缘坐、刺字以及刑讯、比附等的废除,也包括对刑名及对民族异法、男女异法、贵贱异法等的改革,即具体体现在《大清新刑律草案》中对旧律的修改部分。这种改革中对"国情""传统"的正视与尊重,虽有保守之嫌,却正可以逐步将改革向纵深处推进,这虽不如一切"推倒重来"的急风暴雨式的变革声势浩大,却可以收稳健进步之功效。

沈家本在修律中虽然注意考虑传统、体察国情,但认为旧律毕竟无法适应时局,为了挽救民族的危亡,摆脱受奴役宰割的地位,沈家本强调在继承传统的同时,把目光转向西方,学习西方的"法之善者",只有吸取西方法律文化的精华,才能"有补于当世"。沈家本认为旧律于新时局有许多不适之处,如与泰西各国法典革新时代之世界法律进步趋势不适;与国家法权独立不适,即由于司法制度的不完备,予西方列强以领事裁判之权,有悖于各国通例中法律的属地主义管辖原则;堂堂中华大国,却因法律不同而被列为三等国,与中国在国际上的大国地位也不相吻合;另外,由于国内外刑律的轻重失宜,也有碍于教案的公平审理。旧律既有这些不适之处,就应力行改革,博采西法以补中法之不足,纠偏补弊。沈家本认为泰西各国之所以强盛,就因为其科学昌明,法学进步,"泰西各国……19世纪以来,科学大明,而精研政法者复明兴辈作,乃能有今日之强盛,岂偶然哉"?① 而采用西法以致富强的最明显的例证就是日本,"日本旧时制度,唐法为多。明治以后,采用欧法,不数十年,遂为强国。是岂徒慕欧法之形式而能若是哉?其君臣上下同心同德,发愤为雄,不惜财力以编译西人之书,以研究西人之学,弃其糟粕而撷其英华,举全国之精神,胥贯注于法律之内,故国势日张,非偶然也"。② 日本采用西法既然能致富强,中国当然也可以仿而效之。对救亡富强的渴望与对西法的推崇,使沈家本认识到必须正视急剧变化的中国现实和世界发展潮流,改革法制必须"会通中西"。为此,他积极组织力量大量翻译东西方法律书籍,聘请各国

---

① 沈家本:《政法类典序》,《寄簃文存》卷6,载《历代刑法考》(四),中华书局1985年版,第2241页。

② 沈家本:《新译法规大全序》,《寄簃文存》卷6,载同上书,第2242页。

法律专家为顾问,派员调查外国法制,"思其精神之所在,无徒于程式仪表之以之"。

然而,沈家本毕竟是一个封建官僚,是封建王朝的修律大臣,而不是资产阶级宣传家、政治家。他采用西法的目的是为了寻求新的治道,以救国、富国、强国,而不是启发和提高人民的民主法制意识。再加上自身的旧学根底,使他无法完全摆脱传统法文化对他的影响和束缚,精博的中西法律知识以及保守旧官僚的阻挠,封建朝廷的压力,种种内外因素的交逼,决定了他在修律中不得不采用"托古改制"的方法,在实践中,则只能采撷西法,以彼之长补我之短,而不能用西法取代中法。他不会也不可能使中国法律全盘西化,只能是新旧兼收,中西并蓄,为我所用,即"会而通之"。

酌古准今,会通中西,是旧法已不适用,而西法又不能也无法全部取代旧法的必然选择。通过会通中西,使中国法律走出封建专制的窠臼,逐步融入世界法律发展的潮流,是沈家本主持修律的理想,也是他主持修律的主要功绩。

▶ **二、精研"法律之原理"**

沈家本探求中律之本原,赞誉西法之优良,并不仅仅停留在对中西法律条文的优劣作具体的分析比较上,而是着意于法律背后的文化与精神,力图探求发现古今中外的"法律之原理"。早在刑部司员任内,沈家本就提出了适用法律必须精思其"理"的主张。在1890年为重刻《唐律疏议》而作的序中,他开篇即提出法律"根极于天理民彝,称量于人情世故,非穷理无以察情伪之端,非清心无以祛意见之妄"。"是今之君子,所当深求其源,而精思其理矣。"这里的"理",指中国古代法律所含的原理,包括天理民彝,也包括人情世故。可见,沈家本早在出任修订法律大臣,主持法律改革之前,就已十分注意对法律中"理"的研究和探讨。而第一次用"法理"一词,则见之于沈家本为《刑案汇览三编》所作的序中,"顾或者曰:今日法理之学,日有新发明,穷变通久,气运将至,此编虽详备,陈迹耳,故纸耳。余谓:理固有日新之机,然新理者,学士之论说也。若人之情伪,五洲攸殊,有非学士所能尽发其覆者。故就前人之成说而推阐之,就旧日之案情而比附之,大可与新学说互相发明。"这里不仅用了法理一词,而且还对新旧或中西学说的相互关系进行初步论说,以证明古今中西学说会通的可能性。沈家本在奉命修律之后,通过对中西法学的比较研究,将"法理"定义为"法律之原理",并将其作为沟通融汇中西法学的桥梁,以此决定旧律的存废和西律的取舍,后来还成了他反击守旧的礼教派的武器。

沈家本关于法理学方面的见解,可概括为如下几个方面:

(一)"法者,天下之程式,万事之仪表"

沈家本沿袭先秦法家的说法,来阐释法的概念。他说:"法者,天下之程式,万事之仪表也。"①即法律是调整人们行为的一种规范,是衡量天下万事万物的一种客观标准。律则是万物的根本,"刑律其一端耳,今则法律专其名矣"。法律不是从来就有的,而是在"学校衰废,世教凌夷,巧伪变诈,无所不为之习日渐溃焉"的情况下,"古人不得已而为之"②的产物。法律的作用主要体现在两个方面,一为治民,一为治国。沈家本非常赞赏管子对法的认识:"夫法所以兴功惧暴也,律者所以定分止争也,令者令人知事也,法律政令者吏民规矩绳墨也。"③他还对此作了进一步的发挥,"窃维为政之道,首在立法以典民。"④只有用法律规范百姓的行为,才能"安民和众",如果废去常刑,弛民之禁,就会像"积水而决其防"一样发生动乱。另外,从历史的角度看,法律还是实现国家统治的重要工具,对于国家的治乱兴衰起着不可忽视的作用,只有"朝政明,而法度立",才能使国家长治久安,"世未有无法之国而能长治久安者也",也只有"举全国之精神胥贯注于法律之内",才能"国势日张"。当然,沈家本在这里所提的法,不是法家偏于重刑酷刑的法,而是与儒家的"仁""民本"糅合在一起的"善法",法之善恶,完全以儒家的"仁"为标准,合乎仁者,法为善法,违背仁者,法为恶法、坏法,"律者,民命之所系也,其用甚重而其义至精也"。⑤"国不可无法,有法而不善与无法等。"⑥作为治民工具的法律,直接关系到人民的生命,所以必须符合善、仁的标准。事实上,在修律过程中,沈家本即以仁为标准对旧律进行全面的审查,把仁作为改造旧律和制定新律的标准。

作为治国之具的法,还必须随着古今形势的不同而为之损益,不能简单袭用,沈家本以此来说明变法修律的必要与合理,"法律之损益,随乎世运之递迁,……推诸穷通久变之理,实今昔之不宜相袭也"。⑦ 当把中国置于当时

① 《管子·明法解》。

② 沈家本:《历代刑法考·总考一》,中华书局 1985 年版,第 13 页。

③ 《管子·七臣七主》。

④ 沈家本:《旗人遣军流各罪照民人实行发配折》,《寄簃文存》卷 1,载《历代刑法考》(四),中华书局 1985 年版,第 2032 页。

⑤ 沈家本:《重刻唐律疏议序》,《寄簃文存》卷 4,载同上书,第 2207 页。

⑥ 沈家本:《法学名著序》,《寄簃文存》卷 6,载同上书,第 2239 页。

⑦ 沈家本:《修订法律大臣沈本等奏进呈刑律分则草案折并清单》,载故宫博物院明清档案部编:《清末筹备立宪档案史料》(下册),中华书局 1979 年版,第 858 页。

世界范围内考察时，拘泥成法当然是不可取的，"我中国介于列强之间，迫于交通之势，盖万难守旧者"。法律虽应随时而变，但在同一时期的法律则必须统一且应平等适用。沈家本针对清末制定新律之后，旧律并未废除，新旧参差，轻重互异，提出了断罪之律必须统一的主张。"法必定于一，而后人可以遵之信之，未有两歧而可以为法者。"①他不但要求律文必须准确周密，不许含混两歧，断罪的轻重必须统一，不许新旧参差，而且要求适用法律必须统一，不能因犯罪者身份的不同而有所区别。所以他说："法之及不及，但分善恶而已，乌得士族正庶之分。"他曾严厉谴责梁武帝"用法急黎庶而缓权贵"，对王室贵族不用法律只行家教，而对老百姓则法外加刑，株连人犯到刚生下来的婴儿也不能免，以致王亲贵族貌法乱国，老百姓怨声载道，因而亡国。他还从法律面前人人平等的原则出发，针对旗人犯罪享有换刑、减罪的法律特权问题，提出旗人汉人"一体同科"的主张。他认为："法不一，则民志疑，……法一，则民志自靖。"②只有化除满汉畛域，才能建立起公正平允的法律秩序。

（二）以教为先，以刑辅之与"法贵得人"

深受儒家思想影响的沈家本，对于古代法律与法学文化遗产，主观上采取择善而从的态度。他坚持"治国之道，以仁政为先"，主张政治宽平。他认为三代以上的圣人，汉初的文帝、景帝，唐初的高祖、太宗，都反对严刑而行宽平。除三代之法以外，他特别称赞唐律的"宽平""得中"，在他看来，唐代初期"除隋虐乱，治以宽平，民乐其安，重于犯法，致治之美，几乎三代之盛时"。③所以后世都以《唐律》为楷模，制定新律。由此决定了沈家本在修律中主张废除刑讯制度和五刑中的笞杖刑等的坚决态度。在司法实践中，沈家本也强调执法的公平。要做到这一点，就需要执法之人有仁恕之心。他十分赞赏郭躬怀着仁恕之心去审理案件，他说："恕心用三字，实为平刑审断之本，酷虐残暴之人，习焉而不察者，皆由其心不恕也。恕则人心自生，酷虐残暴之为，即有不忍人为之者矣。"④要以仁恕之心公平执法，就必须依法断罪，所以沈家本在修律中又积极贯彻西法中"法无明文规定不为罪"的原则，反对中国封建社会长期实行的比附援引制度，他深刻揭露了比附援引制度的弊端，"凡刑律无正条之行为，若许比附援引及类似之解释者，其弊有三：第一，司法之审判官得

---

① 沈家本：《删除同姓为婚律议》，《寄簃文存》卷1，载《历代刑法考》（四），中华书局1985年版，第2051页。

② 沈家本：《旗人遣军流各罪照民人实行发配折》，《寄簃文存》卷1，载同上书，第2032页。

③ 沈家本：《刑制总考四》，载同上书，第53页。

④ 沈家本：《汉律摭遗自序》，载同上书，第1365页。

以己意于律无正条之行为,比附类似之条文致人于罚,是非司法官直立法官矣。司法立法混而为一,非立宪国之所应有也。第二,法者与民共信之物,律有明文,乃知应为与不应为。若刑律之外参以官吏之意见,则民将无所适从。以律无明文之事,忽援类似之罚,是何异于以机阱杀他。第三,人心不同,亦如其面,若许审判官得据类似之例科人以罚,则可恣意出入人罪,刑事裁判难期统一也。"①通过他的努力,在中国法律史上第一次确立了罪刑法定原则,宣告了有着悠久历史的援引比附旧制的终结。

沈家本不仅肯定了古代社会推行"仁政"、执法宽平的传统,他还对正统法律文化中教化为先、德主刑辅的思想进行了全面阐释。他说:"先王之世,以教为先,而刑其后焉者也。"②"是刑者非威民之具,而以辅教之不足也。"③在总结中外法制的经验时,沈家本认为,立法、司法都离不开道德教化;只有十分注重道德教化,做到情法两尽,法律才能发挥它应有的社会作用。单纯依靠法律的威慑和镇压,只能收一时之功效,但却是"徒治其标",而不能"深究其本",重刑的结果只能使"民将无所措手足,而心亦离矣。民心离,则大患将至,可不惧哉"?④ 所以沈家本反对一味地使用重刑。在主持修律过程中,他所坚持的一项重要原则就是改重为轻,化死为生。治本的方法就在于实行教养德化,只有教养普及而人民之道德日进,犯法者才会日渐减少,收"以德去刑"之功。

沈家本的治以宽平、审断平恕及教化为先的主张,最后的落脚点都要求要立好法,同时要执好法。而这两项都离不开人,所以他反复强调"法贵得人"或"用法在人"。他说:"有其法者,尤贵有其人","用法者得其人,法即严,亦能施其仁于法中;用法者失其人,法即宽平,亦能逞其暴于法之外也"。⑤ 而要用法得人,首先,要求所有国家官吏,上至中枢长官,下至百里长吏,"皆宜知法",尤其是作为出令的中枢长官,更应知法,否则就会对司法实践造成极大的危害。其次,他认为"治狱乃专门之学,非人人之所能为",司法官吏应具有专门学识,才能胜任自己的工作。沈家本特别推崇古代著名的法官皋陶、苏公,"禹舜施刑,必属皋陶,周公敬狱,必推苏公"。另外,沈家本认为要运用至公至允之法律,使判决适当,应设置律学博士,教授

---

① 《大清新刑律草案》(第一编)。
② 沈家本:《历代刑官考上》,载《历代刑法考》(四),中华书局1985年版,第1955页。
③ 沈家本:《刑制总考一》,载同上书,第9页。
④ 沈家本:《书明大诰后》,《寄簃文存》卷8,载同上书,第2282页。
⑤ 沈家本:《刑制总考四》,载同上书,第51页。

法学,还应设置培养法学人才的专门学校,培养法学专门人才。在他的主持下,我国近代最早的第一所高等法律学校成立,掀开了中国近代法律教育的新篇章。

（三）"法学之盛衰,与政之治忽,实息息相通"

沈家本的另一突出贡献,就是把法学的重要性提到了前所未有的高度,以法学的盛衰作为衡量政治好坏的一个重要标准。他曾专门撰写了《法学盛衰说》一文,研究和宣传法理学,剖析中国法理学不发达的原因。

沈家本认为,法理学对于立法、司法具有很重要的指导作用,"'不明于法,而欲治民一众,犹左书而右息之',是则法之修也,不可不审,不可不明。而欲法之审,法之明,不可不穷其理"。[①] 只有法之明,才能"刑罚中"。所以立一个法要有立一个法的道理,要符合法理学的原则,"若设一律而未能尽合于法理,……则何贵乎有此法也"。[②] 他指斥清代不重视法理的现象,"本朝讲究此学而为世所推重者,不过数人。国无专科,群相鄙弃"。[③] 在清朝不遗余力编纂的《四库全书》中就有轻视法律和法学的思想,"纪文达编纂《四库全书》,政书类法令之属,仅收二部,存目仅收五部。其按语谓:'刑为盛世所不能废,而亦盛世所不尚,所录略存梗概,不求备也。'"在这种思想影响下,人们轻视法律和法学,从而导致法学"日衰",而况愈下。由于中国两千年来实行君主专制主义,有着较严重的人治主义传统,因而产生了这种轻视法律和法学的思想。沈家本对于中国法学盛衰的原因,作了较为深入的探讨。他因袭中国古代乱世用重典、治世用轻典的说法,认为清明之世法平,陵夷之世法颇,法学的盛衰与政治息息相关。他根据自己渊博的法学知识和丰富的治法经验,得出一个结论:"法学之盛衰,与政之治忽,实息息相通。然当学之盛也,不能必政之皆盛;而当学之衰也,可决其政之必衰。"[④]他认为法律与政治之间的关系是:政治决定法律,有什么样的政治就有什么样的法律,法盛而政不一定盛,法衰而政必衰。这个结论虽是正确的,但他却没有也不可能真正揭示出法学不昌的真正原因,即在一个君主专制集权的社会里,人们没有自由讨论学术的氛围,包括法学在内的一切人文社会科学都囿于专制政府所划定的圈子,没有了思想的自由,又怎能够侈谈法学的兴盛呢? 沈家本希望"俾法学由

---

① 沈家本:《法学通论讲义序》,《寄簃文存》卷6,载《历代刑法考》(四),中华书局1985年版,第2234页。

② 沈家本:《论杀死奸夫》,《寄簃文存》卷2,载同上书,第2084页。

③ 沈家本:《法学盛衰说》,《寄簃文存》卷3,载同上书,第2143页。

④ 同上。

衰而盛,庶几天下之士,群知讨论,将人人有法学之思想,一法立而天下共守之,而世局亦随法学为转移"。① 即只要人人有法学思想,人人遵守法律,法学就可以在一定程度上影响世局的变化了。这种对法学的重视与对法理学问题的研求,也推动了中国法学的近代化进程。

▶ 三、礼法之争中法理派的基本主张

在礼法之争中,法理派的主张,既体现在所修之律与随之上奏的修律理由中,也体现在与礼教派的辩驳中。沈家本对旧律的批判、对西法的推崇,以及对"法律之原理"的认识,也尤其凸显于发生在 20 世纪初的这场礼法之争中。

(一) 围绕《刑事民事诉讼法》的论争

刑讯逼供作为旧官吏常用的残酷而野蛮的判案断狱方法,是外国人攻击中国司法制度不文明的一个重要方面。张之洞、刘坤一在《江楚会奏变法三折》的第二折"恤刑狱"中,就提出禁止刑讯,主张将刑讯限制在盗案与命案范围之内。1905 年 4 月 24 日,沈家本与伍廷芳复奏,他们对于张之洞等人禁用刑讯的主张表示赞同,并规定"徒流以下罪名,概不准刑讯"。这个奏折在得到清廷谕旨批准,通令全国遵行后,很快就遭到反对。5 月 8 日,御史刘彭年上奏认为,中国现在裁判、诉讼诸法不完备,民事、刑事不分,还不具备禁用刑讯的条件,"以为禁止刑讯,须侍裁判诉讼各法具备后,方可实见施行"。沈家本、伍廷芳对刘彭年的意见一一作了批驳,仍然坚持原来的主张,认为:"此举实为环球观瞻所系,内外问刑衙门务须实力奉行,仰体朝廷矜恤庶狱之意,历久习惯,自无所难。培国脉而固民心,其端皆基于此矣。"②且在随后的修改中,还将有限制地禁止刑讯改为全部废除刑讯。这一修改,引起了张之洞的注意。他于 1907 年 2 月 5 日上奏发表了自己的意见,关于禁止刑讯问题,张之洞认为修律大臣新修《刑事民事诉讼法》第 17 条主张全部废除刑讯,与原来所定"除罪犯应死外"有限制地禁用刑讯"迥不相符",如果罪犯犯有死罪而证据太少,罪犯又拼命抵赖,若不用刑讯将难以结案,这样将有碍于司法公正。"论目前人民程度,实不能博尽废刑讯之美名,贻刑罚失中之隐患。"他仍然主张维持原来的有限制地禁用刑讯的做法。应该说,在禁止刑讯的问题上,法理派与反对派的主张是一致的,分歧点主要在禁止的程度和改革进度

---

① 沈家本:《法学盛衰说》,《寄簃文存》卷 3,载《历代刑法考》(四),中华书局 1985 年版,第 2144 页。

② 伍廷芳:《奏停止刑讯请加详慎折》,载《伍廷芳集》(上册),中华书局 1993 年版,第 271 页。

方面而已。

在关于禁止刑讯问题的争论过程中，御史刘彭年提出的中国没有完备的诉讼法和刑事、民事不分的问题，建议编订刑法、民法和诉讼法，引起了沈家本和伍廷芳的注意。他们着手先行编辑"简明诉讼章程"，这就是于1906年完成的《刑事民事诉讼法》。他们认为，就法理而言，刑法与诉讼法的关系是体与用的关系，"大致以刑法为体，以诉讼法为用。体不全，无以标立法之宗旨；用不备，无以收行法之实功。二者相因，不容偏废"。中国法律向来是诉讼法与刑法不分，诉讼法附在刑法之中，而西方各国诉讼法是独立于刑法而存在的，"法律一道因时制宜，……查中国诉讼断狱附件刑律，沿用唐明旧制，用意重在简括。揆诸今日情形，亟应扩充，以期详备。泰西各国诉讼之法，均系另辑专书"。① 所以应将实体法与程序法分离，进行独立编纂，否则，实体法虽完善，"于法政仍无济也"。不仅如此，由于民事刑事性质各异，所以诉讼上也宜有所区别，如关于钱债、房屋、地亩、契约及索欠、赔偿等，属于民事裁判；而关于叛逆、伪造货币官印、谋杀、故杀、抢劫、盗窃、诈欺、恐吓取财等，就应属于刑事裁判。这样就可使"断弊之制秩序井然，平理之功如执符契"。此外，法理派还认为我国亟应效法各国通例的有两件事，一为设陪审员，一为设律师。沈家本对于陪审制和律师制极为赞赏，认为陪审制既可以补充司法官知识之不足，又可以防止"贿纵曲庇""任情判断""舞文诬陷"等事，做到"裁判悉秉公理，轻重胥协舆评"；而设置律师则可以"代被告原告申诉权利"，无论对公对私均为有利。特别是"中国近来通商各埠，已准外国律师办案"，如不及时筹思补救，会使治外法权"更形滋蔓"，中国律师制度必须尽快施行。

对于《刑事民事诉讼法》，张之洞对其签出60余条逐条驳议，总的结论是该法"似有碍难通行之处"。驳议的理由主要是认为该法有违中国礼教，且难挽治外法权，同时还不合立法程序（详见本章第三节"礼教派的基本法律主张"有关部分）。礼法之争遂正式发动，最后的结果是致使此法未能颁行。

（二）围绕《新刑律草案》的论争

1907年，修律大臣完成了《新刑律草案》的起草工作，并于10月3日和12月30日先后将总则和分则上奏朝廷。在进呈总则的奏折中，沈家本概括地阐述了改革旧律制订新律的背景与原因以及所订《新刑律草案》的主要内容。他认为，19世纪是被学者称为西方世界的"法典革新时代"，各国竞相进行法

---

① 伍廷芳：《奏诉讼法请先试办折》，载《伍廷芳集》（上册），中华书局1993年版，第279页。

律改革,由法国波及日本,"风气所趋,几视为国际之竞争事业"。中国被迫进入国际社会以后,"介于列强之间,迫于交通之势,盖有万难守旧者",形势所迫,中国也不得不适应潮流,进行法律变革。具体来说,促使中国变革刑律有三方面的原因:一是完善中国的司法制度,收回治外法权;二是建立与国际接轨的法律体系,改变中国"三等"国的形象,以提高中国的国际地位;三是制定"中外通行"的新刑律,以便处理中西交涉中的教案问题。《新刑律草案》的主要内容有五个方面:(1)更定刑名。改旧律笞、杖、徒、流、死五刑,为死刑、徒刑、拘留、罚金四种,其中徒刑又分为无期与有期两种。(2)酌减死罪。参照唐律、清初律例和各国通例,酌减死罪名目。另外如强盗、抢夺、发冢之类,因囿于中国风俗而一时难予骤减,拟别辑暂行章程,以存其旧,将来视人民程度进步,一体改从新律。(3)死刑唯一。死刑仅用绞刑一种,在特定行刑场所秘密执行。另外如谋反大逆及谋杀祖父母、父母等条,俱属罪大恶极,仍用斩刑,另辑专例通行。(4)删除比附。废除援引比附制度,采用罪刑法定、律无正条不处罚原则,酌定各刑上限与下限,另设酌量减轻、宥恕减轻各例,由审判官酌情审定。(5)惩治教育。规定刑事责任年龄为十六岁,对于十五岁以下的幼年犯罪,采用西方的惩治教育办法,送惩治场进行感化教育。① 在上奏《新刑律草案》分则时,沈家本则特别指出,"是编修订大旨,折衷各国大同之良规,兼采近世最新之学说,而仍不戾乎我国历世相沿之礼教民情"②,表明其会通中西、不违礼教的修律宗旨。尽管如此,《新刑律草案》仍然受到礼教派的非难,其中尤以大学士张之洞所管学部的驳议最具代表性,其核心的观点就是认为该草案违背了"因伦制礼、准礼制刑"的原则(详见本章第三节相关部分),由此而导致了对《新刑律草案》的全面修订。

(三)围绕《修正刑律草案》中有关"伦常诸条款"的争论

在各方面的压力下,修订法律大臣根据清廷确立的"惟是刑法之源本乎礼教,中外各国礼教不同,故刑法亦因之而异。……凡我旧律义关伦常诸条,不可率行变革,庶以维天理民彝于不敝"的修律宗旨,对草案进行了一次全面修订,并于1910年2月2日将《修正刑律草案》上奏,这一次,则由劳乃宣接替张之洞(张已去世)成为礼教派的代表人物。

劳乃宣在《修正刑律草案说帖》中,要求把旧律中有关伦纪礼教各条"逐一修入新刑律正文",并抨击新刑律删去"干名犯义""犯罪存留养亲""亲属

① 沈家本:《修订法律大臣沈家本奏刑律草案告成分期缮草呈览并陈修订大旨折》,载故宫博物院明清档案部编:《清末筹备立宪档案史料》(下册),中华书局1979年版,第845—849页。
② 沈家本:《修订法律大臣沈家本等奏进呈刑律分则草案并详单》,载《大清新法令1901—1911》(一),商务印书馆2010年版,第521页。

相奸""亲属相盗""亲属相殴""故杀子孙""杀有服卑幼""妻殴夫""夫殴妻""无夫奸""子孙违反教令""发冢"等款,大失明刑弼教之意。针对劳乃宣的攻讦,沈家本著"书劳提学新刑律草案说帖后"一文,予以反驳。沈家本认为"干名犯义"为"告诉之事",属诉讼法范围,"不必另立专条"。关于"存留养亲",沈家本认为中国古代并无"罪人留养之法",北魏出现这种法条,但后来多遭非议,更有嘉庆谕旨的"祖训":"凶恶之徒,知律有明条,自恃身系单丁,有犯不死,竟至逞凶肆恶,是承祀留养非以施仁,实以长奸,转似诱人犯法。"所以这一条不进正文,完全"无悖于礼教"。至于"亲属相奸",沈家本认为此虽"大乖礼教,然究为个人之过恶,未害及于社会。旧律重至立决,未免过严。究之此事何处无之,而从无人举发,法太重也。""法太重则势难行,定律转同虚设;法稍轻则人可受,遇事尚可示逞。"草案已规定"和奸有夫之妇处二等至五等有期徒刑",已包括"亲属相奸",无须另立专条。另外的"亲属相盗""亲属相殴""故杀子孙""杀有服卑幼""妻殴夫、夫殴妻""发冢"等,劳乃宣主张也应在正文中规定的问题,沈家本则认为有的在新刑律正文中已有相关规定,有的按照法理不能列入正文,只能附于判决录中。在"犯奸"和"子孙违犯教令"两个问题上,则双方都各执己见,互不相让。

劳乃宣认为刑律草案只列有夫和奸罪,而无夫和奸不为罪,"失之太过"。因为中国的风俗,特别重视处女和寡妇的和奸罪,如果完全不以为罪,则不符合中国人心。沈家本反驳说,无夫妇女与人和奸,西方国家没有治罪明文,"此最为外人着眼之处,如必欲增入此层,恐此律必多指摘"。而且该问题主要与道德风化有关,应从教育方面另想办法,不必编入刑律之中,孔子所言"齐之以礼"和"齐之以刑",毕竟是两回事,不能完全等同,"齐礼中有许多设施,非空颁文告遂能收效也。后世教育之不讲,而惟刑是务,岂圣人之意哉"?对于新刑律草案没有将"子孙违犯教令"列入,"殊非孝治天下之道"。沈家本则认为子孙违反尊亲属教令全属家庭教育问题,"无关于刑事,不必规定于刑律之中",应设立感化院之类的机构,"以宏教育之方"。争论的结果是宪政编查馆综合各方意见,将《修正刑律草案》正式定名为《大清新刑律》,《附则》改为《暂行章程》,上交资政院议决。

(四)资政院议场议决新刑律过程中法理派的主张

《大清新刑律》及《暂行章程》上交资政院后,宪政编查馆特派员杨度于1910年10月到议场说明新刑律的国家主义立法宗旨,批评旧律的家族主义原则,由此又引发了礼法两派更为激烈的交锋。作为这一时期法理派的代表,杨度认为新旧刑律在"精神上、主义上"有着根本区别,前者依据国家主义,后者依据家族主义,他主张立法应以维护国家利益而不以维护家族利益为出发点。在《论国家主义与家族主义之区别》一文中,杨度针对礼教派攻击草案和沈家本的言论,进行了批驳。他说,国家要修改法律,并非是要成为新政的装饰品,是因为旧律无法发达国民、振兴国家,而欲振兴国家,必须实行国家主义和推行新律。所谓国家主义是以个人为本位的国家制度。"国家对于人民有教之之法,有养之之法,即人民对于国家亦不能不负责任。其对于外,则当举国皆兵以御外侮,对于内则保全安宁之秩序。必人人生计发达,能力发达,然后国家日臻发达,而社会也相安于无事。"人民对国家负担义务,国家保证人民有法律内的自由权利。家族主义则是以家族为本位的国家制度,它以严定家族内部的尊卑等级和赋予家长以专制全家之权并对朝廷负责为特点。一切国家都有过家族制度的阶段,只是有的国家很快由家族主义进至国家主义,有的则仍处于家族主义,中国就属于后者。但世界的发展趋势,是由家族主义进至国家主义,中国也只有行国家主义保护"人权",才能使人民"群策群力",使国家"渐图恢复,不致受灭亡之灾祸",否则就会"民气消阻,振起无由"。所以从国家的前途出发,必须将国家主义作为改定法律的宗旨,以便使家长由慈父孝子、贤兄悌弟变为国之忠臣,使家人有独立生计,独立能力。要行国家主义则必废家族主义,"若以为应采国家主义,则家族主义决无并行之道。而今之新刑律实以国家主义为其精神,即宪政之精神也,必宜从原稿所订而不得以反对宪政之精神加入之"。①

杨度的国家主义论,引发了劳乃宣等礼教派的激烈反对,认为立法应本乎中国固有的家族主义传统,符合中国家法政治之国情(详见本章第三节相关内容)。同时,礼教派又就无夫奸是否有罪和子孙对尊长的侵害能否适用正当防卫两大问题挑起了大争论。对于"无夫奸"问题,礼教派认为这是中国社会普遍的心理,都认为应当有罪,所以应当由国家用刑律来保证对这种行为的处罚。法理派则认为,"这一条万不能加入正文",因为民法未定,家庭中的关系也还没有确定。例如妾的问题,按立宪原则虽不许纳妾,但我国事实上很多人有妾,妾既为无夫妇女,即等于无夫奸,若刑律定入此罪,则妾也就有罪了。另外,从家庭教育与法律的关系出发,在维护社会风化方面,法律的作用实不如由其父兄以教训子弟的方法禁止之更为奏效。保全风化的责任,大抵在家庭和社会教育,而不在于国家有没有这条法律。从司法的层面看,对于和奸行为的审理也缺乏可操作性,因为既为和奸,男女双方就一定同意,审判时,双方口供一致,难以判定,纵然口供不同,也难以找到证人。对于礼教派的"舍伦理道德而讲刑法,还算什么刑法"的指责,法理派认为,礼教靠

---

① 杨度:《论国家主义与家族主义之区别》,载《杨度集》,湖南人民出版社1986年版,第533页。

"放在刑律里来维持,这个礼教就算亡了",因为"道德的范围宽,法律的范围窄,法律是国家的制裁,道德是生于人心的。所以关系道德的事,法律并包括不住"。提倡礼教的最好办法,就是不要把礼教规定在法律之内。

针对礼教派提出的子孙对尊长的侵犯不得适用正当防卫的主张,杨度解释说:"刑律本有正当防卫之例,今对尊亲属不得适用,是谓防卫不正当,而尊亲属无论何种行为皆为正当。"但天下情况复杂,既有为父而不慈者,也有为子而不孝者。父子之间"坐定父之一面为正当,子之一面必不正当",那是宋儒"天下无不是之父母"的说教,然而,"国家刑法,是君主对于全国人民之一种限制,父杀其子,君主治以不慈之罪;子杀其父,君主治以不孝之罪"。由法律而断,既不偏为人子者,也不偏为人父者。只有这样,"始为公平",所以不应列入正文。尊长对于卑幼可以管束而不能侵害,不能随意殴打甚至杀害卑幼:"法律订定之后,子弟有不法行为,国家有法律代为管束,用不着尊亲属杀之。"私刑制度必须禁止,家庭父子之间的行为应当纳入国家法律的范围,而不容许超越国家的范围另行立法。因此,子孙不得使用正当防卫不应另立专条,写入刑律。

从上面的分析中我们可以看出,清末修律中的"法理派",是在"参酌各国法律""务期中外通行""与各国法律改同一律"的原则指导下,希望在满清统治者允许的最大范围内,以西方资产阶级法制的原理原则对中国封建法律进行改良,从而达到施行新政、推动宪政,实现国家富强的目的。他们在抨击封建法制和法律思想的基础上,用国家主义法律观取代过时的家族主义法律观;摒弃诸法合体的旧法体系,采用诸法分立的新法;批判援引比附制度,采用罪刑法定、律师和陪审制度;反对司法行政混一,主张司法独立;反对旧律完全以纲常为法,礼刑合一,主张道德与法律分立;反对尊长对卑幼的任意侵害,要求保障卑幼的人身权利;等等。这些制度方面的改革和西方法律理念的引入,在当时虽没有起到挽救满清王朝的功效,但却开启了中国法制近代化的航程,为日后北洋政府和南京国民政府法律的制订提供了范本和依据,居功至伟。

第三节　礼教派的主要法律主张

如前所述,清末礼法之争中礼教派的主要代表人物有张之洞、刘坤一和劳乃宣等。他们虽然承认中律有其弊端,西法有其优长,主张"采西法以补中法之不足",修律中要"采西国诸律法",但作为中法根本的伦理纲常是不能触动、万万不可变的。因此,修律一旦触及封建礼教的大前提,就会遭到他们即刻而坚决地反对。他们并不完全反对法律的改革,这从《江楚会奏变法三折》就可以看出,而沈家本、伍廷芳之所以能充任修律大臣,也正得自于他们的举荐。只不过他们主张进行有限度的变革,引进西方法律必须以维护中国的礼教为前提,"今日修改法律,自应博采东西诸国律法,详加参酌,从速厘定,而仍求合于国家政教大纲,方为妥善办法"。① 这也正是他们"中学为体、西学为用"思想在修律中的具体体现。

▶ 一、采西法以补中法之不足——有限度的法律改革

早在1898年,张之洞就在其著名的《劝学篇》中,系统地阐述了"中学为体、西学为用"的观点,认为"三纲为中国神圣相传之圣教,礼政之本原,人禽之大防",是绝对不能变的,"夫不可变者伦纪也,非法律也",也即法律制度是可以学习西方的,是可变的,因而提出了在不违背纲常伦纪的前提下,"采西法以补中法之不足"的主张,应整顿之中法与可采行之西法就集中体现在他与刘坤一联名所上的《江楚会奏变法三折》中。而一俟沈家本等人所修之律触及到纲常伦纪的时候,就会立即遭到他强烈的驳议和反对。

张之洞认为,纲常名教是"五伦之要,百行之原",是封建统治的根本,而作为设定的目的就是为了"所以纳民于轨物之中"的法律,自然也离不开这个根本,也必须以维护这一原则为鹄的,所谓"法律本原实与经术相表里","经术"即指四书五经中的纲常名教,它是全部法律"精义"之所在。法律是"表",即形式,"经术"才是"里",即内容。形式受内容决定并为内容服务,因此法律受经术决定并为经术服务。而"亲亲之义、男女之别"是经术中之"最著者",是"天经地义、万古不覆"的常轨。法律虽然要因时而变,但"经术"即纲常名教这一法律所服务的目的则万不可变。以此为判断标准,张之洞认为中国旧律的优点,既体现在内容上,也体现在形式体例上,疏密相辅,纲目相维,"律常而例变,律疏而例密,律简而例繁","事变繁多,律文所不能载者,例以辅之"。"名例为纲,诸律为目,律题为纲,律文为目,……纲目者子母之义。"②而在中国旧律中,尤以《大清律》宽平仁恕。它与《汉律》《唐律》相比,有着无灭族法、无肉刑、老幼从宽、孤子留养、死罪不绝其嗣、军流徒犯不过移徙远方、职官妇女犯罪收赎、问刑衙门不准用非刑拷讯、死罪分情实缓决从轻比者居多、杖一百者折责实杖四十等十二项仁政。因此,一岁之中勾决者,实不过二

---

① 张之洞:《遵旨核议新编刑事民事诉讼法折》,载《张之洞全集》(第3册),河北人民出版社1998年版,第1774页。

② 张之洞:《读经札记二》,载王树楠编《张文襄公全集》(卷211),台湾文海出版社1970年版。

三百人,比汉文帝岁断刑四百"更远过之"。只不过由于州县官吏因政事过繁,文法过密,经费过绌,而实心爱民的不多,所以才有滥刑株连、监狱凌虐之弊。因此,变法修律仍应从中国纲常礼教与法令的源流关系出发,稍事变革即可。

在"变"的问题上,劳乃宣与张之洞有相近的观点。与"中学为体、西学为用"的主张相类似,劳乃宣主张形而上之道不可变,形而下之器可变。面对20世纪初年的内乱外患,劳乃宣不得不承认中国必须进行变法,在其所作《变法论》中,他以"天不变道亦不变"及"穷则变、变则通"作为依据,提出"不变者道,而不能不变者法也"的观点。法之与道,法而不变,则不能变之道将为法所穷;法而轻于变,则势必伤不变之道。因此,统治者只能改制变法,而不能变道。道即三纲五常"奕代率由永行",万古不能违背,而服务于道的器即法律制度则可以随时损益,"百变而无穷"。因此审时度势,在清末内外交困之际,变法也是大势所趋,"今天下事变亟矣,国家多故,风俗陵夷,官无善政,士无实学,刑不足以止奸,兵不足以御侮,而数万里十数国之强敌环逼而虎视,创闻创见之事月异而岁不同,当今之时,犹拘于成法以治之,鲜不败矣。则法之不得不变者势也。"①这样,不适合今日形势需要的法,应一一加以改变。不仅要变用人之法,而且要变取士、治军等法。但法也不可全变,他说,清朝祖宗所立的法,相传二百余年,虽时势变化,然而"大经大法昭垂百世者,固卓然而不可易"。如要将一代的法全部变更,那么它的害处将比不变还要大。

法既不可不变,又不可全变,关键的是要明晰礼法之间的关系。劳乃宣认为,法律生于政体,政体生于礼教,礼教生于风俗,风俗则生于"生计"。"农桑""猎牧""工商"这些不同类型的"生计",就决定了了有不同的礼教风俗,也就有了不同的法律。中国长期以农桑立国,田有定地,居有定所,老死不出其乡。一家的人男耕女织,同操一业而听命于父兄,故父兄为一家之主,家法也随之而立。所以家法是农桑国家风俗的根本,礼教、政体都从家法产生,一切法律都以维持家法为核心。本于家法、风俗而形成的礼教,自然也就成为法律的起点和归宿。既然法律产生于风俗礼教,礼教为本,法令为末,明法是为了助教,法律应与礼教相结合,依附于礼教,所以,对修律中法律与礼教相分离的规定就应坚决反对。

综上所述,面对晚清政府所面临的统治危机,即便是最顽固的守旧分子也主张法要随时而变,拘泥成法只会陷国家与民族于更深的灾难中。但在变

---

① 劳乃宣:《变法论》,《桐乡劳先生遗稿》卷1,载沈云龙主编:《近代中国史料丛刊》(第三十六辑),台湾文海出版社 1969 年影印本,第85—90 页。

什么和如何变的问题上,保守的礼教派则主张只可小变不可全变,只可从形式条文上变革,如有限制地禁用刑讯和有限制地废除笞杖,而不能触动三纲五常这一中国法律文化传统的精神实质。礼法之争中法治派与礼教派的交锋,无不集中在这一焦点上。

▶ 二、礼教派对《刑事民事诉讼法》的驳议

晚清修律过程中,当沈家本、伍廷芳等大臣于 1906 年奏进《刑事民事诉讼法》后,张之洞即对其进行驳议。而首要的一条就是该法有违中国礼教。"盖法律之设,所以纳民于轨物之中,而法律本原实与经术相表里,其最著者为亲亲之义,男女之别,天经地义,万古不刊。乃阅本法所纂,父子必异财,兄弟必析产,夫妇必分资,甚至妇人女子责令到堂作证,袭西俗财产之制,坏中国名教之防,启男女平等之分,悖圣贤修齐之教。"按照中国正统的儒家思想,法律应维护纲常名教,但新法却足以破坏纲常名教,这实与"明刑弼教"为宗旨的中法之本原相违背。在他对该法第 130 条及第 242 条的按语中,就清楚地表明了这一思想。第 130 条规定,一人因故查封备抵,但其妻妾父母兄弟姐妹子孙及各戚属家人的财物,均不准查封备抵。张之洞认为,这是西方的风俗习惯,中国与此不同。因为中国立教定律首重亲亲,祖父母父母在,如子孙另立户籍、分异财产则有罪,且列于十恶内不孝一项。如照这条办理,必致父子异宅,兄弟分炊,骨肉分离,"悖理甚矣",故"此法万不可行"。针对第 242 条"凡职官命妇均可由公堂知会到堂供证"的规定,张之洞根据《春秋》"保母不在,宵不下堂",《周礼》凡命妇"不躬坐狱讼",认为命妇到堂则"必不可"。因此,应该永远禁止将妇女提审,这为"养廉耻全名节"所必须,也是关系到名教的大事,故绝不可借口"男女平权"而使妇女到堂供证。

其次,是礼教派认为律师制度和陪审员制度不适用于中国。《刑事民事诉讼法》第 199 条,有律师准许在各公堂办案的规定;第 208 条有实行陪审员制度的规定。张之洞认为,在当时的中国没有实行律师制度和陪审员制度的条件。因为西方国家的律师,必经学校的培养,国家的挑选,而且经过相当严格的考察。他们不仅有很高的学问资历,还要聪明公正。而中国要在近日内造就许多像西方国家那样公正无私的律师,是非常困难的,即使选拔各省刑事幕僚入堂肄业,也不可能一下子培养出来。如果让这种不合格的律师为人办案,将使"讼师奸谋适得尝试"。又案件双方若一贫一富,富的有钱可请律师代辩,而贫的只好凭自己的口舌,这样必然导致"贫者虽直而必负,富者虽

曲而必胜"。① 至于陪审员制度，张之洞也认为，陪审员不但要有专门的法律知识，而且要公正有道德，人民也有自治精神，所以中国人民无实行陪审员制度的程度。何况中国有学问有道德的绅士，以"束身自爱"为荣，必不敢到公堂当陪审员。而肯到公堂陪审的，不是"干预词讼"的劣绅，便是"横于乡曲"的讼棍。由这些人参加陪审，怎么能协助公堂秉公行法呢？就修律大臣所特别强调的律师制和陪审制对收回治外法权的作用，张之洞认为他们"其意固亦甚善"，因为几年前张之洞与西方列强进行商约谈判时也曾希望能以中国制定完备的法律来换取列强放弃治外法权。但是，现在张之洞认识到不可能单凭这样一部诉讼法就可以挽回已经失去的治外法权，这是一个弱肉强食的时代，中国能否收回该权，关键是国家的军事实力，"专视国家兵力之强弱，战守之成效以为转移"。且就法理而言，这部诉讼法"不无疏漏混淆之处"，如果贸然颁行，其结果便是"难挽法权而转滋狱讼"，即不但不能挽回治外法权，反而还会破坏正常的司法秩序。

最后，张之洞还对诉讼法废除援引比附制度提出反驳。他认为，比附古已有之，中国旧法律例中，如果审讯案件，为条例所未及，则援引《三礼》以为证。罪无正条，比照某律某例科断，或比照某律某例加一等减一等科断，这可以预防"情伪无穷科条所不及者"。若因律无正条，不论何项行为，概置而不议，那么只会给刁徒提供"趋避之端"，最终必致"法政废弛之渐"。所以，比附之法切不可废。

另外，张之洞还认为编诉讼法不合立法次序。他说："编纂法律，有体有用，先体后用，其势乃行。"刑法、民法是体，诉讼法是用，显然应该是先订立刑法和民法，然后再立诉讼法，而不是相反。西方各国与日本的经验也是如此，"西洋各国皆先有刑法、民法，然后有刑事、民事诉讼法。即日本维新之初，亟亟于编纂法典，亦未闻诉讼法首先颁行"。在刑法、民法制定以前，先单独制定一部《刑事民事诉讼法》，显然有悖立法常理，正确的立法次序应该是："律条订定以后，再将刑事、民事诉讼法妥为议定，则由本及支，次第秩然矣。"②

由于张之洞及其他各省督抚对《刑事民事诉讼法》的反对，结果使得该法并未颁行。之后，在清廷所发的修律谕令中，又增加了"体察中国礼教民情"作为"参酌各国法律"的补充。

---

① 张之洞：《张之洞奏遵旨核议新编刑事民事诉讼法折》，载怀效锋编：《清末法制变革史料》（上卷），中国政法大学出版社 2010 年版，第 408 页。

② 张之洞：《遵旨核议新编刑事民事诉讼法折》，载《张之洞全集》（第 3 册），河北人民出版社 1998 年版，第 1772—1799 页。

▶ 三、礼教派对《大清新刑律草案》的攻讦

修律大臣在刻意以"折衷各国大同之良规,兼采近世最新之学说,而仍不戾乎我国历世相沿之礼教民情"为宗旨而修订的大清《新刑律草案》总则、分则上奏后,张之洞对该草案有违礼教之处列出一份二十余条的清单,提出了详细的批驳意见。主要表现在以下几个方面:

第一,《新刑律草案》完全违背了中国古代圣王"因伦制礼、准礼制刑"的根本宗旨,也即违背了以三纲五常为核心的礼教。(1)与君为臣纲之义大相刺谬。旧律于谋反大逆者,不问首从,一律凌迟处死。而新律则于颠覆政府、僭窃土地者,虽认为首魁,而不处死刑;凡侵入太庙、宫殿等处射箭放弹者,只处一百元以上罚金,都是"罪重罚轻"。(2)与父为子纲之义大相刺谬。旧律殴打祖父母、父母者处死刑,殴打子孙者处杖刑。新律伤害尊亲属因而致死或笃疾者,都不处死刑,是"视父母与路人无异"。(3)与夫为妻纲之义大相刺谬。旧律妻殴夫处杖刑,夫殴妻无伤不论罪;妻殴杀夫处斩刑,夫杀妻处绞刑。新律"无妻妾殴夫之条,等之于凡人之例"。(4)破坏男女之别。旧律犯奸者处杖刑,强奸者处死刑。新律把亲属相奸与一般人同例,猥亵幼孩仅处三十元以上罚金,强奸幼孩只处二等以下有期徒刑;通奸不论罪。(5)破坏尊卑长幼之序。旧律殴尊长者加凡人一等或数等论罪;殴杀卑幼者减凡人一等或数等论罪。新律并无尊长殴杀卑幼之条,概与凡人同例。草案中这些有妨害礼教的地方,张之洞认为应该全部改正,如《总则》中,要把封建伦纪的集中体现——《五服图》重新列入;要根据现行服制,分别称本宗及外姻,不宜混称尊亲属、亲属等。这是张之洞主张法律与礼教相结合的思想的集中体现。

第二,张之洞对沈家本所奏新刑律中的五项主要内容进行逐条辩驳。关于更定刑名,认为笞、杖不能尽废,如差役等犯法惟笞、杖为宜;罚金不尽可行,凡过失危害乘舆车驾、侵入太庙宫殿等处射箭放弹、过失致尊亲属死伤等不能仅处罚金。关于酌减死罪条,有些死罪万不可减,如谋反、卑幼殴杀尊长、强奸妇女、强盗于盗所强奸、发冢见尸、发尊亲属冢见尸、放火决水等,此等犯人"不置之死,何以戢暴"。关于死刑唯一条,死刑不能仅用绞刑一种,如大逆、逆伦重案,罪大恶极,宜先行"别辑专例",处以斩刑。关于删除比附条,比附固然"易启意为轻重出入之弊",但引律比附尚有依据。新律由审判官临时判断,更无限制,所定刑罚上限和下限之间范围太广,酌情判处,流弊甚大。关于惩治教育条,此条用意不错,可以仿行,但犯罪刑事责任年龄定在十六岁,"限年太宽,恐滋流弊",仍须酌定年限。

第三,关于改定刑律与收回治外法权的关系。张之洞虽然认为收回治外

法权"自是今日急务",但要想收回治外法权,只能改订外人深诋中国法律的几项弊端,如刑讯无辜、用刑残酷、拘传过多、问官武断、监羁凌虐、拖累破家等,而并不是要"必须将中国旧律精义弃置不顾,全学外国格式文法"。同时进一步强调,收回治外法权不纯粹是一个法律问题,"其效力有在法律中者,其实力有在法律外者"。西方各国法律互不相同,也"无碍于完全之法权";日本不照搬西方各国法律,也无碍于收回已失之法权。所以,中国改订刑律,"于中国纲常伦纪之大有关系者,其罪名轻重即使与各国有所异同,似亦无碍于收回此项法权也"。总之,改订刑律要在"删繁减轻",希望对草案进一步修改,"其有关伦纪之处,应全行改正,总以按切时势而仍不背礼教为主"。①

根据张之洞及其所管学部和各省督抚大臣的驳议,清政府又下发修改草案宗旨,"凡我旧律义关伦常诸条,不可率行变革,庶以维天理民彝于不敝"。沈家本等据此修订后的《修正刑律草案》,又遭到劳乃宣等礼教派的反对。在劳乃宣所撰《修正新刑律草案说帖》中,要求把"旧律义关伦常诸条,逐一修入新刑律正文"。他认为,大清律中的"干名犯义""犯罪存留养亲""亲属相奸""亲属相盗""亲属相殴""故杀子孙""杀有服卑幼""妻殴夫夫殴妻""发冢""犯奸""子孙违反教令"等,都是维护宗法家族制度不可缺少的礼教条文,新刑律删除这些条文,大犯礼教,不能"维伦纪而防渎乱",因此必须"本旧律之义,用新律之体",一并归入另辑判决例内。在遭到沈家本的逐条批驳后,劳乃宣仍坚持将"犯奸"和"子孙违反教令"入律。

关于"犯奸",劳乃宣认为新刑律草案只认与有夫妇女通奸为有罪,与无夫妇女通奸为无罪,这就"失之大过"。中国的风俗习惯,特别重无夫妇女的通奸罪。刑律对此不列条文,不以为罪,不符合中国人的人心。针对法理派认为无夫奸只是一个道德问题,因而不能用法律去禁止的说法,劳乃宣反驳说:"法律与道德教化诚非一事,然实相表里。必谓法律与道德教化毫不相关,实谬妄之论。"道德与法律紧密相连,法律为表,道德教化为里,法律必须维护道德教化,离开道德教化而讲法律,势必造成国家的道德败坏,社会无法治理。因为"天下刑律无不本于礼教",事事合于礼教,人与人之间就会相安无事,社会治安就能得到保障;如果事事不合于礼教,社会就会紊乱,教育也解决不了问题,只能"以刑治之以泯争端",从而达到维护社会治安的目的。因此,劳乃宣主张无夫奸即使不作专条列入正文,也必须改动正文中有夫奸条款的字眼,删去"有夫之妇"字样,改为笼统的"和奸";"待其本夫告诉始治

---

①　张之洞:《会奏改正刑律草案折并清单》,载《张之洞奏附录各件》,所藏档甲182—205。转引自:李细珠《张之洞与清末新政研究》,上海书店2003年版,第274页。

其罪"改为"待其尊亲属及本夫之告诉始治其罪",这种变通,实际上已经把无夫奸治罪包括了进去。

关于"子孙违反教令",劳乃宣认为旧律对子孙处以杖刑;屡次触犯,尊长呈请发遣者,将其发遣。发遣后,祖父母、父母呈请将其释放回来,也有放回的成案。这样,"子孙治罪之权,全在祖父母父母,实为教孝之盛轨"。但是刑律草案不列这一条,"殊非孝治天下之道"。子孙违犯尊亲属教令,并非全都是教育问题。他说,《周官》八刑中就有"不孝之刑",俄国刑法也有"逞送忤逆之条"。如果子孙触忤祖父母和父母,官府没有惩治他们的法律,祖父母和父母对忤逆子孙没有逞送惩治的地方,"实为大佛民情之事"。对于沈家本提出的用感化院教育忤逆子孙之议,劳乃宣反驳说:中国有一千多个州县,不能同时设立。所以,在现有的条件下,必须在刑律中明确规定,由官府代为惩治违反教令的子孙。应补其文为:凡子孙违犯祖父母父母教令及奉养有缺的处拘役,屡次触犯的处一等有期徒刑,但必须是祖父母父母亲自告诉才能治罪。如果祖父母父母代为请求减少期限或宽免的话,应该同意。

与此同时,资政院议员、内阁学士陈宝琛和大学堂总监督刘廷琛,在犯奸和子孙违犯教令方面,全力支持劳乃宣,攻击《新刑律草案》。陈宝琛认为:"法律不能与习惯相反者,立法上之原则也。"欧洲有欧洲的风俗习惯,而且欧洲各国也因各国礼教风俗习惯不完全相同而分英国法系与罗马法系。"中国之刑法在世界上本为独立的一种法系",它的特点是"注意伦常礼教",和西方国家法律的宗旨不同。因此,"改良刑律止于采吾国旧法之不合于理者去之而已,不当一一求合于外国法律而没吾国固有之文明"。以上两端即犯奸与子孙违犯教令必须治罪,不过量刑与劳乃宣稍有不同:凡和奸处四等以下有期徒刑;凡子孙违犯直系尊亲属正当的教令处拘役,因而触忤者处四等至五等有期徒刑等。刘廷琛在《奏新刑律不合礼教条文请严饬删尽折》中说,法律馆所修新刑律,不合礼教处不胜枚举,而最悖谬的,是子孙违犯教令及无夫奸不加罪数条。为此,应"严饬该馆,凡新刑律草案中,此等条文概行删除净尽,不准稍有存留,悉本中国礼教民情,妥为修正,服制图尤关重要,不得率行变革"。并指沈家本等为"抗命之臣",有"陷皇上以废礼教之名"的大罪。

▶ 四、家族本位的立法观

当杨度在资政院议场以宪政编查馆特派员身份,说明新刑律国家主义的立法宗旨后,遂遭到劳乃宣的激烈反对。他认为,家族本位的制度适合中国国情,新刑律的制定应以维护家族主义为立法宗旨。

劳乃宣从法律的起源入手来论证家族主义在中国的合理性。"法律何自生乎？生于政体。政体何自生乎？生于礼教。礼教何自生乎？生于风俗。风俗何自生乎？生于生计。"农桑、猎牧、工商三种不同的生计，则产生三种类型的风俗礼教政体，从而又产生出家法、军法、商法三种类型的法律。"农桑之国"的人民，有固定的土地、住所，全家人都听命于父兄的安排，"父兄为家督而家法以立。是家法者，农桑之国风俗之大本也"。依据家法，君臣关系等于父子关系，"其分严而其情亲，一切法律皆以维持家法为重，家家之家治，而一国之国治矣"。在这种法律下，"人人亲其亲，长其长"，则天下由此而太平。"猎牧之国"与此不同，人民居无定所，"结队野处，逐水草而徙居"。这种生活方式决定其必须有兵法约束才能谋生存。"人人服从于兵法之下。是兵法者猎牧之国风俗之大本也。"君臣关系等于军队中的将帅与士兵的关系，"分严而情不甚亲"。这种国家的一切法律皆与兵法相表里，约束甚严而简单易行，合乎用兵之道。"工商之国，人不家食，群居于市。非有市政不能相安，故人人服从于商法之下。是商法者工商之国风俗之大本也。"这种国家的君臣关系是一种雇佣关系，"情亲而分不严"。君主形式的国家就像独家商业公司，民主形式的国家就像合资商业公司。"一切法律皆与商法相览表，凡所为尚平等重契约，权利、义务相为报酬，皆商家之性质也。"经过分析，劳乃宣得出结论，认为"风俗者法律之母也，立法而不因其俗，其凿枘也必矣"。中国是农桑之国，风俗礼教政体都从家法中产生出来，所以政治必须"从家法"，而不能以朔方的军法或欧美的商法；刑律必须维护家法，而不能维护军法或商法。"今欲以欧美的商法政治治中国，抑独可行之无弊乎？"①

　　针对杨度提出的要使人民爱国，必须先破坏家法的说法，劳乃宣指出：中国人但知爱家而不知爱国，根源不在家族主义而在秦以后的专制政体。秦以前的"春秋之世，正家法政治极盛时也，而列国之民无不知爱其国者"。只是到了秦代，行专制政体，"一国政权悉操诸官吏之手，而人民不得预闻"。久而久之，才使今日之民不知爱国。就西方国家而言，欧美之民也非不爱其家，只是中西方家庭的范围不同而已。"中国之家以父子为范围，西方之家以夫妇为范围。西国之所谓一家，犹中国之所谓一房，而其为有家则一。"西方人爱国并非由于其没有家庭观念，而在于人人"深明家国一体之理，知非保国无以保家"。之所以如此，是因为他们"行立宪政体，人人得预闻国事，是以人人与国家休戚相关"。中国现在已行预备立宪，只要假以岁月，定会使"家国一体之理渐明于天下，天下之人皆知保国正所以保家，则推知其爱家之心，而爱国

341

　　① 《新刑律修正案汇录序》。转引自张国华、饶鑫贤：《中国法律思想史纲》，甘肃人民出版社1987年版，第465页。

之心将有油然而生,不其然而然者"。劳乃宣认为,中国三代以上之法,实为家族主义与国民主义并重,而这也正是现在世界各国最崇拜和推重的军国民主义,所谓新法之法理之源,正谓我国所固有,因此,今日若谈变法,必"本乎我国固有之家族主义,修而明之,扩而充之,以期渐进于国民主义,事半功倍,莫愈乎是"。有鉴于此,当议场议决新律时,劳乃宣等礼教派又就无夫奸是否有罪和子孙对尊长的侵害能否适用正当防卫等两大问题挑起争论。对于这两个问题,劳乃宣均以维护家族主义为标准,定其取舍,是一个典型的封建礼教的卫道士。

第四节　清末修律的现代性与预备立宪的关系

本章的前三节集中介绍了清末修律的基本内容及法理派和礼教派的基本法律主张,毫无疑问,中国法制的现代化,起源于从 1902 年开始的新政。然而,我们也必须注意到,晚清修律所呈现的法制现代化特质,则与 1906 年的预备立宪密切相关。可以说,如果没有 1906 年开始的预备立宪,即便修律再进行多年,也绝不会有开启中国法制现代化航程的成绩。预备立宪上谕的宣示,推动了清廷全方位的政治体制改革,使步履蹒跚的修律工作得以提速;作为预备立宪基础的一揽子法典修订计划,使以往民刑不分、实体法程序法合一的律典,得以部门法典的形式,成为新型法律体系中不可或缺的组成部分;立法方式和程序中的签注意见、修正驳议、议场论辩及票决裁可,在引入民主议政决策的同时,又造就了法理派和礼教派这样的法学派别,为中西法律精神的探究提供了论战的平台。

▶ 一、从参酌到仿行:预备立宪为清末修律"提速"

晚清政府从 1901 年到 1911 年这十年间的修律活动,以 1906 年的预备立宪为界,大体上可以分为两个阶段,"在 1906 年预备立宪之前,侧重于以传统的修改、修并、移并、续纂、删除诸方式变更旧律例,调整旧法体系,制定一些应急的单行法规,主要是商事立法,此时中西法律冲突相对不太明显;后期从 1906 年至 1911 年是集中制定新律,编纂法典阶段,此时大量引进和继受西方法律进行司法制度改革,从而引发了几场大规模的争论"。① 可以说,在预备立宪之前,修律活动主要以删削旧律和翻译外国法律为主,是散漫而枝节性

---

① 高尚:《清末修律变法与法律移植——移植与变法的具体分析》,载何勤华主编:《法的移植与法的本土化》,法律出版社 2001 年版,第 76 页。

的,也是基础性的,具有应急而功利的色彩;在宣布仿行宪政后,则是撇开中华法系诸法合体的固有体例,仿照西法,建立以宪法为中轴的近代法律体系,修律活动呈现出大规模、系统化、成批量的特点。预备立宪在晚清修律中起到了"提速"的助推器的作用。

(一)"参酌各国法律"方针下的修律

清廷于1901年颁布的新政上谕,明确表达了上层实行政改的决心,也确立了修律的总纲。但从总体上看,新政的目标模糊而笼统,上谕要求诸大臣"各就现在情形,参酌中西政要",对"如何而国势始兴?如何而人才始出?如何而度支始裕?如何而武备始修?"等"各举所知,各抒所见"。① 名为新政上谕,其实只是一个问计诏书,要求各大臣就变法新政事宜建言献策,说明了最高层对新政"如何"实施心中没底,需要"摸着石头过河"。作为这一揽子政改计划中的修律,当然也只有"取外国之长,补中国之短"的总体框架,不过,这已为法律的变革提供了前所未有的机遇。

1907年,沈家本曾对前期的"修律情形",做了较为系统的总结,主要包括两方面的工作:一是根据"参酌各国法律"的要求,"首重翻译",即修订法律馆在"限于财力,未能多聘通才"的情况下,先后翻译了法兰西刑法等共26种,"已译而未完者"如德意志民法等,共10种。另外进行了"与译事并重"的调查,即修订法律馆派员前赴日本,对裁判、监狱等事进行了考察。二是"编纂古律",主要在参考古今的基础上,编纂了刑律的总则和分则等。② 纵览这一时期对旧律的改造,以"删除"不合时宜条款为主,工作琐屑繁重,在《奏请先将例内应删各条分次开单进呈折》中,涉及"如定例系一时权宜、今昔情形不同者,或业经奏定新章而旧例无关引用者,或本条业已赅载而别条另行复叙者,或旧例久经停止而例内仍行存载着,凡此皆亦应删之列"的即有344条之多。③ 此后陆续奏进删修的旧律,包括删除律例内如凌迟、枭首、戮尸、缘坐、刺字等酷刑、变通笞杖办法改为罚金并明定章程、变通窃盗条款、重申轻罪禁用刑讯笞杖改为罚金新章、虚拟死罪改为徒流等等。同时,适应与各国交通的需要,还制定了一些"涉外"法律,如"伪造外国银币拟请设立治罪专条"等。除了这些对旧律枝节性的删修改定外,法典化的成果并不多,只有于1905年

343

① 《德宗景皇帝实录(七)》卷476,"光绪二十六年庚子十二月戊戌朔"条,载《清实录》(58册),中华书局2008年影印第2版,第61248页。
② 沈家本:《修订法律大臣沈家本奏修订法律情形并请归并法部大理院会同办理折》,载故宫博物院明清档案部编:《清末筹备立宪档案史料》(下册),中华书局1979年版,第828页。
③ 上海商务印书馆编译所编纂:《大清新法令(1901—1911)》(第一卷),商务印书馆2010年版,第195—196页。

5 月奏准颁行的《破产律》，以及 1906 年奏进并旋即引起轩然大波竟至无果而终的刑事民事诉讼法草案。

从以上"成绩"不难看出，早期的修律，除了做好翻译和调查这些预备性、基础性的工作外，主要是在旧律的框架中进行，从法律的"废、改、立"角度来考察，"废除"过时的法律占了相当大的比重，"修改"部分次之，而"立法"则仅处于末位。"这些改革都是零零碎碎的，未触及体例形式，也未增加新时代涌现的罪名。"①之所以如此，固然有修订法律馆初创时期，修律大臣更多地在办公场所的筹设、办公经费的筹措、修律人员的抽调等事务性的工作中耗费心力的因素，更重要的还在于整个新政政改方向不明，致使修律在国家政治生活中的地位不高，以至影响了修律的进程和质量。"宗旨不定，则编纂无从措手"②，正是一个恰如其分的表达。

（二）"仿行宪政"为修律"提速"

修律的转折点来自于 1906 年清廷宣布的预备立宪。日俄战争中专制俄国败给宪政日本的"事实"，使朝野上下涌动着一股立宪的热潮，而清廷也终于找到了新政的着手处，修订法律在国家政治生活中的重要地位也得到承认。

在派五大臣分赴东西洋考察政治的上谕中，认为新政的施行效果并不理想，"数年以来，规模虽具，而实效未彰"③，谕旨中虽要求五大臣"考求一切政治，以期择善而从"，其实考察的目的性很明确，那就是立宪对朝廷到底有没有好处。从嗣后由考政大臣端方等编定的《欧美政治要义》及《列国政要》中可知，他们搜求的资料明显的偏向于立宪的好处和立宪的可行方面，其中对宪法与其他法律之间的关系也做了考求，认识到作为"国家之根本法"的宪法，是"诸法之渊源也"。④ 在促使清廷下决心实施预备立宪的《请定国是以安大计折》中，端方认为要定国是，首当其冲的便是向臣民宣示"举国臣民立于同等法治之下，以破除一切畛域"，而这里的法，则指"凡一切刑法、民法、商法等之法律皆是也"。⑤ 因此，在 1906 年 9 月 1 日颁布的纲领性文件《宣示预备立宪谕》中，修订法律已上升为预备立宪不可或缺之基础性工作，"目前……

① 陈煜：《清末新政中的修订法律馆——中国法律近代化的一段往事》，中国政法大学出版社 2009 年版，第 326 页。
② 伍廷芳：《奏请除律例内重法折》，载丁贤俊、喻作凤编：《伍廷芳集》（上册），中华书局 1993 年版，第 257 页。
③ 《派载泽等分赴东西洋考察政治谕》，载夏新华等：《近代中国宪政历程：史料荟萃》，中国政法大学出版社 2004 年版，第 37 页。
④ 转引自张海林：《端方与清末新政》，南京大学出版社 2007 年版，第 147 页。
⑤ 端方：《请定国是以安大计折》，载夏新华等：《近代中国宪政历程：史料荟萃》，中国政法大学出版社 2004 年版，第 48 页。

亟应先将官制分别议定,次第更张。并将各项法律详慎厘订,……以预备立宪基础"。① 随着修订法律在国家政治体制改革中权重的增加,修律权也成为法部及大理院大臣角逐的对象,修律已不再是简单地修补,而是要制定系统的部门法典。

根据考政大臣的报告,清廷最后决定以日本为"仿行"对象,这种仿行几乎是全方位的,不仅包括宪法方面,也包括其他的部门法,正如张之洞所言,"日本法律学最讲究,其法学共分六门,民法一门极为西人称赞佩服,于东方风土民情,尤为相宜可行,并不专泥欧洲法家言"。清廷除了派员赴日进行考察外,还高薪聘请日本法政学者帮助或直接起草部门法,如冈田朝太郎、松冈义正和志田钾太郎分别协助修律馆起草了《大清刑律草案》《大清民律草案》和商法总则等,有的法律草案可以说基本上是对日本相关法律的照搬。② 当然,法律修订的速度也因"仿行"或"照搬"而明显加快,从 1907 年到 1911 年这短短的几年间,基本上完成了现代法律体系中主要部门法律草案的起草工作。其中,除了宪政编查馆拟定的《钦定宪法大纲》《咨议局章程》等"宪法性文件"外,修订法律馆会同有关部院机关起草了一系列重要的部门法草案,其中既包括过渡性的《大清现行刑律》,也包括《钦定大清刑律》《大清民律草案》《大清商律草案》《大清刑事诉讼法草案》《大清民事诉讼律草案》《大清监狱律草案》《法院编制法》及《违警律》《国籍条例》《破产律》等。与前期的修修补补相比,后期的修律可谓是大刀阔斧、高歌猛进了。

可以说,1906 年清廷的仿行宪政,确立了国家政治体制改革的目标,"新政"之"新"表现在谋求从专制政体向立宪政体的转变,修律的方向不再只是笼统地"务期中外通行"以"收回治外法权",而是要符合宪政总体架构的要求,修律的方式则从"参酌各国法律",进到全面的仿行。由于服务于预立宪政之基础,才有了全方位、有条理、有系统的立法规划,从制定过渡性的现行刑律,到起草各种部门法草案并陆续进入签注"讨论"阶段,都逐步次第展开,有序而行,清末的法律改革最终得以向纵深方向发展。正如端方在《请定国是以安大计折》中,从全局的角度所阐明的国是不定的后果,即"且此国是未定,宪法未布以前,举国上下茫茫,如在大海之中,不知东西之所向。为官吏者,逐风气谈维新,枝枝节节而为之,漫无方针,漫无把握,徒使名目繁多,头

---

① 端方:《宣示预备立宪谕》,载夏新华等:《近代中国宪政历程:史料荟萃》,中国政法大学出版社 2004 年版,第 52 页。

② 参见任达:《新政革命与日本——中国,1898—1912》,江苏人民出版社 1998 年版,第 200—211 页。

绪纷乱,名为涂饰新政,实为扰乱旧章,不惟无益,而且有损"。① 实施新政如此,进行法律改革亦复如此。因为一国之法律,无不与一时代之政治体制紧密相关,惟其政治体制改革之后,方有与之相应的法律体系的建立。当修订法律活动成为预备立宪的重要一环后,在宪政的统御下建立相应的法律体系才成为可能。

▶ 二、从裁可到议决:程序的现代特色

在清廷宣布预备立宪后,无论是力主与时俱进的改革派,还是曾经顽固的反对派,几乎"言必称宪政",谈论宪政已然成为一种时尚。作为为宪政预立基础的法律修订,也进入了一个新的发展阶段。在性质定位上,修订法律馆从旧式衙门变身为新型的专门的法律起草机构,在程序上,从皇帝对立法权的专享,到注重舆情和具有代议性质的取决公论,都使修律具有了现代色彩。

(一) 修订法律馆职能的变迁及其地位的提高

新政时期的修订法律馆,与有清一代设立的附属于刑部的律例馆,有一定的渊源关系。在中国传统的政府官僚机构中,并没有专门的立法机关和法律起草机构,皇帝口含天宪,决定了立法活动随意性。有清一代,因应对律例"五年一小修,十年一大修"的"定制"而附设于刑部的律例馆,在清末新政中修订法律大臣的统领下发生了一定的转型,在变身为修订法律馆后,开展了卓有成效的工作。但就其职能、地位和性质而言,远不能适应预备立宪、三权分立的要求,而各种部门法典的起草,又必须有专门的机构负责,所以在仿行宪政的大环境下,原来地位不高、性质不明的修订法律馆,也顺势提升为现代的法律起草机构。

清初最早的修律机构,设置于顺治时期,不过"律例馆最初的性质实质上即是编订经国大典,不承担法律解释这样类似司法的功能,故而律典纂成即告撤销"。② 乾隆七年,律例馆并属刑部,其"从事的业务主要是将刑部最新判决例中有关例文进行部分修改编成'通行章程'",律例馆作为常设机构存续下来。③ 后来,律例馆逐渐增加了复核案件的职能,"除纂修律例之外,并有稽

---

① 端方:《请定国是以安大计折》,载夏新华等:《近代中国宪政历程:史料荟萃》,中国政法大学出版社 2004 年版,第 50 页。
② 陈煜:《清末新政中的修订法律馆——中国法律近代化的一段往事》,中国政法大学出版社 2009 年版,第 33 页。
③ 同上书,第 33—34 页。

核律例的任务,凡各司案件有应驳者及应更正者,都交律例馆稽核"。① 不过,从 1870 年到 1902 年的 32 年间,律例馆修律立法的职能久未发挥,律例的修订处于停滞状态。作为一个疆域辽阔的大帝国,既无专门机构负责立法,也无常态的律例修订以适应社会生活状况的发展变化,实在匪夷所思。

在 1904 年修订法律馆正式成立后,仍附设于刑部,但与原有律例馆相比,已具有了一定程度的独立性,修律的工作更多的是在参酌西方法律观念的前提下对旧律进行删修。不过,就当时有关的谕旨看,修订法律馆的性质和地位并不明确,它更像是一个"各国交通"时代的临时性政策应对部门,而不是独立的行使"立法权"的机构。修订法律馆从以往修补法律漏洞的"律例馆",到专门法律起草机构的变化,直接源自清廷的预备立宪,对宪政的讲求,使人们对立法权的重要性及其与行政权、司法权的关系给予了必要的关注,并重新定位修订法律馆在整个国家机构中的地位。

发生在官制改革时期的部(法部)院(大理院)之争,促使清廷明确规定了修律的机构及其独立地位。1906 年清廷宣布预备立宪谕后,当务之急即是改革官制以适应仿行宪政的需求。在宪政架构中,立法权的重要性和立法机构的独立地位是不言而喻的。传统的官僚体制中立法机构阙如,而国会的设立也非一日之功,因此筹设资政院以为过渡遂成为共识。然而,即便行使立法权的资政院成立,也需要有专门机构负责法律的起草,在新政中一直承担修律任务的修订法律馆就成为不二之选。处于官制改革大潮中的修订法律馆,遂陷入了在分权后行使司法权的大理院和行使行政权的法部的权力纷争中。在清廷着令法部大理寺就修订法律事"会同详合,妥拟具奏"后,大理寺正卿张仁黼仍以"窃惟法律者立国之基""修订法律事体重大"为由上奏,专门讨论设立立法机关事宜。而法部尚书戴鸿慈也奏请"特开修订法律馆,以示全国法律之所从出,将来无论何种法律,皆须由法律馆编纂及提议改正,以期法律之统一"。② 尽管张仁黼与戴鸿慈的奏折有"争权"之嫌,不过,修订法律馆的归属之争,归根结底是立法话语权之争,原本似乎无足轻重的修律,其权重在国家政治生活中的增加则已毋庸置疑。部院权争的结果,是最终促成了修订法律馆的独立及其地位的相应提高。1907 年 8 月 13 日考察政治馆改为宪政编查馆,在"议覆修订法律办法折"中,奕劻从"立宪之精义"的学理出发,明确了修订法律馆"与部院不相统属"的独立地位,并明定其职责"专为编纂法典

---

① 张德泽:《清代国家机关考略》,学苑出版社 2006 年版,第 109 页。
② 戴鸿慈等:《法部尚书戴鸿慈等奏拟修订法律办法折》,载故宫博物院明清档宁部编:《清末筹备立宪档案史料》(下册),中华书局 1979 年版,第 841 页。

草案",修订法律的权属终于尘埃落定。

从以上分析可以看出,修订法律馆从原来依附于皇权、从属于古代司法官僚体制下的律例修订部门,转变为宪政框架下具有相对独立性的现代法典起草机构,得益于预备立宪者甚多,预示着历史已走到了一个重要的拐点,它关乎的是中国立法体制的裂变。

（二）修律程序中渐趋增强的"民主成分"

随着修订法律机构职能的明确及地位的提高,修律的程序也渐趋明朗,曾经的奏折请旨、君上裁可,到草案编纂、大臣签注、议场辩驳、投票议决及降旨颁行,增加了"取决公论"的环节,法典编纂中对舆情的重视,民主成分的增加,使立法程序方面呈现出现代色彩。

（1）传统立法体制中无"民主"。在刑部律例馆时代,修订律例的流程大体上是这样的:由各司出具案件处理说帖（即一种建议书或意见书）,律例馆汇总各司说帖后加以批复,形成对同一类案件的总体意见并上呈刑部堂官讨论,通过后上奏朝廷,如经朝廷俞允,则返归律例馆存档,朝廷谕旨即成为通行章程,此后的相关案件即按新章执行。① 从这一流程可以看出,早期律例修订,主要是在刑部内部进行,各司具体的工作人员首先出具对个案的法律意见,律例馆形成带有普遍性的修订意见。能体现修律"民主色彩"的部分,主要存在于刑部堂官的讨论中,而最后能否颁行,其定夺权掌握在皇帝手中,以示"法自君出"之意。由此可见,在传统政治体制中,立法权集中在皇帝之手,立法只是少数人的事。

（2）新政时期修律程序中对舆情的有限关注。在1902年任命修律大臣的谕旨中,只笼统地要求"参酌各国法律,悉心考订,妥为拟议,……俟修订呈览,侯旨颁行"。其中并无交由督抚大臣讨论的要求,所以,当1905年沈家本等上"奏删除律例内重法折"后,得到朝廷谕旨批准,遂通令全国遵行。只是在谕令遵行禁止刑讯的改革后,引起了社会的强烈反对,先是遭到御史刘彭年的反对,继之又有权臣张之洞的具折奏陈,所以在修订法律大臣上奏《刑事民事诉讼法》草案之后,清廷一改常规,并未立即作出准奏与否的决定,而是谕令将军、督抚、副都统等讨论新法"究竟于现在民情风俗能否通行",要求他们"悉心研究其中有无扞格之处"。② 清廷已经意识到,仅仅依靠单一职能部门的律例修订,并不能保证新法与舆情相恰并"有裨治理"。据此谕令,在随

---

① 陈煜:《清末新政中的修订法律馆——中国法律近代化的一段往事》,中国政法大学出版社2009年版,第126页。

② 中国第一历史档案馆:《光绪宣统两朝上谕档》（第32册）,广西师范大学出版社1996年版,第64页。

后一年的时间里,《刑事民事诉讼法》草案遭到了包括张之洞及各省大多数督抚有理(学理)有据的反对,最终促使清廷于 1907 年明确要求修律大臣以"参考各国成法,体察中国礼教民情,会同参酌,妥慎修订"①为指针,同时也终结了中国历史上第一部诉讼法草案。《刑事民事诉讼法》的"否决"过程,虽仍然采用大臣通过奏折"汇报请示"、皇帝朝廷"命令指示"的传统方式,表明了朝廷在立法中的审慎态度,不过能"发动"诸多督抚大臣参与其中,各抒己见,已多少可见立法程序中的"民主性"因素,也凸显了新政之"新"之所在。

（3）"采舆论之公"与签注的常态化。修律办法的明晰,与前述部院之争有关。在大理寺正卿张仁黼及法部尚书戴鸿慈有关修律的奏折中,均从"立宪"的语境中论及修律程序的问题,而且明显地带有"本土化"倾向。张仁黼认为,"东西各国三权分立,其立法一权莫不寄诸议院,故能顺乎民情,合乎公理,而裁可之权仍在君主,既采舆论之公,亦无专断之弊。特中国政体不同,遽难仿行其法,然可稍取其意。彼公诸议院者,我则公诸群臣",所以应"请钦派各部院堂官,一律参预修订法律事务","如此则有议院之长,而无专断之弊。"议院立法是为了采取公论,以免专断,而在中国议院阙如的情况下,则可问政于"群臣",广征臣下意见,以使所订法律更能顺乎民情,合乎公理。戴鸿慈的"修律办法"则更为详尽,认为"编纂法典,乃预备立宪最要之阶级",建议"此次编纂法律,应由修订大臣督同纂修员起草,无论何种法律,凡未经议决者,皆谓之法律草案,草案之后,各附理由书。每草案成,由会订大臣逐条议之,其各督抚、将军有参订之责,亦应随时特派司道大员来京会议,参照议院法,分议决为认可及否决两种,皆从多数为断"。张、戴二人的"争权"奏折,促使宪政编查馆明确规定了修订法律的办法,其后的修律程序也逐渐体现了现代的色彩。在奕劻的《议覆修订法律办法折》中,从立法权应从司法和行政权中分立的角度,确定了修订法律馆的独立地位,规定"所有修订大臣,拟请旨专派明通法律之大员二三人充任。应修各项法典,先编草案,奏交臣馆考核,一面由臣馆分咨在京各部堂官,在外各省督抚,酌立限期,订论参考,分别签注,咨覆臣馆,汇择覈定,请旨颁行"。当然,这只是在资政院尚未步入轨道时的权宜之计,一俟将来资政院设立并正常行使其职能后,各部、各省明通法政人员,自会成为资政院的议员,无需再分送各部、各省讨论,"即由臣馆径送资政院集议,取决后,移交臣馆,覆加核定,请旨颁布,以期简捷而昭郑重"②。

① 《德宗景皇帝实录(八)》卷 579,"光绪三十三年丁未九月己丑朔"条,载《清实录》(59 册),中华书局 2008 年影印第 2 版,第 62589 页。
② 奕劻等《宪政编查馆大臣奕劻等奏议覆修订法律办法折》,载故宫博物院明清档案部编:《清末筹备立宪档案史料》(下册),中华书局 1979 年版,第 851 页。

　　根据这一奏折，资政院未开之前由在京各部堂官、在外各省督抚的"签注"、资政院设立后由该院"集议、取决"，遂成为立法的必经程序。嗣后在制定并通过《大清新刑律》的过程中，所触发的声势浩大且影响深远的"礼法之争"，就发生在这两个"程序"中。在修订法律馆上奏大清刑律草案总则和分则后，按照立法程序，"从1908年到1910年，京内外各衙门陆续上奏对大清刑律草案的意见，这些意见被称为'签注'"。① 根据高汉成的搜集整理，在两年左右的时间里，几乎所有的中央部院及地方督抚都有签注上奏，其中既包括对草案发表整体看法的"原奏"，也包括所附的对草案总则和分则逐条发表意见的"清单"，这一过程历时之长，规模之大，讨论范围之广，都是史无前例的。作为法律起草机构的修订法律馆，负有对签注意见进行反馈之责，形成的《修正刑律按语》，既有对修正刑律草案条文的修订，也有对签注意见的回应。撇开礼法之争中礼教派和法理派的对错胜负不说，仅就大清新刑律产生的这一过程来看，"签注始终是一股主要的推动力量，也的确在一定程度上扭转了刑律草案在某些方面的偏差和错误"。② 在从律典向法典的过渡中，传统的立法体制和程序为新刑律的诞生提供了一个"基地"，签注意见所体现的有限民主成分，是在"旧土壤里长出的新谷子"。

　　(4) 资政院的职能及其法律的议决方式。清廷于1908年颁布《钦定宪法大纲》，对于拟设中的议院，规定享有有限的立法权，议院虽可议决法律，但必须由君上批准颁布。与"法自君出"的传统相比，这一规定仍有其相对的"进步性"。根据1909年通过的《资政院院章》，明定资政院应行议决的事件，包括除宪法之外的"新定法典及嗣后修改事件"。由于预备立宪期间的《逐年筹备事宜清单》中，有光绪三十六年(1910年)资政院开院并颁布新刑律的计划，所以"礼法之争"中的第二个场所便理所当然地发生在资政院的议场，这也成为中国人"民主"议政与决策的第一次试验。

　　1910年10月3日，资政院第一届常年会召开。作为上下议院之基础的"代表舆论之地"，资政院议事有相应的议程及规则。在议场中，议员拥有事件的提议权、议案的倡议权、讨论权、议决权及质问知情权，为了保证议员对议决事件的充分了解，清廷还规定了详尽的政府委员答复规则。议场的议事规则也很明确，如对于一般案件，可以直接会议讨论或付股员会审查后开议决定，在大会讨论阶段，政府特派员要各就议案或其事项陈述利害得失，议员则可以进行质问，提出质问说帖交大会决定，咨请各部院衙门答复。议决时

---

① 高汉成：《签注视野下的大清刑律草案研究》，中国社会科学出版社2007年版，第1页。
② 同上书，第192页。

以超过议员人数的一半为准,对于法律案则实行三读程序,即初读、再读、三读之后进行表决,在第一届常年会中通过的地方学务章程案、修正报律案、著作权律案等法律案件,均按照三读程序办理。① 在议场中,引起激烈争论并掀起又一轮礼法之争的,即是对大清新刑律草案的审议,这既可以看做是草案签注过程中未竟事宜的继续,也是议场议事规则的运用,是在"程序"内进行的。12 月 2 日,资政院根据大会议程,对新刑律议案进行审议,在初读程序中,作为宪政编查馆的特派员,杨度赴会说明新刑律修改的主旨,从国内和国际两方面阐明改良刑律的理由,由此而引发了以"钦定硕学通儒议员"劳乃宣为首的礼教派的辩难,在经过一个多月的讨论审查后,从 1911 年 1 月 6 日起至 10 日止,完成了大清新刑律议案的续初读、再读和三读的程序,表决通过了《大清新刑律》总则部分,因为时间关系(资政院于 1911 年 1 月 11 日闭会),分则并没有议决。参与这次争论的法理派这一方,有资政院副总裁沈家本、议员及法典股股长汪荣宝、宪政编查馆特派员杨度、编制局局长吴庭燮等,礼教派一方则有资政院议员劳乃宣、陈宝琛及京师大学堂总监刘廷琛等,争论在立法程序这一法律框架中进行,属于现代立法体制中的"规定动作",并非保守派的"疯狂反扑",而刑律总则及暂行章程以议决的方式通过,与其说是法理派的妥协和礼教派的胜利,毋宁说是立法程序的有效和成功运作。

资政院虽只是过渡性的法律议决机构,但只要引入民主的程序,允许异议人士参与充分的讨论,最后将决策的权力交付大多数,则不管结论如何,都属于时人的选择,法律的具体内容可以通过程序而定,也可以通过程序而废,而宪政与专制的分野,正是从立法机构的独立及立法程序的民主化开始的。

▶ 三、从伦常到平等:法律精神的裂变

如果说通过签注以吸纳舆情和议场辩论以取决公论,只是法制现代化的外在表征的话,为政善恶的评价标准及法律本位的变迁,则是法制现代化的内涵之所在。修律中的礼法之争,在客观上促进了人们对中西方法律精神和法律文化特质的认识,一方面,它使晚清修律呈现出审慎、稳健和求实的特点;另一方面,也在对以伦常为特征的法律传统的持守中,渐进地吸纳了西方的权利文化,近代中国法制现代化也从此而变得有血有肉、形象丰满。

(一) 删修旧律的仁政"底蕴"

传统社会中,对为政者善恶的评价标准,存在于君仁臣忠等一套伦理价

---

① 关于资政院第一届常年会的详情,参见湘潭大学史学硕士祁世远的硕士学位论文《晚清中国的政治盛典——资政院第一次常年会研究》。

值体系中,君王的慎刑恤狱,自是仁政的表征之一。在修律的纷争中,我们也可以看出预备立宪的分水岭作用。在早期沈家本对大清律例枝节性的删削修并中,其理由更多地与传统的"仁政"要求相关,当不得已"求助于"西方时,也多从收回领事裁判权的角度,来论证删修的必要与可能,以"外人着眼处"来壮改革之声威,其实是一种权宜和策略。在最具"代表性"的《奏请变通新刑律例内重法数端折》中,沈家本等认为,"各国法律之精意固不能出中律之范围",只是在具体规定中,"中重而西轻者为多",对于这些重法,"西人每訾为不仁",所以才有领事裁判权之要求。现在奉命修律,"窃为治国之道以仁政为先,自来议刑法者,亦莫不谓裁之以义而推之以仁,然则刑法之当改重为轻,固今日仁政之要务,而即修订之宗旨也"。① 所以因应"仁政"之需,将凌迟枭首、戮尸缘坐、刺字、死罪之虚拟等均予废除,"但并没有动摇旧律的基本精神"。② 而在停止刑讯问题上,深得英美普通法系以维护自由权利为其精髓的伍廷芳,并没有将禁止刑讯上升到维护人权的"高度"来论证,而是认为去刑讯"此举实为环球观瞻所系",内外问刑衙门应实力奉行,是要"仰体朝廷矜恤庶狱之意"。③ 直到清廷宣布预备立宪的前夜,伍廷芳等于 1906 年 4 月 25 日在《奏诉讼法请先试办折》中,关于"设陪审员"和"用律师"的理由,也并非我们今天所知的"司法民主"和"辩护权"这些有利于被告人的制度设计,而是依旧从古已有之和挽回治外法权的角度,论辩其应该"参酌"和"模范"的价值。如陪审员的设置,有类于《周礼·秋官·官刺》中的"三刺之法"及孟子所谓的"国人杀之",而律师制度的引进,则是迫于在通商各埠的华人讼案中,借外人辩护的扞格不通和领事治外之权的滋蔓。在这里,我们当然不会认为伍廷芳不知道陪审员审判和律师辩护背后所蕴涵的权利精神,而是在当时宪政还不具备"权威合理性和正当性"的条件下,作为法典试行的理由申述中,不可能有超出合理的"度"的措辞。沿着传统政体中的"治道"谱系所进行的改革,囿于"新政"的框架,修律大臣的举措,当然不可能离经叛道。

(二)"政治正确"下宪政话语霸权

仅仅过了一年多,当修订法律大臣沈家本奏进《新刑律草案》之后,在大臣督抚的签注意见及其后的议场辩论中,尽管礼教派和法理派,以各自的方式理解着宪政,但这并不妨碍争论双方言说宪政的热情,论战的每一方都力

---

① 沈家本:《修订法律大臣奏请变通新刑律例内重法数端折》,载《大清新法令 1901—1911》(第 1 卷),商务印书馆 2010 年版,第 285 页。
② 王伯琦:《近代法律思潮与中国固有文化》,清华大学出版社 2005 年版,第 28 页。
③ 伍廷芳:《奏停止刑讯请加详慎折》,载丁贤俊、喻作凤编:《伍廷芳集》(上册),中华书局 1993 年版,第 271 页。

图从宪政民权的角度,来寻求理论的支持和合法性,这并非人们的观念发生了突然的进步,而是在预备立宪后,宪政话语具有了无可比拟的"政治正确性"。

立宪或宪政是法理派倡导改革时手中的"尚方宝剑",在进呈刑律草案时如此,在议场中论战时也是如此。1907年,在沈家本等奏进呈刑律草案折中,直接以立宪原理阐述修订理由的,主要有关于"删除比附"一项。沈家本认为,引律比附、加减定拟的"定例之旨,与立宪尤为抵牾。立宪之国,立法、司法、行政三权鼎峙,若许司法者以类似之文致人于罚,是司法而兼立法矣"。故有《刑律草案》总则第十条"凡律例无正条者,不论何种行为不得为罪",并进一步解释"司法、立法混而为一,非立宪国之所应有也。"①否定中国传统司法中援引比附的类推制度,否定司法官的造法之权,引入先进的"罪刑法定"的刑法原则,"与立宪尤为抵牾"无疑是一个有说服力的理由。分则中新罪名如"选举之罪",也盖因其为"立宪之首务",才有了设定之可能。

在1910年资政院召开的第一届常年会中,杨度作为宪政编查馆派出的特派员,在阐释新刑律的修律宗旨时,更将新律精神与国家主义精神、宪政精神相等同。杨度从国内和国际两方面,阐明了改良刑律的理由。从国内的情况看,以往"旧律于司法包含立法。凡法律无正条者,可以援引比附",这与立法、司法相独立的立宪原则不合,当此"国内宪政进行之时,必须使一切法律都与宪政相符合",故旧律不能不改;从国际方面看,因为中国法律的原理原则与世界各文明国的不相符合,导致外国人在中国不遵守中国法律,享有治外法权和领事裁判权,破坏了中国的司法主权,因此,旧律也不能不改。② 其实杨度议场中的演讲,大多是在重申沈家本等修律大臣的修律理由。在和劳乃宣等礼教派论战中,杨度又专门撰写了《论国家主义与家族主义之区别》一文,用以回击礼教派的反对,"今馆中宜先讨论宗旨,若认为家族主义不可废,国家主义不可行,则宁废新律,而用旧律。且不惟新律当废,宪政中所应废者甚多。若以为应采国家主义,则家族主义绝无并行之道。而今之新刑律,实以国家主义为精神,即宪政之精神也。必宜从原稿所订,而不得以反对宪政之精神加入之。故今所先决者,用国家主义乎,用家族主义乎,一言可以定

---

① 沈家本:《修订法律大臣沈家本等奏进呈刑律草案折》,载《大清新法令1901—1911》(第1卷),商务印书馆2010年版,第460、473页。
② 李启成点校:《资政院议场会议速记录——晚清预备国会论辩实录》(第23号),上海三联书店2011年版,第301—302页。

之,无需多辩也"。① 言下之意,反对新刑律,就是反对国家主义精神,就是反对宪政之精神,推衍下去就是反对朝廷预备立宪的既定国策,对此,接招的礼教派当然得好好掂量一下,宪政这一"批判的武器",还是很有杀伤力的。

历史的耐人寻味之处,就在于身处急剧的社会转型期,人们可以用同样的话语,来诠释相反的观点。在礼法之争中,礼教派前期的核心人物张之洞,并非宪政的反对者,相反,在清廷作出的几乎每一次有关宪政的关键性决定中,都有张之洞的功劳,"深盼立宪之局之必成者,莫若洞也",他甚至还提出过"速行立宪"的主张,身为"宪政之枢纽"的宪政编查馆大臣,直至临终时"尚以宪政勿迟行为言"。② 当然,对宪政的执着并不妨碍张之洞成为礼教派的主将。礼法之争后期的主要代表、在议场讨论中态度最坚决最保守的劳乃宣,也在其著名的论及法律与风俗正相关关系的说帖中,以立宪之名来反对新刑律草案的诸多条文,"夫修订新刑律为立宪之预备也,立宪以顺民心为主,则刑律之修,可以不合乎中国人情风俗为先务哉"?③ 劳乃宣即便了解到了中国重伦常之俗与外国平等之道的"凿枘"不相契合之处,却仍然从预备立宪的角度来"说事",实在也是身处宪政的"语境"中,不得不如此罢了。

(三)从伦常到平等的法观念裂变

尽管沈家本等修律大臣早期有对"仁政"的关照,礼教派有对宪政的期许,但隐藏在表象背后的则是从传统注重伦常的法观念,到宪政之下保障民权与平等的法精神的裂变。正如京师大学堂总监督刘廷琛,在《奏新刑律不合礼教条文请严饬删尽折》中所坦言,"臣今请定国是者,不论新律可行不可行,先论礼教可废不可废,礼教可废则新律可行,礼教不可废则新律必不可尽行,兴废之理一言可决"。④ 并且以"后世史册书之曰,中国废礼教,自我皇上始"的激将方法,企图逼使最高当局废弃新律。其实并不是刘廷琛"用心险恶",要致修律大臣于万劫不复之地,而是只要新律的修订以立宪政体为基础,就必然会导致其与礼教的扞格不恰,就像相反方向上跑的两驾马车,实在是无法并行不悖的。

古代中国是一个伦理本位的社会,"人生实存于各种关系之上,此种种关

---

① 杨度:《论国家主义与家族主义的区别》,载刘晴波主编:《杨度集》,湖南人民出版社1986年版,第533页。

② 参见李细珠:《张之洞与清末新政研究》,上海书店出版社2003年版,第321—342页。

③ 劳乃宣:《修正刑律草案说帖》,《桐乡劳先生(乃宣)遗稿》,载沈云龙主编:《近代中国史料丛刊》(第三十六辑),台湾文海出版社1969年影印本,第925—926页。

④ 刘廷琛:《大学堂总监督刘廷琛奏新刑律不合礼教条文请严饬删尽折》,载故宫博物院明清档案部编:《清末筹备立宪档案史料》,中华书局1979年版,第888页。

系,即是种种伦理"。父子、兄弟、夫妇、师徒、君臣官民,"皆是伦理"。而"伦理关系,即是情谊关系,亦即是其相互间的一种义务关系",生活在社会中的每一个人,"对于其四面八方的伦理关系,各负有其相当义务;同时,其四面八方与他有伦理关系的人,亦各对他负有义务",中国古代的社会以伦理组织起来,形成一个伦理本位的社会。① 与西方个人本位的社会著形于权利本位的法律不同,伦理本位社会中的人,以各尽自己的义务为先,权利方面则有待于对方的赋予。从汉代以降礼法融通臻于化境的过程中,不特自由人权平等观念无由产生,政治制度中也唯见专制集权的加强,而绝无民治宪政之发萌。所以表面上看,新刑律的修订是以"折中各国大同之良规,兼采近世最新之学说,而仍不戾乎我国历世相沿之礼教民情"为宗旨,殊不知这只是一种理想的法律移植状态,所谓的大同良规和最新学说一旦采行,必然会和礼教民情相悖谬。伦常中的以身份等差来决定的罪与非罪或罪轻罪重,与宪政中的无分良贱同享均一平等的权利义务,是最难调和的,这是法律"基因"中就带有的差异,以模范列强为方式的修律,不触动礼教民情是根本不可能的。

明乎此,我们也就可以理解晚清有"儒臣"之清誉的张之洞,会在1898年戊戌变法之前作《劝学篇》之时,便已洞穿民权与君臣之纲的抵触,"知君臣之纲,则民权之说不可行也"。到沈家本等上奏《刑事民事诉讼法》、张之洞驳议后,就连朝廷也不得不要求修律大臣在制定新律时还需"体察中国礼教民情",因为张之洞驳议的理由之一即是"有违中国礼教"。这样的大"帽子",别说是沈家本、伍廷芳,即便是慈禧太后也担当不起的。在随后对《新刑律草案》的签注意见中,张之洞几乎是乘胜追击,对草案中与古律父为子纲、夫为妻纲、男女有别、尊卑长幼有序的礼教精神相冲突之处,一一指出,为嗣后各部院堂官、各省督抚签注意见奠定了基调。只是时移世易,在朝廷已颁布《钦定宪法大纲》、确定九年预备立宪期后,将刑律草案彻底推翻之事已然不会再度发生,即便再加上后来议场中礼教派的据理力争,朝廷也只是在有限修改的基础上,最终"表决通过"了《大清新刑律》,哪怕会冒着"中国废礼教,自我皇上始"的恶名,清廷也通过修律,义无反顾地走上了他们所认可的宪政之路。

综观晚清修律法律精神方面的"现代性",也与预备立宪这一政体的改革紧密联系在一起。礼法之争中的争论,都与仿行宪政所带来的平等、民权、自治思想的影响相关。正像在对大清刑律草案签注意见中,少有的几份

① 梁漱溟:《中国文化要义》,学林出版社1987年版,第79—80页。

对其持肯定意见的签注中所表达的那样,《大清律例》与立宪政体是极不适应的,"今既屡颁明诏预备立宪,而法律实为宪政之根据,自应力扫严苛一以公理为衡,删除繁细系以简赅为断"。刑律草案"详译总则草案之宗旨,大抵以生命为重、以平均为义、以宥过为本旨,故过失皆得减刑,以人格为最尊、故良贱无所区别。约举数端,皆于立宪政体适相吻合。……此立宪之先声、寰球之公理也"。① 其中的"以生命为重、以平均为义、以宥过为本旨、以人格为最尊、良贱无所区别",即便放在 21 世纪的今天,也是对宪政精义的最佳注释。

预备立宪上谕的宣示,推动了清廷全方位的政治体制改革,使因"宗旨不明"而步履蹒跚的修律工作得以提速;作为预备立宪基础的一揽子法典修订计划,使以往民刑不分、实体法程序法合一的律典,得以部门法典的形式,成为新型法律体系中不可或缺的组成部分;立法方式和程序中签注意见的发表、谕旨的指导裁可、修正驳议按语中的立法理由阐释及议场中的论辩,又造就了法理派和礼教派这样的"法学派别",礼法两派的对垒,实质上是淹没在伦常中的义务本位的法治观和浸淫于平等框架中的权利本位的法治观的论战。可以说,晚清修律之所以具有法制现代性的特质,实际上肇因于清廷覆亡之前的预备立宪。法制的改革,不可能单面向地进行,在专制政体的框架中,不可能产生全新的法律,即便是开明如沈家本的修律大臣,也无法成就其"中国法制现代化之父"的美名;相应的,在"民主共和观念深入人心"的民国时代,即便如政治强人袁世凯,要想恢复帝制时期的法律也是徒然。从清廷宣布预备立宪后,所发生的包括法律制度在内的诸多政治制度的变革来看,"仿行宪政"其实是一场体制内的革命,是旧王朝中产生的新制度。这从一个侧面说明,法制改革必须有整体性的政治改革才能相适而行。

【参考书目】

1. 张晋藩:《中国法律的传统与近代转型》,法律出版社 1997 年版,第二部分。

2. 李贵连:《沈家本传》,法律出版社 2000 年版。

3. 李贵连:《近代中国法制与法学》,北京大学出版社 2002 年版,卷一、卷三。

4. 李细珠:《张之洞与清末新政研究》,上海书店出版社 2003 年版,第六章。

5. 张国华:《中国法律思想史新编》,北京大学出版社 1998 年版,第十讲。

---

① 转引自高汉成:《签注视野下的大清刑律草案研究》,中国社会科学出版社 2007 年版,第 77 页。

【思考题】

一、名词解释

1. 礼法之争

二、简答题

1. 简述沈家本的基本法律主张。

2. 简述清末修律中礼教派的基本法律主张。

三、论述题

1. 为什么说预备立宪增强了晚清修律的现代色彩？

第二十章　资产阶级革命派的法律思想

在资产阶级改良派进行改良宣传、呼吁并主持维新变法的时候,中国民族资产阶级的一支更为先进的队伍——革命民主派诞生了。他们在目睹了帝国主义对中华民族的种种掠夺暴行以及清政府卖国贼的丑恶表演之后,毅然举起资产阶级民主革命的旗帜,勇敢地掀起了反对帝国主义、反对清朝专制政府的资产阶级民主革命浪潮。从 1894 年孙中山建立兴中会,提出"创立合众政府"的口号时起,资产阶级革命民主主义的法律思想在于改良派思想的反复辩难中,经过孙中山、章太炎、邹容、陈天华、秋瑾等的研究加工,逐步成为取得领导地位的法律思想体系,它指导了 1912 年南京临时政府的法制建设,同时又在民国时期得到了进一步的充实和提高。

本章主要学习:(1)资产阶级革命派关于建立民国的思想;(2)章太炎、孙中山关于国家权力结构的构想;(3)资产阶级革命派对民权为一般平民所共有的追求。

第一节　"建立民国"的基本主张

资产阶级革命派最基本的法律主张就是废除君主专制制度,"建立民国"。这既是资产阶级民主革命法律思想同以往封建地主阶级的一切保守的或是激进的、务实的或是研究玄理的、以汉族知识分子为载体的或是由少数民族统治者继承的法律思想的根本区别,也为民族资产阶级中改良派与革命派两种法律思想体系划出了明确的界限。

资产阶级革命派人物孙中山、邹容、章太炎、陈天华等在改良思想的影响盛极一时的情况下,勇敢地呼吁民主共和,热情地宣传合众政府的光明、进步与合理。从 1902 年 6 月到 1907 年 7 月,资产阶级革命派与改良派之间进行的长达五年之久的,以保皇还是革命、实行立宪还是实行共和为焦点的论战,客观上促使资产阶级革命派做了更多的理论探讨方面的工作。而这场论战,不仅使革命派自身更坚定地树立了争取民主、建立民国的决心,而且也使他们的主张更加深入人心,并赢得了社会更为广泛的关注和支持。

▶ 一、"建立民国"主张的形成

中国以往一切的政治理论和法律理论,几乎都是为了维护和完善君主专制制度。即使是在西方民主制度的光芒已经辐射到中国思想界之后,即使在中国先进的知识分子为了救亡图存,迫不得已做"寒不择衣"的搜寻时,资产阶级改良派还是没有逾出传统思维逻辑的范畴,请来了君民共主的模式,七拼八凑出了一个理论与现实基础都极脆弱的君主立宪方案。而在 1894 年,孙中山等喊出的一个口号,却宣告了旧的思维逻辑的终结,中国先进的知识分子终于跳出了两千多年来在其中作仿古颂词,为封建君主专制制度做修补营生的圈子,敲开了通向新时代的大门。

1894 年,孙中山在檀香山创立了第一个革命团体——兴中会。在《兴中会章程》所附入会秘密誓词中明确写到:"驱除鞑虏,恢复中华,创立合众政府。"很显然,这里已经不再只是简单地欣赏以美利坚合众国为代表的西方政体模式,而是要付诸行动,按这种模式建设一个全新的中国,即"变政治",在中国实行"共和主义"。以往的圣明君主、君民共主等,均在应该变革、废除之列。只是在其时的中国,革命派人数甚少,影响不大,且"举国舆论莫不目予辈为乱臣贼子,大逆不道,诅咒谩骂之声不绝于耳"。① 当时在思想领域中充当主角的是资产阶级改良派的变法维新思潮。戊戌变法的失败使越来越多的人逐渐认识到在中国无法实现君主立宪的目的。进入 20 世纪后,民主共和的宣传声势越来越大。章太炎在《驳康有为论革命书》中,极力鼓吹革命,认为"在今之世,则合众共和为不可已","以合众共和结人心者,事成之后,必为民主。民主之兴,实由时势迫之,而亦由竞争以生此智慧者也"。革命可以养成共和民主制度所需要的品质,"今日之民智,不必恃他事以开之,而但恃革命以开之"。② 邹容在《革命军》中则提出了"中华共和国万岁""中华共和国四万万同胞的自由万岁"的口号。这些在封建文人看来实属离经叛道的主张,唤起的却是更广大的社会民众的觉醒。越来越多的人认识到"20 世纪之天地,盖断不容专制余威稍留其迹"。③ 越来越多的人相信,20 世纪之中国"必现出一完全无缺之民族的共和国"。④

经过十年的理论准备和组织,1905 年 8 月,兴中会、华兴会与光复会的部

① 孙中山:《革命原起》,载《中国近代史资料丛刊·辛亥革命(一)》,上海人民出版社 1972 年版。
② 章太炎:《驳康有为论革命书》,载《辛亥革命前十年间时论选集》(第 1 卷,下册),三联书店1977 年版,第 760 页。
③ 竞庵:《政体进化论》,载同上书,第 541 页。
④ 同上书,第 545 页。

分成员组成了中国第一个全国性的具有资产阶级政党性质的组织——中国同盟会。同盟会提出了自己的政治纲领:"驱除鞑虏,恢复中华,建立民国,平均地权",这是对兴中会入会誓词的重申和完善。在同盟会宣言中,"建立民国"是四大纲领之一。"今者由平民革命,建立民国政府,凡我国民皆平等,皆有参政权,大总统由国民共举,议会以国民公举之议员构成之,制定中华民国宪法,人人共守,敢有帝制自为者,天下共击之。"同年 11 月,在同盟会机关报《民报》发刊词中,明确提出了包括民族主义、民权主义、民生主义为基本内容的三民主义。三民主义尤其是其中的民权主义,是中国民族资产阶级革命的指导思想。1906 年 12 月,孙中山在《民报》创刊周年庆祝会上说:"政治革命的结果,是建立民主立宪政体。照现在这样的政治论起来,就算汉人为君主,也不能不革命。""中国革命之后,这种政体最为相宜。""如果革命家自己相争,四分五裂,岂不是自亡其国。""所以我们定要由平民革命,建国民政府。这不止是我们革命之目的,并且是我们革命的时候所万不可少的。"[1]从此之后,"建立民国"就既是资产阶级政治革命的目标,也是将来资产阶级进行政权建设、法制建设的基本方针。

▶ 二、邹容的《革命军》对民主共和国的宣传

在近代中国,最早提出民主革命的口号,并具体阐述革命大义的,当以邹容的《革命军》为代表。他受西方民主学说的影响,痛恨清政府的君主专制制度。在《革命军》中,邹容对专制制度进行了无情的批判,对民主共和制度给予了热情的歌颂,从理论上论证了民主制度的合理,并描述了中华共和国的方案。

邹容对"自秦始皇统一宇宙"以来的专制制度进行了系统的批判,在此基础上,号召人们"磨吾刃,建吾旗,各出其九死一生之魄力,以驱逐凌辱我之贼满人,压制我之贼满人,屠杀我之贼满人,奸淫我之贼满人,以恢复我声明文物之祖国,以收回我天赋之权利,以挽回我有生以来之自由,以购取人人平等之幸福"。[2] 他认为,侵夺人民天赋权利的是专制制度,而在当时则是清政府,要推翻这种专制政府,就必须发动民主革命,"革命者,天演之公例也;革命者,世界之公理也;革命者,争存争亡过渡时代之要义也;革命者,顺乎天而应乎人者也;革命者,去腐败而存良善者也;革命者,由野蛮而进文明者也;革命

---

① 孙中山:《在东京〈民报〉创刊周年庆祝大会的演说》,载《孙中山全集》(第 1 卷),中华书局1981 年版,第 325—326 页。

② 邹容:《革命军》,载《邹容文集》,重庆出版社 1983 年版,第 58 页。

者,除奴隶而为主人者也","我中国今日欲脱满洲人之羁绊,不可不革命;我中国欲独立,不可不革命;我中国欲与世界列强并雄,不可不革命;我中国欲长存于二十世纪新世界上,不可不革命;我中国欲为地球上名国,地球上主人翁,不可不革命,……我同胞其欲相存相养相生活于革命也,吾今大声疾呼,以宣布革命之旨于天下。"革命的目的,是推翻清王朝的专制统治,"扫除数千年种种之专制政体,脱去数千年种种之奴隶性质",代之以民主政府,即人民得参预行政权的政府。他提出"一国之政治机关,一国之人共司之"的原则,认为"苟不能司政治机关、参预行政权者","不得谓之国民",而国民不得"司政治机关、参预行政权"的国家则"不得谓之国"。

在邹容的《革命军》中,民主共和国的方案是以天赋人权的理论为基础建立起来的,与此相应,建立这种民主共和国的目的也在于维护国民的自由与权利。他说:"今试问吾侪何为而革命? 必有障碍吾国民天赋权利之恶魔焉,吾侪得而扫除之,以复我天赋之权利。""有生之初,无人不自由,即无人不平等,初无所谓君也、所谓臣也。若尧、舜,若禹、稷,其能尽义务于同胞,开莫大之利益以孝敬于同胞,故吾同胞视之为代表,尊之为君,实不过一团体之头领耳,而自由也自若。"他把人人拥有天赋权利的社会描述成人人平等、自由的乐园。他接着说:"后世之人,不知此义,一任无数之民贼独夫,大盗巨寇,举众人所有而独有之,以为一姓之私产,而自尊曰君、曰皇帝,使天下之人无一平等,无一自由。"正是由于这些"民贼独夫"侵夺了人们的天赋权利,所以"我同胞今日之革命,当共逐君临我之异种,杀尽专制我之君主,以复我天赋之人权,以立于性天智日之下,以与我同胞熙熙攘攘,游幸于平等、自由城郭之中。"①

邹容以天赋人权为理论基础,设计了一套系统的中华共和国的方案。在这个方案中,不管是政府还是议院,也无论是总统还是议员,都只是由人民的权利创造或选举,并由人民的权利加以控制或者可以由人民的权利来推翻的机构或职务。他赋予人民以创造政府和推翻政府的双重权利。他说:"无论何时,政府所为,有干犯人民权利之事,人民即可革命,推倒旧日之政府,而求遂其安全康乐之心。迨其既得安全康乐之后,经承公议,整顿权利,更立新政府,亦为人民应有之权利。""然政府之中,日持其弊端暴政,相继放行,举一国人民,悉措诸专制政体之下,则人民起而颠覆之,更立新政,以求遂其保全权利之心。"这也是"人民至大之权利,且为人民自重之义务"。② 面对推翻清朝

① 邹容:《革命军》,载《邹容文集》,重庆出版社 1983 年版,第 59—61 页。
② 邹容:《革命军》,载《邹容文集》,重庆出版社 1983 年版,第 72—73 页。

专制政府这一历史任务,邹容较多地谈论"推倒旧日之政府","更立新政府",是有的放矢的。同时,他也揭示了民主制度的一条重要原则,即承认公民对政府的合法反抗权。大概正是处于专制政府压制之下的人们,才更能体会这种合法反抗权的价值。

当然,我们也应该看到,邹容在《革命军》中关于共和政体的设想,也只是概略的。他所设计的政治制度,基本取自美国,即要建立中央政府为全国办事之总机关,各省投票公举总议员,由各省总议员中投票公举二人为大总统和副总统,全国男女皆为公民,一律平等,宪法和自治法律参照美国宪法和有关法律制定,设官分职等国家制度悉准美国办理。这种方案总的来说,只能算是理论框架,可行性不强。当然,这与当时的形势下,革命派的主要精力在于宣传和组织革命,还无暇对革命以后的政体进行具体设计有关。

▶ 三、陈天华规划的建设民主政治的道路

主权在民思想是陈天华建立民主政治主张的理论根据,他用这一理论否定君主专制,用这一理论论证民主政治的合理。他认为:"国家断断是公共的产业,断断不是皇帝的一家的产业。"所以,君主主宰一切是不合理的,臣民"忠君"也是"陋儒"①们编造的谬论。国家既然是"公共的产业",就应当由公共来主宰。他把国家比作一只船,把国家管理者皇帝、官府比作舵工与水手,而把百姓即所谓"公共"比作船主。舵工与水手应由船主决定进退,这是必然的结论。他说:"倘舵工水手不能办事,东家一定要把这些舵工水手换了,另用一班人。"②根据这种主权在民的理论,百姓可以更换政府,当然也就可以推翻满清王朝,就像法国人"把那害民的国王贵族""除得干干净净"③一样。推翻旧政府后建立什么样的新政府呢?也就是说原来的舵工被解雇后再聘用什么样的舵工呢?陈天华对"建设共和政府"的法国是羡慕的,对华盛顿不愿把国家"作为一人的私产"的举动是赞赏的。他同时也认为中国人民有建设民主制度的"天然之美质",因为中国人民的民主意识的开化可以远推到先秦时代,说那时君权不甚重,教育普及,已经有言论、著述自由和集会自由,因此"民气之隆,虽不能如今日之欧洲,亦非后世所能望"。④ 从这些认识出发,他认为中国在推翻清政府以后,"求乎最美最宜之政体,亦宜莫共和若"。⑤

---

① 陈天华:《警世钟》,载《陈天华集》,湖南人民出版社1982年版,第83页。
② 同上书,第82页。
③ 陈天华:《猛回头》,载同上书,第50页。
④ 《中国革命史论》,载《民报》第1号。
⑤ 陈天华:《论中国宜改创民主政体》,载《民报》第1号。

在理论的推导中,陈天华得出了建设民主共和国的结论,但落实到如何建设民主共和国时,他又有些信心不足。他的办法是革命后首先成立一个开明专制的政府,经过一番开民智的工作,然后再来建设民主。他说:"幕不倾则日本不能有今日,满不去则中国不能以复兴,此吾侪之所以不欲如日本之君主立宪,而必主张民主立宪者,实中国之势宜尔也。""吾侪既认定此主义,以为欲救中国,惟有兴民权、改民主;而入手之方,则先之以开明专制,以为兴民权、改民主之预备;最初之手段,则革命也。"①目标是明确的,即最后要建立民主政治,但实现这一目标却不是容易的,必须先以革命手段去满,再由开明专制入手,在该政权统治下兴民权,为改民主作准备,等准备工作做好了,再来建设民主政治。陈天华的"开明专制"显然是指在革命胜利后,由革命政权所实行的以建设民主为内容的开明专制,它以推翻腐朽的清王朝为前提,同时又考虑到中国人民民智未开的国情,承认"共和"的实现需要有一个创设条件的"预备"时期,这是一个更切实际也较为合理的设想。

陈天华的设计,实际上反映了中国民族资产阶级的一种普遍的忧虑,即担心民智未开的中国百姓没有能力参与民主政治。后来孙中山先生的建国三时期中"训政"时期的规划,实际上也是为了完成陈天华所说的"预备"工作。

▶ 四、革命民主派与改良保皇、立宪派的争论

戊戌变法失败后,立宪思想反而得到更广泛的传播,在百日维新期间一度收起立宪主张的维新派人士,此时明确倡导在中国实行君主立宪制度,并得到海外华侨的普遍响应,史家称这些君主立宪的倡导者为"立宪派"或"改良派"。1899 年 7 月,康有为成立保皇会,主张拥戴光绪皇帝实行君主立宪。这一时期,立宪、保皇党人希望通过和平改革以实现君主立宪的主张,在社会上有着广泛的影响。因此,资产阶级革命派提出的用革命手段推翻满清王朝的专制统治,建立民主共和政体的主张,就不仅遭到守旧的地主阶级顽固派的反对,而且也受到改良、立宪派的攻击。如果说前一种反对意见只是一些陈腐的老调重弹的话,那么,改良派的攻击则带有"维新"的色彩和持重的表象,所以,批驳改良派的观点便成了革命派理论工作的重心,成为使更多的人接受民主共和主张的先决条件。改良派在《清议报》《新民丛报》《外交报》等刊物上发表文章,宣传、鼓吹君主立宪的同时,对革命进行大肆攻击。革命派则奋起反击,论证在中国实行革命的必然性、可能性与必要性,孙中山、章太

---

① 同上。

炎、陈天华等一大批革命思想家都投入了论战。1905 年,中国同盟会成立后,立即以设在东京的同盟会机关报——《民报》为阵地,围绕要不要推翻清王朝以建立共和立宪(即民主共和)制的问题,与立宪派进行了一场异常激烈的争论。章太炎的《驳康有为论革命书》、孙中山的《敬告同乡书》《驳保皇报书》、陈天华的《论中国宜改创民主政体》等文,对改良派反对民主立宪、反对革命的理论进行了深刻的批判。在要不要、能不能革命这个总题目下,双方还对在中国建设民主政治问题进行了反复争论,对后来中国的民主运动产生了重要的影响。

改良派曾以"中国人无自由民权之性质"为由,说中国不能实行民主,也即从根本上否定在中国实行民主制度的可能性。梁启超认为,一种政治制度的建立,必须具备相关的条件,条件不具备,即使再好的制度也建立不起来,而不顾客观条件硬要去建立,必然不会有好的结果。君主立宪或民主政治,究竟哪一种更好,关键要看哪一种更适合中国的国情。中国人民久处专制之下,各方面都很落后,目前根本不具备实行民主的条件,不仅"共和立宪"谈不到,就是君主立宪目前也不能实行。要为未来"立宪"创造条件,只能变革专制政治,实行"开明专制"以为过渡。对此,孙中山针锋相对地指出:"中国乡族之自治,如自行断讼、自行保卫、自行教育、自行修理道路等事,虽不及今日西政之美,然可证中国人禀有民权之性质也。"①陈天华也指出,中国人"聪与明,天所赋予,于各民族中,不见甚多逊"。只是久被专制压抑才不见其流露,但如果推倒这专制的压抑,就会"滔滔然出矣"。他还从近代历史上中国人自行起而反抗外来侵略,实行地方自治的事例,证明中国人民有实行民主制度的"天然之美质"。②《民报》第 3 号的一篇文章甚至说:"凡为人类,莫不有人权思想,微独民权国之国民为然,即君权国之国民,亦莫不然,所不同者,特程度之优劣耳……若谓我民族无人权思想,则大不然。盖疾专制、乐自由,为人类之天性,而无待乎外铄。"③革命派正是通过这些论证,力图说明中国人民有自由民权之性质,完全有能力、有条件实行民主政治。

改良派认为,即使中国人也有实行民主共和的资格,但也由于中国的条件不具备,在短期内中国不能实行民主制度。所缺条件之一就是"人民程度未及格",即人民缺乏实行"议院政治"所需要的民主意识和参政能力。梁启超在《答某报第四号对于本报之驳论》一文中说:"今日之中国万不能实行共

---

① 孙中山:《驳保皇报书》,载《孙中山全集》(第 1 卷),中华书局 1981 年版,第 235 页。
② 陈天华:《论中国宜改创民主政体》,载《辛亥革命前十年间时论选集》(第 2 卷,上册),三联书店 1977 年版,第 123 页。
③ 扑满:《发难篇》,载同上书,第 387—388 页。

和立宪制,而所以下此断案者,曰,未有共和国民之资格。"因为人民由于"程度未逮""学识幼稚",就不可能正确理解或行使选举权,他们"往往视此权若弁髦",不予珍惜而轻易放弃;或者"受贿赂被胁逼,不得为本意之投票",或者只着眼于自己或地方小局部之利害,不能选出代表"人民总体之意见"的人,甚或在选举时不能作正当之竞争,以致"用武力以破坏秩序"。即使选出议员,也由于其"学识幼稚"及在中国缺乏"完备发达的政党",而使议院不能行使制定法律和监督政府的职能。议员们对政府要么一味服从,要么"漫为反对",或者盲目地自行其是,"自提出或偏畸、或危险、或无谓、或不可行之法案,而自议决之",甚至会"因辩论而生意见,因意见而生仇雠",演出"挥拳拔刀"的"恶剧",其结果不仅"有议会如无议会",而且会破坏宪法的威信,使民主法制无从实施。这样,既无会正确行使权利的选民,亦无合乎"立宪"要求的议员和议院,因此,要在短时间内实行民主制度是根本做不到的。基于此,梁启超认为应先实行"开明专制",以创造实行民主之条件,包括培养人民的民主意识和训练人民的参政能力,待条件具备时再实行立宪政治。

革命派断不能接受改良派所言中国国民程度未及格的说法,他们认为中国国民的能力并不逊于世界上别的民族,只是"被压制于历来之暴君污吏,稍稍失其本来,然其潜势力固在也。此亦如水之伏行地中也。遽从外观之,而即下断语曰:中国之民族,贱民族也,只能受压制,不能与以自由,……一若吾民万古不能有能力,惟宜永世为牛为马为奴为隶者,何其厚污吾民族也"。[1]"以中国国民无民权之习惯,断言我国不能行平民的政府。呜呼!为此言者,不惟足以摧折我平民之气,且亦未察夫我平民之现势也。夫中国文化近虽不及欧西,然其见理之深透亦未尝远劣于各国,故二三年来,凡士林中之稍具知识者,几至无一不识民权之真理,徒以官吏之压制而进行遂以迟迟。……则是谓我平民无当政府之能力者,其与政府主张压制之策殆无以异也。"陈天华也对梁启超的观点进行了反驳:"反对共和之说,要以程度立言者为最坚,貌为持重,善于附会,而怠乎方张锐进之人,其最可不辩也。"他认为,中国人不仅有实行民主制度的"天然美质",而且这种美质一经呼唤便会冲破以往加在其上的压力,迅速恢复。而且,按照"创始者难为功,因袭者易为力"的一般规律,中国人更可像成年人以"速成教法"学文化一样,在较短的时间内恢复其民主共和的能力。"醒悟之后,发奋自雄,五年小成,七年大成,孰能限制之?"根据这种分析,他得出结论:对那种认为"欧美可以言民权,中国不可以

① 陈天华:《论中国宜改创民主政体》,载《辛亥革命前十年间时论选集》(第2卷,上册),三联书店1977年版,第124页。

言民权;欧美可以行民主,中国不可以行民主"的观点,"无论何人,皆知其失"。① 从整个争论的过程看,革命派虽也不否认实行民主政治需要相应的条件,但从其争论的观点来看,他们有把创建这些条件的问题简单化之嫌,以为只要革命取得了胜利,迅速铲除专制,建立了共和政府,兴盛民权,种种问题都会迎刃而解,其原因是人民都心向民主,拥护共和,在强大的革命力量的推动下,民主共和会自然而然地实现。在当时,这一争论无果而终。但辛亥革命后,革命党人却在实践中真切地感到了这一问题的紧要与迫切,迫使孙中山不得不在建国三时期中,设计一个过渡的"训政"阶段,以训练民众逐步学会行使自己的权利。由此,我们也不得不佩服其时改良派的客观务实与远见卓识。

改良派反对革命,还有另外一条理由,就是社会发展必须先经过君主立宪,然后进入民主立宪,也即君主立宪是不可逾越的一个重要阶段。梁启超甚至认为中国当前连君主立宪制度都难以实现,只能实行"开明专制",也即由君主实行公开的专制,但应当以国家和国民的利益为标准。对此,孙中山指出,中国完全可以不经君主立宪直接进入民主共和,这就像中国人仿造火车完全可以学习西方最先进的模式,而不必从最老式的火车学起一样。同时,他还指出:"中国人民中有许多极有教养的能干人物,他们能够担当起组织新政府的任务;把过时的满清君主政体改变为'中华民国'的计划,经慎重考虑之后,早就制订出来了。"不仅如此,"广大的人民群众也都甘愿接受新秩序"。中国"正处在一次伟大的民族运动的前夕,只要星星之火就能在政治上造成燎原之势"②,推翻满清君主专制政府,同时完成政治革命和民族革命,建立起中华民国。针对改良派提出的"革命绝非能得共和而反以得专制"的担忧,即革命成功后所建立的政府,有可能成为又一压制民权的组织,重新回到历史上王朝更迭的治乱循环中去的观点,孙中山提出了实行"约法之治",以为防止革命军领袖争做皇帝的良策,具体做法就是"为革命之际先定兵权与民权之关系",是为"约法"。"革命之始,必立军政府,此军政府与既有兵事专权,复秉政权。譬如既定一县,则军政府与人民相约,凡军政府对于人民之权利义务,人民对于军政府之权利与义务,其荦荦大者悉规定之。军政府发命令组织地方行政官厅,遣吏治之;而人民组织地方议会,其议会非遽若今共和国之议会也,第监视军政府之果循约法与否,是其重职。……使国民而背约

① 陈天华:《论中国宜改创民主政体》,载《辛亥革命前十年间时论选集》(第2卷,上册),三联书店1977年版,第121页。

② 孙中山:《中国问题的真解决》,载《孙中山全集》(第1卷),中华书局1981年版,第254—255页。

法,则军政府可以强制;使军政府而背约法,则所得之地咸相联合,不负当履行之义务,而不认军政府所有之权利。"孙中山认为,采用这种办法,既能防止军政府专制独裁,又可以使国民在革命进行的同时"瘁力于地方自治","有以陶冶其成共和国民之资格",如此则"民权立宪政体有磐石之安,无飘摇之虑矣"。① 革命派正是基于从"军法之治""约法之治"进而"宪法之治"的构想,因而强调整个革命的过程就是普及民主思想,培育人民具有民主素质的过程。而梁启超则认为这种"约法之治"是根本不可能实现的,"彼首难革命者,其果能有此优美高尚之人格,汲汲于民事乎? 若给其人,则一切成反对之结果矣"。即使首倡革命者无问题,能保证辅佐他的人都能和他一样吗? 只要其中个别人"破坏我约法,以凌踏吾民",军政府的信用就被破坏了。② 这是一个非常现实的问题,革命者中自然有像孙中山等这样一心为民的人,但也免不了有一些人投身革命,只是向往革命后所能掌握的权力以及权力所能带来的利益,"民主共和"只是他们借以鼓吹革命的口号而已。因此,约法之治的设想固然美好,但在中国这样一个掌权者向来没有守法传统的国家里,就只能依赖于个人的道德品格,而这一点又是政治生活中最靠不住的。另外,约法赋予人民的权利完全"出自军政府的殊恩",这是"猫口之鼠之权利","军政府欲夺回之,随时可以夺回之",而这样做也并"不足以损军政府而坏其成功也"。我们虽不能说改良派有未卜先知之功能,但辛亥革命后的袁世凯掌权和对《中华民国临时约法》的践踏,都是实行民主共和以后最为棘手、必须解决而又最难以解决的问题。

这场发生在 20 世纪初改良派与革命派之间的争论,反映的是当时的知识分子对中国不同的变革道路的思考,提出的是中国实行民主政治的元问题。从长远来看,双方对问题的解答方案,都不是最完美的,也就是说争论没有最后的赢家,但其深远的历史意义却随着社会的发展而日渐凸显。建立民主制度的必要条件是什么,中国人民是否具有实行民主政治所需要的素质,以及怎样解决人民"程度不足"的问题等,都是值得无论是主张改良,还是倡导革命的人所深长思之的。从积极的方面看,革命派在这场争论中,大力宣传民主共和的思想,对于唤醒国民的权利意识,反对封建专制制度,建立自由、平等的民主共和国,奠定了思想理论基础,为后来的辛亥革命做了舆论和思想上的准备。

---

① 孙中山:《与汪精卫的谈话》,载《孙中山全集》(第 1 卷),中华书局 1981 年版,第 289、290 页。
② 梁启超:《开明专制论》,载《饮冰室合集》(文集之十七),中华书局 1989 年版,第 53—54 页。

第二节　关于权力结构的规划

宪政的精髓在于规范权力以保障权利。在 20 世纪初,无论是改良派还是革命派,都已对民权有了较多的关注,而对权力的规划则有较大的,也可以说是根本性的分歧。改良立宪派主张要保留皇帝,即在君主之下实行权力的分立;革命派则主张推翻满清专制统治,在"主权在民"的旗帜下来规划权力。资产阶级革命派坚持这种主张,已不是简单地出于对西方民主制度的赞赏,也不是把它仅仅看作救国致强的丹药。他们除了认真地研究民主制度由以建立的自由、平等、人权等理论外,还对西方民主制度的现状及其优劣进行了认真的分析。同时,他们也审慎地研究了中国的历史和文化。他们在深思熟虑之后选择民主政治,并对未来中国民主政治的结构进行了细心的规划。尽管民主政治有种种特征,但其核心问题总不外乎公民同政府的关系问题和不同的国家机关之间的关系问题。对这两个问题,资产阶级革命派都做了认真的研究,并且都提出了不同于西方一般民主理论的新主张。

▶ 一、章太炎的直接民主与分四权的权力结构论

章太炎是"中华民国"一词的发明者和解释者,他赞成民主共和,坚决反对封建君主专制。但在他的"中华民国"里,他也反对把议院作为公民行使国家权力的机关,即反对实行代议制。他认为,代议制不能伸民权,不管是君主国还是民主国,实行代议制都不利于普通百姓。早在与改良立宪派论战时,章太炎就认为实行代议制的西方国家面积小,人口少,而中国地广人稠,如行此制,议员多则"猱杂喧嚣甚矣",议员少则"不足以知民隐",而且当选者一定是"显贵仕宦之流","无异一县有土客二令,而以其土著之令留之京师,此庸有易于专制者哉"。因此代议制无益于国家富强,和民众的利益也没有关系,完全不可行。他批评道:"代议政体,非能伸民权,而适埋郁之。盖政府与齐民,则有二阶级耳。横置议士于其间,即分为三,政府固多一牵掣者,齐民亦多一抑制者。"这时他突出强调中国的国情将导致当选议员多为"废官豪民"之辈,他们只能欺压百姓,"斯乃挫抑民权,非伸之也",因此,"以中国行立宪代议之政,其蠹民尤剧于专制"。① 他的这种说法虽不无偏颇,但他却是从对西方代议制度进行细致的考察,并发现了它的弊端之后所得出来的结论。

1908 年 10 月,章太炎发表《代议然否论》,系统地批评了代议制的各种流

---

① 章太炎:《与马良书》,载《章太炎政论选集》(上册),中华书局 1977 年版,第 385、386 页。

弊,并设计了一套独出心裁的共和制度。章氏反对代议制是为了说明在中国不能实行代议制。在他看来,代议制在西方也是一种不利于民的政制,议员"惟以发抒党见为期,不以发抒民意为期,乃及工商诸政,则未有不循私自环者"。在西方,虽也有社会民主党人当选,但在国会居少数,不敌"豪右"的势力。由这些"大抵出于豪右"且"依附政党"的"议士"组成的"议院",成了"受贿之奸府",是"民之仇、非民之友"。议员"有私罪,不得举告,其尊与帝国之君相似",俨然成了"议皇",中国"不欲有一政皇,况欲有数千百议皇耶"? 无论是君主国行代议,还是民主国行代议,都是"封建之变相"。代议政体中,议会握有立法权,但议会所立之法根本不保护平民利益,"凡法自上定者,偏于拥护政府,凡法自下定者,偏于拥护富民",总之代议政体不但不能"伸民权",反而在人民头上"多一抑制者"。既然代议制政体有如此多的弊端,当然不值得我们效法。退一步说,即使代议制对其他某些国家适用,中国也不能实行这种制度,这是因为:

第一,代议制度适合于等级分明的社会,不适合于平等社会。在章太炎看来,"代议者,封建之变形"。它适合于离封建近的社会。之所以如此,是因为这样的社会人们之间尚不平等。"去封建远者,民皆平等;去封建近者,民有贵族黎庶之分。"去封建近的人们习惯了等级制的社会生活,对在政府与公民间另有一议员等级的制度感到顺理成章。中国的情况恰恰是离封建太远,民皆平等,所以不适合行代议制。他说,中国"混一既二千稔,秩级已弛,人人等类,名曰专制,其实放任也。故西方有明哲者,率以中国人民为最自由"。中国早已脱离封建状态,除帝王外,没有不可逾越的等级界限。如果实行代议制,会在人民头上横置一个议员阶级,"君主之国,有代议则贵贱不相齿;民主之国,有代议则贫富不相齿,横于无阶级中增之阶级,使中国清风素气因以摧伤,虽得宰制全球,犹弗为也"。[①] 这样人民不愿接受,也非学者提倡,"无故建置议士,使废官豪民梗塞其间,以相陵轹,斯乃措抑民权,非伸之也"。[②]

第二,中国地广人众,不可能用选举的方法产生合乎民意的国会,所以不适合实行代议制。章太炎认为,小国适合实行代议制,大国则不适合实行这种制度。其理由在于:人越多,代议士占人口的比例便会越小,被选为代议士的人便要有更高的威望,而普通人就没有这种威望。这样选举的结果,只能是把那些并不代表人民的土豪推为议士。如果按西方国家的比例选代议士,

---

① 章太炎:《代议然否论》,载《章太炎政论选集》(上册),中华书局1977年版,第463、464、468—470页。

② 同上书,第386页。

则势必代议士数量极大,无法议事。他说,中国二千四百万方里,州县一千四百,人口四万万两千万有奇。如按日本十三万人选一议员的比例,则中国当选议员三千二百人,如此众多的人聚集在一起,根本无法议政。如果按照西方国家议员不过"七百人"的数字,中国则六十万人选一人。"数愈疏阔,则众所周知者愈在土豪","是选举之法行,则上品无寒门,下品无膏粱,名曰国会,实为奸府,徒为有力者傅其羽翼,使得滕腊齐民,甚无谓也"。如果采取限选的办法,其选举更容易为富贵人操纵。因为如以知识文化为限制条件,十人中只有三人识字,则七人无选举权;如果限以纳税额,则选举权将集中于富庶的江浙一带,"西北诸省或空国而无选举权"。就拿革命党的成员来说,他们多半"为贫乏之士,虽有温饱者,亦往往不治生产,其纳税十元者益寡。夫倡优尚与选,而素知法律略有政见者反无尺寸选举之柄,则以纳税定选举权者,其巨戾亦已甚矣"。总之,"多选议员,则召喧哗,少选议员,则与豪右","通选亦失,限选亦失,单选亦失,复选亦失。进之则所选必在豪右,退之则选权堕于一偏"。因此,在中国"要之代议政体,必不如专制为善。满人行之非,汉人行之亦非;君主行之非,民主行之亦非"。① 总之,章太炎得出的结论是,代议制度既无合理性,在中国也缺乏必要的和适合的土壤,因而代议制在中国是行不通的。

　　章太炎对代议制的种种担忧,归结为一点,就是害怕议员不能代表民意。如前所述,怕他们"惟以发抒党见为期,不以发抒民意为期",所以他才极力反对代议制。既然代议制不能表达民意,又徒增一新阶级,所以其有不如无。章太炎既然不同意以议院作为公民行使国家权力的机关,那么又该如何处理公民与国家机关之间的关系呢? 民又如何发挥主人的作用,行使主人权力呢? 章太炎的方案是实行直接民权。他认为代议制只是间接民主,总统制则便于实行直接民主,真正做到主权在民。章太炎的直接民主主要是通过这么几个渠道来实现的:其一,国家发生外交、宣战等紧急情况时,百姓临时选派代表与政府议论,每县一人。意见商定之后,"政府毋得自擅"。其二,"凡制法律,不自政府定之,不自豪右定之,令明习法律者,与通达历史、周知民间利病之士,参伍定之"。"法律既定,总统无得改,百官有司毋得违越。"②其三,总统民选。章太炎反对选举代议士,但却不反对选举总统,他认为"置大总统则公,举代议士则戾",主要是因为"总统之选",废官豪右无法把持,被选者往往有功、有才又有道。章太炎认为不能选举议员,却可以直接选举总统,还因为

　　① 章太炎:《代议然否论》,载《章太炎政论选集》(上册),中华书局 1977 年版,第 469—470 页。
　　② 同上书,第 464—465 页。

就中国而言,选举议员难得多数人选适当,而能够竞选总统的只有全国知名的少数人,所以总统选举可以"不至恂瞀而失其伦也",当选总统者一定是有相当政治经验而且"攻伐既明,才略既著"之人。这种政体由于没有和总统相抗衡的立法机关,实际上是无法保证民权的,章氏在设计时却没有意识到这一点。

章太炎主张民选总统,但他同时认为总统权力也应受到限制,即应"恢廓民权,限制元首"。他对国家权力结构的规划是"四权分立"。这里的"四权",就是在立法、行政、司法三权之外,再加上教育权。具体办法是:"总统惟主行政、国防,于外交则为代表,他无得与",这属于行政权的范围。立法权不由政府行使,也不由豪右或选举出来的议员行使,而由"明习法律者与通达历史、周知民间利病之士"行使。这项权力独立于行政权之外,且所立法律对总统及整个行政机构均有约束力,"法律既定,总统无得改,百官有司,毋得违越",即自总统、官吏至平民百姓,任何人不得更改或违犯。"司法不为元首陪属,其长官与总统敌体"。即司法权独立于行政权之外,司法长官与总统平起平坐,除了主"吏民之狱讼"外,司法机关对总统也得行使权力,"虽总统有罪,得逮治罢黜"。在章太炎的四权分立方案中,最具特色的是教育独立,除与全民义务教育有关的小学和军事院校外,"其他学校皆独立,其长官与总统敌体",不应随内阁而进退;教育宗旨一经决定就不能常变,任教授者须有专门学识,政府不得干涉;学官可以牵制司法,司法官吏断案不公正,其上级长官又不予解决,由学官治之。教育独立的主要目的是为了便于"民智发越"。此外,为了防止权力的滥用,章太炎还设计了国务官员对总统裁决事项实行副署制度;政府经费、税收等均须公布于国民或征求国民同意,国民同时还享有政治自由权利。

辛亥革命爆发后,章太炎曾一度期望实现自己的政治设计,并根据形势的发展,对四权做了修正,主张在三权分立之外,"将教育、纠察二权独立"①,建立纠察院或督察院,由"骨鲠之人"担任纠察,赋予重权,上至总统,下至齐民,均有权弹劾。无论是四权还是五权,章太炎的目的都是为了实现"主权在民"这一目标。

▶ **二、孙中山的权能分治与五权宪法方案**

在公民与政府之间的关系问题上,孙中山与章太炎有相类似的意见。他

---

① 章太炎:《中华民国联合会第一次大会演说辞》,载《章太炎政论选集》(下册),中华书局1977年版,第533页。

也反对把议会作为公民行使国家权力的机关,主张实行直接民权。孙中山没有像章太炎那样系统地批判代议制(当然他也不止一次地指出了代议制的缺陷),而是主要从正面建设的角度进行了更深入的研究,得出了崭新的结论。

以"民族主义、民权主义、民生主义"为内容的"三民主义",是孙中山整个法律思想的理论基础和指导原则,而"民权主义"又为三民主义的核心,其目的就是要推翻封建专制制度,建立平等、民治的资产阶级民主共和国,确立资产阶级民主宪政制度。为实现这一目的,使人民真正居于国家主人翁的地位,就应该于"间接民权"之外,复行直接民权,使人民不但有选举权,且兼有创制、复决、罢免诸权。人民主权和直接民权的实现,则有赖于实行"五权宪法"。

"五权宪法"来源于权能分治。孙中山经过反复的研究探讨,对民主时代的政治力量作了一个划分,即分为政权和治权。他说:"政是众人之事,集合众人之事的大力量,便叫做政权,政权就可以说是民权。治是管理众人之事,集合管理众人之事的力量,便叫做治权,治权就可以说是政府权。所以政治之中,包含有两个力量,一个是政权,一个是治权。这两个力量,一个是管理政府的力量,一个是政府自身的力量。"人民是国家的主人,但人民又不能亲自去管理国家的各项事务,所以,民主时代要给予政府"很大的力量",使其得以"治理全国事务";但人民又不能对政府采取放任的态度,还要防止政府演变为专制政府,所以人民不能不有"管理政府的力量",只要"人民有了充分的政权,管理政府的方法很完全,便不怕政府的力量太大,不能够管理"。同时,孙中山还认为,在民主国家,公民是有"权"的人,但并不是所有的人都有管理国家事务的能力,尤其是在中国,人民的知识程度、觉悟水平及政治素质现状堪忧,即便是在推翻满清王朝以后的"民国"里也是如此,"中国四万万之人民,由远祖初生以来,素为专制君主之奴隶,向来多有不识为主人、不敢为主人、不能为主人者"①,并且,由于"中国奴制已经行了数千年之久,所以民国虽然有了九年,一般人民还不晓得自己去站那主人的地位"。② 在这样的国民做主人的国度里,让人民自己去管理国家事务是不可能的,因此需将这项"治理全国事务"的权力交到有能力的人手里。这就如同企业的所有人对企业是有权的人,但他们未必是有管理企业能力的人。为了企业的发展,企业的所有人如股东就应当把管理企业的权力授予有能的人如经理。同样,为了国家的

①　孙中山:《建国方略》,载《孙中山全集》(第6卷),中华书局1981年版,第211页。
②　孙中山:《在上海中国国民党本部会议的演说》(1920年11月9日),载《孙中山全集》(第5卷),中华书局1981年版,第401页。

利益,国家的主人们应当把治理国家事务的权力授予有治理国家能力的人。而且,为了使有能力的人自由地发挥管理国家事务的能力,有权的人还不能对他们进行过多的干预,所以,要把"权"与"能"分开,把"政权"与"治权"分开。

"权"与"能"要分开,这就是"权能分治"。但分治的前提是必须规定和保障人民"直接管理国家"的权力。孙中山规划的人民使用其"管理政府的力量"的办法是行使四权,即在宪法中规定人民的选举权之外,还要有创制权、复决权和罢免权,"人民有了这四个权,才算是充分的民权;能够实行这四个权,才算是彻底的直接民权。从前没有充分民权的时候,人民选举了官吏议员之后,便不能够再问,这种民权,是间接民权。间接民权,就是代议政体,用代议士去管理政府,人民不能直接去管理政府。要人民能够直接管理政府,便要人民能够实行这四个民权,才叫做全民政治"。① 人民行使四权,其目的就是使人民有完全的管理国家的权力和制约政府的能力。

选举权、创制权、复决权与罢免权这四种权实际上又分为两类,一类是人民管理政府官员的法律,一类是人民管理国家法律的权力。前者包括选举权与罢免权,孙中山认为,"人民要有直接民权的选举权",由人民直接选举代表参加国民大会,组成权力机关,并由人民直接选举政府官员。但仅有选举权,还不能够管理政府官员,"行政的官吏,人民固然是要有权可以选举,如果不好的官吏,人民更要有权可以罢免"。人民有了上述两项权力,就能真正管理政府,"对于政府之中的一切官吏,一面可以放出去,又一面可以调回来,来去都可以从人民的自由"。后者即人民管理法律的权力,包括创制权与复决权。孙中山认为,有治人还必须有治法,人民仅有管理官吏的权力是不够的,还必须有管理法律的权力,"人民要做一种事业,要有公意可以创订一种法律,或者是立法院立了一种法律,人民觉得不方便,也要有公意可以废除,这个创法废法的权便是创制权"。而当法律制订以后,"若是大家看到了从前的旧法律,以为是很不利于人民的,便要有一种权,自己去修改,修改好了以后,便要政府执行修改的新法律,废止从前的旧法律";或者是"立法院若是立了好法律,在立法院中的大多数议员通不过,人民可以用公意赞成来通过",这种权力合在一起,便是复决权。② 人民一旦掌握了创制权与复决权,便真正地将自己的意志上升为法律,真正地实现人民主权。

---

① 孙中山:《三民主义·民权主义》,载《孙中山选集》(下卷),人民出版社 1981 年版,第 759 页。
② 同上书,第 587、759 页。

人民掌握政权,治权则应由政府来行使。对于政府权力的内部结构问题,孙中山也进行了认真的研究,并提出了别具一格的"五权宪法"思想。孙中山认为,要"建立一个真正的共和国",就必须有"良好的宪法"①,但宪法的制定必须符合各国的国情。他认为世界上"有文的宪法是美国最好,无文宪法是英国最好",但他反对照搬英美宪法,尤其是英美宪法中的三权分立原则。为适应中国的需要,弥补西方宪法的不足,他创立了一种"新的主义",即"五权宪法"。"宪法者,为中国民族历史风俗习惯所必需之法。三权为欧美所需要,故三权风行欧美;五权为中国所需要,故独存于中国。诸君先当知为中国人,中国人不能为欧美人,犹欧美人不能为中国人,宪法亦犹是也,适于民情国史,适于数千年之国与民,即一国千古不变之宪法。吾不过增益中国数千年来所能,欧美所不能者,为吾国独有之宪法。如诸君言欧美所无,中国即不能损益,中国立宪何不将欧美一国之宪法抄来一通,曰孟德斯鸠所定,不能增损者也。"②政府实施的"治权",就是采用五权分立体制,即立法权、司法权、行政权、考试权、监察权相互独立,相互制约。与此相应,中央政府实行五院制。在《建国方略》中,孙中山对以五权分立组成政府机关的原则和构想作了详细的阐述:"以五院制为中央政府,一曰行政院,二曰立法院,三曰司法院,四曰考试院,五曰监察院。宪法制定以后,由各县人民投票选举总统以组织行政院,选举代议士以组织立法院,其余三院之院长,由总统得立法院之同意而委任之,但不对总统、立法院负责,而五院皆对于国民大会负责。各院人员失职,由监察院向国民大会弹劾之,而监察人员失职,则由国民大会自行弹劾、罢黜之。国民大会职权,专司宪法之修改,及制裁公仆之失职。国民大会及五院职员,与夫全国大小官吏,其资格皆由考试院定之。此五权宪法也。"③他认为,"要政府有很完全的机关,去做很好的功夫,便要用五权宪法。用五权宪法所组织的政府,才是完全政府,才是完全的政府机关"④。

孙中山的五权分立体制,实际上就是在西方三权分立的基础上,加上中国传统政治制度中的考试与监察二权。他认为,考试与监察"这两个权是中国固有的东西",中国古代设御史等官掌监察权,"官品虽小而权重内外,上自君相,下及微职,儆惕惶恐,不敢犯法",代表国家人民之正气,甚至连外国学者也认为"中国的弹劾权,是自由与政府中间的一种最良善的调和方法"。因此,监察权独立是中国政治制度的传统。同样,考试制度也是中国政治制度

① 孙中山:《五权宪法》,载《孙中山选集》(下卷),人民出版社1981年版,第575页。
② 孙中山:《与刘成禺的谈话》,载《孙中山全集》(第1卷),中华书局1981年版,第444页。
③ 孙中山:《建国方略》,载《孙中山选集》(上卷),人民出版社1981年版,第151页。
④ 孙中山:《三民主义·民权主义》,载《孙中山选集》(下卷),人民出版社1981年版,第760页。

的传统，"中国历代考试制度不但合乎平民政治,且实现过现代之民主政治"。
通过考试,平民可以成为国家官员,而且科场条例严格,任何权力不得干涉。
一经派为主考学政,为君主所钦命,独立之权高于一切。欧美国家过去没有
考试制度,任用官吏无分贤愚,以至于政治腐败,不可收拾。所以当他们考察
了中国的制度后,"极赞美中国考试的独立制度,也有仿效中国的考试制度去
拔取真才"。① 因此,"将来中华民国宪法,必要设立机关,专掌考选权。大小
官吏必须考试,定了他的资格,无论那官吏是由选举的,抑或由委任的,必须
合格之人,方得有效"。② 孙中山真诚地希望增加监察与考试两权以弥补三权
分立的不足,克服代议制的缺点,矫正西方选举制和聘任制的弊病,"采用外
国的行政权、立法权、司法权,加入中国的考试权和监察权,连成一个很好的
完璧",造成一个"集合中外的精华,防止一切流弊"的"五权分立的"政府,这
样的政府"才是世界上最完全最良善的政府"。③

第三节　为一般平民所共有的民权

　　资产阶级革命派通过对西方民主制度的研究,不仅发现了三权分立制
度,尤其是其中的议会制度的缺陷,而且还看到了资产阶级民主乃是有利于
保护富人的民主权利的本质。章太炎之所以反对代议制,就是因为怕在推翻
了"贵贱不相齿"的封建等级制度或称君主立宪条件下的等级制之后,又锻造
一个"贫贱不相齿"的等级制。孙中山对这一问题表述的更清楚:"近世各国
所谓民权制度,往往为资产阶级所专有,适成为压迫平民之工具。"正是因为
他们看到了资产阶级民主维护有产者利益的本质,所以,以孙中山为代表的
革命派试图建立一种真正为全社会绝大多数人享有的民主。孙中山的话表
达了这一思想:"若国民党之民权主义,则为一般平民所共有,非少数人所得
而私也。"④孙中山等为建立这种为一般平民所共有的民权,不仅在规划政治
权力结构时否定了人民只能行间接民权的议会制度,而且注意到从其他方面
解决这一艰深的问题,探讨确保一般平民享有民权的具体方案。

▶ 一、宣传男女平等,主张女子参政

　　资产阶级改良派中的宋恕、谭嗣同、康有为等人已经提出过男女平等的

①　孙中山:《三民主义·民权主义》,载《孙中山选集》(下卷),人民出版社 1981 年版,第 762 页。
②　孙中山:《在东京〈民报〉》,载《孙中山选集》(上卷),人民出版社 1981 年版,第 80 页。
③　孙中山:《三民主义·民权主义》,载《孙中山全集》(第 9 卷),中华书局 1981 年版,第 444 页。
④　孙中山:《中国国民党第一次全国代表大会宣言》,载同上书,第 120 页。

问题。资产阶级革命派人物秋瑾的出现,使中国社会的男女平等由过去的仅由男子提出发展到妇女自身要求解放妇女。此后,主张男女平等便成为资产阶级革命派民主思想的主要内容之一。

在秋瑾看来,"世界上最不平等的事"就是男女不平等,就是中国二万万妇女遭受压迫。子、女本都是父母所生,但父母却把女子看成是"没用的"①,恨不得拿起摔死。男、女同样都是父母所生,但女子却无财产继承权。秋瑾控诉道:"最恨古人行毒制,女何卑贱子何尊?纵有百万产业女无分,尽归男儿一身承。分明都是亲生养,一般骨肉两看承。"②女子婚姻不自由,结婚之后夫妻之间也无平等,女子处于"任人凌虐"的地位。她以天赋人权的理论为依据,批判这种男尊女卑的制度,把"女子无才便是德""三纲五常"等论调斥为一派"胡说"。她说,"天生男女,四肢五官,才智见识,聪明勇力,俱是同的,天赋权利,亦是同的"③,现实生活中男女的差别都是后天的不平等造成的。既然男女有天赋的相同的权利,女子就应当争得平等的社会地位。所以秋瑾号召中国妇女争取"男女""平权"。首先,婚姻上要自主。她说:"此生若是结婚姻,自由自主不因亲。男女无分堪作友,互相敬重不相轻。平日并无苟且事,学堂知己结婚姻。"④其次,经济上自主,政治上"合群"。她说:"欲脱男子之范围,非自立不可;欲自立,非求学艺不可,非合群不可。"⑤为了妇女的自立,为了妇女"合群"革命,秋瑾创办《中国女报》,通过办报"通风气,提倡女学,联感情,结团体"。为倡导"合群",她写了大量关于妇女解放的文章、诗歌,进行宣传、鼓吹。

资产阶级革命派不仅主张妇女解放,而且明确地把女权同民权联系在一起。如金天翮说:"民权与女权,如蝉联趺萼而生,不可遏遏抑也。"⑥孙中山曾发表《女子要明白三民主义》的讲话。他指出:"我们主张民权革命,便铲除那些阶级,要政治上人人平等,就是男女也是平等。""大家从此以后,要把我们民权主义中所包含男女平等的道理,对二万万女子去宣传,在女子一方面建设民国的基础。"

资产阶级革命派不仅一般地主张男女平等,而且还提倡女子参政。金天

---

① 秋瑾:《敬告中国二万万女同胞》,载《秋瑾集》,中华书局1960年版,第5页。
② 秋瑾:《精卫石》,载同上书,第148页。
③ 同上书,第122页。
④ 秋瑾:《致湖南第一女学堂书》,载同上书,第32页。
⑤ 秋瑾:《敬告中国二万万女同胞》,载同上书,第5页。
⑥ 金天翮:《女界钟》,大同书局1903年版,第3页。

翻曾提出："女子议政之问题，在今日世界已不可得而避矣。"[1]在这位革命家的心胸里装的是妇女参政、妇女执掌政权："吾祝吾女子之得为议员，吾尤愿异日中国海军、陆军、大藏、参谋、外务省皆有吾女子之足迹也；吾更愿异日中国女子积其道德、学问、名誉、资格而得举大统领之职也。"[2]

▶ 二、从经济上奠定民权之基

资产阶级革命派的民权理论的一大特色是研究了民权为一般公民所共有的经济条件，把民权问题同财产问题结合起来。刘光汉在其《悲佃篇》中指出：田主压迫农民"与暴君同"，如果不把农民从地主土地所有制下解放出来，即使推翻清朝，实行了普选制，选举之权也会操纵于田主。因为"多数之佃民，属于田主一人之下，佃民之衣食，系于田畴，而田畴与夺之权又操于田主，及选举期届，佃人欲保其田，势必曲意逢迎，金以田主应其举"。如此选举的结果，"有田之户，不替世袭之议员，无田之户，虽有选举之名，实则失自由之柄"。由此可见，资产阶级革命派对民权的研究已经深入到民权由以保证的经济条件。既然民权的实现以公民经济上独立的地位为条件，所以资产阶级革命家都十分关心经济革命。刘光汉主张"农人革命"，夺地主之田"以共之于民，使人人之田，均有定额"。[3]《江苏》杂志署名"壮游"的文章也指出，中国要建立民主政治，"当取欧洲尚未经历之经济革命，以为政治革命之引药线"。[4] 秦力山提出的目标是："不问男女，年过有公民权以上者，皆可得一有限制之地，以为耕牧或营制造业"，使"不耕而食之佃主，化为乌有"。[5]

孙中山是把经济革命与民权革命结合的典型。在他最早提出的革命口号中，"平均地权"是同"建立民国"连在一起的。他的著名的"三民主义"的理论更是把民权主义同民生主义视为不可分割的两个方面。他清楚地认识到西方国家资本家"用金钱的势力，操纵全国的政权"，"法律、政治及一切制度"都"为资本家而设"的现实。为了使民权真正为一般平民所共有，他非常关心经济上的改革，重视民生主义。他曾明确指出："民生主义如果能够实行，人民才能够享幸福，才是真正以民为主；民生主义若是不能实行，民权主义不过是一句空话。"中国是一个农业大国，在民生问题上，孙中山特别注意农民。同样，中国的农业人口占绝大多数，在民权问题上，他也特别注意农

① 金天翮：《女界钟》，大同书局1903年版，第63页。
② 同上书，第65—66页。
③ 刘光汉：《悲佃篇》，载《民报》第15号。
④ 壮游：《国民新灵魂》，载《江苏》第5期。
⑤ 遁公(秦力山)：《〈上海之黑暗社会〉自序》，载《国民日报汇编》(第一集)。

民。他说:"农民既然是大多数,自己又是主人,便不应该受人压制。"而要真正使农民不受压制,在民生方面就必须解决土地问题。解决这一问题的原则是耕者有其田。孙中山指出:"将来的民生主义真是达到目的,农民问题真是完全解决,是要'耕者有其田',那才算是我们对于农民问题的最终结果。"孙中山不仅提出了一般原则,而且还具体提出用"规定土地法、土地使用法、土地征收法及地价法"等办法确保土地占有上的均衡和农民经济上的独立。

【参考书目】

1. 张国华:《中国法律思想史新编》,北京大学出版社 1998 年版,第七讲。
2. 徐宗勉:《近代中国对民主的追求》,安徽人民出版社 1996 年版,第二章、第四章。
3. 王人博:《宪政文化与近代中国》,法律出版社 1997 年版,第七章、第八章。

【思考题】

一、名词解释

1. 权能分治论
2. 五权宪法

二、简答题

1. 革命派与改良派争论的焦点是什么?

三、论述题

1. 试述资产阶级革命派民权为一般平民所共有的思想。
2. 为什么章太炎认为代议制不可行于中国?